古代歷史文化 研究輯刊

十四編

王明蓀 主編

第24冊

科舉革廢與華夏文明的近代轉型

苗永泉 著

國家圖書館出版品預行編目資料

科舉革廢與華夏文明的近代轉型／苗永泉 著 -- 版 -- 新北市：
花木蘭文化出版社，2015〔民104〕
目 2+290 面；19×26 公分
（古代歷史文化研究輯刊 十四編；第 24 冊）
ISBN 978-986-404-333-0（精裝）
1. 科舉 2. 考試制度
618   104014388

ISBN-978-986-404-333-0

9 789864 043330

古代歷史文化研究輯刊
十四編　第二四冊　　　　　ISBN：978-986-404-333-0

科舉革廢與華夏文明的近代轉型

作　　者　苗永泉
主　　編　王明蓀
總 編 輯　杜潔祥
副總編輯　楊嘉樂
編　　輯　許郁翎
出　　版　花木蘭文化出版社
社　　長　高小娟
聯絡地址　235 新北市中和區中安街七二號十三樓
　　　　　電話：02-2923-1455／傳眞：02-2923-1452
網　　址　http://www.huamulan.tw 信箱 hml 810518@gmail.com
印　　刷　普羅文化出版廣告事業
初　　版　2015 年 9 月
全書字數　280245 字
定　　價　十四編 28 冊（精裝）台幣 52,000 元

科舉革廢與華夏文明的近代轉型

苗永泉　著

作者簡介

苗永泉，1985 年生，山東萊蕪人，漢族。本科就讀於中國政法大學政治學專業，大學本科期間獲中國政法大學第四屆「學術十星」獎並因此免試攻讀本校碩士研究生。攻讀碩士學位期間師從叢日雲教授，獲法學碩士學位。後考取山東大學博士研究生，師從山東大學威海分校的張銘教授，獲法學博士學位。現就職於山東師範大學公共管理學院。

提　　要

　　在長期的文明演進過程中，科舉制度與華夏文明實現了結構性嵌合。在帝制時代中後期，它越來越成爲一個將一統王權、儒學、士大夫官僚集團和士紳社會聯繫起來的核心制度樞紐，也是不斷完成政治、社會和文化再生產的傳送帶。由此這一制度在華夏文明系統中發揮了全方位的功能，其中具有成功人類文明共性的一面，也具有更適合中國社會自身特點的一面，這些背後都凝結著歷史的大智慧。然而面對近代文明的挑戰，科舉制度及其所依託的整個文明不得不進行痛苦轉型。西方的衝擊經過一個認知建構的內化過程而作用於近代中國的制度變革。最終在特定認知、觀念和時代取向的影響之下，清末國人以「合科舉於學校」這種錯位嫁接的方式廢止了傳統的科舉體系並試圖全面照搬西方的制度體系。然而由於中西文明高度的結構異質性，這種另起爐竈式的跨文化制度移植帶來了許多錯位、失調和衝突，產生了「雙重蛻變」的歷史後果：一方面是傳統文明的結構性解體導致中國社會迅速蛻變，另一方面是新移植過來的制度也異化變質，二者處於同一個歷史過程中並發生惡性互動，產生種種不盡人意的後果。跨文化學習過程涉及到非常複雜的方法論問題，而線性思維方式、急功近利心態和唯理主義觀念特別不適合人類社會這種「複雜大系統」的變革。

目

次

導　論

一、問題的提出

　　近代以降，西方文明以其優勢實力將世界捲入全球化時代，其他文明都或主動或被動地向它看齊。古老而又曾經非常成功的華夏文明由此也遭遇西方一波波的衝擊，陷入了「亡國滅種」的威脅之中。正是在這樣一大背景下，晚清政府終於邁出向現代社會轉型的沉重步伐。然而，「社會轉型」在這裏只是一個較爲朦朧的概念，它能明確的，只是指向的一個方向，一種目標，而其過程與道路本身並沒有任何先驗或後驗的給定，時至今日，這樣的問題仍然存在於我們當下的現代化探索之中，存在於全球範圍內的現代化探索歷程之中，儘管後發國家在這個領域中前後已經探索有數百年之久。

　　可以說，清末以來國人對於現代化的追求，對於各種救國方略、道路的提出乃至實踐都是在這個背景下展開的。而從結果來看，這種種救國方略和美好的抱負雖然經常激動人心，鼓舞鬥志，但最後都多多少少地不是失敗便是變味。一次次的受挫，象徵著我們在尋求西方「眞理」的過程中似乎始終不得其門而入。不言而喻，現代化努力與社會轉型的受挫，帶來的是國運的衰微，是民族自信的喪失，是民眾深重的苦難。因此，一部近現代中國歷史，既是中國奮力追求現代化的歷史，也是令人不堪回首的痛心史。在這種樣式的現代化追求過程中，傳統文明和傳統社會結構的解體帶來了社會的全面失序和退化；而社會全面的失序和退化又激發出人們對於社會進行全面變革或改造的急切要求，並由此而形成一種我們難以從中自拔的「自激勵循環」：變革——失敗——更激進的變革……

　　顯然，歷史的經驗值得總結，古老華夏文明的現代化轉型為什麼會如此曲折艱難？我們為什麼會重蹈覆車之轍，一次又一次地跌倒在前人的失足之處？這樣反反覆覆的受挫，是不是與指導我們進行社會變革的思維方式有關？我們今天要從社會轉型受挫的陰影下實行有效突圍，是不是應該有更加深入的反省？是不是需要有一種新的變革思維？需不需要對中國所走過的社會轉型之路作一種重新的審視？

　　正是這些問題，使我們的注意力投向了華夏民族走出自己現代化追求的最初步伐。我們在這裏所發現的，當時人們對現代化的認知方式和追求心態的慣性邏輯，對於「東方國家」當時走向現代化的特定道路選擇，也許有著決定性的、持續性的影響。因此，華夏民族在追求現代化之初的戰略性選擇中，可能隱含著一把我們理解「東方國家」社會轉型艱難性的鑰匙。這樣一來，問題就集中在了近代變革這個時間點上。

　　我們知道，近代以來，許多國人在東西方巨大的國力與文化反差下，接受了一種帶有「西方中心主義」色彩的社會轉型觀。這種觀念認為，只要將落後的傳統制度和文化加以徹底摧毀和改造，為現代化轉型徹底掃清障礙或創造出一個全新的基礎，然後將西方先進的制度模式和理念直接照搬移植過來，就能徹底解決中國社會的轉型問題。在這種思想意識的指引下，人們為了避免受傳統的「毒害」，或對傳統不屑一顧，或對其大加撻伐，並由此引發出近現代中國社會一波波激烈的反傳統運動。時至今日，這種思想觀念仍然埋藏在許多中國知識分子的深層意識中，並且與一種道德義憤和「擔當意識」混同在一起而難以撼動。然而種種激進的、決絕的反傳統行動從今日事後的眼光來看，不僅沒有實現其與傳統作徹底決裂的抱負，相反，它們詛咒與力圖摧毀的「諸惡」卻以更為醜陋的形式延續甚至肆虐到後來。

　　因此，我們現在的問題是，為什麼這種抱負失敗了？按照很多人的解釋，那是因為傳統太頑固，我們還需要繼續加以徹底批判和摧毀。不過這種循環論證的說法和將矛頭始終指向傳統而不反思我們自身的做法已經越來越站不住腳了。

　　學習西方無疑是近現代中國的一大課題，但這種複雜文明系統之間的學習和借鑒過程不可能是一個簡單線性的「摧毀自身——直接照搬」的過程。當然很多人會辯稱「取乎其上」才能「得乎其中」，也就是說要更激進地多走一步才能收穫實際所要達到的效果。但實際上，這種想法只不過是上面所說

的那種轉型觀和思維方式的一個表現，它們共同的指向就是，中國要想實現現代化就必須推倒重來，這被視爲是一條快速實現轉型的捷徑，其最極端的方式就是通過國家權力在傳統的廢墟上建設理想社會、理想文化和理想人類。然而，這種表面上看來更加快捷徹底的想法和做法，在實際的歷史進程中卻屢屢告敗，它總是面臨著主觀意願與現實後果相背離的困局，總是陷於完美主義與犬儒主義交替輪迴的泥淖中無法自拔。

　　以今天「複雜大系統」的觀點來看，這種以爲可以通過與傳統決裂，搬用或拷貝其他文明成功的制度形式就可以實現文化改造和社會轉型的想法，都是建立在一種線性的思維方式和哈耶克所批判的建構理性主義觀念之上的。而隨著人們對文化傳統、制度系統與文明內在「有機性」的認識越來越深入，這種想法也越來越難以立足。現在看來，無論傳統是好是壞，我們都無法通過不理會它或者試圖徹底摧毀它而直接繞過去，這就好比我們無法拔著自己的頭髮脫離地球一樣。正是在這個意義上，我們現在首先需要面對的一個問題是，要直面傳統文明的傳承與轉換，畢竟延續了幾千年的華夏文明是我們社會轉型的基礎。

　　毫無疑問，只要我們擺脫了那種線性的、一元歷史發展觀的影響去看問題，那麼，東西方不同的文明便都是在不同的歷史機緣和自身稟賦基礎上，經歷長期演進而產生的高度發達完備而又異質性非常顯著的文明系統，在這樣的系統內，各子系統之間有著經長期歷史磨合而形成的一種相互嵌合，共生互動的關聯。貿然地插進一個外來的子系統很可能會完全打破既有的動態性平衡，而突然地毀掉其中既有的一個子系統，遭殃的恐怕不只是這個子系統，而是整個文明系統的紊亂和失序。在這樣一種思路下，中國近代在極爲嚴酷的亡國壓力下被迫學習西方的過程中，對「科舉制」做出革廢決策的個案進入了我的研究視域。通過這樣一個特定的線索切入進去，以點帶面地勾勒出東方社會轉型中一些具有普遍性的經驗教訓，未嘗不可以爲我們所嘗試。

　　在筆者看來，科舉制度與華夏文明中的一些核心要素，如儒學、一統王權、士階層、禮教文治等都密切相關，相互嵌合，延續長達 1300 年之久，它參與形塑了華夏文明中後期的政治、社會和文化結構，在把華夏文明推向農業文明世界巔峰的過程中發揮了極其重要的積極功能。因此，筆者試圖通過對科舉制度及相關要素的研究勾勒出華夏文明的內在結構，指出它是如何一步步磨合爲一個相互嵌合、完備穩定的系統；指出清末科舉變革中所存在的

錯綜複雜問題，所採取的「錯位嫁接」的改革方式及其直接後果，指出在科舉制度遭到系統摧毀後對整個文明系統產生的無可挽回的災難性影響，闡明以一種機械的、線性的思維方式來看待後發國家的制度變革與社會轉型，注重於早發國家某些文明形式的移植，最後不僅是傷筋動骨，而且也一定會南轅北轍，走向自己所追求的現代化目標的反面。這是不是一部現代化受挫歷史留給我們的、也值得我們記取的昭示呢？

二、相關研究綜述

本項研究集中考察科舉制度與華夏文明系統，並進而考察其近代轉型，所涉文獻非常多。大體說來主要包括如下幾大塊，一是國內外對科舉制度的相關研究；二是對傳統政治和政治文化的研究，涉及這一塊主要是因為需要將科舉制度放在傳統政治結構中來理解其地位與功能；三是制度研究的方法論，這是為了把握制度研究中的學術進展，為分析科舉制度這一個案提供制度分析方法論上的指引。四是對傳統與現代化關係的認識，這是由於科舉革廢事件需要放置於中國社會現代化轉型這一總體視野之下。五是當代政治哲學對「理性主義」或「唯理主義」的反思，本項研究對近代制度變革的方法論反思最後會深入到觀念層面，其中涉及到一些可以被歸類到「理性主義」這一標籤下的觀念，所以有必要對這方面的哲學反思進行一些總結。當然筆者對上述五大類文獻不可能做到面面俱到的考察，這裏的綜述除了總結相關科舉研究文獻之外，主要是試圖總結一下當前學術界對這些問題的一些新認識，並將其整合為一個有機的總體性認知框架。受閱讀涉獵範圍所限，這一綜述如有不周之處還請方家多多海涵和指正。

具體到科舉研究方面，由於科舉制度與傳統文明的政治、社會、文化、教育等方面都有密切的關係且影響重大，因此科舉研究必然會涉及到多個學科，並且有許多研究課題是處於交叉學科中。但大體說來，科舉研究以史學研究為多，其中又可以分為通史性研究與斷代史研究、制度史研究與社會史研究、對近代之前的科舉研究與對近代轉型時期的科舉研究。具體到科舉制度或考試制度〔註1〕的通史性研究，比較有代表性的著作有鄧嗣禹《中國考試

〔註1〕 「因為科舉制度在晚清受到全社會的鞭笞，所以進入民國以後，人們都諱言這種制度還有什麼優點，當時的研究者多將『科舉』改稱為『考試』，以示區別。」何忠禮：《20世紀的中國科舉制度史研究》，《歷史研究》，2000年第6期。

制度史》，張希清《中國科舉考試制度》，劉海峰，李兵《中國科舉史》，金諍
《科舉制度與中國文化》，宮崎市定《中國的考試地獄：中華帝國的科舉考試》
等。〔註2〕這類著作多是按照通史體例對科舉或考試制度的起源、歷代發展變
化直到近代廢除作一總體介紹，其優點在於內容比較全面，提供了一個總體
性的框架，因此在獲取對科舉制度演變的總體理解方面，通史性的研究比較
有參考價值。當然對「面面俱到」的追求可能使通史性的著作缺乏從某種研
究視角切入的比較有深度的挖掘。具體到斷代史研究，比較有代表性的著作
有末科探花商衍鎏《清代科舉考試述錄》，王德昭《清代科舉制度研究》，美
國學者賈志揚《宋代科舉》，李弘祺《宋代官學教育與科舉》，吳宗國《唐代
科舉制度研究》，錢茂偉《國家、科舉與社會：以明代為中心的考察》等。〔註
3〕這類斷代研究的特點是多能採取某個切入角度進行深入發掘或者在史實方
面發前人之所未發。所以在研究視角、史識和史料方面具有重要的參考價值。

　　以上所列多是制度史研究，可以說過去的史學研究主要關注政治史、制度
史方面，受法國年鑒學派影響，史學研究開始拓展範圍，社會生活史研究逐漸
盛行起來。科舉制度在長期的歷史延續中已經深入到了傳統中國社會生活的方
方面面中去，可以說是一項深度社會化的制度，乃至有「科舉社會」或「選舉
社會」之說。社會史研究也就成為科舉研究的應有之義。當然具體來說，從社
會角度來研究科舉可以細分為幾大類，最淺顯的就是對士子科舉生活、科舉所
形成的社會風俗之類的考察，很多科舉史學著作都涉及到了士子的科舉生活和
社會風俗，這些與本項研究的相關性不是很大，在此不再進行羅列。其次是對
科舉所形成的社會分層、社會流動等方面的考察，再次是對科舉與社會秩序、
基層社會治理等方面的考察，這涉及國家與社會的角度。當然，後兩個層次已
經超出單純的史學範疇，所以我們將其放在社會學、政治學視角下進行綜述。

〔註 2〕　鄧嗣禹：《中國考試制度史》，吉林出版集團有限責任公司，2011 年。張希清：
　　　　《中國科舉考試制度》，新華出版社，1993 年。劉海峰，李兵：《中國科舉史》，
　　　　中國出版集團東方出版中心，2004 年。金諍：《科舉制度與中國文化》，上海
　　　　人民出版社，1990 年。Ichisada Miyazaki. *China's Examination Hell: The Civil
　　　　Service Examinations of Imperial China*, New Haven and London: Yale University
　　　　Press, 1981.

〔註 3〕　商衍鎏：《清代科舉考試述錄》，百花文藝出版社，2003 年。王德昭：《清代科
　　　　舉制度研究》，中華書局，1984 年。賈志揚：《宋代科舉》，東大圖書股份有限
　　　　公司，1995 年。李弘祺《宋代官學教育與科舉》，聯經出版事業公司，1994
　　　　年。吳宗國《唐代科舉制度研究》，遼寧大學出版社，1992 年。錢茂偉：《國
　　　　家、科舉與社會：以明代為中心的考察》，北京圖書館出版社。

　　近代社會轉型時期是本文考察的一個重點時期，史學界已經有許多關於這一時期的科舉研究。主要包括對科舉制度革廢過程的研究，對廢科舉所產生的影響的研究。比較有代表性的專著有沃爾夫岡·弗蘭克（Wolfgang Franke）《中國科舉制度革廢考》，〔註4〕這本書側重對科舉制度革廢歷史過程的還原和考察。楊齊福《科舉制度與近代文化》，側重考察近代文化、認知的變化對科舉制度廢除的影響，該書作者所採取的立場也比較有典型性，接續近代以來的反科舉、反傳統態度，認為早就應當將科舉廢除。〔註5〕張亞群《科舉革廢與近代中國高等教育的轉型》，側重考察科舉制度廢除與近代中國教育轉型的關係，認為廢科舉是實現高等教育轉型的必然選擇。〔註6〕此外，王德昭《清代科舉制度研究》一書也用了很大篇幅梳理了近代科舉變革這一塊的史實。羅茲曼主編《中國的現代化》一書比較注重分析廢科舉對中國現代化進程的消極影響。〔註7〕艾爾曼的大作《晚期中華帝國的科舉考試文化史》一書末章也對廢科舉帶來的消極影響進行了考察。〔註8〕比較有分量的論文有羅志田《清季科舉制改革的社會影響》，《科舉制廢除在鄉村中的社會後果》，《近代中國社會權勢的轉移：知識分子的邊緣化與邊緣知識分子的興起》等。〔註9〕羅志田教授著重考察了廢科舉對中國社會尤其是鄉村社會以及中國革命的影響，著力於揭示其造成的不利影響。蕭功秦《從科舉制度的廢除看近代以來的文化斷裂》一文著重揭示貿然廢除科舉制度對整個中國社會、文化造成的裂痕，並指出如果採取一種保守的變革方式的話，效果會更好。〔註10〕楊國強《清末新政：歷史進化中的社會圮塌》一文將廢科舉置於整個清末新政中，

〔註4〕 Franke, Wolfgang. The Reform and Abolition of the Traditional Chinese Examination System. Harvard University Press, 1960.

〔註5〕 楊齊福：《科舉制度與近代文化》，人民出版社，2003年。

〔註6〕 張亞群：《科舉革廢與近代中國高等教育的轉型》，武漢：華中師範大學出版社，2005年。

〔註7〕 吉爾伯特·羅茲曼主編：《中國的現代化》，上海人民出版社，1989年。

〔註8〕 Elman, Benjamin A. A Cultural History of Civil Examinations in Late Imperial China. Berkeley: University of California Press, 2000.

〔註9〕 羅志田：《清季科舉制改革的社會影響》，《中國社會科學》，1998年第4期；羅志田：《科舉制廢除在鄉村中的社會後果》，《中國社會科學》，2006年第1期；羅志田：《近代中國社會權勢的轉移：知識分子的邊緣化與邊緣知識分子的興起》，《開放時代》，1999年第4期。

〔註10〕 蕭功秦：《從科舉制度的廢除看近代以來的文化斷裂》，《戰略與管理》，1996年第4期。

著重考察了清末新政對整個社會所造成的負面影響。〔註 11〕關曉紅寫了一系列研究科舉革廢的文章，《科舉停廢與清末政情》一文著重考察了清廷廢科舉決策的過程，著力於揭示清末政情變動與廢科舉決策得以通過之間的關係。《晚清議改科舉新探》一文指出，此前各種科舉改革嘗試的擱淺是新政改革者下決心停廢科舉的一個重要原因。《殊途能否同歸：立停科舉後的考試與選才》一文揭示了停廢科舉問題背後懸而未決的由中西文化差異所帶來的問題。《終結科舉制的設計與遺留問題》一文則著重強調指出廢科舉的制度設計未能考慮到中國文化的傳承問題。〔註 12〕

　　科舉在近代主要是因教育而廢，因此對中國教育史的考察對我們理解廢科舉的意義和影響非常重要。這方面既有對傳統教育體系的系統研究，有對新式學生群體、留學生群體的考察，也有對新式教育發展的整體考察和區域考察。實際上這一研究領域處於史學與教育學的交叉學科領域，有些著作側重從教育學視角來進行研究，尤其是結合現在的「高考」、「應試教育」問題進行分析。這方面的著作有李弘祺《宋代官學教育與科舉》，劉海峰《科舉考試的教育視角》，田建榮《科舉教育的傳統與變遷》等，這些著作揭示了傳統科舉制度下教育體系的特點以及科舉對教育的顯著影響，其中田建榮結合現在的應試教育問題做了分析，指出作為考覈評價學業的考試制度本身並不必然會導致應試教育。〔註 13〕鄭若玲《科舉、高考與社會之關係研究》則側重從社會的角度來分析科舉與高考，著重研究考試與社會的複雜關係。〔註 14〕桑兵《晚清學堂學生與社會變遷》考察了新式學生群體對近代社會變遷的影響，正如作者所說，這本著作是其早年的博士論文，所以保留了革命史學的較大痕跡，不過該書在史料方面還是非常有價值。〔註 15〕一些博士論文已經對新式教育發展及近代中國教育的二元結構和教育衝突進行了考察，比

〔註 11〕楊國強：《清末新政：歷史進化中的社會圮塌》，《史林》，1997 年第 3 期。
〔註 12〕關曉紅：《科舉停廢與清末政情》，《中國社會科學》，2004 年第 3 期；關曉紅：《晚清議改科舉新探》，《史學月刊》，2007 年第 10 期；關曉紅：《殊途能否同歸：立停科舉後的考試與選才》，臺北中央研究院近代史研究所集刊，第 59 期，2007 年；關曉紅：《終結科舉制的設計與遺留問題》，《中山大學學報（社會科學版）》，2011 年第 5 期。
〔註 13〕劉海峰：《科舉考試的教育視角》，湖北教育出版社，1996 年。田建榮：《科舉教育的傳統與變遷》，教育科學出版社，2009 年。
〔註 14〕鄭若玲：《科舉、高考與社會之關係研究》，華中師範大學出版社，2007 年。
〔註 15〕桑兵：《晚清學堂學生與社會變遷》，廣西師範大學出版社，2007 年。

如張平海：《中國教育早期現代化研究》（華東師範大學博士論文，2001 年），
左松濤《「鬧塾」與「毀學」：晚清與民國的私塾與學堂（校）之爭》（中山
大學博士論文，2006 年），蔣純焦《一個階層的消失：晚清以降塾師研究》
（華東師範大學博士論文，2006 年），許慶如《變革與傳承：近代山東鄉村
教育（1901～1937）》（華東師範大學博士論文，2012 年）等。其中有些已經
整理出版。

從社會學角度來研究科舉制度也積纍了比較豐富的研究成果，尤其是在
美國的科舉學研究中，關於科舉與社會流動關係的實證研究是一大熱點。潘
光旦和費孝通在一篇論文中比較早地研究了這一問題，根據其對清代 915 本
貢生、舉人、進士的朱墨卷調查統計，發現這些人中父輩無功名的占 33.44%，
連續五代都無功名的布衣子弟也有 122 人，從而說明了科舉在促進社會流動
方面的功能。〔註 16〕此外，比較有代表性的著作是何炳棣《中華帝國的成功
階梯：關於社會流動》，書中用比較詳實的統計數字肯定了科舉在促進社會垂
直流動方面的巨大功能。〔註 17〕但此後一些學者對這本著作的批判性回應多
認爲其統計沒有考慮這些科舉成功者的其他親屬關係和家世背景，如果考慮
到這些及其他一些因素，則科舉在促進社會流動方面的能力會大大削弱。〔註
18〕另外，雖然科舉制度對一般的平民來說提供了機會，但由於各種其他方面
的條件制約，一般的平民要想獲取科舉成功是比較難的，前面提到的艾爾曼
在其書中就持這種觀點。

除了關注科舉與社會流動的關係之外，社會學的研究視角還關注科舉對
社會結構、社會形態的影響。這方面何懷宏的《選舉社會及其終結》一書非
常有代表性。何懷宏將秦漢至晚清的社會形態界定爲「選舉社會」，這無疑充
分突出了「選舉制度」對塑造傳統社會結構和形態的重要意義。這種選舉制
度由初期的察舉制演變爲成熟形態的科舉制度。儘管中國傳統社會仍然還是
一種等級社會，但相比於春秋戰國的世襲社會和其他傳統社會來說，選舉制

〔註16〕潘光旦、費孝通：《科舉與社會流動》，《社會科學》（清華大學），4 卷 1 期，
1947 年。

〔註17〕Ping-ti Ho. *The Ladder of Success in Imperial China: Aspects of Social Mobility,
1368～1911.*New York: Columbia University Press, 1962.

〔註18〕See *Menzel, Johanna M. eds. The Chinese Civil Service: Career Open to Talent?
Boston: D.C.Heath and company, 1963.*這本文集中包含有關於科舉社會流動的
正反兩面討論。

度在促進社會流動和使社會趨向平等化方面作用重大。〔註 19〕此外，這類的著作還有王日根的《中國科舉考試與社會影響》，吳錚強的《科舉理學化：均田制崩潰以來的君民整合》等。〔註 20〕

　　由於科舉制度與政治的關係也很密切，從政治學角度來研究科舉制度自然也是科舉研究中非常重要的一大塊。大體來說，關於科舉制度的政治學研究包括以下幾塊，一是對科舉與王權、儒學、士階層關係的研究；二是對文官制度的研究；三是從國家社會角度切入的研究，尤其關注科舉士紳在鄉村社會治理中的作用。值得注意的是這些方面的許多研究仍然多是由史學、社會學領域的學者完成，只不過其研究對象與政治關係很大，所以可以從政治學視角加以綜述。

　　對於科舉與王權、儒學、士階層的關係研究，余英時《中國知識分子的邊緣化》、《試說科舉在中國史上的功能與意義》等文章涉及到了「建制化儒學」，科舉與王權、士大夫的關係等問題，總體上肯定了科舉在傳統政治結構中的重要地位。〔註 21〕干春松《制度化儒家及其解體》一書專門研究了「儒家的制度化和制度的儒家化」問題，並考察了其在近代轉型過程中的解體。〔註 22〕陳寅恪在《隋唐制度淵源史略》中強調了政治鬥爭在科舉制度發展過程中的作用，並從科舉進士集團與貴族集團鬥爭的角度來分析科舉制度在武后時期的加強以及唐後期的「牛李黨爭」。〔註 23〕有學者指出科舉制度有利於加強中央集權，科舉官僚逐漸取代軍功貴族，這改變了中國社會的面貌，也是帝制時代中後期王權加強、社會穩定的一個重要原因。〔註 24〕更有學者認為科舉制度的本質是以國家考試形式出現的一種政治制度。〔註 25〕總體來看，學界對於科舉在傳統政治中具有重要的地位和功能這一點是沒有疑義的。

〔註 19〕 何懷宏：《選舉社會及其終結：秦漢至晚清歷史的一種社會學闡釋》，三聯書店，1998 年。

〔註 20〕 王日根：《中國科舉考試與社會影響》，嶽麓書社，2007 年。吳錚強：《科舉理學化：均田制崩潰以來的君民整合》，上海辭書出版社，2008 年。

〔註 21〕 余英時：《中國知識分子的邊緣化》，《二十一世紀》，1991 年 8 月號；余英時：《試說科舉在中國史上的功能與意義》，香港《二十一世紀》，2005 年 6 月號。

〔註 22〕 干春松：《制度化儒家及其解體》，中國人民大學出版社，2003 年。

〔註 23〕 陳寅恪：《隋唐制度淵源略論稿・唐代政治史述論稿》，三聯書店，2001 年。

〔註 24〕 劉文瑞、楊柯：《試論科舉制對中央集權體制的歷史作用》，《天府新論》，2009 年第 2 期。

〔註 25〕 張寶昆：《科舉制與社會穩定的政治學研究》，《雲南師範大學學報》（哲學社會科學版），2006 年 1 月。

考試制度是中國的一大發明，並且影響到現代文官制度。對此早在民國時期鄧嗣禹就進行了詳實的闡述與考證，其中涉及到文官考試制度的西傳。後來，劉海峰也對科舉制度的域外影響進行了補證。〔註26〕一般來說，對科舉制度作爲一項文官考試制度的價值，學界是基本加以肯定的。這包括它相對於察舉制度的優越之處，以及它所具有的廉政效應。〔註27〕廢科舉之後，中國社會在這方面發生了退化，羅志田指出，科舉既去，又無新的官吏養成體制，意味著做官不需要資格，民國的官場之爛即始於此。〔註28〕秦暉《科舉官僚制的技術、制度與政治哲學涵義：兼論科舉制與現代文官制度的根本差異》一文雖然肯定了科舉制相對於察舉制等用人機制的的技術合理性，但主要著力於指出其政治局限以及這一制度與基於法理型權威和民主制度之上的現代文官制度的區別。〔註29〕

科舉制度雖然是以選舉士大夫官僚爲主要目的，但是由於其社會嵌合程度比較高，從國家社會關係角度研究科舉也非常有意義。後備士人很多都居住在廣大鄉村社會中，因此科舉與鄉村社會治理具有非常重要的關聯。錢茂偉《國家、科舉與社會：以明代爲中心的考察》一書從國家與社會的角度考察了科舉制度，指出由於國家能夠提供的職官崗位數量是有限的，因此科舉考試競爭是有計劃控制下的競爭，其錄取名額受到嚴格限制，具有科舉功名的士人數量是非常少的。〔註30〕實際上這就導致在廣大鄉村社會中出現了一個後備士人階層，在科舉與鄉村社會治理關係方面，最爲重要之處就在於這一制度所塑造選拔出來的士紳階層發揮了重要的社會功能。此外科舉的影響還體現在鄉村社會爲準備科舉考試而產生了一些自組織網絡，這方面包括義田、族學以及相關的族規家法等，它們都成爲鄉村社會文化網絡的重要構成要素。早在民國時期，費孝通等學者就在這方面進行了開創性的研究，費孝通考察了傳統鄉土社會中「紳權」的重要作用，由此引發了很大的爭論，觀

〔註26〕劉海峰：《科舉制對西方考試制度影響新探》，《中國社會科學》，2001 年第 5 期。
〔註27〕屈超立：《科舉制的廉政效應》，《政法論壇》，2001 年第 5 期。
〔註28〕羅志田：《近代中國社會權勢的轉移：知識分子的邊緣化與邊緣知識分子的興起》，《開放時代》，1999 年第 4 期。
〔註29〕秦暉：《科舉官僚制的技術、制度與政治哲學含義——兼論科舉制與現代文官制度的根本差異》，《戰略與管理》，1996 年第 6 期。
〔註30〕錢茂偉：《國家、科舉與社會：以明代爲中心的考察》，北京圖書館出版社，2004 年。

察社發行的《皇權與紳權》這本文集彙集了當時學者在這方面的討論。〔註31〕
此外，這方面研究比較有代表性的著作有張忠禮的《中國紳士：關於其在 19
世紀中國社會中作用的研究》，費孝通《鄉土中國》，周榮德《中國社會的階
層與流動：一個社區中士紳身份的研究》。〔註32〕關於國家政權建設過程對鄉
村社會影響的研究，比較有代表性的有杜贊奇《文化、權力與國家》，黃宗智
《華北的小農經濟與社會變遷》，李懷印《華北村治：晚清和民國時期的國家
與鄉村》，張鳴《鄉村社會權力和文化結構的變遷》等，這些著作都有涉及鄉
村治理中的士紳、地方精英和社會自組織網絡等要素。〔註33〕

　　上面大體從不同學科角度對既有的科舉研究進行了綜述。總體來說，史
學研究成果最多，這一方面是因為科舉制度作為歷史上長期延續的一項制度
遺留下了豐富的史學發掘空間，另一方面是因為史學本身可以兼容許多其他
學科的研究，比如，政治則有政治史，社會則有社會史等。當然史學本身在
理論方面並不擅長，因此在關於科舉的跨學科研究領域中，史學研究往往借
鑒了其他學科的理論視角。除了上述不同學科視角之外，晚近的海外科舉研
究代表作艾爾曼《晚期中華帝國科舉考試的文化史研究》一書則採納了一種
「大文化」的研究視角，本書資料詳實，綜合考察了明清科舉考試及其背後
的社會文化運作機制，提出了一些新的見解。另外，90 年代以來在國內學界
已經有學者開始倡導「科舉學」，正如「紅學」、「選學」之類的稱呼一樣，這
種「科舉學」的稱號意在強調科舉研究比較多、比較重要，有稱為專門之學
的必要。這方面的代表性著作是劉海峰的《科舉學導論》。〔註34〕劉海峰教授
在科舉研究中可謂是比較活躍的人物，除了豐富的著述外，還曾經專門撰文
呼號「為科舉制平反」，產生了較大的影響。〔註35〕

〔註31〕 費孝通、吳晗等著：《皇權與紳權》，嶽麓書社，2012 年。
〔註32〕 張忠禮：《中國紳士：關於其在 19 世紀中國社會中作用的研究》，上海社會科
　　　　學出版社，1991 年。費孝通：《鄉土中國‧鄉土重建》，風雲時代出版公司，
　　　　1993 年。周榮德：《中國社會的階層與流動：一個社區中士紳身份的研究》，
　　　　學林出版社，2000 年。
〔註33〕 杜贊奇：《文化、權力與國家：1900～1942 年的華北農村》，江蘇人民出版社，
　　　　1996 年。黃宗智：《華北的小農經濟與社會變遷》，中華書局，1986 年。李懷
　　　　印：《華北村治：晚清和民國時期的國家與鄉村》，中華書局，2008 年。張鳴：
　　　　《鄉村社會權力和文化結構的變遷（1903～1953）》，廣西人民出版社，2001
　　　　年。
〔註34〕 劉海峰：《科舉學導論》，華中師範大學出版社，2005 年。
〔註35〕 劉海峰：《為科舉制平反》，《書屋》，2005 年，第 1 期。

　　雖然之前的研究在涉及鄉村治理這一塊的成果比較豐富（這一塊也主要是由史學研究來完成的），但是總體來說對科舉的政治學研究還很薄弱，這表現在少有專著來對科舉制度的政治維度加以系統分析和深度挖掘。另一方面，從近代社會轉型的角度來研究科舉制度的著作相對比較少，前面提到的《科舉制度與近代文化》,《科舉革廢與近代中國高等教育的轉型》兩書是從近代思想文化轉型、高等教育轉型的角度來研究科舉制度的，但鑒於科舉制度在華夏文明系統中關係如此重大，僅僅從上述角度來看待和分析科舉革廢問題顯然還不夠。本項研究側重從政治學學科角度，以華夏文明近代轉型為總體背景來研究科舉制度及其近代革廢，這可以為科舉研究和中國近代轉型研究發掘出一個新的向度，增加一些新的見解。

　　從政治學的學科角度來看，研究科舉制度需要將其放到整個傳統的政治體系中來進行，因此這一塊的研究會不可避免地受到人們對傳統政治總體評價的影響。自五四新文化運動以降，無論是馬克思主義所代表的左派還是激進自由主義所代表的「右派」（國內對「右派」的這種用法實際上與西方社會中的用法不同），在反傳統這一點上是一致的。一個主要是從剝削、階級壓迫的角度來反「封建」，另一個則主要是從自由、民主的角度來反「專制」。因此，以這樣的眼光看來，儒學、科舉這些東西都被視為階級壓迫或專制主義的工具。從以「打倒孔家店」為口號的五四新文化運動的反傳統主義到 20 世紀 80 年代之後五四精神的復活，都採取了對傳統進行整體否定的取向。這種整體性反傳統的觀點一直處於強勢主導地位，當然這種主導地位經歷了一個從學術思潮轉化為建制化意識形態的過程。與之相對，一直有一個居於弱勢地位的新儒家傳統和保守自由主義傳統。這一傳統雖然肯定了西方民主、科學等價值，但是並沒有走向整體性反傳統，而是試圖通過嫁接、轉化或保留儒家文化精神、社會資源的方式來實現現代化。因此這一派多少是對傳統持同情態度的。從上述兩種脈絡來看，對儒學、王權的認識就形成了批判主義觀點和修正主義觀點的分野。五四新文化運動時期對傳統雖多激昂的撻伐，但卻少學理性的著述。因此這裏主要綜述當前大陸學界對傳統政治和政治文化的認識。持尖銳批判主義觀點的代表作有劉澤華《中國的王權主義》，秦暉《傳統十論》，葛荃《權力宰制理性：士人、傳統政治文化與中國社會》，楊陽《王權的圖騰化：政教合

一與中國社會》等。〔註36〕劉澤華所代表的這一派（有學者稱其爲「王權主義學派」〔註37〕）對大陸中國政治思想、政治文化的研究產生了非常大的影響，這一派學人對傳統無疑持一種鮮明的批判態度，不過值得注意的是他們在批判王權主義時並不是沒有意識到傳統政治和文化中具有一些調節、輔助機制，劉澤華稱其爲「陰陽組合結構」，張分田認爲傳統政論多以組合命題展開，將王權絕對化理論與政治調節理論融爲一體。這種認識事實上也就承認了王權和儒學能在中國歷史中長期存續必然有其一定的歷史合理性。〔註38〕而修正主義觀點對傳統更多地持同情態度，認爲儒學有助於減輕專制權力的弊害。持修正主義觀點的代表性著作有陳明《儒學的歷史文化功能：以中古士族現象爲個案》，林存光《儒教中國的形成：早期儒學與中國政治文化的演進》，秋風《重新發現儒家》等。〔註39〕此外還有大量相關的文章也反映出這兩種不同的取向，在此不再羅列。科舉制度與儒學、大一統王權緊密相連，是傳統社會的一項核心制度，因此對待傳統的總體取向必然會滲透到科舉研究中去，形成相應的是非評斷。在廢科舉百年之後的今天，學界對科舉制度的態度也形成了一種鮮明的分野，這在爲紀念廢科舉百年所編《科舉百年祭》、《科舉百年》兩本文集中就體現了出來。〔註40〕

　　當代對科舉及儒學的主要批評主要還是延續自五四新文化運動的兩個主題口號：民主與科學。前者主要是對傳統「專制主義」的批判，後者則是對儒學和科舉考試內容的「無用性」提出批判。「傳統」本身就是一個很宏大的

〔註36〕劉澤華：《中國的王權主義》，上海人民出版社，2000年。秦暉：《傳統十論：本土社會的制度、文化及其變革》，復旦大學出版社，2004年。葛荃：《權力宰制理性：士人、傳統政治文化與中國社會》，南開大學出版社，2003年。楊陽：《王權的圖騰化：政教合一與中國社會》，浙江人民出版社，2000年。

〔註37〕李振宏：《中國政治思想史研究中的王權主義學派》，《文史哲》，2013年第4期。

〔註38〕參考劉澤華：《傳統政治思維的陰陽組合結構》，《南開大學學報》，2006年第5期。張分田：《中國帝王觀念：社會普遍意識中的「尊君——罪君」文化範式》，中國人民大學出版社，2004年，第729～730頁。

〔註39〕陳明：《儒學的歷史文化功能》，學林出版社，1997年。林存光：《儒教中國的形成：早期儒學與中國政治文化的演進》，齊魯書社，2003年。姚中秋：《重新發現儒家》，湖南人民出版社，2012年。

〔註40〕劉海峰主編：《科舉百年祭》，湖北人民出版社，2005年。新京報主編：《科舉百年》，同心出版社，2006年。

東西，因此對傳統的總體認識也需要放到更宏大的世界觀框架和學術背景中。從深層觀念來看，五四認知範式主要是以「進步」、「理性」的名義來反傳統。這樣的觀念源自西方的啓蒙運動時期，實際上這一時期形成了特定的傳統觀、制度觀和變革觀，這些觀念與當時的科學觀念一道構成了一種整體性的世界觀或認識範式，我們可以稱其爲「啓蒙理性主義」。自然科學（用當時人的說法是「自然哲學」）的長足發展是這一時期的顯著成就，這一時期的科學觀念是機械決定論的，其代表就是牛頓力學體系。受到自然科學發展尤其是牛頓力學成功的鼓舞，進步主義和樂觀主義的心態開始盛行，孔多塞《人類精神進步史表綱要》一書最爲典型地體現了啓蒙時期人們對進步的樂觀心態。〔註41〕在這種進步主義的眼光看來，傳統和過去被視作蒙昧、落後的，理性之光則是開啓蒙昧、實現進步的密匙。無獨有偶，這一時期的學術思想將中世紀視爲一片黑暗，所以才需要啓蒙（enlightenment）。啓蒙哲學家們對制度的認識表現爲一種建構理性主義的認識，當時盛行的「社會契約論」主要就是通過理性推理來構造出某種具有普遍合法性的制度，進而實現這種制度也就是成爲理性所要求的正當事業。

　　源自啓蒙時期的現代觀念在某種程度上仍然主導著現代人，但是各種對啓蒙理性主義觀念的反思批判和修正從那時以來就一直沒有停止過。事實上，當時的蘇格蘭啓蒙運動就與歐陸啓蒙運動不一樣，受哈耶克的影響，國內學界已經開始關注這一注重人類行爲、道德、複雜秩序演化的思想流派。緊接著啓蒙時代而興起的歷史主義思潮也對啓蒙理性主義實質上的非歷史性提出了批評，主張用歷史研究、歷史科學取代啓蒙主義的歷史哲學。代表人物有蘭克、梅因、薩維尼等。法國大革命之後，反思激進主義、爲傳統進行辯護的保守主義開始浮現，埃德蒙·伯克是這種保守主義觀念的奠基者。

　　自十九、二十世紀以來自然科學突飛猛進的發展也帶來了科學世界觀的轉變。熱力學「熵」的世界觀認爲世界在總體上是不可逆地走向無序化的，這種悲觀主義的世界圖景與啓蒙樂觀主義適成對比。愛因斯坦的相對論則打碎了被視爲絕對眞理的牛頓體系的神話，庫恩正是受此啓發而提出了科學發展中的範式革命學說，在範式觀念下，科學本身也被歷史化了。量子力學的發展則將偶然性、不可知性植入到了科學世界觀的基底當中。現代複雜性科學或非線性科學（混沌、分形、耗散結構理論等）的發展開始將複雜性、非

〔註41〕孔多塞：《人類精神進步史表綱要》，三聯書店，1998年。

線性、自組織性等觀念帶入到科學世界觀中。雖然熱力學定律揭示出宇宙整體在不可逆地朝著「熱寂」或「無序化」的方向前進，但是現代耗散結構理論和生物學理論則揭示出自然界在局部仍然有著抗衡無序化的自組織機制。人類社會實際上就是一種非常複雜的自組織系統。這一時期所產生的新的進化論思想（包括生物學上的和社會理論上的）也審慎地吸取了上述新的科學觀念和理論成果，而不再堅持此前那種樂觀主義的進步觀念和歷史形而上學的宏大敘事。有關的代表性著作包括貝塔朗菲《一般系統論：基礎、發展和應用》，錢學森《創建系統學》，薛定諤《生命是什麼》，普利戈津《從存在到演化》，古爾德《自達爾文以來：自然史沉思錄》、《進化論的結構》，道金斯《自私的基因》，托馬斯‧哈定等人所著的《文化與進化》等。〔註 42〕以上所述的科學發展都不僅僅是具體科學成果的積纍，而且帶來了科學世界觀的轉變。這對構成啟蒙理性主義觀念基礎的那種線性的、機械決定論的科學世界觀已經形成致命的挑戰。複雜性科學世界觀逐步成為人們理解自然的新的世界觀框架，它也必然會滲透到人們對人類社會事物的理解當中。

　　今天學界對傳統與現代關係的認識，對制度的認識，對社會發展和現代化的認識已經超越了啟蒙理性主義的認知範式。總體來說，這種認識不再是將傳統視為完全落後的、構成現代化發展絕對障礙的東西，不再將現代化過程視為一個線性的、一元的過程；不再是將制度僅僅視為某種抽象形式和普遍性的東西，不再認為可以通過理性設計或形式照搬就能直接實現某種理想的制度。在對傳統及其與現代化關係的新認識方面比較有代表性的著作有希爾斯《論傳統》，艾森斯塔特《反思現代性》，亨廷頓《現代化：理論與歷史經驗的再探討》；在中國學者中有金耀基《從傳統到現代》，羅榮渠《現代化新論：世界與中國的現代化進程》等；這種認識具體到中國研究方面，柯文《在中國發現歷史：中國中心觀在美國的興起》一書比較有代表性。〔註 43〕

〔註 42〕馮‧貝塔朗菲：《一般系統論：基礎、發展和應用》，清華大學出版社，1987 年。錢學森：《創建系統學》，山西科學技術出版社，2001 年。薛定諤：《生命是什麼》，湖南科學技術出版社，2005 年。普里戈金：《從存在到演化》，北京大學出版社，2007 年。古爾德：《自達爾文以來：自然史沉思錄》，三聯書店，2003年。Gould, Stephen Jay. *The Structure of Evolutionary Theory*. The Belknap Press of Harvard University Press, 2002. 理查德‧道金斯：《自私的基因》，吉林人民出版社，1998 年。托馬斯‧哈定等著：《文化與進化》，浙江人民出版社，1987 年。

〔註 43〕愛德華‧希爾斯：《論傳統》，上海人民出版社，1991 年。艾森斯塔特：《反思現代性》，2006 年，三聯書店。亨廷頓：《現代化：理論與歷史經驗的再探討》，

當代學界對制度的新認識主要是從規範主義的制度研究發展到新制度主義的經驗研究，從制度形式觀念發展到制度系統（制度母體）、制度秩序觀念。新的制度認知超越啓蒙理性主義制度觀的地方表現在兩方面，一是對制度的理解不再局限於正式制度，而且強調了了非正式制度、制度文化的重要性。這方面諾斯《制度、制度變遷與經濟績效》，阿爾蒙德《公民文化》等著作中的觀點比較有代表性。〔註 44〕二是不再主要依賴規範分析，而是走向經驗研究，並且分析制度的概念框架比較完善，理論性非常強。這在新制度主義經濟學和新制度主義政治學中都體現得非常明顯。另一方面，制度研究已經深入到了複雜社會系統當中，認識到制度是嵌入在複雜社會系統之中的，需要社會文化網絡的支撐，認識到制度或社會秩序具有自組織性和演化性。這表現在哈耶克的「自發秩序」或「擴展秩序」思想，波蘭尼的「嵌入」思想，埃莉諾·奧斯特羅姆的「多中心治理」理論，普特南的「社會資本」理論等方面。代表性著作有哈耶克《自由秩序原理》、《法律、立法與自由》、《致命的自負》，波蘭尼《大轉型：我們時代的政治與經濟起源》，埃莉諾·奧斯特羅姆《公共事物的治理之道》，普特南《使民主運轉起來》等。〔註 45〕另外，今天的制度觀念雖已超越了建構理性主義的制度觀，但是隨著新制度主義政治學的發展，學者從制度變遷的經驗中認識到理念、話語在制度建構中的重要作用，出現了「建構製度主義」的分析路徑。這種分析路徑的一個側重點就是分析觀念與複雜現實的互動。〔註 46〕國內也有學者提出如何認識理性在制度演化中的作用這一問題，如何理解制度的自發演化與有意識演化的關係

上海譯文出版社，1993 年。金耀基：《從傳統到現代》，中國人民大學出版社，1999 年。羅榮渠：《現代化新論：世界與中國的現代化進程》，商務印書館，2004 年。柯文：《在中國發現歷史：中國中心觀在美國的興起》，中華書局，2002 年。

〔註 44〕 諾斯：《制度、制度變遷與經濟績效》，格致出版社，2008 年。加布里埃爾·A.阿爾蒙德，西德尼·維巴：《公民文化：五個國家的政治態度和民主制》，東方出版社，2008 年。

〔註 45〕 哈耶克：《自由秩序原理》，三聯書店，1997 年。哈耶克：《法律、立法與自由》，中國大百科全書出版社，2000 年。哈耶克：《致命的自負：社會主義的謬誤》，中國社會科學出版社，2000 年。波蘭尼：《大轉型：我們時代的政治與經濟起源》，浙江人民出版社，2007 年。埃莉諾·奧斯特羅姆：《公共事物的治理之道：集體行動制度的演進》，上海三聯書店，2000 年。羅伯特·D.帕特南：《使民主運轉起來》，江西人民出版社，2001 年。

〔註 46〕 朱德米：《理念與制度：新制度主義政治學的最新進展》，《國外社會科學》，2007 年第 4 期。

問題。〔註47〕這些都提示我們對制度變遷的研究需要回答理性的建構作用與複雜社會系統或社會秩序的互動問題，這也是本項研究所側重分析的一個重要方面。

　　除了上述社會理論的新進展之外，對啓蒙理性主義以及更一般的「理性主義」觀念的反思和批判深入到了政治哲學層面。這些反思和批判包括哈耶克對「建構理性主義」的批判，波普爾對「歷史主義」的批判，柏林對「價值一元論」的批判，奧克肖特對「理性主義政治」的反思等。他們的批判和反思在某種意義上都是針對著「理性的僭妄」，這種僭妄構成了現代極權主義政治、意識形態政治的觀念基礎。事實上，對近代中國各種思潮和政治運動中的激進主義之反思也是學界爭論頗大的一個話題。「啓蒙之子」殷海光在晚年就已經開始反思五四新文化運動，其學生林毓生在美國留學時受到哈耶克等人的保守自由主義思想影響，撰寫了《中國意識的危機：「五四」時期激烈的反傳統主義》一書，反思了五四新文化運動的「全盤性反傳統主義」，在海內外產生了很大的反響。〔註48〕余英時《中國近代思想史上的激進與保守》（1988）一文同樣反思了中國近代思想中的激進主義，引起了大陸學界很大的反響和爭論。〔註49〕李澤厚、劉再復的「告別革命論」也是同樣如此。〔註50〕《啓蒙的反思──杜維明、黃萬盛對話錄》一文也對啓蒙主義進行了反思。〔註51〕大陸學界對激進主義、啓蒙理性主義的反思比較有代表性的著作還有朱學勤《道德理想國的覆滅》，蕭功秦《危機中的變革》，張銘《政治價值體系建構：理論、歷史與方法》，秋風《尋找中道：當自由遭遇傳統》等。〔註52〕可以說，海內外學界對近代中國激進主義的反思早已浮出水面，但是這些反思並非同質的一塊，有些學者的反思停留於對激進革命的反思，有些學者

〔註47〕 參考顧自安：《制度演化的邏輯：基於認知進化與主體間性的考察》，科學出版社，2011年。

〔註48〕 殷海光：《中國文化的展望》，上海三聯書店，2002年。林毓生：《中國意識的危機：「五四」時期激烈的反傳統主義》，貴州人民出版社，1986年。

〔註49〕 余英時：《中國近代思想史上的激進與保守》，載《現代儒學的回顧與展望》，三聯書店，2004年。

〔註50〕 李澤厚、劉再復：《告別革命：回望二十世紀中國》，天地圖書有限公司，2004年。

〔註51〕 哈佛燕京學社：《啓蒙的反思》，江蘇教育出版社，2005年。

〔註52〕 朱學勤：《道德理想國的覆滅：從盧梭到羅伯斯庇爾》，上海三聯書店，2003年。蕭功秦：《危機中的變革：清末政治中的激進與保守》，廣東人民出版社，2011年。張銘：《政治價值體系建構：理論、歷史與方法》，社會科學文獻出版社，2012年。姚中秋：《尋求中道：當自由遭遇傳統》，語文出版社，2012年。

則進而深入到對五四新文化運動所內含的反傳統主義，全盤西化的形式照搬主義，以及對啓蒙理性主義的反思上面。

上文已經對相關文獻進行了一個簡單的綜述，雖然無法做到面面俱到，但除了總結關於科舉研究的直接文獻之外，筆者側重於勾勒出某種總體性的認知框架，因爲研究科舉制度這樣一項傳統文明的核心制度正需要一種比較宏大的視野。大致說來，這種總體性的認知框架就是一種基於複雜性或非線性科學世界觀之上的對文化傳統、制度、理性、現代化等事物的新認識。通過基於這種新認知框架之上的分析，筆者希望能在對科舉制度這一個案的研究中發掘出一些新意來，也希望能從對近代科舉革廢和社會轉型的反思中總結出一些有意義的經驗。

三、研究視角、理論觀點與分析方法

實現現代化轉型一直是中國近現代以來社會發展的主要課題。對這一過程的理論認識實際上經歷了一個範式性的轉變，即由「革命範式」轉爲「現代化範式」。前一範式可以說是革命中心主義的，革命話語主導了人們的理論研究，壟斷了價值判斷的話語權力。激進革命被認作是代表了進步，是實現現代化轉型最快最好的方式。因此在這種認知範式和話語權的主導下，無論是對近代史的解釋還是對政治發展的認識都趨向於讚美革命和妖魔化其對立面。不過隨著近代革命告一段落，隨著時代主題的轉換和學術的發展，這種審視近現代中國各種社會政治現象的視角和理論範式已經逐漸被更爲中性化的現代化範式所取代。在現代化範式下，革命不再是一切的中心，中國近代以來的發展被視爲是從傳統社會向現代社會的轉型。當然在這中間，人們對現代化、對傳統與現代關係的理解存在著差異。線性現代化、全盤西化與多元現代化觀念的差別就是一個表徵。在多元現代化觀念之下，雖然一些通用的現代化指標仍然被認爲是有用的，但後發國家的現代化過程不再被視爲是一個實現與西方完全形式趨同的過程，這已經被世界現代化的歷史所證明。其中與西方社會文化異質性非常大的東方社會的現代化轉型尤其具有自身的特殊性，更富苦難和挫折。〔註53〕源遠流長的華夏文明作爲東方文明的一個

〔註53〕張銘教授著重研究了這一問題，參考張銘：《現代化視野中的伊斯蘭復興運動》，中國社會科學出版社，1999 年。及張銘：《政治價值體系建構：理論、歷史與方法》，社會科學文獻出版社，2012 年。

重要代表，其現代化過程或因應現代化挑戰的過程必然也會有自身的特殊性：特殊的初始條件和資源，特殊的困難和課題，特殊的路徑選擇等。科舉制度這一個案就提供了審視華夏文明近代轉型的一個很好的切入點。

　　科舉制度是傳統華夏文明的一項核心制度，因此我們也需要以文明或文化為總體背景來研究它。〔註54〕但是文明作為人類社會最大的一個有機單元是非常複雜的，因此在分析過程中有必要採取一些分析方法和理論框架來加以簡化和具體化。迄今為止，理解複雜人類社會及其變遷的最為宏觀也是最為有效的理論工具就是系統論與複雜性科學。系統分為簡單系統和複雜系統，人類文明則是一種「複雜大系統」，其中所包含的要素、結構和非線性的互動關係非常複雜，遠遠超出了人類理性可以全面認識和控制的範圍。系統具有維持內部穩定的機制，但它也同時處於動態演化之中，系統的動態演化就涉及到進化論所研究的對象。〔註55〕雖然人們對進化論存在著不同的理解和理論上的爭論，但它仍然是理解複雜系統演進最為重要的理論方法。文明也是一種處於不斷演化中的複雜大系統，因此進化論是一種可以從總體上理解文明系統演進的理論。進化論包含許多理論分支，其概念框架在自然科學（主要是生物學）和社會理論中也有很多差異。本項研究主要是借鑒了人文社會學科中的進化論思想和文明發生學思想。這主要包括哈耶克在其一系列的著作中所提出的文化進化思想，托馬斯・哈定等學者所著《文化與進化》一書中所提出的一些理論觀點，湯因比在研究不同文明時提出的「挑戰──應對」理論範式以及布羅代爾的長時段理論等。

　　綜合來看，本項研究認為文明系統是人類社會中適應各種不測環境挑戰和實現自組織管理的最大有機單位。而從動態的觀點來看，人類社會又是處於動態演進中的，這種演進具有兩種看似對立的特點：開放性和路徑依賴性。前者是說為應對不測挑戰或由於各種因素的複雜非線性互動作用導致文明系統的演進呈現出一定的開放性和不測性，而後者是說由於受結構性因素和穩定**趨勢**的影響，文明或文化總是具有一定的路徑依賴性，它不是一張可以任

〔註54〕雖然「文明」與「文化」的含義有所不同，在語義上後者可能更側重精神性的成分，但是從劃分單位的角度來看，二者往往是重合的。

〔註55〕我們習見的「進化論」往往指向一種進步觀念，尤其是在理解歷史演變上，這種進步觀念更為濃厚。不過，關於「進化」是否一定是「進步」的這一問題，人們的認識有分歧，因此有人主張用「演化」一詞來翻譯 evolution，這顯得更為中性。

意畫出各種圖畫的白紙。這種路徑依賴性和結構穩定性正是文明的延續性和自我同一性的表徵。從「長時段」角度來看，這些結構性的因素都是文明系統在不斷適應各種挑戰的過程中，在試錯經驗的積纍和歷史篩選過程中所沉澱下來的。雖然這些結構性安排未必在所有情況下都是最優的，甚至用形式理性的眼光來看，其中有些方面可能顯得非常不合理，但是它們能夠經受住長期的歷史篩選和打磨，這一事實本身就表明其存在具有一定的歷史合理性。以歷史理性的眼光來看，它們可能是相應歷史條件下比較適宜的安排甚至可以說是最不壞的安排，其中也肯定具有一些成功人類文明的共性特徵。

這種經歷長期歷史演進所形成的具有一定穩定性的結構雖然在適應特定的生存環境（「小生境」）時取得了成功，但是它也限制了進一步進化的潛力。因此當環境挑戰發生巨大變化時，這種「專化適應」性比較強的結構往往也會在應對新的時代挑戰時失去靈活性。但同時我們不要忘了問題的另一面，那就是這些歷史積澱物仍然發揮著各種重要的功能，構成了自身文明不可或缺的支撐。這就導致了兩個問題，一是需要在變化了的內外環境挑戰中對傳統進行適應性調整或革新，二是在進行這種革新的同時需要保持自身的社會整合。這實際上也是近代中國社會轉型中所遭遇到的兩重問題。

在近代中國，為了應對內外環境劇變帶來的新挑戰，國人不得不睜開眼睛看世界，通過有意識地變革自身來謀劃中國的未來，由此引發了轟轟烈烈的改革行動乃至革命行動。這種用新的選擇和行動來不斷影響現代中國的過程就是本文所說的中國近代轉型過程。革廢科舉這一重大的制度變革就是當時的改革者在特定環境壓力下有意識採取的一項重大行動，也對近代中國轉型造成了深遠的影響。

研究科舉革廢問題，有時不可避免地會涉及到對這一歷史事件的評價和論斷，這背後又涉及到一定的歷史哲學或歷史研究方法論，因此，這裏有必要對此先交代兩句。黑格爾曾說，「存在的就是合理的」，對於已經成為既成事實的歷史事件，當事人之所以採取特定的行動，當時之所以會發生這一特定的事件，其背後自然有千頭萬緒的因果在。歷史研究者往往正是致力於通過發掘各種歷史證據來重建和還原歷史事件，來解釋某種歷史事件為什麼會這麼發生。這種還原史實和尋找因果關係的研究所探討的是「實然」問題。但讀史之人往往都難以避免會產生臧否歷史人物和評判歷史事件的衝動，這是因為讀史或研究歷史也是一個與歷史進行對話的過程，在這種對話過程中

產生了交互性，從而使歷史成爲活的歷史，成爲「當下史」。歷史事件和歷史人物會觸動我們的意義世界，引發某種同情之理解或道德之義憤，與我們當下的視域發生融合，由此歷史事件不再是冷冰冰的過去，而變得對當下的主體和當下的理解具有了新的意義。也就是說，過去發生的歷史事件之於當下的意義就在於這種新的意義生成過程，正是通過這一意義生成過程，歷史中所隱藏的信息傳遞到當下，並轉化爲可以影響和建構當下存在的主觀知識。另一方面，在這一與歷史對話的過程中還包含著讀史之人的某種後見之明和超然其外的優越感，而這是書寫歷史的人物在事前並不具備的。比如，在讀司馬遷所記載的鴻門宴事件時，項羽不在鴻門宴上設伏殺劉邦的英雄氣概和貴族氣質容易引發我們的同情，但另一方面，以後見之明的眼光來看，我們也會指責項羽放走劉邦的做法對其稱霸天下來說是錯誤的，而項羽的貴族氣質對於一個爭霸天下的人物來說反而是一種性格上的缺陷。當然，這種評價實際上已經涉及到一定的價值立場了，那就是只有在肯定稱霸天下而不是貴族氣質的價值時我們才能說項羽的行爲是錯誤的。

　　因此，對歷史人物和歷史事件的評價往往涉及到「實然」層面之外的另一個層面，即「應然」。不管研究者有沒有意識到這一點，「應然」問題不可避免地涉及到一定的價值立場。對歷史事件的很多爭議往往就是因爲價值立場的不同。當然，這背後還有一個「以論帶史」和「論從史出」的重要分野。「以論帶史」的做法往往具有意識形態的獨斷色彩，人們被某種事先的價值立場和情感所左右，而對於實際的歷史事實則缺乏深入細緻的研究。而「論從史出」的做法在做出價值判斷時雖然也無法避免某種價值預設，甚至在史料的發掘方面也會受到價值預設和興趣的指引，但好在這種立論容易在事實層面找到支持，如果研究者也能夠對自己的價值預設具有一定的自覺意識，那麼在這種情況下即使發生爭論也往往是富有建設性的，因爲這種爭議和辯論能夠引導研究走向深入，也能夠使人們更全面、更理性地看待某個歷史事件，從而更有助於從中獲取教益。

　　進一步，如果我們區分得更細緻一些，可以將「史論」劃分爲對歷史事實的因果論斷和對歷史事件的評判性論斷。前者主要取決於對史實的發掘和對因果關係的探尋，而後者涉及到價值評判，這種評判除了受到史實發掘的影響之外，還受到人們的價值預設或立場的影響。因此，對後者的爭論要想具有建設性首先需要各方對自身的價值預設和立場具有一定的自覺意識，這

樣才不至於受到一些無意識觀念（沒有經過理性反思的觀念和見解）的支配，不至於在爭論中各說各話。

對於廢科舉的評價，歷來眾說紛紜，甚至觀點尖銳對立。這往往或者由於人們掌握的史料不同，或者由於人們的價值立場不同，或者由於人們看待問題時切入的角度不同，或者由於以上原因的復合影響。本項研究既然涉及到這一問題，也就不能不交代一下筆者自己看問題的角度和有時會滲入其中的某些價值預設。本文是從華夏文明近代轉型的角度來看待科舉革廢事件，這背後會涉及到對這種轉型的理解，對什麼東西之於這種轉型有助益的判斷。這些都會對相關的分析產生引導作用或構成相應論斷的基礎，比如，如果我們肯定走向一個健康的多元社會是近代轉型的一個深層方向，那麼在科舉革廢過程中如果不能對準這一方向就可能導致嚴重的問題；又如，如果我們肯定歷史的經驗教訓和智慧具有重要的價值，值得我們尊重，那麼無視它們甚或直接拋棄它們的做法就是成問題的；還有，如果我們肯定「穩定」（當然，這種穩定不是指依靠高壓體制維持的所謂穩定，而是一種基於公共認同等元素之上的穩定）之於轉型社會具有很重要的意義，那麼能夠維持社會整合和意義世界平穩的東西就是值得重視的；再如，如果我們肯定約束權力對於現代化發展和一個社會的長遠健康發展具有重要的價值，那麼官僚國家的惡性擴張就是負面的東西，不注意剋制這一問題的做法也就是有問題的，等等。

除了上述理論觀點之外，從政治學的學科角度來研究科舉制度可以運用「國家與社會」的理論視角。科舉制度是傳統社會中一項上繫國家政教，下繫社會分層流動乃至基層治理的制度，因此運用國家與社會視角來進行分析是非常切當，也是非常必要的。這又包括多個方面，比如科舉制度與大一統中央集權，科舉制度與精英培養、選拔及文官體系，科舉制度與基層社會治理等。另外，科舉制度自身所存在的一些困境也與它作為一項國家選官制度對社會所產生的巨大導向作用有關。

除了國家與社會視角之外，分析科舉制度這麼一項重要的制度自然也離不開制度主義的分析方法，在文獻綜述部分，筆者指出學界已經越來越多地意識到制度或社會秩序是嵌入在複雜社會系統之中的。可以說，一項基本制度的背後是一整套的歷史文化傳統。本項研究的制度分析也採納了這種對制度的新認識，其中一些重要的理論觀點包括：基本制度是嵌入在文明結構和複雜社會文化網絡中的，制度的背後涉及到地方性知識；處於複雜和動態演

化系統中的制度不可能在所有方面都完美，並且日久必會產生新的弊端等。這些觀點都源於一個社會的基本制度總是嵌入在複雜社會系統的動態演進之中，受到多種因素互動的影響，因而一項基本制度也必然會受到各種約束條件的制約，尤其是受到整個文明系統結構的強烈影響。也因此，在異質性非常顯著的不同文明系統之中，其主要制度的樣式和特點都具有非常大的差異，當然我們也不能排除在形式差異背後具有一些共性的功能。

在這些認識的基礎上我們可以進而考察近代中國的制度變遷問題，而在對制度變遷的解釋上面，本文主要運用了一種「建構製度主義」的分析方法，畢竟近代中國許多重大的制度變遷都是國人有意識地應對時代挑戰和學習西方而主動採取的措施，這一過程涉及到國人對西方經驗的解讀，涉及到國人對自身問題的理解，因此，這一解讀過程和相應的行動過程自然會顯著地受到認知因素的建構性影響。由此進一步產生的問題就是，在相應認知、觀念乃至偏見的影響下人們有意識行動所追求的目標與複雜社會系統運作所產生的實際歷史後果之間可能存在很大的張力，關於這一問題的分析是我們在反思這段歷史時需要認真發掘的地方。這樣，無論是國家與社會的分析方法還是制度分析方法就都與複雜文明系統關聯起來，都可以整合到華夏文明演進和近代轉型的總體框架之內。

四、寫作框架與篇章佈局

本項研究按照布羅代爾所提出的三個時段理論來規劃總體寫作框架。布羅代爾將歷史時間區分爲三個時間段，即地理時間、社會時間、個體時間。後來，他又更爲明確地將這三個時間段稱爲「長時段」、「中時段」、「短時段」，並分別把這三個時段加以概念化，即把「長時段」稱爲「結構」，把「中時段」稱爲「局勢」，把「短時段」稱爲「事件」。爲了研究科舉制度與華夏文明的近代轉型，本文以清末新政的廢科舉事件爲中心向前向後輻射，以近代社會轉型爲局勢或中時段，以科舉制度在傳統文明長期演進中所形成的結構特徵和廢科舉所遺留下來的長期影響和難題爲長時段因素。

具體的篇章佈局如下：

第一章主要闡述科舉制度產生的文明結構背景，這主要包括兩個核心要素：大一統王權與儒學。以長時段眼光來看，二者都具有相應的歷史合理性，它們之間形成一種共生互動的關係，這構成科舉制度產生的文明結構背景。

　　第二章主要考察科舉考試制度與華夏文明系統實現結構性嵌合的過程及科舉制在帝制時代中後期所發揮的重要功能。選舉制度是儒學與一統王權維持共生關係的重要紐帶，但察舉制的長期實施導致了許多不利於大一統局面穩定和無法保證選舉質量的嚴重問題，而科舉制則有效地彌補了其缺陷。經過長期的演進，在明清時代，科舉考試、儒學教育和大一統政治磨合成為一個穩定耦合的系統。這樣從頂層的大一統中央集權到居中的文官制度，再到基層社會文化網絡的構建，科舉制度都發揮了重要的功能。

　　第三章主要探討近代轉型過程中的科舉製革廢過程及其直接後效。西方一波波的衝擊最終引發了國人的激烈反應，經過一個認知轉化的過程，科舉制度改革被提上議事日程。最終為了推廣新式學堂以迅速實現富強，改革者選擇了立廢科舉，其實際採取的改革方略則是「合科舉於學校」。但這種錯位嫁接和單線突進的變革方式導致教育體系、人才出路、文官制度等方面出現全方位的紊亂失調，也為進行中的憲政改革埋下了陰影。

　　第四章主要是從長時段視角審視廢科舉所造成的長期影響。這表現為政治重建的困難、鄉村社會的困境以及文化重心失落、文明教化失去傳承這幾個主要方面。可以說這些重要的影響隨著此後歷史進程的展開都逐漸暴露出來，其蝴蝶效應的餘波甚至延續至今。

　　第五章主要是進行理論總結和反思，分析近代革廢科舉之舉措背後的觀念和方法論思維所存在的問題。這種反思主要針對以下三點：一是針對那種線性思維方式和另起爐竈的做法，其背後更深層的觀念基礎是線性歷史進化論；二是針對那種大變、速變、全變的改革方略，與之相比，分散試錯、碎步前進的改革方略更適合「複雜大系統」的特點和要求；三是時人沒有意識到科舉制度在本土文明中的核心地位，沒有意識到任何制度改革的成功都離不開社會文化網絡所保障的底線倫理、底線秩序之支撐。

第一章　科舉制產生的文明結構背景

　　華夏文明自秦之後走向了大一統，一統王權與儒學逐步成為兩大拱頂石，它們之間形成一種「共生關係」，並在傳統社會中經受住了長期的歷史考驗。本章內容就是從長時段角度考察一統王權與儒學的歷史合理性以及它們的磨合過程，二者共生互動的拱頂結構成為科舉制產生的文明結構背景。從歷史篩選和長時段的眼光來看問題會使我們將注意力集中到持久存在的一些環境因素和結構性因素上面，這些正是下面的分析所側重考察的。

第一節　大一統王權的歷史合理性與兩面性

　　華夏文明源遠流長，但在周秦之際卻發生了一次劇變，由此形成的基本政治結構一直延續到帝制時代末期。這其中最為突出的當屬大一統王權的產生，〔註1〕此後中國歷史中雖然有一些長期分裂動蕩的時期，但是每一次分裂和動蕩最後都以向大一統秩序的復歸而告終，並且越往後一統王權下的穩定時期越持久。

　　秦王朝可以說是這一歷史進程的開端。從列國爭雄中脫穎而出的秦國開創了大一統時代，對此後歷史進程影響深遠。秦國能夠從列國爭雄中勝出有

〔註 1〕　值得注意的是，「大一統」最初有其特定的含義，「大」作為動詞是指「以……為大」或尊重的意思。其思想淵源可能由來已久，不過從秦代開始的、建立在郡縣制和集權官僚制之上的一統王權相對於周代的分封制和世卿世祿制來說還是體現出了政治結構方面的劇變，本文所說的「大一統王權」主要就是側重這一政治結構方面的特點。對「大一統」含義的具體分析和相關考釋可以參考馬衛東：《大一統源於西周封建說》，《文史哲》，2013 年第 4 期。

很多原因，但其中至關重要的一個方面當屬秦國所具有的體制優勢：通過建立中央集權的國家制度和實施獎勵耕戰的政策，逐漸確立自己的軍事優勢。〔註2〕按照許田波的說法，秦實行了「自強型改革」，即努力通過提升政府的行政能力來增強軍事和經濟實力。〔註3〕這種改革的結果是「秦國建立了以『嚴密的行政結構』爲特點的『高度現代主義的政府』」。〔註4〕這套嚴密的組織體系使國家對編戶齊民的控制下沉落實到了基層，相比於歐洲現代國家構建的歷程，傳統中國的國家構建是非常早熟的，儘管它在技術手段的理性化方面與現代國家相比還無法匹敵。秦最終統一了中國，建立了第一個大一統王朝。在實現統一之後，秦始皇又採取了一些加強大一統的措施，比如廢封建、行郡縣，修馳道，實行車同軌、書同文，統一貨幣和度量衡等措施。在這些具體的措施之外，最爲核心的當是高度中央集權的權力組織結構。皇帝集軍事、行政、立法、司法等最高權力於一身，理論上說握有對臣民生殺予奪的大權，其權力的貫徹則通過對皇帝負責的官僚組織體系來實現。

今人多以西方民主制度爲參照系來批判傳統政治的「專制主義」，但是我們不應忽略了問題的另一面。那就是大一統王權能夠在中國歷史上經受住長期的歷史考驗，這背後必然有其歷史合理性。事實上，在代議制發明之前的前現代社會還沒有一個版圖龐大的國家是通過民主制度實現治理的。雖然希臘、羅馬都曾實行過民主制度或共和制度，但是這種民主或共和制度很難超出城邦的範圍。因此，帝國體制在前現代社會具有一定的普遍性。〔註5〕在維繫帝國體制的長治久安和文明的延續性方面，華夏文明應該說是相當成功的。

從秦國在列國爭雄中勝出的過程中我們已經能夠看出集權國家在戰爭環境中的競爭優勢。這种競爭優勢源於其強有力的組織動員能力，具體說來包括更強有力的汲取和分配資源的能力，進行更大範圍協調作業的能力，統一指揮調度的能力等。人類社會公共權力的集中和強化程度在很大程度上受到當時「政治生態」緊張程度的影響，特定國家面對的內外挑戰越嚴重，其對公共權力集中和有效運作的需求也就越高。這種應對環境挑戰的適應過程符

〔註2〕劉澤華教授是比較早地走出階級分析史觀來指出這一問題的學者，參考李振宏：《中國政治思想史研究中的王權主義學派》，《文史哲》，2013年第4期。
〔註3〕許田波：《戰爭與國家形成》，上海人民出版社，2009年，第72頁。
〔註4〕同上，第168頁。
〔註5〕在這方面，艾森斯塔特對帝國體系進行了廣泛的比較研究，參考艾森斯塔得：《帝國的政治體系》，貴州人民出版社，1992年。

合進化論中「適者生存」的基本學說。具體到文明發展方面則符合湯因比關於文明發生學的「挑戰——應戰」理論範式，湯因比甚至認爲是困難環境的挑戰而不是「安逸的環境」刺激了文明的發展。〔註 6〕這方面有大量的例證，魏特夫在研究「東方專制主義」時就特別強調「治水」這一因素，稱其爲「治水社會」或「治水文明」。〔註 7〕姑且不論這種集權國家在起源上是否由治水需要所導致，這一觀點背後正反映了上述道理：爲了應對惡劣自然環境的挑戰，需要大規模的集權組織來進行協調作業。即使是實行共和制度的羅馬城邦也知道在戰爭危機時期需要選出一個獨裁官來實現統一指揮和迅速決策，這背後也是同樣的道理。

正是在嚴酷的戰爭環境中，作爲一個有效戰爭機器的秦國被歷史篩選出來並統一了中國。這不一定符合人道原則，也非個體行動和人之理性設計所能決定，而是歷史理性在發揮主導作用。因爲在當時，這一體制具有最強的戰爭動員能力和競爭力。具有諷刺意味的是，講求仁政、禮義的儒家在戰國時代到處吃閉門羹，而講求勢、力等功利原則的法家則在秦國大行其道並獲得了成功。

一統王權及郡縣制國家一旦產生就給中國歷史的總體面貌打上了自己的印記，也就是說，在歷史演進中這一初始性「選擇」對此後的社會發展帶來了「路徑依賴」效應，「漢承秦制」就很清楚地表明了這一點。當然，這裏並不是想將大一統王權的長期延續都歸因於路徑依賴機制的作用。因爲事實上，緊接著漢朝而來的魏晉南北朝時期中國社會實際上重新經歷了某種再「封建化」的過程。然而，此後中國歷史頑強地再三走上大一統軌道的背後，應該說有著某些持久的因素在發揮作用。在這個意義上，秦開創的大一統政治本身所具有的生命力的確不能忽視。而華夏大一統文明之所以具備優勢可以說也「事出有因」。以年鑑史學派「長時段」眼光來看，華夏文明所處的東亞大陸環境這樣的歷史地理因素（或環境因素）和一些結構性因素可能是至關重要的。

承接上文關於集權國家的組織優勢的論述，我們會發現這種結構對於華夏文明的生存來說具有多方面的功能優勢。雖然人類不同的文明要實現生存

〔註 6〕　參考湯因比：《歷史研究》（上），上海人民出版社，1986 年，第 109 頁等處。
〔註 7〕　卡爾‧A.魏特夫：《東方專制主義：對於極權力量的比較研究》，中國社會科學出版社，1989 年，第 13 頁。

和發展都必須具備許多共同的功能，比如建立政權，進行文化教化，組織起軍事力量等，但是一個文明所應對的各種挑戰和應對的方式又總是地方性的，適應挑戰過程的地方性體現在它既是從自身稟賦出發的，又是在回應本土環境下面臨的各種挑戰。因此，其背後必然會具有許多地方性特徵，涉及到許多地方性知識。從華夏文明應對環境的挑戰來說，大一統國家在治水、賑災、防禦等方面具有更好的協調優勢和規模優勢。黃河周期性的泛濫和改道是長期影響中國社會的一大災害，由此產生的治水和賑災工作涉及到大範圍的地域，並且所需的大量資源也不是本地所能解決，因此大一統國家的集權組織體系可以更好地完成這種任務。在遠古時期，大禹治水可能就是當時權力逐漸走向集中的一大原因，而後世在治水方面也是下了很大功夫，清代的河道總督是獨立於各省督撫而設，為的就是起到對整個流域的協調作用，國家也經常需要為治水劃撥大量的銀兩。

中國所處的東亞大陸處於季風氣候影響之下，這導致了兩個結果，一是受不穩定的季風氣候影響而容易發生災荒，〔註8〕二是根據降雨量大體形成了一條劃分游牧與農耕地帶的長線。〔註9〕這就相應產生了傳統中國兩大持久的政治課題：荒政和防禦游牧民族的侵襲。為應對經常發生的大範圍災荒肯定需要向其他地區調度資源和疏散人口，並需要將這些資源有效地分發到災民頭上。這些問題如果處理不好就可能導致流民引發的動亂，明末連年自然災害引發的流民問題就非常嚴重，但處於內憂外患中的朝廷再也沒有能力應對這項工作，這些流民最終變成了流竄各省的起義軍。這雖然是一個反面的案例，但在從事這種大範圍的協調工作方面集權國家無疑具有功能上的優勢。在承平時期，官僚機器在應對災荒問題上確實能起到很大作用，正如魏丕信在其權威研究中所指出的：「深入研究《賑紀》，包括其中那些清晰的描述，特別是那些精確的數據，毫無疑問地證明了，至少在某些情況下，對於『皇恩』的稱頌，以及對於賑災成效——即『全活無數』——的稱頌，並不僅僅

<hr>

〔註8〕 對於各種災害及其帶來的苦難的一個個案描寫可以參考史景遷：《王氏之死》，上海遠東出版社，2005年，第4～8頁。在山東郯城這麼一個小縣城短短幾年內就發生了數起水旱災害、蝗災、地震等自然災害，而天災往往帶來人禍，盜匪變得盛行，民不聊生。

〔註9〕 黃仁宇在《中國大歷史》一書中著重強調了這種地理因素，他稱其為「大歷史」視角，這與年鑒史學派的「長時段」理論是一致的。參考黃仁宇：《中國大歷史》，三聯書店，1997年，第三章。

是炫耀式的空話：這是符合現實的。而且，這種現實所體現出來的，是以一整套嚴密的規章制度爲基礎，經有關官僚機構付諸實踐的相當複雜、技術性相當強的運作。」〔註10〕

從歷朝歷代的情況來看，對傳統華夏文明影響非常大的一個因素是草原游牧民族持久的侵襲。這些游牧部落往往是逐水草而居，草原放牧是粗放式經營，不能像農耕一樣進行精耕細作，因此，草原部落的特點是隨著人口的滋生和生存環境的惡化就會迅速導致資源的緊張，進而就會外向掠奪資源。游牧民族驍勇善戰和遷徙流動的特點也使其容易騷擾定居農業地區，這就導致游牧民族與農耕民族經常性的衝突，二者的力量對比有一個此消彼長的關係。在一統王權強勢的時候往往能夠發揮規模優勢，實現有效防禦，甚至能夠進行追擊。早在秦朝始皇帝就試圖通過修葺和構築連綿的長城來解決游牧民族的侵襲問題。漢武帝和唐太宗在位時期對匈奴等周邊民族的戰略優勢也說明了大一統國家在防禦和擴張上的能量。宋代、明代後期雖然由於各種原因最終沒能抵禦住外族入侵，但也在很長時期內組織了有效的防禦。而在大一統局面破裂或王權弱勢的時候則會出現外族入侵的猖獗時期，由此導致的戰亂和退化對社會經濟產生巨大的破壞作用，甚至威脅到文明的延續，比如在魏晉南北朝時期，華夏文化重心不得不南遷避難。往後說，宋代曾經在商業和文化等方面的發展上達到了一個高峰，但是蒙元的入侵則打斷了這一進程。因此從應對嚴酷環境的挑戰方面來看，傳統華夏文明不斷走向大一統的結構似乎並不是一個歷史的錯誤，而是滿足了許多功能性需要。

大一統王權不僅能應對種種由環境、地理因素而帶來的挑戰，它在維持國家內部和平與政治穩定方面也有著自己的歷史合理性。

雖然今人多從現代的立場來質疑一統王權的合法性和合理性，但是縱觀中國歷史，最爲繁榮的治世之出現往往是有雄才大略的明君在位，而最爲黑暗、動蕩的時期則往往是一統局面破裂下的割據混戰時期。在春秋戰國的戰亂中，中國一度出現文化最爲繁榮的局面，這被視爲中國文化的軸心時代。但文化的繁榮或創造力激發卻未必與戰亂成一絕對的正相關關係，相反後世文化最爲繁榮的時期往往出現在治世而非亂世。經濟社會的退化則與戰亂成正相關關係，在長期的戰亂中，作爲文化發源地的中原地區逐漸失去其經濟

〔註10〕 魏丕信：《18世紀中國的官僚制度與荒政》，江蘇人民出版社，2002年，第1頁。

文化優勢就說明了這一點。這是因為只有在一統國家所保障的底線秩序和大流通平臺之下，市場秩序才能得到擴展，分工協作才能深入，社會經濟才能得到長足發展，一個社會也才有更多的剩餘來從事文化的生產。正因此在王朝初期的恢復期過後往往就能迎來一個經濟繁榮和文化昌盛的鼎盛時期。

　　大一統王朝的崩潰往往伴隨著外族的入侵和內部的分裂割據，由此開啓了戰亂和動蕩不安的時代。經歷長期戰亂，就會出現「人心思定」的社會心態，所謂「寧為治世犬，不做亂世人」，這說明一統政治所能帶來的穩定局面成為亂世中的人心所向。將諾齊克關於國家起源的推理轉化一下可以用於解釋這種情況。〔註11〕在割據混戰狀態下，大大小小的軍事集團都為自己的統治區域提供保護和收取保護費，同時與其他軍事集團競爭。但這種局面的代價是極大的，一方面是軍費開支巨大，從而加重了對生產者的剝削。另一方面，社會也不安定，多流寇，流寇只會進行毫無原則約束的掠奪而不提供保護。壟斷了暴力手段的一統國家的產生正是源自不同軍事集團之間的競爭。在這种競爭中，一個最強有力的保護人勝出之後就可以發揮規模經濟，通過較少的固定稅負（保護費）來提供保護，這符合保護人的長期利益（相對於流寇來說，保護人需要考慮自身的長期利益），也在很大程度上符合多數被保護人的利益，這樣就出現了合作收益。因此，從理性選擇的角度來看，大一統相對於割據混戰局面在一定程度上更符合社會大眾的利益，人心思定當有這方面的原因。當然這背後還有一個問題，那就是這個一統王權會不會濫用權力而使情況更糟。因此，要想贏得民眾的擁護就需要提供可置信的政治承諾，那些軍紀嚴明而又做出良好承諾（如「約法三章」之類的）的軍事集團無疑更得人心。另一種可能就是通過直接的激勵手段來獲取社會支持，比如像秦國那樣通過獎勵耕戰來獲取最大限度的政治動員。最終，如果有一支政治軍事力量具備組織上和戰略上的強大優勢及其他有利條件就可能重建大一統王朝，大一統政治結構就會在經歷周期性的崩潰之後又得以重建起來。這種重建過程實際上與秦朝統一六國的過程具有類似的邏輯，都是以「力」得天下。而這種「力」的獲得則與集權而有效的組織結構具有很大的關係。其道理正如前面所講的：在政治生態極為緊張的情況下，對權力集中和有效運作的需求也就越高。

〔註11〕參考諾齊克：《無政府、國家與烏托邦》，中國社會科學出版社，1991 年。

　　在這方面，與歐洲中世紀以來現代國家構建的過程進行比較是非常有啓發性的。戰爭也是歐洲進行國家構建的一個非常重要的動力，很多當代的研究都已突出強調了這一點。〔註 12〕在戰爭和其他因素的影響下，國家權力逐漸實現集中和向社會的滲透。這一時期出現的絕對主義國家似乎與中國歷史上的大一統國傢具有某種家族相似性（比如常備軍，官僚制，君權突出等）。只不過歐洲國家更多地繼承了來自其封建社會的特有遺產而已，這在處於歐洲大陸之外，政治生態不那麼緊張的英國尤其明顯。正是在此種有利條件下，這個處於歐洲文明邊陲的島國逐漸孕育出了此後影響世界的憲政制度和工業革命，從邊緣一躍而變爲中心。

　　雖然羅馬帝國依然是許多歐洲封建國家的政治偶像，但歐洲在羅馬帝國滅亡之後就再也無法建立起一個普世帝國。這對此後歐洲的歷史進程乃至人類文明的進程都產生了深遠的影響，這種影響有利有弊。其利在於缺乏普世帝國的一統化增強了歐洲社會的多元性、競爭性和靈活性，這對資本主義和憲政制度的成長提供了較大的空間。不過我們也應注意到這些東西並不會因爲具備多元條件就會自然產生，它們還受其他各種複雜因素（尤其是源自西方文化傳統中的一些因子）與這種條件互動所產生的影響。當然，資本主義的長足發展也離不開後來建立起來的現代國家所保障的政治秩序和大流通平臺。其弊則在於缺乏一統導致歐洲長期處於國家間的對抗和戰爭之中，除了從中世紀以來不斷爆發的大大小小的戰爭之外，具有更大影響的是導源於歐洲的兩次世界大戰，後者因爲與同樣發源於歐洲的現代工業文明所提供的技術手段相結合而尤其慘烈，將現代文明的陰暗面暴露出來。〔註 13〕

　　對比歐洲的情況，大一統政治下的集權國家確實在相當長的時期內保證了和平與政治穩定。在有效地建立和運作一個大一統帝國方面，傳統中國確實比歐洲具有更大的文化和政治智慧。爲了維持一個大版圖國家的政治穩定，傳統中國通過賦予王權至高無上的地位而實現定於一尊，通過高度集權來抑制各種地方主義傾向和分裂勢力，通過文教手段來支持和加強政治上的

〔註12〕　參考蒂利：《強制、資本和歐洲國家：公元 990～1992 年》，上海人民出版社，2007 年。及吉登斯：《民族——國家與暴力》，三聯書店，1998 年。
〔註13〕　當時一些歐洲知識分子對文明產生了悲觀情緒，受此影響一些中國知識分子也對歐洲文明產生了失望之情，重新認同了中國文化。這裏指出這一點是爲了從一個小的方面來說明近代中國的思潮和行動受到當時國際環境和西方思想動態的強烈影響，後文在分析近代轉型時還會涉及到這一方面。

一統。在現代民族——民主國家建立之前，這或許就是一種比較可行的選擇。因此，強勢的皇權與集權官僚體制無論在應對嚴酷的環境挑戰還是維持內部和平方面都具有積極的意義，這就是其歷史合理性所在。

上面從長時段角度分析了一些歷史地理原因和結構性原因，當然我們也不能忽略了比較柔性的文化因素的影響。中國之走向大一統並得以長期延續這種局面肯定也受到文化因素的影響，並且文化因素會與另外一些因素之間產生互動，從而起到一種加固作用。從遠古開始，經過長期的文化交流和互動，中國大地逐漸成為一個大的「文化共同體」，這一過程大概就是不同文化之間不斷「接觸→衝突→交流→融合→整合」的過程。「如此不斷的擴大與複雜化，終於古代文化逐漸融合為幾個大的文化體。這些大文化體，在歷史時期，成為以中原為核心的中國文化集團，最後則成為所謂的中國文化，但仍無礙於其各地有濃淡不一的地區性特色。」〔註 14〕大文化共同體的形成既對大一統局面的形成具有促成作用，又因為大一統國家的長期影響而加強。另外，漢字的特點，它相對於語音中心主義的拼音文字來說具有結構上的穩定性，這對大一統局面的維繫無疑具有非常重要的作用。而源遠流長的儒家文化在一定程度上也是君主制的有力支撐，經過漢儒的詮釋和被定為獨尊之學之後，更是成為一種支持一統王權的官方文化。〔註 15〕雖然文化因素只是一種柔性的東西，不具有決定論的色彩，但它在此中發揮的作用是絕對不可忽視的。

雖然大一統國傢具有自己的功能優勢，但在國家提升自己公共權力的集中度與強度、提升自己應對內外挑戰能力的同時，它也面臨著集中起來與得到強化的公共權力走向濫用與自我異化的風險。國家權力是一把雙刃劍，就

〔註 14〕許倬雲：《歷史分光鏡》，上海文藝出版社，1998 年，第 7 頁。

〔註 15〕有學者將王權發達的文化原因追溯到了上古時期延續下來的巫術、祭祀傳統，稱其為「政教合一」結構，認為經過軸心時代之後這一結構又被重鑄出來，參考楊陽：《王權的圖騰化：政教合一與中國社會》，浙江人民出版社，2000 年。從政治統治與文化意識形態高度關聯在一起的角度來看，文化因素加強政治一統的論斷是成立的，但「政教合一」這一表述似乎還有待商榷。另有學者從中西比較的視野強調了中國政治文化中側重「一」與西方政治文化中側重「多」的差異，這在先秦諸子那裏就已經表現了出來，這無疑也反映出中國文化中具有支持大一統的文化心理，參考叢日雲：《談先秦諸子追求「一」的政治心態：兼與古希臘政治思想比較》，《天津師大學報（社會科學版）》，1992 年第 1 期。

像羅馬神話中的門神雅努斯（Janus）那樣有著兩副面孔。而那張醜陋與兇險的面孔不僅會帶來阿克頓勳爵所謂的「絕對的權力，絕對的腐敗」的後果，而且還會在對使用「硬權力」的迷信與依賴中使一個國家在治理文明與治理藝術領域裏全面倒退，從而遭遇全面的治理危機。因此，特定國家在運用高度集中並得到強化的公共權力成功克服自己所遇到的內外挑戰的同時，似乎又爲自己製造了一個更難對付的麻煩：使高度集中並得到強化的公共權力接受有效的制約而不致走向異化。可以說，人類文明在產生國家之後的每一步長足發展，都與能否成功地應對這個麻煩有關。大一統王權是以「力」爲基礎的，是「理性所不許施，議論所不敢到的領域」。〔註16〕它內在地具有非理性、「反智主義」的一面。〔註17〕這一矗立在社會之上的高度集權的王權和官僚體系也是具有自我擴張的內在衝動的，用歷史制度主義學派的術語來說，這體現出「國家的自主性」。〔註18〕如果這種能量巨大的權力走向失控，那麼後果必然是非常嚴重的。華夏文明在實現大一統之後馬上就遭遇了這一問題，秦朝則成爲始作俑者，爲後世王朝提供了一個非常突出的反面教材。

雖然秦王朝開創了大一統王朝的新時代，但它並沒有得到歷史的垂青太久，反而很快就成爲歷史嘲諷的對象。在殘酷的戰爭環境中，秦國以其政治軍事力量的強大而終以「力」得天下。但在「得天下」之後就馬上面臨著「治天下」的問題，而得天下所依靠的東西對治天下來說則不一定是好東西。秦制下強大的國家機器確實能夠「集中力量辦大事」，這包括進行軍事征討和修建馳道、長城、阿房宮等大型工事。爲了完成這些大規模的軍事任務和建築工事，秦王朝可謂無所不用其極。據估計，當時全國的人口約爲一千多萬，而當兵服役的人超過二百萬，占壯年男子三分之一以上。當兵服役的人脫離了農業生產，靠農民養活，這就出現了「徵泰半之賦，發閭左之戍。男子力

〔註16〕余英時：《中國思想傳統的現代詮釋》，江蘇人民出版社，2004 年，第 116 頁。

〔註17〕受激於文革，余英時從思想史上發掘中國政治文化中的「反智主義」一面，參考余英時：《反智論與中國政治傳統——論儒、道、法三家政治思想的分野與匯流》，載《中國思想傳統的現代詮釋》，江蘇人民出版社，2006 年。葛荃在其著作中也特別強調了大一統王權的非理性一面，參考葛荃：《權力宰制理性：士人、傳統政治文化與中國社會》，南開大學出版社，2003 年。

〔註18〕歷史制度主義的「回歸國家」學派著重強調了國家的自主性，參考斯考切波：《國家與社會革命：對法國、俄國和中國的比較分析》，上海人民出版社，2007 年。

耕不足糧餉，女子紡績不足衣服」的嚴重局面。〔註 19〕為了完成任務和壓制反抗，秦重酷吏，以「稅民深者為明吏」，任刑罰，以「殺人眾者為忠臣」，國家機器及其代理人異化為一種殘暴的壓迫性力量。始皇帝雖然具有雄才大略，但是其措施卻失之苛暴，秦二世更是等而下之，對源自戰爭經驗的嚴刑峻法和硬暴力的迷信最終給國家治理帶來了災難性影響。這一體制立基於其上的脆弱的小農經濟怎能經得起「取之以錙銖，用之如泥沙」的榨取和揮霍，而當生計都成為問題的時候，嚴刑峻法又能起多大的作用？反正都是一死，何不拼死一搏，王侯將相，寧有種乎？改朝換代的鐘聲很快就敲響了，秦朝國祚二世而斬，享國僅 15 年，成為中國歷史上非常短命的大一統王朝之一。

按照韋伯式的看法，傳統的國家權力無法滲透到社會基層，只有實現合理化的現代國家才做到了這一點，這種看法主要是以歐洲經驗為依據。〔註 20〕實際上，傳統中國很早就確立了大一統的中央集權體制，被視為歐洲現代國家構建過程中才出現的許多新現象，如中央集權、官僚制、常備軍在傳統中國早就具備了，這是中西差異的一個非常重要的方面。在戰國時代確立起了「秦制」，其組織動員能力實際上非常強大，但這種追求短期最大化的狀況不可能持續下去，秦朝的失敗就多少說明了這一點。這就好比「拉弗曲線」所揭示的道理：稅率的增高可以在短期內提高財政收入，但這會打擊投資和生產的積極性，因此會出現一個拐點，過了這個拐點稅率的提高就會產生相反的效果，這種情況用一個古語來說就是「竭澤而漁」。在脆弱的傳統經濟基礎上，這種拐點很快就會到來，當然所帶來的不僅僅是汲取能力的下降，還有民眾的反抗。

第二節　儒學與一統王權共生關係的形成及權力的儒化

秦王朝短命而亡令「秦人不暇自哀，而後人哀之」，對秦朝經驗教訓的反省成為此後儒家和統治者反覆提起的話題。由此而進行的政治反思和政治調整在漢初就已經開始了。漢儒正是抓住這一機遇，運用儒家學說對秦朝速亡的經驗教訓加以解讀，對秦政展開了廣泛的批判，大力倡導儒家的治理原則，

〔註 19〕《漢書·食貨志》。
〔註 20〕這方面比較有代表性的學者有馬克思·韋伯、吉登斯、邁克爾·曼等人。

並反覆向統治者建言獻策。在這方面，大儒陸賈、賈誼、董仲舒等都是非常典型的例子。「過秦」是他們的政論和對策中反覆強調的一個主題，與此相伴的則是標榜儒家的治理方式。〔註21〕這些建言獻策反覆強調統治要「逆取順守」、選賢任能，「馬上得天下」而不能「馬上治之」，要想保證長治久安就要重視文治禮教這種「軟權力」，而不要迷信嚴刑峻法之類的「硬權力」和暴力手段。後者雖然表面上顯得強大，卻是一種高成本而低成效的統治方式，正所謂「事逾煩天下逾亂，法逾滋而天下逾熾，兵馬益設而敵人逾多。秦非不欲治也，然失之者，乃舉措太眾、刑罰太極故也。」〔註22〕

　　在統治者方面，短命秦王朝所提供的教訓也在其頭上懸掛了一把「達摩克利斯之劍」，漢武曰：「任大而守重，是以夙夜不皇康寧。」〔註23〕唐宗曰：「水能載舟，亦能覆舟。」這都是有為帝王在歷史的警戒下所產生的憂患意識和畏懼意識。「家天下」在今天看來違反了民主的精神，但它也不是全沒好處，其好處就是使統治者對宗廟陵寢、江山社稷具有一種強烈的「產權意識」，出於對統治長遠利益的考慮，他們不得不致力於摸索合宜的統治方式。〔註24〕可見，即使是對於權力高度集中的一統王權來說，約束權力仍然是可能的，只要有此政治智慧。正是在這裏，儒家使統治者認識到採納儒家的治理原則，重用儒家精英有利於統治者的長遠利益。因此，與秦朝法家得勢、焚書坑儒的情況不同，漢代統治者與儒家開始相互親和，直至二者在武帝時確立起明確的合作關係。漢代以後，儒學與一統王權之間長期保持了一種「共生關係」。之所以說是一種「共生關係」是因為雙方互相依賴，互相向對方做出適應性的調整，這是一種雙向互動的關係。一方面，一統王權為了維持統治的長治久安不得不倚重儒家精英，接受儒家治理原則的約束，實行「仁政」。另一方面，源自「三代」尤其是周禮的儒學為了適應一統王權的需要也不得不對自

〔註21〕 賈誼的《過秦論》固然是流傳千古的名篇，但在他之前，大儒陸賈就已比較早地開始反思秦亡的經驗教訓，並向漢代最高統治者建言，應高祖劉邦所請而作《新語》十二篇，事見《史記・酈生陸賈列傳》。相比前儒，董仲舒對武帝所作的《天人三策》對後世的影響當更為重大，其中也多有對秦政的批判反思，事見《漢書・董仲舒傳》。

〔註22〕 《新語・無為第四》。

〔註23〕 《漢書・董仲舒傳》。

〔註24〕 於此我們也許就更能理解霍布斯對君主制所作的奇怪辯護：「公私利益結合得最緊密的地方，公共利益所得到的推進也最大。在君主國家，私人利益和公共利益是一回事。」（霍布斯：《利維坦》，商務印書館，1986年，第144頁。）

身做出一定的調整。在這方面董仲舒所做的工作就非常典型。董仲舒重新闡釋了儒家經典，爲大一統王權立言，謂「屈民而伸君，屈君而伸天，《春秋》之大義也」。〔註25〕又謂「春秋大一統者，天地之常經，古今之通誼也」。〔註26〕進而董仲舒主張，與國家的大一統相應，意識形態方面也要定於一尊，「今師異道，人異論，百家殊方，指意不同，是以上亡以持一統；法制數變，下不知所守。臣愚以爲諸不在六藝之科孔子之術者，皆絕其道，勿使並進。邪辟之說滅息，然後統紀可一而法度可明，民知所從矣。」〔註27〕在先秦儒學逐漸吸納了陰陽五行等學說之後，儒學甚而爲普遍王權提供了一種宇宙論形而上學的支持，強調等級尊卑、綱常名教，這些都適應了一統王權的需要。不過董仲舒雖然爲大一統王權立言，但其思想也不是完全俯伏於權力之下。徐復觀先生在對「屈民而伸君，屈君而伸天」一句的解讀中指出，在大一統王權已經成爲既成事實的情況下，這主要是爲了拿神秘的「天」來屈君、抑君，「『屈民而伸君』一句是虛，是陪襯；而『屈君而伸天』一句才是實，是主體」。〔註28〕對於一統宇內的帝王來說，也只有神秘的天能高過他了。實際上，天人感應和災異學說確實產生了實際的效果，歷代帝王往往因爲各種天災異象而下罪己詔，這提供了一種政治反思和調整的機會，儒家士大夫也可以乘機進言獻策。雖然漢儒和武帝的努力對儒學在漢代的復興和獨尊地位的確立發揮了重要的作用，但從長時段視角來看，儒學之所以長期被歷史選擇絕不是個別人有意識設計的產物。「儒學思想體系頑強的生命力主要體現在它所具有的一種『長時段』歷史效應上：大凡背離它倡導的治理原則的王朝政治都必然收穫自己的苦果。」〔註29〕

　　儒家主動向一統王權靠攏，這是不是說明儒家完全成爲王權的御用工具了呢？對此問題的評價關鍵看我們採取什麼角度。以西方文化爲參照系來看，儒家確實與權力靠得非常近，這與西方政教分離的「標準樣式」相去甚遠。但從歷史的角度來看，儒學所主要起的作用應當是約束權力而非爲權力

〔註25〕《春秋繁露·玉杯》。
〔註26〕《漢書·董仲舒傳》。
〔註27〕《漢書·董仲舒傳》。
〔註28〕徐復觀：《兩漢思想史》（第二卷），華東師範大學出版社，2001 年，第 212 頁。
〔註29〕張銘：《政治價值體系建構：理論、歷史與方法》，社會科學文獻出版社，2012 年，第 320 頁。

的濫用或暴虐張目，儒學與一統王權之間的結合體現了傳統文明在歷史經驗教訓之下的自我修正。當然這種修正是在一定的路徑軌跡和傳統慣性之下的修正，而不可能是憑空再造，或直接跑到現代西方那樣的樣式上去，這種「在傳統中的變遷」正是複雜社會系統演進的基本特點。中西社會在不同的歷史條件和自身稟賦下走向了不同的發展軌跡，由此「權力約束」這一成功文明必須加以實現的課題也需要在各自歷史條件和資源的基礎上來完成。既然華夏傳統政治文明實現了高度的政治統合，從而缺乏對權力有效的外部硬約束，那麼這種欠缺就必須得到某種「代償」才行，〔註30〕而儒學和儒家制度所發展出來的對國家權力進行「馴化」的機制所發揮的正是這樣一種作用。建制化的儒學遭到後人的諸多批判，這一點當然是因為它與權力結合的比較密切，但筆者這裏想強調的是，即使是這種建制化的儒學也並不是毫無自主性的御用工具，而是實際地發揮了約束權力的作用，並恰恰是通過建制化才能發揮這種作用。如果我們加以具體的分析而非一概而論的批判，那麼儒學在歷史上起到約束權力的修正作用這一點就比較明顯。

實際上，貫徹儒家的治理原則之所以有利於統治的長治久安正是由於儒學內在地具有約束權力和規範權力運作的屬性。首先，儒家的治道非常重視實施「仁政」（或「王政」），強調民本原則，它們都可以具體化為輕徭薄賦、使民以時、富民恤民、選賢任能等具體的政策措施。實際上，這些治理原則在孔孟時代恰恰是針對當時的苛政、霸道政治而提出，孔子過泰山側曾發出「苛政猛於虎也」之歎，而孟子則一直都試圖遊說君王採取其不違農時、愛民養民的仁政措施。當時由於列國爭雄局面的壓力，各國君主都在考慮如何迅速增強國力，因此加強國家機器的汲取能力就勢在必行。而孔孟的仁政方略對於追求短期利益最大化的列國來說是緩不濟急，所以無怪乎他們到處吃閉門羹了。但此一時彼一時也，儒家的治道原則在治天下時期卻具有內在的優勢，這也是大一統王權逐漸與之發生親和的基本緣故。

其次，儒學非常重視修身、教化、禮制規範、祖宗家法這些東西，它們都有助於增強掌握權力的主體的自律意識，有利於規範政治主體的行為。上述原則和教義是儒家經典中所反覆強調的主題，在某種程度上甚至可以說儒

〔註30〕 「代償」在生理學上是指某些器官因疾病受損後，機體調動未受損部分和有關的器官、組織或細胞來替代或補償其代謝和功能，使體內建立新的平衡的過程。這裏用其表達通過其他方式來彌補的意思。

學是一種約束權力和權力主體的教義。儒家名教落實爲士林清議，這形成了一種外在的約束，「在沒有宗教管束的中國，清議承擔了對讀書人的是非管束和善惡管束，而後裁斷、糾正、評判、界分、褒貶都會成爲塑造」，乃至「一入清議，則終身無所逃於天地之間」，「一玷清議，終身不齒」。〔註31〕而儒家重視以史載道的傳統更是使士大夫精英乃至皇帝本人還要在青史留名或是遺臭萬年的選擇之間加以認眞斟酌。通過這些及其他一些機制，儒學提供了對統治精英的行爲約束，進而通過這種方式來影響權力的實際運作。

再者，儒學非常重視社會自組織，其禮治規範主要就是規範社會秩序的，宗法家族是其最主要的載體。儒學在歷史上一直處於動態發展中，尤其是隨著宋以後新儒學（其中「心學」更突出）的發展，儒學更傾向於向民間社會發展，向下層發展。〔註32〕這與當時的士紳社會、商品經濟又發生了互動，從而使儒學在基層社會的自治中扮演了更重要的角色。儒學教化和相應的社會文化網絡對實現社會低成本治理來說意義重大。董仲舒有言：「夫萬民之從利也，如水之走下，不以教化堤防之，不能止也。是故教化立而姦邪皆止者，其堤防完也；教化廢而姦邪並出，刑罰不能勝者，其堤防壞也。古之王者明於此，是故南面而治天下，莫不以教化爲大務。立太學以教於國，設庠序以化於邑，漸民以仁，摩民以誼，節民以禮，故其刑罰甚輕而禁不犯者，教化行而習俗美也。」〔註33〕其主要意思就是說儒學教化下所形成的良風美俗有利於社會的低成本治理。而社會自治的成功可以使地方社會不必依賴國家公共權力的過多干預，國家權力可以比較放心地從基層退出，從而發揮了約束權力的作用。

總之，儒學體系在這些方面確實是關乎「治道」的學問，這包括治身、治家與治國。雖然這三個領域在現代人看來不屬於一個層次，尤其是身、家與國分屬於私域與公域，但在儒家看來它們則是一體的，這在很大程度上源於儒家治道非常突出掌握治權的「政治主體」的作用。因此，與追求彼岸世界的救贖宗教相比，儒學與國家政治發生關聯是非常自然的。下面著重對儒

〔註31〕楊國強：《晚清的士人與世相》，三聯書店，2008年，第148頁。

〔註32〕余英時特別強調了這一動向，參考余英時：《中國近世宗教倫理與商業精神》，《士商互動與儒學轉向：明清社會史與思想史之一面向》，載《士與中國文化》，上海人民出版社，2003年。以及《現代儒學的回顧與展望：從明清思想基調的轉換看儒學的現代發展》，載《現代儒學的回顧與展望》，三聯書店，2005年。

〔註33〕《漢書‧董仲舒傳》。

學在權力約束方面的作用進行一些更具體的分析，其中核心的作用機制就是通過權力的「儒化」來實現一種對權力的柔性約束。

權力的「儒化」是指權力的運作被儒學文化網絡所滲透、所規約。具體說來，儒家經典和孔聖權威性地位的確立「使儒家和儒學在與現實政治的對話與互動時，借助於對孔學和經義詮釋的文化優勢地位而能夠保持自身一定的相對獨立性」。〔註34〕這樣，權力的運作過程就與經學解釋學過程發生了互動，儒家的價值原則得以滲透到權力的實際運作過程中，這在漢代一個比較典型的體現就是「春秋決獄」。這種儒化的結果就是在權力系統之上構建出了一個並行的文化網絡，可以起到約束、規範和軟化權力的作用，這是傳統中國治理中非常獨特的一個方面，它與士階層所發揮的獨特作用是一體的。

大體來說，這種「儒化」包括制度的儒化，精英的儒化和治道的儒化。〔註35〕制度的儒化已經被學者專門研究過，其中很重要的一個表現就是瞿同祖很早就指出的「以禮入法」，這是法律制度儒家化最為突出的表現。〔註36〕它體現出儒家禮治原則對受法家影響所確立起的政治法律體系的一種改造。精英的儒化和治道的儒化則是緊密結合在一起的一個作用過程的兩個方面，其中最為關鍵的機制就是儒學教化的彌散滲透作用。儒學的彌散性影響很大程度上使儒家的治道原則滲透到統治精英的集體無意識之中，從而改變了精英的認知和行為方式，並使權力的運作處於一種文化網絡所提供的觀念、話語和合法性規範體系的包裹之中。正如艾森斯塔特所分析的，「對文化取向的強調，極大地影響了主要群體和階層所投身的政治鬥爭課題的性質。它也限制了政治鬥爭的課題、規則和組織的精緻表意水平」。「中國的政治意識形態認定，文化和倫理的規範包含了有關正當的政治行為和政策的所有教條。這樣，對於政策的異議和爭辯，只有在政策與那些教條不相協調的時候才是正當的。……在原則上，所有這些論辯，都必須被看作是對基本文化教條的闡釋

〔註34〕 林存光：《儒教中國的形成：早期儒學與中國政治文化的演進》，齊魯書社，2003年，第118頁。

〔註35〕 大陸儒家學者康曉光著重突出了「儒化」這一概念，參考康曉光：《我為什麼主張「儒化」》，http://www.aisixiang.com/data/4908.html。當然其「儒化」是在當下語境下針對中國未來的一種謀劃，本文只是比較客觀地考察歷史上的儒化現象。

〔註36〕 參考瞿同祖：《中國法律之儒家化》，載《中國法律與中國社會》，中華書局，1991年。此外干春松也專門研究了「制度化儒家」問題，參考干春松：《制度化儒家及其解體》，中國人民大學出版社，2003年。

和運用。」〔註37〕對權力運作的這種儒化作用體現得非常廣泛,從帝王詔書、大臣奏議到統治精英的選舉過程等方面都無不滲透著儒家的影響。在儒學文化網絡的規約下,權力的運作就不能單純依賴橫暴權力,而必然會受到儒家治道規範的制約。

那麼這種「儒化」是如何具體地發揮約束一統王權的作用呢?下面主要從儒學「道統」對一統王權「君統」的制約和儒學教化對君權的馴化兩方面進行詳細闡述。

儒學所承載的「道統」與以王權為中心的「君統」之間始終存在著一定的張力,雖然這種關係不同於西方中世紀以來的那種比較嚴格的政教分離狀態,但儒學也同樣提供了一種高出世俗政治權力的超越性權威。這樣儒家的「道統」就能對王權形成一種治道規範上的約束。當然,這種「道統」要想產生現實的政治影響力就必須要有大量能夠參與到實際政治過程中去的身體力行者,具有高度擔當精神的士大夫階層在傳統中國社會中扮演了這一角色。正如儒學是通過被確立為官方學說而發揮政治影響力一樣,儒家士大夫也是通過進入王權官僚體系之中而在國家治理中發揮影響力。畢竟皇帝不可能憑一己之力來治天下,因此統治必須依賴士大夫階層,「皇帝與士大夫共治天下」是比較正常的情況。〔註38〕士大夫身上承載著兩重屬性,首先他們是皇權之下的官僚集團,這是其依附性的一面;另一方面他們又是儒學的踐行者,這是其主體性的一面。當然這是從總體上、結構上而言,具體到每一個士大夫身上,其對儒學的踐行程度可能會非常不同,有些甚至能夠捨生取義,有些則可能達不到這個高度。但從歷代士大夫群體的整體表現來看,他們確實體現出了非常強的儒學性格。

士大夫身上的二重性格之間存在著一定的張力,一般來說,在皇權比較剋制的常態下,儒家士大夫與皇權之間的衝突可以保持在比較低的水平,實現比較好的合作。但在非常情形下,二者又有衝突的一面,這時「道統」與「君統」之間的張力就內化為士大夫精神世界中的張力:是「從道」還是「從

〔註37〕艾森斯塔得:《帝國的政治體系》,貴州人民出版社,1992年,第237頁。

〔註38〕古代的士大夫對這種「共治」是具有自覺意識的,尤以宋代士大夫為突出,宋儒文彥博在與皇帝的對話中曾明言之。(事見李燾:《續資治通鑑長編》卷221。)姚中秋在對華夏治理秩序史的分期中特別將「皇權與士大夫共治」形態單列出來,參考姚中秋:《華夏治理秩序史‧天下》(第一卷上冊),海南出版社,2012年,第78頁。

君」或者「從道」才是更好地「從君」？進一步這種張力就外化為實際的政治衝突，是以德抗位還是向權力屈服？對這種張力關係的處理顯然並不容易，對此士大夫不得不注意防微杜漸，不得不注意鬥爭的藝術，甚至不得不付出身家性命來進行抗爭。

　　士大夫群體對於王權可能的濫用具有很強的憂懼意識，這種權力的濫用往往起於幽微，如果不能防微杜漸，就可能會助長王權的驕橫直至走向徹底的失控。魏徵在《諫太宗十思疏》中寫道：「君人者，誠能見可欲，則思知足以自戒；將有作，則思知止以安人；念高危，則思謙沖而自牧；懼滿溢，則思江海下百川；樂盤遊，則思三驅以為度；憂懈怠，則思慎始而敬終；慮壅蔽，則思虛心以納下；懼讒邪，則思正身以黜惡；恩所加，則思無因喜以謬賞；罰所及，則思無以怒而濫刑。」因此當唐太宗稍稍有自滿和玩物喪志情緒的時候，魏徵就站出來進諫，甚至敢犯龍顏。唐太宗這樣能從諫如流的帝王給魏徵這樣直言敢諫的名臣留出了相對比較充裕的諫諍空間，但一般來說，士大夫群體由於對王權具有比較強的依附性，所以對尊王權與崇道統之間張力的處理並不容易。光緒六年，慈禧太后派遣太監出門辦事，太監依仗太后寵幸而試圖違反規例，與午門護軍發生了衝突，太監告到慈禧太后那裏，慈禧大怒，決定將值班護軍斬立決，而刑部尚書潘祖蔭不肯枉法，慈禧召見他，「斥其無良心，潑辣哭叫，捶床村罵，祖蔭回署，對司官痛哭」。對此翁同龢在日記中憂心忡忡地寫道：「竊思漢唐以來，貂璫之弊，往往起於刑獄。大臣無風骨，世勢漸危，如何如何。」這時還在翰林院清修的陳寶箴和張之洞站了出來，「上書切論之」，將祖宗家法搬了出來，援引二百年事例，以閹豎弄事為綱紀之大戒。在言路和清議的壓力下，慈禧太后的肝火才降了下來，最終將護軍從輕發落。翁同龢也鬆了一口氣，稱「海內欣慰」。〔註39〕由此可見這種諫諍在很多時候是需要一定的鬥爭藝術的。一般說來，皇帝或其直接代理人的素質是影響這種諫諍效果的一個重要因素，最終的結果往往取決於官僚集團內部及官僚集團與皇帝博弈的結果。〔註40〕儘管士大夫的個人命運常常會受到這種諫諍的不利影響，甚至如明代的一些事例顯示的那樣要付出身家性命，但證諸歷代史籍，具有高度道義自覺，能

〔註39〕此事例引自楊國強：《晚清的士人與世相》，三聯書店，2008年，第157～158頁。

〔註40〕歷史為我們提供了許多案例，從中能總結出一些規律性的東西。實際上，官僚集團並不是鐵板一塊，有些佞臣可能乘機投昏君之好以求上位，不過如果官僚集團內部比較團結的話，那麼這對他們與王權進行博弈是比較有利的。

夠以德抗位甚至捨生取義的士大夫還是大有人在，這部分人也許真如魯迅所說是「民族的脊梁」。〔註41〕

儒家君主和儒家精英的塑造離不開儒學所產生的教化作用。對教化的重視是儒學一以貫之的重心。與西方現代政治中側重捍衛權利和權力制衡不同，儒家強調的是儒學經典所規定的道德義務、政治原則與禮制規範。由此也產生了儒家對政府作用的特定理解，正如史華慈所言：「對許多人而言可能是過分『理想化』的這種對政府的觀點，對儒家學說而言是頗爲獨特的——即把政府主要看做是一個通過道德榜樣和教育的力量，把君子的道德影響整個地帶給社會的代理機構的觀點。」〔註42〕因此儒家式治理和對權力的約束就更多地體現爲教化性和禮制規範性，其目的是讓整個社會都按照儒家所理解的正確原則行事，其中處於九五至尊地位的皇帝本人的垂範作用尤其重要。儒家非常重視君主教育，一般是選拔學問、人品最爲優秀的士大夫充當帝師，儒家經典、史鑒、禮儀規範等都是必修功課，甚至君主的一言一行都被置於史官、帝師和言官的監視和督責之下。儒學尊君，但儒學中的優秀人物又常常懷抱一種自覺的師道意識。宋儒程頤受命做經筵講官，程頤進講時，「色甚莊，言多諷刺」，每「以師道自居」：「聞帝在宮中盥而避蟻，問：『有是乎？』帝曰：『有之』。頤曰：『推此心以及四海，帝王之要道也。』帝嘗憑檻偶折柳枝，頤正色曰：『方春時和，萬物發生，不可無故摧折。』帝不悅。」〔註43〕在今天看來，這種謹小愼微的教育方式顯得有些迂腐，但這恰恰反映出儒家士大夫對君權可能濫用的戒愼憂懼意識，反映出其在依附王權的權力格局下又努力發揮約束王權的主體性作用。

爲了防範一統王權濫用權力，儒家強調君主要「無爲」，其要點包括君主需要清心寡欲、不妄作、不擾民、選賢任能等。〔註44〕從積極方面來說，儒

〔註41〕許多儒家精英之所以能夠捨生取義除了具有一種孟子所說的「浩然之氣」之外，也具有「留取丹心照汗青」的意識。從這裏我們能看出儒學發揮作用是具有細微的文化機制的，在史官文化、帝王廟號、文以載道等傳統中都能體現出儒家文化的彌散性影響。

〔註42〕史華慈：《史華慈論中國》，新星出版社，2006年，第49頁。

〔註43〕轉引自楊國強：《晚清的士人與世相》，三聯書店，2008年，第36～37頁。

〔註44〕費孝通比較早地提出了這一問題，參考費孝通：《無爲政治》，載《鄉土中國與鄉土重建》，風雲時代出版公司，1993年。另外具體的分析可以參考韓星久：《儒家「無爲」思想的政治內涵與生成機制：兼論「儒家自由主義」問題》，《政治學研究》，2000年第2期。

家君主的責任是做一個道德垂範和親民如子的楷模，以實現「垂拱而治」，「爲政以德，譬如北辰，居其所而眾星拱之」。〔註45〕可見，儒家約束君權的一大核心取向就是對君主有爲意願的打消，進而能剋制權力自上而下的汲取衝動。君主儒化的效果在漢代就已經顯現出來，以漢宣帝爲例，據不完全統計，《宣帝紀》共載所下詔書約四十起，除去有關宗室事務（約六起），軍事外交（約四起）和因災異祥瑞而下罪己詔之類（約七起），其餘二十餘起基本都是關於吏治教化以及詔舉文學賢良諸教化人才的。〔註46〕君主所主要關心的問題被儒家治理原則所限定，並塑造出相應的政治氛圍，這反映了儒學教化對君主施政的影響。

約束權力當然不只是約束王權，還需要約束直接行使權力與百姓打交道的官吏，儒學在這方面也發揮了重要的作用。漢武帝尊儒之後，儒學教育得到推廣，並重視從接受儒家教育的士人中選拔官吏。官吏儒化的效果在漢代中後期已經顯現出來，見於史傳的大量循吏在社會治理方面取得很好的成效。〔註47〕這些循吏或儒臣多能身體力行儒家的治道原則，非常側重教化撫民和移風易俗這種文化權力的柔性運作，使一方社會「大治」。強調修身養性、禮義廉恥等治身學問的儒學也能夠增強權力主體的自律意識，有助於降低權力行使過程中的暴虐和貪腐。

雖然儒學確實發揮了約束權力和教化統治精英的作用，但是通過上面的論述我們也已經能夠看出，儒學對一統王權的約束具有很強的「陰柔性」。一方面，儒學和士大夫相對於王權來說是處於從屬地位的；另一方面，儒學發揮作用很大程度上要依靠比較柔性的禮俗、教化和自律機制。當然，傳統政治中並不是缺乏制約君權的制度安排，〔註48〕但總體上說大一統政治結構下缺乏強有力的外部社會力量和剛性制度來約束王權，如果皇權非常強勢而又非「得其人」，那麼它就能掙脫這種柔性的約束，其非理性的一面就可能被放大。總體來說，在這種治理結構下對皇帝本人素質的要求還是比較高的，對

〔註45〕《論語・爲政》。

〔註46〕陳明：《儒學的歷史文化功能：以中古士族現象爲個案》，中國社會科學出版社，2005 年，第 62 頁。

〔註47〕參考余英時：《漢代循吏與文化傳播》，載《士與中國文化》，上海人民出版社，2003 年，以及陳明：《儒學的歷史文化功能：以中古士族現象爲個案》，中國社會科學出版社，2005 年，第 103 頁。

〔註48〕關於這方面的闡述可以參考孫秀民，楚雙志：《中國古代封建君權制約述略》，《中共中央黨校學報》，2006 年第 5 期。

統治者素質的高度依賴必然會增加政治風險，所謂「得其人則存，失其人則亡」說的就是這一問題。同樣的道理，對於官僚集團來說，一旦儒學柔性的控制和各種平衡、監控機制失效，其陰暗面也會放大。這兩方面又容易結合起來，一旦皇帝本人昏庸無能，善於投機逢迎的姦臣、佞臣、宵小之流就更容易當道。由於權力組織是一個金字塔結構，中樞權力具有很強的勢能，中樞權力的敗壞會產生系統性的輻射，所謂「上梁不正下梁歪」，這進而會導致官僚機構和士風的大面積敗壞。吏治問題又會影響到社會治理，最終無權無勢的社會底層往往要為這種敗壞埋單。用中國文化的陰陽範疇來說，這種情況就是陰陽失調了，病害也會隨之而來。

以現代的眼光來看，相比於傳統中國的權力約束機制來說，西方現代制度文明實現了對權力的硬約束，這是其非常成功的經驗。不過從發生學上說，憲政民主制的生成是在特殊歷史條件下長期演化的結果。與中國自秦漢以後進入大一統文明不同，歐洲中世紀以後保持了長期的分裂。歐洲封建社會中國家權力極度衰弱，多元權力並存的格局形成了權力縫隙，社會力量和自治得以在其中充分發育，這些社會力量具有相對獨立於國家權力的組織形態和特權，如教會與教權，貴族與其封建特權，自治城市及其豁免權，此外這些社會力量還具有進行政治參與的制度渠道——議會或等級會議。西方一直有法治的傳統，中世紀以後逐漸發展出了普通法法系和大陸法系兩大法系，前者首先是慣例演進的結果，後來加入了衡平法，後者則更多地繼承了羅馬法的傳統。在普通法傳統中，司法獨立也得到很好的維持。儘管王權強大起來之後試圖去干預、控制司法，但是受到強烈抵制，在英國始終沒有建立起一個成熟的絕對主義王權。〔註49〕歐洲政治現代化的一大任務是完成政治整合和國家構建，但與此同時，承擔了國家構建任務的王權也受到這些社會力量和制度安排的反制，比如國王為了籌措戰爭經費而需要徵稅時往往不得不召開代表會議，接受代議機構的一定約束。王權與中產階級的結盟關係使其擴張的過程伴隨著公民權的擴大，這在議會制度的變化中表現了出來，「中古的封建議會只包括僧侶和貴族兩大階級，到了文藝復興時期，中產階級也被列

〔註49〕大法官愛德華‧柯克對詹姆斯一世所說的那番著名的話可以為英國司法的專業化和獨立性提供了一個形象的例證。安德森稱英國的絕對主義是「最虛弱、最短命的絕對主義」，參考佩里‧安德森：《絕對主義國家的系譜》，上海人民出版社，2001年，第113頁。

為『第三階級』而允許其參加議會。英、法和西班牙三國便是典型的例子」。
〔註50〕由於各種因緣際會，最終在英國首先生成了憲政國家。在憲政國家中，
國家與社會之間具有相對平衡的結構，國家權力始終受到強有力的外部制
衡。對國家權力的規約也確立為比較明確的法律權利和憲法文件（當然像英
國並沒有一部單獨的成文憲法，其憲法是由許多憲法性文件和慣例所構成），
並且在憲政民主制中存在著制度化的政治參與渠道和不同權力機關之間的分
權制衡。憲政民主制度一方面比較剛性地規定了政府權力的限度和行使規
則，這是其用法治保障自由的層面；另一方面也能夠將社會博弈引入政治系
統中，在不斷的討價還價之中將不同社會集團的訴求反映到政策法律之中，
從而增強了政治系統對社會的回應性，這有利於社會問題和矛盾的及時解
決，這是其民主層面。因此，憲政制度對權力的制約具有很強的制度剛性和
外部監督的特點。

　　應該說，這種剛性的控制機制是傳統中國的政治體系中所比較欠缺的，
而傳統政治中對於國家權力的約束也因此存在自己不小的局限。然而在注意
到這一點的同時，也應該看到，西方近現代政治傳統中的剛性權力制約機制
所依靠的司法獨立、法治、代議制、地方自治等都具有深厚的傳統淵源和社
會文化土壤。這種具有剛性的權力制約機制雖然在現代化過程中經歷了一定
的轉變，但並不是完全離開傳統而重新設計出來的一套新做法。它更多的是
在傳統的基礎上加以「擴展」與轉化，較充分地運用了「舊瓶裝新酒」的政
治藝術（這一點在「憲政的故鄉」——英國表現得尤其明顯）。看不到這一點，
完全無視、甚至全面拋棄制約國家權力的本土方式和政治藝術，不注意在自
身條件和資源的基礎上去生成適應現代化要求的新傳統，而是另起爐竈式地
照搬很少有自己生長土壤的西方制度樣式，這正是我們在選擇現代化道路時
的問題所在。

　　漢代以降，儒學與國家權力開始發生互動，儒學的王道原則得以逐漸滲
透到以霸道原則或「力」的原則確立起來的一統王權的運作中，從而在一定
程度上起到了「馴化」大一統國家權力的作用。但是我們也應看到，這種結
合關係還不夠穩固，整個社會的儒化程度還比較有限。漢武帝雖然擡高了儒
學的地位，但是他本人卻是一個好大喜功的霸道帝王。漢宣帝為了教訓「柔
仁好儒」的太子，厲聲指責道：「漢家自有制度，本以霸王道雜之，奈何純任

〔註50〕余英時：《民主制度與現代文明》，廣西師範大學出版社，2006年，第163頁。

德教，用周政乎？」〔註51〕而整個官僚集團的儒化程度也還有限，漢代大量的官吏都是刀筆吏出身，這些都反映出儒學的影響力還沒有達到全面彌散滲透到統治集團和社會文化心理中去的程度。而隨著漢以後大一統局面的解體，儒學在政治上的影響力更是走向低潮。儒學要想更充分地發揮對國家權力的影響力以及大一統國家權力與儒學的穩定結合還有待於更為穩固的制度平臺來支撐。

〔註51〕《漢書‧元帝紀》。

第二章　科舉制與華夏文明的結構性嵌合及其歷史功能

　　上一章考察了一統王權和儒學在傳統社會中的歷史合理性及其相互親和的過程，二者在漢以後逐漸確立起一種共生互動的關係。下面著重考察對傳統政治至關重要的選舉制度問題，並探討科舉制產生之後，這一制度在自身的內在邏輯下如何與政教相連的傳統文明實現結構性嵌合，以及它在華夏文明中後期所發揮的重要功能。這一磨合和嵌入過程貫穿隋唐宋元，直到明代趨於穩定成熟，之後基本上就沒有大的變化了。後文對科舉制功能的考察主要側重後期王朝，尤其是明清。這是因為，一方面，在後期王朝裏，科舉制度成熟穩定下來，其影響也得到最大限度的展開，用黑格爾的話來說就是事物的本質得以顯現出來。另一方面，明清社會具有比較強的連續性，這一社會形態構成了近代轉型的基礎，對此進行闡述可以爲後文的近代轉型部分做鋪墊。

第一節　選舉制度的儒家化與察舉制的結構性局限

　　儒學與一統王權實現結合之後就面臨著如何使這種合作關係穩定下來以及如何具備可操作性的問題。儒學要想發揮作用就必須使自身從知識形態轉化爲具體的建制和有形的社會力量，一統王權要依靠儒學來進行治理也必須培養和選拔出相應的儒家精英。二者共生關係的穩定化和可操作化過程也就是儒學制度化、社會化的過程。干春松曾經專門研究過「制度化儒家」問題，

他指出「制度化儒家的存在主要有兩個層次，簡單地說就是儒家的制度化和制度的儒家化」。具體包括儒家文本的經學化，孔子的聖人化和祭孔儀式的國家化，選舉制度的儒家化和儒學傳播的制度化，以及最爲重要的政治法律制度的儒家化。〔註1〕這些及其他一些制度化安排實際上是儒學與一統王權在長期的共生共演中逐漸確立和加固的。這種工作在漢武帝時期就已開始著手了。武帝設置「五經博士」和太學，使儒家經典成爲官學教育的主體，使儒學出身者享有國家利祿，這進而對民間教育產生了強有力的導向作用。武帝元光元年設立的「孝廉」察舉制度是以儒學爲標準選拔官員制度化的開始。

事實上，儒家精英是儒學和權力之間最爲重要的中介。儒學要想發揮作用必須依賴儒家精英的身體力行，這一點自不待言；對於一統王權來說，雖然它在理論上享有至高無上的權力，但是具體的社會治理必須依靠一大批代理人來進行。始皇帝是比較喜歡專權的人物，史書載「天下之事無小大皆決於上」。但這帶來的工作量是巨大的，「上至以衡石量書，日夜有呈，不中呈不得休息」。〔註2〕實際上，一統王權理論上的無限權力與其實際能力是不對稱的，因此王權不得不依靠官僚集團尤其是宰相來分擔政務。這就涉及到如何選拔合格代理人的問題，也就是選舉制度問題（這裏是在古典意義上運用「選舉」一詞）。〔註3〕對於統治者來說，選拔人才不僅僅是找一個幹活的，而且關乎治亂興衰。因爲從統治的長遠利益來說，選擇賢能而又對王權保持忠誠的士人才是最爲理想的。此外，這也符合中國「尚賢」的文化傳統和大眾心理期待。選賢任能是儒家在國家治理上非常重視的一點，大凡對中國傳統政治思想有所瞭解的人都會對這一點留下深刻的印象。因此，取士大典在傳統政治中是非常受重視的一個環節。

〔註1〕干春松：《制度化儒家及其解體》，中國人民大學出版社，2003年，第17頁以下。

〔註2〕《史記·秦始皇本紀》。

〔註3〕關於古今「選舉」含義差異的辨析參考何懷宏：《選舉社會及其終結：秦漢至晚清歷史的一種社會學闡釋》，三聯書店，1998年，第1～4頁。在中國文化的語境中研究選舉制度可以用其自有的語義，那就是自唐以來歷代正史的「選舉志」以及《通典》中的「選舉典」，《通志》中的「選舉略」，《文獻通考》中的「選舉考」，以及十通後續作者所取的用法。本項研究主要考察的選舉制度是察舉制與科舉制，有學者將察舉也歸類於廣義的科舉制度之中，但本項研究在運用「科舉制度」一詞時所指稱的是其嚴格意義上的含義，即由隋代肇基的進士科舉。

在具體分析各種選舉制度之前，我們首先需要明確古代社會的一個基本狀況。在資本主義市場經濟和憲政法治取得壓倒性地位從而支配整個社會的運作之前，一個社會最具有吸引力的東西總是特權身份和相應的權力佔有，因為權力往往在各種資源的分配中佔有支配性地位。正如桑巴特所說，在資本主義以前的社會裏，人們由社會權力獲取財富，在資本主義社會裏，人們才能由財富獲取權力。另一方面，由於權力資源的稀缺性，能夠享有這種特殊待遇的人畢竟是少數，因此這就涉及到一個社會分層或競爭篩選機制的問題。有些社會可能是通過世襲貴族或宗教身份來實現分層，而傳統中國在封建社會解體之後就具有了很大的社會流動性，相應的主要社會上陞渠道就是國家利祿之途，而選舉制度就是這種利祿之途的入口。當然這種社會上陞所帶來的不僅僅是物質上的利益，還包括光宗耀祖和自我實現等精神上的利益，因此它對社會的吸引力是非常大的。這就會不可避免地使選舉制度對社會產生強有力的導向作用，也會導致大家擠破腦袋往裏鑽。因此無論是察舉、九品中正制還是後來的科舉制度，都會面臨著人們的競取，也都會設定一些標準和通過某種操作機制來設定門檻或實現篩選淘汰。除了上述一層，對統治者來說，選舉制度也關乎統治的根本利益。一方面，能否選賢任能關係到統治能否穩固，另一方面，選舉涉及到人事行政，進而關係到被任用的官員忠誠於誰的問題，這對於王權與權貴、中央與地方之間的權力格局關係尤其重大。

漢代始創察舉制度，在制度設計上頗承經典所載上古鄉舉里選遺風，演化到後代出現了九品中正制度，在察舉制度之外，徵辟制度起到重要補充作用，這都是科舉產生之前大一統王朝主要的選官制度。〔註4〕相比於後世的科舉制，察舉制和九品中正制的特點是選舉過程中的選擇權和主動權在官方，而在實際的操作過程中，選擇權又在薦舉者。另一方面，相對於科舉考試，察舉和九品中正制比較缺乏客觀的操作性標準。具體說來，科舉制度之下，官方只是組織比較有開放性的考試，士子可以「懷牒自舉」，而在察舉制和九品中正制之下，並沒有懷牒自舉這一說，選舉過程取決於官員的舉薦，也就是說主動權掌握在官方。另一方面，成熟時期的科舉制度之下，文官考試和銓選主要由中央按照嚴格的程序統一操作，「一切以程文為去留」，朝廷大員

〔註4〕除此之外，也有通過軍功、恩蔭、納訾等得官爵者，但這些不是常規化的選舉制度。

和地方官幾無任何影響選舉過程的權力；而在察舉制和九品中正制下，舉薦的過程既然主要由權貴和地方官來操作，薦舉考覈的標準又側重道德品行，難以做到客觀明確，那麼官員自可以上下其手。除此之外，漢代察舉制實施的同時還伴有官員闢除掾屬的制度，這更增加了官員手中的自主性權力。

由於察舉制比較重道德品行（這符合儒家對人才的核心要求），以及它有鄉舉里選遺風，因此後世許多士大夫往往在見證了科舉制的一些弊端之後主張恢復察舉制。如唐代的楊綰就認爲「投牒自舉，非經國之體」，他對「投刺干謁，驅馳於要津，露才揚己，喧騰於當代」的風氣深惡痛絕，「古之賢良方正，豈有如此者乎！」因此他主張恢復察舉制。《通典》的作者杜佑也懷緬古之鄉舉里選和察舉制，認爲「文詞取士，是審才之末者」。〔註 5〕楊綰和杜佑都生活於科舉制度還不完善的唐代，因此他們看到了當時科舉制所存在著許多弊端。不過他們對察舉制的緬懷往往將自己的理想願望投射進了這一制度。實際上，從長時段角度來看，察舉制和九品中正制的長期實施導致了許多嚴重的問題，這些問題既反映出這種制度自身會不斷退化變質，又對大一統局面的維持非常不利，不符合一統王權的需要。

從長時段角度來分析察舉和九品中正等制度所存在的問題，我們需要著重關注結構性的問題或結構性的制約因素，因爲這些東西必然會在長時段中顯現出來並發揮根本的制約作用。看一項制度不能僅僅看其名義上所宣稱的東西，不能僅僅看其立意、理念或主義是否良好，不能僅僅以某些特例來評價一項制度，也不能僅僅看其短期效果，而要看它必然會受到哪些結構性因素的制約，看其在實際的運作中究竟是怎樣的，看其在多數情況下所導致的結果是什麼，看其能否經得起長期的歷史考驗。〔註 6〕由於九品中正制並沒有完全替代察舉制，也沒有在根本上改變察舉制所存在的問題，而只是一種新發明的銓選方式，〔註 7〕下面主要以察舉制爲中心來進行分析。

〔註 5〕 參考劉海峰、李兵：《中國科舉史》，中國出版集團東方出版中心，2004 年，第 105～109 頁。

〔註 6〕 看多數情況下的結果而非特例實際上說的是要採取一種概率論或統計學的思維，要從大數定律上著眼，而不能僅以特例說明問題。有時無法以歷史統計資料來進行論證，這時從結構性因素上來分析庶幾能夠貼近多數情況。

〔註 7〕 劉海峰教授強調指出九品中正制並不是一項新的貢舉方法，而是一種新的銓選方法，見劉海峰：《科舉考試的教育視角》，湖北教育出版社，1996 年，第 14 頁。

　　首先，察舉制度雖然設立了一些薦舉的名目，如賢良方正、孝廉等，但是它主要考察的是人的德行，缺乏某種客觀明確的操作標準，也就在很大程度上依賴於操作者的主觀性。察舉是由官員來操作，而官員不可能對所有考察對象都熟知明察。也就是說這中間總是存在著難以克服的信息不對稱問題，而信息不對稱產生的結果往往是逆向選擇。因此這就為許多投機者提供了機會，也就是說那些善於作偽的人可以通過矯言飾行來投機取巧，而許多正直的士人反而不擅長作偽。由於利祿之途的吸引力巨大，投機鑽營者自不會在少數。正如蘇軾所說：「夫欲興德行，在於君人者修身以格物，審好惡以表俗，若欲設科立名以取之，則是教天下相率而為偽也。上以孝取人，則勇者割股，怯者廬墓。上以廉取人，則弊車、羸馬、惡衣、菲食，凡可以中上意者無所不至。」〔註8〕另一方面，察舉薦舉也使地方長官傾向於舉薦其所熟悉的人，這也是克服信息不對稱的一個方法，但這樣就必然使選舉的範圍非常狹窄，並且容易走向封閉性的近親繁殖。與察舉制度相對，後世成熟時期的科舉制度的特點在於「一切以程文為去留」，從而確立了比較客觀和具有鑒別力的操作標準，並通過嚴密的科場程序來保證之，以至於歐陽修贊其「無情如造化，至公若權衡」。〔註9〕

　　與缺乏客觀操作標準有關而又更為重要的問題是察舉、闢除制度為官員的任性權力提供了過大的空間，這與中國講求家族宗法、人情關係、私人裙帶的文化相結合會導致嚴重的問題。過大的任性權力為官員徇私提供了大量的機會，各種人情關係，奔競鑽營等因素就會融入到吏治當中，進而導致吏治的退化和社會利益結構的固化乃至權力精英層的退化。雖然察舉制度的立意是選賢，固然這一制度也曾經選拔出了不少賢才，但是在實際的操作過程中，隨著時間的推移和紀律的鬆懈，利益的邏輯、權力私有化的邏輯往往會壓倒制度的良法美意。所謂「流水不腐，戶樞不蠹」，而社會一旦走向封閉和世襲就容易滋生流弊。實際的歷史進程也證明了這一點，越往後，尤其是東漢以後這一制度的弊端也越大。選舉權力逐漸淪為公卿大臣、名門望族的私人權力。兩漢察舉最重要的科目是孝廉，據黃留珠統計，兩漢孝廉可考者絕

〔註8〕　《宋史》卷155《選舉志》，轉引自劉海峰、李兵：《中國科舉史》，中國出版集團東方出版中心，2004年，第179頁。
〔註9〕　歐陽修：《歐陽文忠公集》卷113《論逐路取人箚子》。轉引自上書，第172頁。

大多數被官貴子弟所壟斷，官貴和富豪子弟要占到 75% 以上。這說明兩漢的舉孝廉制度，實際上是一種變相的官貴子弟世襲制。〔註 10〕受激於當時的不平，西晉文學家左思乃作《詠史》詩云：「鬱鬱澗底松，離離山上苗，以彼徑寸莖，蔭此百尺條。世冑攝高位，英俊沉下僚。地勢使之然，由來非一朝。」本來立意良好的察舉制度最後淪落到這種局面，這與它缺乏客觀的選拔標準和嚴格的操作規程有關，在重家族宗法和人情關係的中國文化中，這一問題尤爲嚴重。正如論者所說：「中國古代獨特的社會結構是家族宗法制，家長統治、任人唯親、幫派活動、裙帶關係皆爲家族宗法制的派生物，在重人情與關係的社會文化背景下，若沒有可以操作的客觀標準，任何立意美妙的選舉制度都會被異化爲植黨營私、任人唯親的工具，漢代察舉推薦和魏晉南北朝的九品官人法走向求才的死胡同便是明證。」〔註 11〕由此所選之人的質量自然也無法保證，時人諷之曰：「舉秀才，不知書；察孝廉，父別居。寒素清白濁如泥，高第良將怯如雞。」〔註 12〕這類民間廣爲流傳的諷誦說明察舉制度已經變得名不副實，其長期實施導致了權力精英層的退化。

除此之外，對政治局面具有更大影響的是察舉、關除制度的長期實施導致了權力和社會的「封建化」。察舉制度下所選出的官員往往效忠於其舉主，成爲「故吏」，私人裙帶關係比較強，而對王權的效忠則減弱，「各媚其主，而不知有天子」。〔註 13〕而士族門閥因爲累代官宦，幾乎成爲一種世襲體制，這就出現了一種「官僚的貴族化」傾向。察舉制的長期推行連同其他因素的影響使整個的社會結構和權力結構發生了很大的變化，豪強士族逐漸發展壯大，王權遭到削弱。〔註 14〕東漢時期流傳的一首民謠就反映出中央權力被架空的狀況：「州郡記，如霹靂，得詔書，但掛壁。」〔註 15〕地方官員看重舉主而視中央王權甚輕，這樣一統王權也就失去了其最重要的臂膀——集權官僚制的支持。由此產生的這種政治也可以說是一種貴族政治，「貴族政治可說是

〔註 10〕黃留珠：《秦漢仕進制度》，西北大學出版社，1985 年，第 142～143 頁。

〔註 11〕劉海峰：《科舉學導論》，華中師範大學出版社，2005 年，第 113 頁。

〔註 12〕《抱朴子外篇・卷二審舉第十五》。

〔註 13〕王夫之：《讀通鑒論》卷 21，《高宗》八。

〔註 14〕根據毛漢光對中古統治階層社會成分的統計和分析，門閥士族力量在漢代已經形成，到魏晉時期大盛，一直延續到唐代尚不衰。九品中正制的實施則對士族力量的發展壯大起到了加強作用。參考毛漢光：《中國中古社會史論》，上海書店出版社，2002 年，第 44～45 頁。

〔註 15〕崔寔：《政論》。

封建制度的變體。要言之，天子的權限由於貴族的壓力而縮小，中央政府的要職被有力貴族佔據，中央政府與天子之間僅靠著極其狹窄的通路來聯繫。天子即使想實行某個政策，很容易受阻於經常盤踞中央政府的貴族勢力。……他們經常本著貴族的共同利害而行動，並不一定是忠於天子的官僚」。〔註16〕

　　在這種情況下，儒學也主要是通過士族家學的形式傳承。魏晉時期玄學大盛，佛教也開始盛行，而漢代盛行的經學則衰落。佛教與政治關係不大，或者說與政治是一種離心關係，而玄學在政治層面上正好吻合門閥政治的要求，「魏晉玄學家擡出道家來有兩種意識：一是重新發揮老子無爲而治的主張，指導怎樣做一個最高統治者，這種政治主張隨著門閥的發展與鞏固，實質上是要削弱君權，放任大族享受其特權；其二是一些不得意的士人，以憤世嫉俗的心情提出自然來反對當局所提倡的名教。」〔註17〕無論是削弱君權還是反對名教，都體現出對一統王權的離心力。「同作爲政治哲學思潮，如果說經學是試圖在強大的政治秩序框架之內，通過將文化秩序及其精神向 state 系統滲透結合而建立荀子式的王道政治模式，那麼，玄學則是繞過 state 的行政組織系統，希望通過發展和利用 society 自身的組織結構和機能建立孟子所稱道的以文化秩序代替政治秩序的三王之治。正因此，作爲一種思潮的玄學從未從整體上獲得經學一樣在官府的地位。」〔註18〕姑且不論上述引文中關於王道政治和三王之治的這種比附是否合適，其中確實反映出玄學形態的儒學與一統王權之間的離心力是非常強的。這種形態的儒學及其背後的社會力量是難以與一統王權實現有效整合的，也不利於中國社會大一統局面的維繫。大一統崩解之後，外族乘機入侵，中國陷於幾百年的分裂割據時期。

　　爲了擺脫察舉制度所具有的這些缺陷，必須能夠找到一種具有客觀標準且比較公平開放的選官制度，還必須使這一制度能夠適應大一統中央集權的需要。爲此中國人發明了考試制度。察舉制度以薦舉環節爲主，而考試制度則以考試環節爲核心，這一區別具有有兩個重要的後果，一方面是選任標準的客觀明晰化，二是不容易被人爲因素所操縱（當然這需要有嚴格的程序來

〔註16〕宮崎市定：《宋代官製序說：宋史職官制的讀法》，《大陸雜誌》，第 78 卷第 1 期。

〔註17〕唐長孺：《魏晉南北朝史論叢》，三聯書店，1955 年，第 323 頁。

〔註18〕陳明：《儒學的歷史文化功能：以中古士族現象爲個案》，中國社會科學出版社，2005 年，第 102 頁。

保證）。更具體地說，考試制度之所以在古往今來的中國社會中非常盛行正是由於它對講求家族宗法和人情關係的文化起到某種解毒作用，「爲了防止人情的泛濫，使社會不至於陷入無序狀態，中國人發明了考試，以考試作爲維護社會公平和社會秩序的調節閥」。〔註 19〕這反映出一種制度必然會涉及到地方性知識，需要應對和解決一些地方性問題。除此之外，「選任標準客觀化的深遠意義還不僅僅是有利於提高職業官僚的質量，而在於皇權和職業官僚系統對這一標準的掌握與控制，防止離心力量對這些標準的濫用，以培植自己的勢力。更明確地說，選任標準的客觀化，強化了皇權對選任過程的控制。」〔註 20〕

當然，考試制度並不是科舉實施之後才發明的，而是早在察舉制時代就已發端。漢文帝十五年（公元前 165 年）在詔「舉賢良方正能直言極諫者」時就已經開始親自「策之」，通過命題和批閱被舉薦者的答卷而定高下。東漢順帝陽嘉元年（132 年）尚書令左雄針對察舉制的弊端進行改制，首創了歲舉孝廉考試。漢代考試制度之採行與後世科舉制度具有類似的目的，一方面是發揮鑑別作用，另一方面是發揮淘汰篩選作用。〔註 21〕但是在察舉制時代，考試制度從來沒有居於主導性地位，也並不以考試成績作爲任官的唯一標準，相反，薦舉才是察舉制下居主導地位的環節。由於中央皇權衰弱，地方豪強和公卿大臣把持選舉權力，所以考試制度很難得到認眞、全面的執行。另外，察舉制下依靠自下而上的推薦，篩選的口徑主要在下面，舉薦上來的人數非常有限，如果中央的淘汰篩選機制過度發揮作用就面臨著一種結構性矛盾，正如論者所說：「中央的淘汰就等於對地方舉薦的否定，如果有較大的淘汰比例，則意味著察舉作爲制度已經遭到否定甚至無法運作。兩漢的察舉，中央所否定者極少，其原因就在於中央的否決權與地方的舉薦權之不相容。」〔註 22〕

〔註 19〕劉海峰：《科舉學導論》，華中師範大學出版社，2005 年，第 136 頁。

〔註 20〕孫立平：《論科舉制對傳統中國社會結構及其演變之影響》，《學習與探索》，1992 年第 4 期。

〔註 21〕至少在左雄改制之後的幾年間，這一制度得到了比較有力的執行，東漢和帝以後，孝廉以口爲率每二十萬人舉一人，年舉孝廉約 228 人，而陽嘉二年的察舉僅錄取三十餘人，可見黜落人數之多。參考閻步克：《察舉制度變遷史稿》，遼寧大學出版社，1999 年，第 72 頁。

〔註 22〕劉文瑞、楊柯：《試論科舉制對中央集權體制的歷史作用》，《天府新綸》，2009 年第 2 期。

　　考試制度雖早已發端，但是科舉制度的發明和大力推行還需要強有力的大一統局面的出現。這種大一統中央集權是從南北朝後期經歷隋唐再到宋代才完全奠定的。自東漢以降王權一直處於一種衰弱狀態，到東晉達於頂峰，門閥士族力量強大，形成主弱臣強的政治格局。但在少數民族建立的北朝政權中，一統王權獲得了重建的契機，其基礎在於均田制和府兵制的實施，這為一統王權建立起了經濟社會基礎和軍事基礎，而最終重新實現國家統一所依靠的主要政治軍事力量就是這一時期逐漸發展起來的「關隴軍事集團」。〔註23〕另一方面，長期的民族融合過程使原來的民族隔閡減少，士族對北方少數民族政權也已經不那麼排斥。由北周政權脫胎而出的隋朝最終重新實現了一統。只有一統王權實現了中央集權，才能擺脫門閥士族和地方豪右的制約，將選拔官員的權力統一收歸中央，從而為科舉制的實施打開局面。但是隋唐士族軍功集團的力量仍然非常強大，唐朝中後期由於均田制的解體和藩鎮割據局面的形成，大一統局面再度崩塌。宋代通過內重外輕和重文輕武的改革而加強了中央集權。另一方面，配合著經濟社會的變遷，科舉制的廣泛推行又參與塑造了中國社會，儒學得到大力傳播，忠誠於王權的士紳階層逐漸成為社會重心，從而進一步鞏固了大一統中央集權。可見，科舉與一統王權之間在演化中的互動關係是一種非線性的「循環累積因果關係」。〔註24〕在科舉制度廣泛實施之後，儒學與一統王權才最終被整合到一個穩定的結構中來，使華夏文明逐漸走向一種成熟穩定的形態。當然這一磨合過程並非一蹴而就，下面將接著分析科舉制度實施後儒學、科舉與一統王權繼續磨合的過程，以及在這一過程中科舉制度所發揮的重要功能。

〔註23〕對「關隴軍事集團」重要性的發現要歸功於史家陳寅恪。對從魏晉南北朝到隋唐的社會政治發展過程更為詳細的考察可以參考吳錚強：《科舉理學化：均田制崩潰以來的君民整合》，上海辭書出版社，2008年，第5～16頁。

〔註24〕「循環累積因果關係」是經濟學家繆爾達爾提出的，他認為，在一個動態的社會過程中，社會經濟各因素之間存在著循環累積的因果關係。某一社會經濟因素的變化，會引起另一社會經濟因素的變化，這後一因素的變化，反過來又加強了前一個因素的那個變化，並導致社會經濟過程沿著最初那個因素變化的方向發展，從而形成累積性的循環發展趨勢。這一理論概念對於我們認識複雜系統的動態演化非常有幫助。

第二節　科舉考試與中央集權及精英的循環流動

隋代重建中央集權的大一統國家之後，大規模推行考試選官制度的契機出現了，科舉制度應運而生。但這一制度並不是一步到位地走向成熟穩定，它在此後的各朝各代經歷了一個不斷因革的過程。在展開進一步分析之前，下面首先簡要介紹一下科舉制度在各個朝代的發展概貌，以及這一制度走向穩定成熟狀態之後所確立下來的基本考試程序。

對於科舉制度創始於何時，科舉制度區別於此前選舉制度的主要標誌是什麼這些問題，學術界還存在著爭論。﹝註 25﹞這裏主要是按照史學界的一般說法來加以介紹。科舉制度在隋代肇基，具體表現是隋煬帝時期進士科的出現。「由於狹義的科舉是指進士科舉，即從進士科設立之後以考試來選拔人才任予官職的制度，進士科後來成為科舉的主要甚至唯一科目，因此進士科的創設成為科舉制起始的標誌。」﹝註 26﹞隋代留下的史料很少，科舉制度的具體實施情況不詳，隋代歷史也很短，所以科舉在隋代只能說處於初創階段。當然「進士科」的出現僅僅是科舉制度出現的一個外在標誌，科舉制度相對於之前選舉制度的獨特之處絕不僅僅在於名號的不同，而是有許多實質性的區別。何忠禮概括了科舉制度的三個特點：「第一，士子應舉，原則上允許『投牒自進』，不必非得由公卿大臣或州郡長官特別推薦。這一點應是科舉制最主要的特點，也是與察舉制最根本的區別。第二，『一切以程文為去留』。換言之，舉人及第或黜落必須通過嚴格的考校才能決定。第三，以進士科為主要取士科目，士子定期赴試。」﹝註 27﹞其實，相對於察舉制來說，「投牒自進」與「一切以程文為去留」才是科舉考試制度的核心特徵，而科目上的差別僅是一種形式上的區別。

科舉制度真正走向大盛是在唐代，唐代科舉的一大特點是諸科並進，這種多科並進的特點與察舉制下多科詔舉具有一定的連續性。唐代的科目包括明經、進士、明法、明書、明算等，其中最為重要的是明經科和進士科。而到後來進士科逐漸變得一枝獨秀，高官多由進士出。當時社會重進士的風氣

﹝註 25﹞ 具體討論可以參考何忠禮：《二十世紀的中國科舉制度史研究》，《歷史研究》，2000 年第 6 期。

﹝註 26﹞ 劉海峰、李兵：《中國科舉史》，中國出版集團東方出版中心，2006 年，第 61 頁。

﹝註 27﹞ 何忠禮：《科舉制起源辨析——兼論進士科首創於唐》，《歷史研究》，1983 年第 2 期。

非常重，就連大唐皇帝都對進士羨慕不已，唐宣宗李道龍曾於宮中自題「鄉貢進士李道龍」，進士為當世所重於此可見一斑。另外，唐代科舉的一大特點是保留了之前察舉制度的一些遺風，並沒有如後世那樣做到「一切以程文為去留」。這體現在「通榜」和「行卷」等做法的盛行上，即在政治、文化上有地位的人都可以向主考官推薦人才，應試者也可以將平時的詩文在考試前呈送有地位者，以求推薦。唐代考試並不像後世一樣實行糊名謄錄製度，主考官的權力很大，因此，往往考試之前，錄取名次就已經定好了。

宋代是科舉制度發展完善的一個非常重要的時期，在這一時期科舉程序日益嚴格、完善。首先，禁止了唐代盛行的通榜公薦的做法，減少了主考官的權力。殿試制度化，進士從此成為「天子門生」。其次，宋代擴大了進士科的錄取數目，並在王安石主政時期最終取消了明經科。再者，科場程序日益嚴密完善，實行糊名謄錄的做法，嚴格做到「一切以程文為去留」。宋英宗在位時期正式將三年一考的程序確定下來。最後，宋代科舉仍然處於摸索發展過程中，這體現在關於科舉的爭論和改革行動比較多，其中比較重要的爭論有「經義與詩賦之爭」和「科舉與學校之爭」。這些爭論往往伴隨著相應的改革嘗試，但宋代士大夫在這些問題上往往搖擺不定，並沒有探索出一種穩定的組合。

元代科舉開始罷詩賦，專考經義，但有元一代科舉的影響力並不大。明清兩朝是科舉制度走向成熟穩定的時期，這一時期科場程序開始確立下來，明太祖所欽定的「永制」在明清兩代延續 500 年左右，沒再有很大的變化。在此基礎上，清代頒佈的《欽定科場條例》使科場程序達到了最為完備的程度。按照這一程式，科舉考試總共分為三級四試。最低一級的童試是府州縣學的入學考試，其中又包括縣試、府試、院試三個階段的考試，其中最為重要的是由學政主持的院試。考中者為生員，俗稱秀才，算是正式進入官學系統和取得紳士身份了。取得生員資格並經進一步考覈合格者就可以參加三年一度的省一級的鄉試，鄉試合格者稱舉人。舉人已是一種正式的科名，具有參加吏部銓選而做官的資格了，不過舉人出身者一般只能做低級官員，並且隨著進士人數的增加，舉人要想候補上官缺是非常之難的。取得舉人功名的士子就可以參加禮部於鄉試次年舉辦的會試，這是中央一級的考試了。會試中式者為貢士，是未來的進士，因為殿試不再黜落，只排名次。殿試名義上由皇帝主持，考中者為天子門生。殿試發榜分為三甲，一甲只有三名，分別

為狀元、榜眼、探花，賜進士及第，其中考中狀元者尤其榮耀。二甲、三甲若干名，分別賜進士出身和同進士出身。此外，進士中的一部分會被選為翰林院庶吉士，能名列翰林者一般都是未來的高官，甚至被視為儲相。此外，科場程序對主考官的選擇與迴避、鎖院、糊名謄錄、閱卷官與監考官（內、外簾官）分隔等防舞弊措施都有詳細的規定。總之，科場程序到明清已經達到相當規範、嚴密的程度，它們在一般情況下也能得到比較好的執行，所以科考才能對社會具有那麼大的吸引力。在明清長達幾百年的時間裏，科舉制度在中國社會中就像上好了發條一樣有條不紊地運作著。

明清科考的考試內容一般都是來自儒家經典，考試方式和命題多有變化，以廢科舉之前清代鄉、會試考試題目為例：考試共分為三場，初場為《四書》文三篇，五言八韻詩一首；二場五經文各一篇；三場策問五道。從考題來看，考試對經典內容的覆蓋還是比較全面的，並且在制度設計上既重視對經典的掌握和闡釋，也重視解決實際問題的能力，後者體現在有些考試場次通過策、論、表、判等來測試政務、公文處理能力。但一般明清科考最為重要的判卷標準是首場的四書文或時文，因為文章分為八股，又叫八股文。八股文的特點是融合了對經義的闡發和嚴格的格式要求，學做八股文並不是一件容易的事。在條件艱苦的考場中一連幾天考試走下來也非常辛苦，並且還要爭取在成千上萬的競爭者中勝出，最終通過一級級考試篩選出來的進士一般都已人到中年，所以「科舉累人」是不假的。〔註28〕

從上面所介紹的科舉程序中我們已經基本上能夠看出，科舉制度具有一整套的考試組織體系，漢代所發端的考試制度在科舉制下得到了大規模、嚴格的推行。上一節已經指出科舉制相對於察舉制最重要的區別就在於一個側重考試環節，一個側重薦舉環節。相對於薦舉來說，考試具有客觀明晰的標準，使人為因素對選舉過程的干擾大大降低；並且，科舉考試向全社會開放，

〔註28〕根據抽樣統計，金榜題名者平均年齡進士是 35 歲，舉人是 30 歲左右，秀才是 24 歲左右。（劉海峰：《論科舉的高等教育考試性質》，《高等教育研究》，1994 年第 2 期。）這些人多已成婚，是年齡比較成熟的士人。（錢茂偉：《國家、科舉與社會：以明代為中心的考察》，北京圖書館出版社，2004 年，第 129 頁。）當然，不排除有許多聰穎的人能年少高中或一舉成名。王守仁、徐光啟、曾國藩、李鴻章、張之洞等都能在早年得到極高科第。朱熹及《寶祐四年（1256 年）登科錄》中的著名人物文天祥、謝枋得、陸秀夫等都是一舉成名者。（劉海峰：《論科舉的智力測驗性質》，《廈門大學學報（哲社版）》，1996 年第 3 期。）

而薦舉所面向的範圍則是比較窄的。考試選官制度的大規模實施產生了兩個重要的結構性功能，一個是有利於加強大一統中央集權，另一個是有利於促進社會的垂直流動和精英循環，下面將對這兩點展開分析。

科舉制是如何適應並加強了大一統中央集權的呢？其中既有科舉制自身特點的原因，也由於在科舉制實施過程中產生了一些有利於加強大一統的社會變動，乃至在一些比較微觀的機制上面都體現出科舉制度與大一統中央集權的契合。

察舉制長期推行的結果就是取士權力的下移，以至於最終掌握在公卿大臣、門閥士族手中，形成一種與王權相抗衡的強大力量。當然，這種局面的出現也不是單線因果關係作用的結果，一方面，察舉制及後來的九品官人法有利於士族門閥操縱選舉過程，從而使其不斷完成自身權力的再生產；另一方面，士族豪強的坐大更使其具備了抗衡王權的實力基礎，這種博弈格局會使選官制度的操作更傾向於豪強士族集團的利益，以至於最終形成了「上品無寒門，下品無士族」的貴族政治格局。但在科舉制下，士子可以「投牒自進」，各種權貴的舉薦不再需要，門閥士族、公卿大臣也就失去了操作選舉過程的制度環節。而從另一端來看，通過中央統一舉辦的考試和銓選過程，取士用士的權力得以收歸中央。

從各級考試的組織來看，科舉取士高度中央集權的特點非常明顯。這裏主要以程序比較穩定、完善的明清時期為例。最低級別的童試中最為關鍵的一試——院試是由中央任命的學政親自主持的。鄉試則是由皇帝欽命的正副主考官主持，這些主考官一律由京官出任。中央級別的會試由禮部主持，主考官的級別一般也更高。總體來說，這些考官的資格身份有兩個特點：一是位重，二是重文。〔註29〕科舉取士是國家大典，傳統社會對此極為重視，能夠被委任為主考官是一件非常榮耀的事，並且選任進士、翰林這些從科場中走出來的傑出者為考官也有助於保證衡文的質量。而到了殿試，理論上是由皇帝本人親自主持。因此所有取中者也就都成了「天子門生」，這是為了防止「門生故吏」關係威脅一統王權。不過一般來說皇帝也就只是欽點三鼎甲而已，其他事務則由考官操作。總體來看，皇帝本人對科舉考試的控制在不斷加強，宋代增加皇帝親自主持的殿試就是一個重要的步驟，而在唐代科舉考

〔註29〕　參考何懷宏：《選舉社會及其終結：秦漢至晚清歷史的一種社會學闡釋》，三
　　　　聯書店，1998 年，第 177 頁。

試中，門生與主考官結成的派系關係曾經是構成黨爭的重要因素。在清代科考中，自康熙二十四年（1685 年）起，順天鄉試及會試頭場《四書》文題目由皇帝在《四書》中折一角，由軍機處送給貢院的主考官，主考官在這一頁中選擇文字命題。頭場試帖詩和二、三場考題則由考官擬定。為監督和審查考官的命題，順天鄉試二三場試題需在每場考試結束後，由貢院監臨官呈送給軍機處，然後交軍機處進呈供皇帝御覽。各省鄉試三場全由考官命題，試題需刊刻在題名錄中，以便進呈給皇帝御覽。

取士權力既然收歸中央，與此相應，所有職官的銓選都由中央吏部統一操作，之前與察舉制伴隨的闢除制度也不復存在。在科舉官僚制下往往執行嚴格的迴避制度，即官員不得在本籍出仕，並且經常調任。這對於加強中央控制和防範地方割據勢力的發展具有重要的作用。這樣在科舉制下取士、用士的權力就高度中央集權化了。官僚集團是一統王權最重要的臂膀，高度常規化的科舉制使這一臂膀能夠自覺不自覺地為大一統中央集權服務。

科舉制度另一個重要的作用是參與改變了傳統中國社會的結構，使一統王權獲得了穩定的社會基礎，這是後期大一統王朝比較穩定一個重要原因。魏晉南北朝時期，門閥士族的力量達到高峰，隋朝雖然重新實現了一統，但是士族、軍功集團的力量並沒有消失，這一狀況持續到唐代。隋朝末年的農民起義已經摧毀了士族門閥的一部分力量，在唐代隨著商品經濟的發展和莊園經濟的逐漸解體，庶族地主力量崛起而士族衰落。科舉制下公卿士族無法把持選舉權力，伴隨這一制度的廣泛推行，尤其是在武則天擡高進士科地位之後，政權的社會基礎也在逐漸發生變化。《唐摭言》中說：「三百年來，科第之設，草澤望之起家，簪紱望之繼世。孤寒失之，其族餒矣；世祿失之，其族絕矣。」〔註30〕「在中唐玄宗（713～56）時期，31 位宰相中 11 名或大約三分之一是進士出身，而在一百年後的憲宗（806～21）時期，情況反轉過了過來，25 位宰相中 15 名或大約五分之三是進士出身。」〔註31〕那些門閥高姓也不得不通過參加科舉考試來適應變化了的形勢。可見，科舉制的廣泛實施對社會政治力量的消長無疑起到了重要的作用。到唐代中後期，貴族的力量已經衰落得差不多了。遭受唐末農民起義和戰亂的衝擊，到五代十國時，

〔註30〕《唐摭言·好及第惡登科》。

〔註31〕Ichisada Miyazaki. *China's Examination Hell: The Civil Service Examinations of Imperial China*, New Haven and London: Yale University Press, 1981, p112.

士族大地主的勢力已基本垮掉了，維繫門閥士族制度的譜牒學的衰絕就從一個側面反映了世家大族的瓦解。如清代歸有光所言：「然魏晉而降，區區綜覈百氏，以門第官人。雖卑姓雜譜，皆藏於有司，而譜牒特盛。迄於李唐，猶相崇重。五季衰亂，蕩然無復有存者矣。」〔註32〕而到了宋代，科舉取士規模大增，科舉下的社會流動更為加強，科舉的影響力大大擴展，「科舉社會」遂正式形成。錢穆說：「科舉進士，唐代已有。但絕大多數由白衣上進，則自宋代始。我們雖可一併稱呼自唐以下之中國社會為『科舉社會』，但劃分宋以下特稱之為『白衣舉子之社會』，即『進士社會』，則更為貼切。我們亦可稱唐代社會為『前期科舉社會』，宋以後為『後期科舉社會』。」〔註33〕一些統計數據也支持了這一論斷，孫國棟的研究表明：北宋入《宋史》的官員，有46.1％來自寒族，而晚唐入新、舊唐史的官員中寒族比重僅占13.8％。〔註34〕

　　科舉制的影響不僅僅止於官吏，而且影響到整個社會的結構，「科舉制雖是為選任官員而設，但在實際運作過程中，卻使進入這個過程的人有相當一部分沉澱下來，形成一個獨特的而又有穩定的制度性來源的社會群體——士紳。正是這個群體迅速填補了東晉門閥制度衰敗、貴族力量被嚴重削弱之後所形成的空白，……從而使得宋代以後中國社會的結構明顯不同於宋以前」。〔註35〕至明清，士紳階層更加發達，對地方社會的影響力更大。〔註36〕從宋代到明清，科舉制所培養選拔出來的士紳階層逐漸成長為帝制時代中後期的社會重心。〔註37〕

　　我們知道在傳統社會中，對王權構成最有力挑戰的社會力量就是貴族階

〔註32〕　《震川先生集》卷二《龍遊翁氏宗譜序》。

〔註33〕　錢穆：《中國歷史研究法》，三聯書店，2001年，第46頁。

〔註34〕　孫國棟：《唐宋之際社會門第之消融》，轉引自何懷宏：《選舉社會及其終結：秦漢至晚清歷史的一種社會學闡釋》，三聯書店，1998年，第135頁。

〔註35〕　孫立平：《論科舉制對傳統中國社會結構及其演變之影響》，《學習與探索》，1992年第4期。

〔註36〕　比如有學者指出「士紳作為一個特殊的社會階層，真正從制度上獲得穩定來源和特權保障，並產生廣泛的社會影響，則是明清兩代的事」。參見徐茂明：《江南士紳與江南社會（1368～1911年）》，商務印書館，2004年，第71頁。實際上明代以後舉人、生員身份才成為終身的，並享有相應的身份特權。

〔註37〕　關於傳統社會中的士紳階層的稱呼和劃分學界有很多不同意見，但是一般是將其與科舉聯繫起來看待。本文所說士紳也主要是指具有科舉功名的士人，包括級別比較低的秀才，但不包括在職官員。當然如果兼具高級功名和大量地產，則其地位更高，影響力也更大。

層，二者之間有一個此消彼長的關係。貴族政治傾向於多中心的多元權力結構，而一統王權則傾向於單中心的集權結構。貴族的特點是建立在血統和門第之上，往往擁有自己獨立的經濟和軍事力量，並且可以世襲保有這種力量，這樣它才能對王權構成嚴重的挑戰。而士紳階層則不然，它是一個流動的階層，並且依附於皇權。士大夫雖然能夠參與政權，與皇帝共治天下，但是他們並不構成對皇權的挑戰，而是其支持力量。這是因為一方面，他們對皇權具有依附性，其利祿和權力都是直接來自皇權，並不具有獨立的政治軍事力量，所以其政治忠誠比較有保證；另一方面，他們是一個流動的階層，其地位的維繫要依賴於後代能否繼續在科場上獲取功名，否則就要變為平民，家業也難以持續興旺，「簪紱望之繼世」即此謂也。士紳階層取代貴族成為社會主導力量，這使一統王權獲得了穩定的社會基礎。

另一種對一統王權構成嚴重挑戰的力量就是軍人，唐末雖然貴族力量衰弱，但是地方軍事力量卻崛起，最終唐朝也是亡於地方軍事割據勢力。繼唐而起的五代十國是中國歷史上政治最黑暗的時期之一，世道澆漓，人心不定，政權更迭頻仍。以軍事政變開國的政權旋即亡於軍事政變，這種歷史的嘲諷說明由軍人主政的政權非常不穩定，無法確立起長期有效的統治秩序。宋代吸取教訓，推行重文輕武、內重外輕的國策，貶低武人地位，優遇士大夫，以文官集團掌握最高軍事權力，由此奠定了兩宋三百多年的基業。此後明清延續了這一政策。文治政策的實行得益於科舉制所選拔出來的忠誠於皇權的文官集團，也得益於科舉功名的崇高地位對整個社會所產生的導向作用。文治政策的長期推行使「軍事政變在宋代以後的中國幾乎完全消失，這或許是因為一個想發動政變的人會發現自己沒有追隨者，也就沒有人去策動政變了。無論如何，這都顯示了人們，尤其是那些主導公共輿論的知識階層和富民已經形成了一種高度的社會責任感」。〔註38〕由此後期王朝不再受地方割據勢力和武人專政的困擾。「這無疑本身就是一個重大的成就，因為軍人干預國家政治總是一個難以處理的問題，即使在一些『先進』的現代國家也是如此。」〔註39〕這種成就無疑是高度政治文明的表現。科舉制下，從頂層的一統王權到儒家官僚集團再到地方士紳的組合穩定下來，理學則是其共同尊奉的官方學說，這是後期王朝比較穩定的一個主要原因。

〔註38〕Ichisada Miyazaki. *China's Examination Hell: The Civil Service Examinations of Imperial China*, New Haven and London: Yale University Press, 1981, p129.

〔註39〕ibid，也許日本就是首先映入宮崎市定眼簾中的這種「先進」的現代國家。

　　科舉制的影響不僅僅限於士紳階層，而且對整個社會形成了一種強大的向心力和整合力。正如孟子所言：「無恒產而有恒心者，唯士爲能。」〔註40〕科舉及第之士固然有恒產恒心，即使沒有考中功名者，科舉制度這一「中國夢」也對他們發揮了強有力的吸附作用。科舉制下士子自小至老可以無限次應考，爲了鼓勵士子持續應考，北宋之後設立了特奏名進士，以照顧那些年高而又多科不中的舉子。因此，說科舉可以「賺得英雄盡白頭」也不誇張。另一方面，科舉的公平競爭性使其在淘汰人才時可以相應地把副作用減少到較小的程度，讓他即使在心理上有憤憤不平的情緒，也能夠不和社會形成對抗心理。〔註41〕此外，科舉的勸學作用使儒學得到廣泛傳播，這又能形成一種文化上的向心力。「權力管理系統與文化傳播系統不斷耦合，它們通過科舉制度的聯結作用也獲得了驚人的一致。中國大一統格局的不斷強化，自然也受到儒家建制活動的深刻影響。」〔註42〕當然，科舉時代的儒學主要是理學，相對於「尚無」的魏晉玄學來說，尊君和重視名教的理學更符合大一統國家的需要。

　　在考察了科舉制對中央集權和整個社會的宏觀影響之後，下面進一步考察其中一些微觀的機制是如何有利於中央集權的，這中間也反映出科舉程序的發展與大一統中央集權之間具有互相適應、互相加強的耦合關係。這裏主要分析科舉制下的兩種「公平」機制，一種是形式公平或曰程序公平、機會公平，另一種是地區之間的公平或曰區域公平。科舉制下的形式公平可謂達到相當理性化的程度，尤其是在宋代對科舉程序進行完善之後，歐陽修甚至贊之曰：「無情如造化，至公若權衡。」科舉制的形式公平首先體現在其開放性上，原則上機會是向社會所有男子開放的，當然在傳統的觀念中是不允許所謂的「賤民」（娼妓、皂隸等）和婦女參加國家取士大典的。其次主要體現在防舞弊的機制設計上面，這包括糊名謄錄，鎖院制度，內外簾官隔離，主考官迴避，別頭試，復試，懷挾搜身，對舞弊行爲的嚴格懲處等機制。即使是與非常理性化的現代公司治理中防舞弊的內部控制規範相比較，這些措施也毫不遜色，這充分說明科舉防舞弊機制在工具合理性上做到了非常出色的程度。這些與加強大一統中央集權有什麼關係嗎？當然，這些措施的採取有

〔註40〕　《孟子‧梁惠王上》。
〔註41〕　參考陳文新：《讚美科舉制的「維穩」理由》，南方周末，2011 年 12 月 22 日。
〔註42〕　張新民：《面向未來的制度關懷：科舉制度廢除一百週年答客問》，《陽明學刊》（第二輯），2006 年。

工具合理化的自主性邏輯，也受中國文化中的公平觀念影響，但從政治上說，這種公平是一種王權之下的公平，它實際上非常符合大一統王權的利益。具體說來，更公正嚴格的程序可以有助於科舉選賢任能功能的發揮，這符合一統王權的長遠利益。其次，這種程序的公平和合理化有助於防止官僚集團通過舞弊手段來操縱選舉制度，可以加強吏治和防止官僚集團滋生派系，並且科場程序越是嚴格公平就越能防止官僚豪族的操縱（這些勢力的壯大對王權是不利的），越能適應庶族出身者的需要。再者，只有做到了開放和程序公平才能對社會產生強有力的吸引力，從而使科舉對整個社會的向心力得到最大程度上的輻射。從這些方面來看，科舉制的程序公平符合一統王權的根本利益並對其有加固作用。當然它並不是加強了王權的任意性權力，而是在另一方面也使王權無法過度干涉選舉過程，從而同時起到了約束王權的作用。制度化、常規化總是與任性的專斷權力相矛盾的，科舉制度由此而具有很強的自主運作特徵。

程序公平和機會公平需要做到「推四方如一」，即對四海士子一視同仁。但是科舉制度的發展並沒有朝著這一方向走太遠，而是在明代轉而採取了一種「分區定額」的制度，即國家對不同地區的錄取數量做出規定，主要是為了照顧經濟文化比較落後的地區。關於區域公平問題，宋代就爆發了大規模的紛爭，但並沒有落實為分區定額制度。〔註43〕在明代這一制度才逐漸確立起來。這方面，朱元璋開了先例，這源於洪武三十年的「南北榜」事件。這一年會試主考官錄取的 52 名進士全部為南方士人，實際上這背後很大程度上是由於南方人文特盛並且南人長於文辭。但放榜之後，北方考生表示強烈不滿，朱元璋知道後大怒，甚至最終大開殺戒。實際上，朱元璋的這一舉動是從維繫大一統局面的穩定著眼，其背後有很強的政治目的。從此明代在這一問題上經過反覆調整而將分區定額錄取制度確立下來，這一做法一直沿用到清代。其實，分區定額制度並不符合機會公平的嚴格要求，但它背後是另一種公平，即不同地區之間的公平。並不是因為理論上存在著這麼一種公平，而是需要平衡各地區政治勢力來維護大一統局面。可見，在科舉制度與一統王權不斷磨合的過程中發展出了許多具體而微的機制，這些機制使科舉制比較好地適應了大一統的需要，又反過來加強了大一統。

〔註43〕參考劉海峰、李兵：《中國科舉史》，中國出版集團東方出版中心，2006 年，第 180 頁以下。

由中央統一組織的科舉考試使中央政權與整個社會之間確立起有機的聯繫，削弱了離心力量，並能塑造出一種公共的文化認同，這適應了大一統中央集權的需要並加固了它。同時這種向社會開放的大規模選拔性考試也產生了促進社會垂直流動和精英循環的作用。與促進大一統中央集權的功能一樣，科舉制在促進社會精英循環流動方面的功能也對此前的察舉制具有糾偏作用。

對科舉制度與社會流動的研究是科舉學（尤其是美國科舉學）研究的一大熱點。支持科舉促進社會流動的代表性學者有潘光旦、費孝通、柯睿格（E.A.Kracke）、何炳棣等人。〔註44〕在這方面統計樣本最多的研究要數何炳棣的《明清社會史論》（The Ladder of Success in Imperial China: Aspects of Social Mobility, 1368～1911），何炳棣對明清大量的科舉資料進行了統計研究，所得出的結果非常積極：1371年至1904年間獲取進士功名的人有四成以上來源於平民家庭。〔註45〕但是這種統計方法和結論也受到了一些學者的質疑，他們認爲科舉在促進社會垂直流動方面的功能實際上非常有限，持這類觀點的學者有Robert P. Hymes, Robert A. Hartwell和艾爾曼等人，這些質疑有的是認爲何炳棣對家庭出身的研究只考慮了直系親屬而未考慮姻親等關係的影響，有的則從科舉考試難度高和對物質基礎的要求比較高這種角度來質疑出身貧寒者考中的幾率。〔註46〕但無論如何，從對歷史數據資料的統計和豐富的個案來看（一些出身貧寒的子弟通過科舉階梯甚至能爬到位極人臣的高度〔註47〕），科舉制在促進社會上陞流動方面的作用是無法被否認的。科舉畢竟提供了一種機會相對公平的競爭機制，當然在實質公平上肯定做不到完全的平等，畢竟從事舉業不是一件簡單的事情，在物質上和教育上的條件限制會使

〔註44〕《中國文官制度：職位向才能開放？》這本文集中包含一些關於科舉與社會流動的論文匯編，see Menzel, Johanna M. eds. *The Chinese Civil Service: Career Open to Talent?* Boston: D.C.Heath and company, 1963.

〔註45〕Ping-ti Ho. *The Ladder of Success in Imperial China: Aspects of Social Mobility, 1368～1911*.New York : Columbia University Press, 1962, pp.92～125.

〔註46〕關於非流動派和中間派的更多介紹可以參考鄭若玲：《科舉、高考與社會關係研究》，華中師範大學出版社，2007年，第166～169頁。此外，在這本書中鄭若玲也通過對《清代朱卷集成》中的考生履歷進行了統計，研究結果支持了科舉在促進社會上陞流動方面的作用。

〔註47〕如宋代著名進士多貧寒出身者，張齊賢、呂蒙正、范仲淹、歐陽修等人皆在孤貧狀況下發奮上進而得進士，成爲著名政治家。當然這並不排除其中有些人屬於家道中衰者，一定的家學淵源也是他們能夠脫穎而出的一個條件。

一部分窮人望而生畏，另一些家境比較好的人則享有先天的優勢。因此，科舉制度對於中產以上的社會群體更有吸引力，這一制度更符合這部分人的利益。但不管科舉制度在促進社會垂直流動方面的作用有多大，我們可以確定的一點是，科舉制度在促進社會精英的更新流動和保持這部分人的素質方面確實發揮了巨大的作用。因為即使是權貴之家，其子弟也必須在通過科舉考試對才學和意志品質的嚴格測驗之後才能獲得重要的官職，而不能完全憑身份世襲要職，這就使領導社會的這個精英階層的素質能夠得到比較好的保障。並且高級官員的子弟往往被全社會（當然主要是士人社會）的眼睛盯著，要想通過舞弊方式來通過科舉考試比較困難。明代就發生過一些內閣首輔（相當於宰相）受到兒子科舉高中牽連而被彈劾罷免，甚至是死後清算的事例，其中包括權傾一時的張居正，由此可見這一制度的嚴格性（當然這背後可能融入了權力鬥爭的因素）。因此，我們似乎可以超越對社會垂直流動比率大小的關注，而從社會精英更新流動和素質保障的角度來看待科舉制度的積極功能。

西方的精英主義者，比如莫斯卡、帕累托、奧爾特加、熊彼特、米歇爾斯等人都特別關注和強調精英群體的作用。這些思想家對精英的定義有所不同，比如莫斯卡和帕累托主要從掌握和行使權力的「統治階級」或「權力精英」（二者之間也存在著細微的區別）角度來界定精英。〔註48〕而奧爾特加則主要是從個體素質方面來界定精英，他認為精英與大眾的區別主要不在於從事的職業和社會地位，而在於是否對自己提出嚴格要求和賦予自身重大責任。〔註49〕顯然，對精英的理解可以從比較客觀的社會地位和比較主觀的個體素質兩方面來分析。傳統中國社會中的科舉精英無疑具備國家所賦予和社會所認同的崇高威信，在社會地位方面自然是比較高的。那這部分人的素質是怎樣的呢？

受到《儒林外史》等文學作品的誇張描寫以及近現代以來反科舉話語的影響，很多人都以為科舉制度下所培養選拔出來的人素質低下、冥頑不靈，認為科舉制度敗壞人才。當然，以現代的眼光看，這些人並不具備適應工業社會所需的技術知識，但是對於作為農業社會的文官和領導精英來說，儒家

〔註48〕對二者定義之異同的分析可以參見巴特摩爾：《平等還是精英》，遼寧教育出版社，1998 年，第一、二章。

〔註49〕奧爾特加‧加塞特：《大眾的反叛》，吉林人民出版社，2004 年，第 6、7 頁。

經典教育和紳士的素養就並非不合適。正如艾爾曼所說：「基於『非技術性』的儒教道德和政治理論古典教育，如同人文主義和古典教育在早期歐洲的民族國家一樣，或許適合選拔精英為帝國服務。」〔註 50〕實際上，雖然現代社會是一個突出技術理性的社會，但除在一些技術性很強的政府部門外，通識教育仍然是對文官素養的基本要求。日本學者原勝郎在 20 世紀初參觀江南貢院，寫下《貢院之春》一文，他指出：文官選拔的必要條件在於深厚的常識、明晰的理解力、紳士的修養三大要素，而 1876 年英國高等文官考試的科目並沒有體現這一精神，相反，中國科舉考試之中的經學、詩文、策問的考試方式，正足以滿足文官選拔的基本要求。〔註 51〕如果我們肯定了這一點，那麼具備經典教育素養的紳士型學者完全可以勝任社會領導精英的職務。

　　這部分紳士型學者是通過科舉考試逐級選拔出來的。科舉競爭異常激烈，只有非常少量的人能夠通過一級級的考試走向終點。以明代為例，三年一度的科舉考試僅僅從全國篩選出二三百名左右的進士。〔註 52〕可見這些人都是精而又精的士林華選。舉人、秀才的數量雖然要比進士多得多，但相對於總體的人口來說其數量也非常有限。現代的研究已經指出科舉考試具有智力測驗的性質，能夠通過一級級嚴格考試的人在智力上肯定不會差。〔註 53〕八股制藝雖然在很大程度上不切於實用，但是它卻具有很強的鑒別力，在很大程度上能將才智優秀的人選拔出來。既然科舉考試主要考八股制藝，士子也就不得不將其作為實現社會上陸的「敲門磚」，儘管事後就可以將其扔掉。另一方面，能夠十年寒窗地刻苦勤學，並頑強地挺過這麼多次條件艱苦的考試，這些人在意志品質和上進心方面自然也不會差。而長期的儒學修養也會自覺不自覺地對道德心性形成陶冶塑造作用，並且科舉精英所享有的崇高社會威望也使其頗能自律自重。具有高度的社會責任感和擔當意識正是合格士大夫的基本標準，所謂「以天下為己任」是也，而這也是一個合格社會精英所應具有的基本素質。即使是在現代西方的精英教育中，通識教育、經典教

〔註 50〕謝海濤編譯：《艾爾曼論中華帝國晚期科舉的三重屬性：政治、社會和文化再生產》，《北方民族大學學報》（哲學社會科學版），2010 年第 6 期。

〔註 51〕參考劉海峰、李兵：《中國科舉史》，中國出版集團東方出版中心，2004 年，第 123 頁。

〔註 52〕具體的統計圖表參考錢茂偉：《國家、科舉與社會》，北京圖書館出版社，2004 年，第 289～299 頁。

〔註 53〕參考劉海峰：《論科舉的智力測驗性質》，《廈門大學學報》，1996 年第 3 期。其中包括對這方面相關研究的綜述。

育仍然是主要內容。當然，智力優秀和勤奮上進並不能保證及第之後一定能獲得事業上的成功，成功與否還受到很多其他因素的影響。宋太宗曾說：「朕欲博求俊彥於科場中，非敢望拔十得五，止得一二，亦可爲致治之具矣。」〔註54〕宋太宗很明白科舉所取之士不可能個個都成大器，只要有百分之一二十的人能成大才便算成功。〔註55〕

從整理出版的明清狀元殿試卷中，我們明顯可以看出能考到進士層次的人無論在學養還是文章層面都是一流的，絕不是康有爲所說的「不知司馬遷、范仲淹爲何代人，漢祖、唐宗爲何朝帝者」。〔註56〕固然，腐儒、陋儒總是存在的，科舉畢竟吸引了全社會的人來報考，僥倖通過科考的個案也不會沒有，但我們不能因爲個案和文學作品的虛構而一概否定這一群體的整體素質。總之，這些被選拔出來的少數人是傳統社會中的優秀分子這一點應當是可以肯定的。柳宗元甚至認爲不管是選孝廉還是考進士，而考試也不管是重詩賦還是重經義，被選中的基本上還會是同樣一批人。〔註57〕我們知道才智在人群中的分佈與自然界的許多現象一樣都呈「鐘形曲線」分佈，優秀的分子和弱智者都比較少，而中人則居多，柳宗元的上述說法實際上就是說，古代的選舉制度就是要將社會中的那部分優秀分子選拔出來以領導社會。

在選拔社會上的優秀分子方面，科舉制度相較於察舉制來說在「信度」和「效度」上要更高。在科舉制嚴格的程序保證下，紈綺子弟並不能憑藉世襲身份而成爲這個社會的領導力量，也基本上難以憑藉投機取巧、上下其手來謀取官職。雖然史書上也有關於科舉舞弊的記載，但總體上說科舉制度比較嚴格的程序使舞弊和僥倖成爲一種小概率事件，能做到這一點就已經非常了不起了。因此即使是權貴、富家子弟要想維持地位不墜和獲得社會承認也要靠勤學來保證。要想保證幾代不衰就必須嚴格管束子弟，做到門風嚴正、詩書傳家。可見，科舉制並不像很多人所認爲的那樣是歷史的錯誤，相反它正反映了文明的大智慧。因此，不管這一制度在促進社會的垂直流動方面究竟起到了多大程度的作用，它在篩選社會精英和維持精英質量方面都要比世

〔註54〕《宋史·選舉志》。

〔註55〕參考鄧洪波、龔抗雲編著：《中國狀元殿試卷大全》，上海教育出版社，2006年，劉海峰序，第3頁。

〔註56〕湯志鈞主編：《康有爲政論集》（上冊），中華書局，1981年，第269頁。

〔註57〕柳宗元：《送崔子符罷舉詩序》，轉引自何懷宏：《選舉社會：秦漢至晚清社會形態研究》，北京大學出版社，2011年，第250頁。

襲、察舉等方式優越。自科舉制度廣泛實施之後，歷代的歷史文化名人多是從科舉出，這充分證明這一制度是能夠得人的。〔註58〕

研究文明社會、帝國興衰的學者經常會發現，一個文明或帝國的衰落往往是由於精英分子和精英文化不能同化底層，反而自身逐漸變得野蠻化。比如羅斯托夫采夫在研究羅馬帝國衰落的原因時指出：「無論在政治和社會經濟方面或在文化方面，帝國時期古代世界的發展有一個顯著的特徵。這就是上層階級逐漸被下層階級所吸收，與此相伴而行的是水平的逐漸降低。」〔註59〕「作為衰落過程基礎的主要現象是有教養的階級逐漸被群眾吸收以及因此而必然使政治、社會、經濟、文化等生活的一切機能都趨於簡單化，我們對這個現象稱為古代世界的蠻族化。」〔註60〕奧爾特加也指出：「羅馬帝國的歷史同時也是一部顛覆史，一部大眾帝國的上陞史，一部大眾逐漸同化並罷黜統治精英、自己取而代之的歷史。」〔註61〕相反，我們在中國歷史中經常看到的現象卻是儒家文化同化和拔高入侵的游牧民族，在漢化程度比較高的清王朝那裏，這一點體現得尤其明顯，這種現象固然反映了中國文化在自己的文化圈內作為一種優勢文化所具有的強大能量，另一方面這種能量的保持也離不開持續的儒家經典教育和有教養的士階層的不斷再生產，而科舉制度則對此起到了強大的帶動作用。

科舉制度在促進精英更新流動方面的一個重要作用就是有利於實現帕累托所說的「精英循環」。〔註62〕按照帕累托的觀點，有效的精英循環是一個社會穩定的重要基礎，如果執政的精英集團不能不斷淘汰掉自己的不合格分子，同時吸收不執政的社會精英，那麼在相對力量對比變得不利於執政精英時就會發生革命和動亂，那些在野的分子就可以由此成為新的統治精英。〔註63〕科舉制度在保證大一統社會長期穩定方面無疑起到了「精英

〔註58〕其中甚至包括一些古代的科技人才，如《夢溪筆談》的作者沈括，《天工開物》作者宋應星，《農政全書》的作者徐光啓等都是進士出身。

〔註59〕羅斯托夫采夫：《羅馬帝國社會經濟史》（下冊），商務印書館，1985年，第725頁。

〔註60〕同上，第732頁。

〔註61〕奧爾特加‧加賽特：《大眾的反叛》，吉林人民出版社，2004年，第13頁。

〔註62〕有學者注意到了科舉制的這種功能，參考劉佰合、蔣保：《科舉制度的廢除與社會整合的弱化》，《安徽史學》，2000年第3期。鄭從金：《從精英循環的角度看科舉制度的歷史功用》，《雲南社會科學》，2004年第1期。

〔註63〕帕累托：《普通社會學綱要》，三聯書店，2001年，第303頁等處。

循環」理論所說的這種作用，用唐太宗的話來說就是「天下英雄入吾彀中矣」。但是我們也應當看到這種作用是有限的，科舉在促進社會垂直流動方面的能力在根本上受制於國家能夠為科舉士子提供的出路之多少。由於出路相對狹窄，科舉考試競爭激烈，大量的士子被淘汰出局，這會使這種垂直流動作用大打折扣。科舉制度的公平性在某種程度上可以使這種淘汰所產生的副作用降到很低。但是在王朝後期，伴隨著吏治的衰敗和科場紀律的鬆懈，科舉制度的公平性也大受影響，而出路的擁堵使國家所能提供的社會上陞機會也更少，落第士子因此也就往往心懷不滿。王朝末期的各種末世景象更是提供了革命造反的溫床，落第士子往往或則自己領導起義，或則作為重要的謀士參與到起義過程中去。從唐代的黃巢到晚清的洪秀全都是很典型的例子。

科舉在促進社會垂直流動上的局限在根本上受制於比較單一化的出路，那就是做官。固然傳統社會中也有其他社會上陞之路，如經商致富、成為大地主等，但是它們都無法與舉業相媲美。在一個多元社會中，社會上陞的渠道是非常多的，不同渠道、職業之間主要是分工的不同，而不是身份等級的差異。科舉雖然很好地保障了機會公平，但它所選拔出來的精英卻是特權的享有者，科舉並沒有帶來普遍的社會平等。〔註 64〕在特權最為重要的傳統社會中，科舉相對於世襲社會和貴族政治來說對於促進社會流動無疑具有積極的作用，但科舉制度雖然擴大了社會上陞流動的機會，卻沒有走出上陞渠道單一化的局限，實際上它本身就是為這單一渠道而設。科舉制度背後具有一種國家主義因素，科舉從全社會中所選拔出來的精英人才都是要為國家所用，這不是一個多元社會的特徵。不過這背後在根本上是政治和社會系統的整體問題，科舉制度身處其中而無法超越這種局限。如果想在根本上改變這一局面也就必須走向以市場經濟為基礎的現代多元社會。

〔註64〕統治階層社會成分的平民化與社會結構的平等化是兩件不同的事情，參考何懷宏：《選舉社會及其終結：秦漢至晚清歷史的一種社會學闡釋》，三聯書店，1998 年，第 140 頁。不過從積極意義來說，正因為科舉制所選拔出來的士紳階層具有較高的社會地位和威望，傳統的基層社會中才能由此構建出治理所需要的社會網絡（對此後文會進行詳盡的分析）。

第三節　科舉考試的自主邏輯對儒學教育的偏離及再整合

　　通過上一節的分析，我們可以看到，由中央統一組織的科舉考試適應了大一統中央集權的需要並反過來有力地加固了大一統政治。另一方面，這種開放的大規模選拔性考試也促進了社會精英的垂直流動和統治階層的不斷再生產。這些功能的發揮都離不開科舉考試本身的特點，也正是這些特點使科舉制能在一定程度上克服察舉制的弊端。但是一旦科舉考試得到廣泛推行，這一考試制度的自主邏輯也會逐漸展開。也就是說，科舉考試在自身的結構性特點主導下經過長期運作會逐漸產生一些重要的後果，這些後果有一些可能如上文所分析的那樣適應了一統王權的需要，也有一些可能會偏離其需要，比如科舉考試與儒學、官學教育之間發生的偏離。因此，科舉制度要想有效地嵌入到整個文明系統中，華夏文明中的一些核心政治要素要想實現穩定的結構性嵌合，都還離不開一個不斷互動磨合的過程。下面著重考察科舉考試與儒學、官學教育的偏離及再整合過程。

　　科舉考試是由國家統一舉辦的大規模選拔性考試，在這一點上它與今天的高考具有類似之處，它們都是一種「大規模高利害考試」。〔註65〕當然，相比於可以無限次應考的科考來說，高考更具有「一考定終身」的性質，而相對於高考，科舉的淘汰篩選作用則要更加嚴酷，其前景也更加誘人。前已提及明代三年一度的科舉考試僅僅從全國篩選出二三百名左右的進士，可見其篩汰程度是精而又精。梁啓超也曾概括道：「邑聚千數百童生，而擢十數人為生員；省聚萬數千生員，而拔百數十人為舉人；天下聚數千舉人，而拔百數人為進士；復於百數進士，而拔數十人入翰林，此其選之精也。」〔註66〕下文將要著重闡發的科舉考試的自主邏輯即來自於這種大規模高利害考試的結構性特點和技術性要求。

　　上文曾指出古代選舉制度的背後是國家利祿之途，在當時社會中這是最具有吸引力的東西，這一點在注重「學而優則仕」的儒家文化中更為突出。國家利祿之途是一種稀缺資源，這就決定了其供給是有限的。也許國家未嘗

〔註65〕　這一提法參考鄭若玲、陳為峰：《大規模高利害考試之負面後效——以科舉、高考為例》，《華中師範大學學報》（人文社會科學版），2013 年 1 月。

〔註66〕　梁啓超：《公車上書請變通科舉摺》，《飲冰室文集》之三，中華書局，1989 年。

不願意增加錄取名額來拉攏人才，擴大自己的統治基礎，但是這帶來的後果就是官僚集團和不事生產的人數惡性膨脹，進而會帶來巨大的財政壓力和管理問題。傳統社會的經濟基礎是脆弱的小農經濟，這種經濟能夠提供的財政基礎是非常有限的，官僚集團的膨脹所帶來的後果就是人民負擔的加重，甚而會引發民不聊生乃至造反革命，因此權衡各種利害，國家不得不嚴格限制錄取名額。

　　科舉制度對社會的高吸引力連同其高度開放性所帶來的後果是科舉競爭的激烈。從供求關係來看，對官職、功名的供給是遠遠小於社會的需求的。這裏是以國家提供的科名、官職數量為「供給」，以社會對科名、官職這些稀缺資源的需求量為「需求」；當然，反過來我們也可以將渴求人才的國家作為需求方，那麼提供人才的社會則是供給方，這兩種提法並沒有實質性區別。一般在王朝初期，由於政治震盪帶來官僚集團的大換血，而人才供給則因為戰亂和社會凋敝而減少。這時皇帝往往是求賢若渴，甚至通過連續開科和察舉推薦等方式來大量選拔人才以填補空缺。〔註 67〕而隨著王朝進入穩定時期，經濟發展、文化復蘇和人口膨脹導致人才供給大量增加，而對於國家來說，由於官僚集團更新換代的速率減慢，相比於王朝初期，這時國家能夠提供的官缺數量反而減少。〔註 68〕可見，與商品市場中的供求關係不同，在科舉制度上面供給與需求之間是一種逆向匹配（倒掛）的關係。科名和官職總是一種配額供給，而需求則是可以無限增長的。這種供給與需求之間的不匹配正是通過考試競爭來進行調節，這就帶來科場競爭的激烈。進而，這種激烈的競爭性考試要求對士子做出嚴格的篩選，也即要求提高考試的難度和鑒別力來發揮淘汰篩選的作用。此外，科舉巨大的吸引力導致應試者總是試圖採取投機取巧的手段以期獲售，比如通過事先猜題和背範文等方式來準備考試，為了不斷與應試者的投機取巧作鬥爭，考官也不得不想盡方法來提高考試難度和鑒別力。實際上，廣受詬病的「截搭題」就是這樣一種產物。

〔註67〕明初朱元璋就要求「各行省連試三年」，以期「賢才眾多而官足任使」。《明太祖實錄》卷 70。轉引自劉海峰、李兵：《中國科舉史》，中國出版集團東方出版中心，2004 年，第 275 頁。

〔註68〕隨著經濟社會的複雜化，原本要求國家管理職能的擴大，但傳統國家在這方面並不積極，所以國家的擴張是有限的，明代就周期性地發生增員與裁員的循環。參考錢茂偉：《國家、科舉與社會》，北京圖書館出版社，2004 年，第 76～83 頁。

　　大規模統一考試帶來的另一個後果就是考試的標準化和整齊劃一化。這包括考試內容、考試方式和閱卷等方面的標準化和統一化。就好比今天的高考必須確立一個統一標準（即由標準答案判出來的分數）來取捨一樣，科舉考試也不得不通過變得標準化以定去取。另一方面，這種去取標準又會構成士子應試的鵠的，將士子的才智和努力都吸引到這上面來，進而對整個的教育體系和社會風尚都發揮強有力的導向作用。考試的標準化和難度的提高，以及考試的指揮棒作用都是由大規模統一考試這種選才方式所帶來的，我們可以稱其為科舉考試的自主邏輯。

　　科舉考試自主邏輯的影響在唐代就已經顯現出來。前面已經提到唐代科舉的一大特點是諸科並進，不過隨著時間的推移，進士科開始變得一枝獨秀。近代以來很多國人都對科目變得單一化表示遺憾，那麼首先的一個問題是我們應該如何來理解和解釋這種現象呢？之前的研究已經提出了一些解釋，比如有從政治鬥爭角度來解釋的，認為唐代進士地位的上陞符合皇權與士族軍功集團鬥爭的需要，武則天優待進士，通過提拔大量庶族出身的進士來構建自己的統治班底。〔註 69〕有從社會風氣的角度來解釋的，認為在制度設計上王權更重視側重儒家經典的明經科，而進士科的發達則與由士人主導的社會、文化風習有關，於是以士人為中心的社會認識就與制度設計出現乖離。〔註70〕也有人從漢字文化的特點來解釋進士科一枝獨秀的原因，認為進士科考試更符合漢字文化的特點。〔註 71〕顯然，進士科能在科舉史上長期一枝獨秀，這背後必然有一些長時段的因素在發揮作用。從唐代具體的政治鬥爭和社會風習出發所進行的解釋無法說明為什麼進士科能在此後長期一枝獨秀。從漢字文化的特點入手所做的解釋確實揭示出了進士科發達背後的一種持久的文化因素，但它仍然沒有揭示出其背後起主導性作用的一些結構性因素。下面的分析側重從傳統文明的結構性背景和大規模統一考試自主性邏輯的角度來解釋這一現象，並進一步考察傳統文明的結構性背景對進士科發展趨向的影響。

〔註69〕 史家陳寅恪即持這一觀點，參考陳寅恪：《隋唐制度淵源略論稿·唐代政治史述論稿》，三聯書店，2001 年，第 235 頁等處。另參考萬繩楠：《武則天與新進士階層》，《中國史研究》，1994 年第 3 期。

〔註70〕 河元洙：《唐代明經科與進士科的位相：制度上和社會認識之間的乖離》，《湖南大學學報》（社會科學版），2007 年 7 月。

〔註71〕 張亞群：《科舉考試與漢字文化：兼析進士科一枝獨秀的原因》，《中國地質大學學報》（社會科學版），2009 年 11 月。

　　科舉考試是一種國家統一舉辦的選官考試，而在傳統社會中國家能夠提供的官職數量是非常有限的，這種供給有限的狀況尤其隨著承平日久而加重。唐代高宗朝時已經出現了「大率十人競一官，餘多委積不可遣」的局面。〔註72〕當然，政府也會設法增加一些官職來安置舉子，不過這會帶來非常大的流弊。「唐代前後三百年，因政權之開放，參加考試者愈來愈多，於是政府中遂設有員外官，有候補官，所謂士十於官，求官者十於士，士無官，官乏祿，而吏擾人。」〔註73〕可見政府在擴大舉子出路上所能做的非常有限。隨著一屆屆科舉考試的積累，隨著參加科考的士子增多，科舉競爭也變得愈加激烈，而出路則愈加狹窄。這客觀上就需要增加科舉考試的難度和鑒別力以收窄入口。並且由於權力組織呈一金字塔結構，越高的官職也就越稀缺，其入口也就更窄。進士科地位的上陞正是隨著唐代社會經濟的發展而到來，這背後一個重要的因素就是它的難度高，錄取數量少，時人謂「三十老明經，五十少進士」，又據《通典》記載：「其進士，大抵千人得第者百一二；明經倍之，得第者十一二。」〔註74〕二者差了一個數量級。明經科考試側重考帖經，考記誦經典的能力，這靠下死功夫就能辦到。而進士科的特點則側重考雜文寫作，最後以詩賦爲重，其對知識素養以及創造力才華的要求要比明經科高的多，這種要求高、難度高和錄取少的局面使進士科變得更加具有鑒別力。所謂物以稀爲貴，時人重進士當與此有關。雖然唐代法律在官職敘階的規定上，明經科合格者比進士科合格者的品階更高，〔註75〕但是隨著社會風氣對進士的推重，進士的前景也就更有保證，以至唐代「縉紳雖位極人臣，不由進士者，終不爲美」。〔註76〕

　　大規模統一考試的特點是考試對社會具有導向作用，一旦進士科地位榮顯，人們也就會自覺奔赴進士科考，從而使進士科在與明經科的競爭中變得越來越有利，以至於最終一枝獨秀。在這種情況下，隨著考試人數的增加，也就不得不擴大進士科的錄取範圍。由於官職供給是有限的，並且對官員素養的要求基本上是同質性的，〔註77〕一旦進士科的入口放大，其他科目也就

〔註72〕何忠禮：《科舉與宋代社會》，商務印書館，2006年，第128頁。
〔註73〕錢穆：《中國歷代政治得失》，三聯書店，2001年，第57頁。
〔註74〕《通典》卷15，《選舉三》。
〔註75〕參考《唐六典》，卷2，《尚書吏部》。
〔註76〕《唐摭言》卷1，《散序進士》。
〔註77〕雖然唐代舉辦了多種科目，但實際上很多「技術性」科目，如明算、明書錄取量非常少，這與官僚制和管理的非技術化是有關的。這些科目更無法與進士科競爭。

逐漸變得沒有存在的必要了。宋代吸取唐末王仙芝、黃巢起義的教訓，擴大進士科錄取數量，這背後的一個考慮是防止懷才不遇的人在民間成為一種不安分的力量。同時在宋代，印刷術的發明使書籍得以普及，經濟的發展也使社會上形成了一個可以進行文化消費的中產階層，從而使參加考試的人數大增，這是考試人數和錄取數量大增的一個基礎性原因。〔註78〕明經科最終在王安石主政時期罷廢。因此從長時段來看，大規模統一考試的自主性邏輯與傳統政治的結構性特點相結合就會逐漸導致考試科目的整齊劃一化。在一個平臺上進行競爭既是大規模統一考試的要求，也有利於降低考試的組織成本。因此，唐代多科並進的情況只能看作是由於考試邏輯還沒有充分展開的結果，隨著時間的推移，這種狀況就會逐漸改變。

其實，選舉過程中對提高難度和鑒別力的要求在高級官員的選拔層面還會有更加高級的篩選標準。如唐代在進士與明經等科目外還非常重視制科，明經、進士已經作了小官的，都可以應制科考試，中選後名氣更大，授官更優，仕途前程更加廣闊。唐代許多名人，如張九齡、顏真卿、賀知章、柳宗元、白居易、杜牧等都是如此。而在明清，即使是對從全國精選出來的進士也進行了更加細緻的劃分，發榜時就有一甲、二甲、三甲的劃分，一甲自然是平步青雲，直接授予翰林院官職，二甲、三甲進士也可以進一步考選翰林院庶吉士，高官多由翰林出。

唐代進士科考以詩賦為主，雖然有些人對此進行了批評，但這一局面一直延續到宋代。不過詩賦考試本身並不能使科舉制度與儒家教育銜接起來，並且過於講求修辭的詩賦考試也容易導致文風、士風輕薄浮華。這些問題必然會引發儒家士大夫與王權的不滿乃至干預，事實上宋代就爆發了大規模的「詩賦與經義之爭」。官僚集團內部關於此問題的爭論固然有一些複雜因素參與其中，但是從長時段來看，將儒家經義融入科舉考試是科舉與儒學、一統王權實現磨合的必需，所以這種爭論背後的結構性原因當是詩賦考試與儒學教育的乖離。因此，我們可以看到司馬光與王安石雖然在許多重要政治問題的立場上都尖銳對立，但是卻在經義取士和興學方面達成了一致，這在一定程度上反映了共同的儒家立場對他們的影響。

〔註78〕據賈志揚統計，宋參加各州檢定考試的考生人數在 11 世紀初約為 2 萬人至 3 萬人，而在一個世紀之後，參加 1099、1102、1105 這幾年考試的人數已達 7.9 萬人。到 13 世紀中葉，光是中國南部（即南宋帝國）的考生大概達 40 萬人以上。參考賈志揚：《宋代科舉》，東大圖書公司，1995 年，第 56 頁。

　　詩賦考試能得到長期的推行，這背後也有其合理性。前面已經指出側重詩賦的進士科考試較明經科考試更具有難度和鑑別力，實際上詩賦考試與此相關的另一個優點是它有格律方面的要求而比較標準化，從而易於判別高下。上述兩點都使其更加符合考試的技術性要求。正如侍御史劉摯所言：「較之詩賦，有聲律法度，故工拙易見，所從命題者廣，故寡重複。經義命題，不出此書，既可夙具，稍更數試，題多重出，既格律不嚴，難以一見判其高下。」〔註79〕因此，這種爭論和磨合過程的最終結果應當是走向融合，採各方之長而熔於一爐。最終實現這一任務的就是明清時期長期採用的八股文。八股文的特點就是融經義闡釋與嚴格的格式要求於一體，既符合貫徹儒學教育的目的，也非常符合考試的技術性要求。清代有人指出：「漢策、唐詩賦、宋論均有弊」，而八股制義「指事類策，談理似論，取材如賦之博，持律如詩之嚴」。〔註80〕這正好概括了八股制義作爲一種考試方式所具有的相對優勢。

　　八股文命題一般是摘取四書五經中的一句話或幾個字讓考生闡釋，這種闡釋不能發揮個人的意見，而要做到「代聖人立言」，朱熹的注解則是共同的標準。這種提供標準答案的做法符合考試標準化的要求，但卻不利於抒發個性見解，後者在某種程度上是考試標準化要求的犧牲品，因爲在考試中抒發個人見解就容易使判卷結果取決於考官個人的主觀偏見。八股文容易評定優劣，這方面是有很多顯例的。比如，乾隆二十七年（1762）鄉試，狀元出身的吳鴻爲湖南省視學，主持湖南鄉試的是著名學者錢大昕和新科狀元王杰，「三公皆衡文巨眼也。諸生出闈，以卷呈吳，吳最賞丁甡、丁正心、張德安、石鴻翥、陳聖清，曰『此五卷失一不復論文矣。』榜發，第六至末僅陳一人，吳彷皇莫識。五魁報至，四生已各冠其經矣。吳大喜，時傳爲佳話。」可見八股衡文確實具有很強的客觀性和鑑別力。明代楊士聰說：「余每閱卷，不須由首徹尾，不拘何處，偶覷一二行，果係佳卷，自然與人不同，然後從頭看起。場中搜察落卷，多用此法。即數百卷，可以頃刻而畢，無能遁者。」左宗棠鄉試時便是在搜落卷中被挑上的。〔註81〕但我們也應當看到，隨著參加

〔註79〕《文獻通考》卷31《選舉考》4，轉引自劉海峰、李兵：《中國科舉史》，中國出版集團東方出版中心，2004年，第189頁。

〔註80〕江國霖爲梁章鉅《制義叢話》所作之序，轉引自何懷宏：《選舉社會：秦漢至晚清社會形態研究》，北京大學出版社，2011年，第113頁。

〔註81〕上述諸引文皆轉引自劉海峰：《論科舉的智力測驗性質》，《廈門大學學報（哲社版）》，1996年第3期。

考試的人數增多和競爭層次的提高，實際上也很難從很多優秀的答卷中評出一個絕對的優劣來，文章評判畢竟還是不如分數來的直觀明晰。

很多人不免產生疑問：通過策問而非八股的形式來考試取才是不是更好呢？雖然策問要比八股更切於實際的政務，但從長期來看，策問在某些方面不適合大規模統一考試的技術性要求，也容易導致派系黨爭滲透到科舉考試中去。這是因為一方面策論的命題範圍有限，這要比經義的命題範圍狹窄的多，更不要說與詩賦相比了。開始實行時大概還非常新鮮，但是一旦推行久了就難免重複冗濫，關於國家治理的策問也就那麼些個問題，士子很容易通過事先背誦範文而對答如流，從而使考試失去鑒別力。古人對此是有明確體認的，唐人已意識到策論考試導致「進士唯誦舊策，皆無實才」。〔註82〕白居易和元稹曾「閉戶累月，揣摩當代之事，構成策目七十五門」，〔註83〕囊括了對策的主要題材，於是成為後來應試者必讀的參考資料，可見策論考試更容易被事先押題。另一方面策問考試一旦涉及現實的政策問題就非常容易受到主考官的個人政見偏好的影響，士子也不得不揣摩主考官的心思，這還會導致派系黨爭因素滲透到科舉取士過程中，從而使錄取過程失去客觀中正性。這方面與標準化的八股文相比又遜一籌。因此在實際的科舉考試中，策問只是作為輔助命題在第三場考試中考，而以八股時文為判卷的主要標準。當然在皇帝本人主持的殿試考試中也是以策問方式來考試的，殿試可以說基本上繼承了漢代察舉制下考策問的做法。殿試不黜落，並且由皇帝本人主持，所以其負面影響不會很大。儘管如此，對從全國精選出來的這二三百個貢士進行優劣評定還是很困難的，以至於有根據書法評定高低的說法。

今人多從事後的立場來批判八股無用和束縛人才，並往往正是因為八股而將整個科舉制度徹底否定。一些人認為八股是專制皇權專門設計出來用以敗壞、愚弄士子的工具。〔註84〕對制度的這種看法多少具有哈耶克所說的「建構理性主義」的擬人化思維。實際上，雖然一統王權有統一士子思想的強烈

〔註82〕《新唐書・選舉志》。

〔註83〕白居易：《策林序》。

〔註84〕馮桂芬曾記錄了當時一個舉人的酒後狂言，這個舉人認為八股時文是朱元璋設計出來意在「禁錮生人心思才力」，削弱和敗壞天下人才，但馮桂芬接著就從史實出發反駁了這種說法。參考《校邠廬抗議》卷下，《改科舉議》。這種觀點在當時人的言談中可能比較盛行，陝西藩司樊增祥也有類似的記載，參考樊增祥：《樊山政書》卷十，中華書局，2007年，第286頁。

衝動，但選賢任能才是其根本利益所在。朱元璋是一個比較專權的皇帝了，出於選賢任能的目的，他曾一度廢罷科舉而採用之前的薦舉方式，最終在權衡各方面利弊之後又恢復科舉。學界也已多認爲八股文體是在考試過程中長期發展進化出來的，而不是某個皇帝（比如有人認爲是朱元璋與大臣劉基）爲了束縛士子所單獨發明的。〔註85〕此後康熙初年滿族大臣當政時曾廢八股，但旋即恢復。乾隆也曾多次譴責八股時文並試圖加以改革，但也終歸於故。可見科舉、八股與皇權之間並不是天然就親密無間的，這背後有一個歷史篩選磨合的過程。在傳統文明系統的強大慣性下，在時勢發生根本性的變化之前，甚至強有力的皇權也不能創造出一種別開生面又更有效的替代機制來。所以從歷史理性來看，採用八股取士並不是古人的愚蠢，也不是皇帝爲了愚弄士子而有意識設計出來的，實際上，採用八股是一種各方面因素綜合權衡之下的選擇，是在長期的演化過程中逐漸摸索出的使科舉考試、儒學和一統王權整合爲一種穩定結構的重要一環。

但正如錢穆所說，一項制度日久必生弊，前面講的察舉、詩賦取士等都有此問題，八股文自然也難以逃脫這種歷史的怪圈，不過從它能夠被長期沿用來看，其歷史合理性還是比較突出的。正如何懷宏所評價的：「在古代中國兩千多年的考試史中，古人幾乎嘗試過各種他們可能想到的考試內容，而皆有利有弊，初可糾前弊而後又生新弊。明末清末皆有許多人痛詆八股，康熙初且曾廢過八股，不久又恢復，而其所欲革新之對策又皆不出前人之窠臼（如提高策論地位等），這大概不是一個可在傳統格局內解決的問題，或者說倘非晚清世變，本來也不構成致命問題的問題。」〔註86〕

宋代不僅僅爆發了「詩賦與經義之爭」，而且爆發了「科舉與學校之爭」。事實上以長時段眼光來看，這兩場爭論及相應的發展趨勢具有很大的類似之處，即它們都是一些結構性因素緩慢積纍的爆發，都是科舉考試自主邏輯的展開與儒學、一統王權之間出現了乖離，進而導致國家意志的干預，最終重新實現了整合。

古代所說的「學校」主要指的是官學，這種官學是爲培養和選拔統治精

〔註85〕 參考啓功等：《說八股》，中華書局，2000 年，第 36 頁以下。何懷宏：《選舉社會：秦漢至晚清社會形態研究》，北京大學出版社，2011 年，第 135 頁以下。王凱旋：《明代科舉制度考論》，瀋陽出版社，2005 年，第 112 頁以下。

〔註86〕 何懷宏：《選舉社會：秦漢至晚清社會形態研究》，北京大學出版社，2011 年，第 124 頁。

英而設。從「三代」之學校到漢代的太學，再到後世的國子監等官學都是如此。科舉考試最初是獨立於官學教育的一個全新的系統，但以詩賦取士的進士科在唐代的發達慢慢導致與明經科緊密相連的官學系統衰落。《唐六典》中所規定的國子監定員由 2210 人減為元和時 650 人，就反映了官學衰落的狀況。〔註87〕官學和官學教育體現的是國家意志，朝廷必然不會對此熟視無睹，唐代實際上採取了許多措施來挽救官學教育。比如規定鄉貢（區別於官學生徒）必須先在國子監「謁先師」、聽取官學講義之後才有資格應科舉，在玄宗天寶十二年甚至一度廢止鄉貢。但是無論朝廷採取何種措施，官學教育的衰落無可挽回，從「開元已前，進士不由兩監者，深以為恥」變為後來的「公卿子孫，恥遊太學」。〔註88〕從根本上說，這是「官學教育與貢舉取士方向脫節」所導致的結果。〔註 89〕科舉與官學教育之間的摩擦到宋代更爆發為大規模的爭論和興學運動。范仲淹、王安石都曾經大力推動辦學，王安石甚至設計出了「三舍法」（一種通過學校來取士的方式）來取代科舉取士。蔡京當權時停罷科舉，大力推行「三舍法」。但是大規模辦學和推行「三舍法」卻帶來許多負面問題，比如辦學開支浩大，入學成本較高，察舉制之弊端復現等。最終這種改革變為「利貴不利賤，利少不利老，利富不利貧」的弊政。〔註90〕

　　在科舉考試強大的支配邏輯之下，官學教育與之脫節自然會導致自身的衰落。這無疑是科舉與官學摩擦的一個直接而又重要的原因。但事實上，科舉之不利於官學教育還有一個更為基本的原因，那就是科舉鼓勵自學考試，士子可以「懷牒自舉」而不必進入官學學習。從科舉考試的內容來看，士子通過民辦的小學教育（私塾之類的）可以識字斷句之後就完全可以靠自學努力來應考，並且在這一過程中可以一邊營生一邊備考。而入學不但成本巨大而且不能同時營生。當然，如果國家能夠提供廩膳，入學也不成問題。但是一旦大規模辦學，國家財政就無法負擔養士育士的巨大開支，國家不可能養得起天下士子，最多也就能養其中的一小部分。無論如何，傳統國家的財政能力根本無法負擔大規模的公共教育，並且這在管理上也很困難。平民子弟一般也無法負擔這種教育的學費，如果以接受正規的官學教育作為入仕之門

〔註87〕　參考河元洙：《唐代明經科與進士科的位相：制度上和社會認識之間的乖離》，《湖南大學學報》（社會科學版），2007 年 7 月，第 43 頁。
〔註88〕　同上，第 44 頁。
〔註89〕　田建榮：《科舉教育的傳統與變遷》，教育科學出版社，2009 年，第 127 頁。
〔註90〕　同上，第 145 頁。

檻就必然會限制平民子弟受教育和實現社會上陞的機會。如果中央以強制來普及學校，這種官學很可能成爲官吏漁利的工具而被扭曲，朱元璋在推廣學校時就遭遇了這種情況。在府州縣官學建立後，朱元璋下詔在城鎮鄉村廣設社學。但以朱元璋之強勢也很快發現推行不下去，他申斥地方官吏說：「好事難成，且如社學之設，本以導民爲善，樂天之樂，奈何府、州、縣官不才酷吏，害民無厭。社學一設，官吏以爲營生。有願讀書者無錢不許入學，有三丁四丁不願讀書者受財賣放，縱其愚頑，不令讀書，有父子二人，或家或商，本無讀書之暇，卻乃逼令入學。有錢者又縱之，無錢者雖不暇讀書，亦不肯放，將此湊生員之數，欺誑朝廷。」他怕「逼壞良民不暇讀書之家」，只好一度停辦社學，此後凡官力推辦的社學也總是成爲具文。〔註91〕

相反，民辦教育卻非常有活力，正如陳東原先生所說：「國家不要費多大力量，只定了一個考試標準之後，教育一事社會便自動起來。」〔註92〕在科舉制的帶動下，傳統社會的民辦教育發達了起來，其活力要得益於民辦教育能夠適應社會的需要並與社會自組織網絡（如宗族）嵌合在一起，這種民間社會的活力甚至能盤活行將廢圮的官辦學校，所以清代有許多學校介於官民之間或屬官學民辦化。由此帶來的教育普及程度在傳統社會中是非常高的，以識字率來看，據統計在傳統社會晚期的 18 和 19 世紀，約 30～45％的男性居民具備某種讀書能力。並且「城市和農村在接受初級教育方面差別不大。許多資料表明農村學校無處不在。舒新城回憶說，他小時候正值 19 世紀末，在湖南省人們可以在任何一個 10 戶人家的村莊聽到誦讀課文的聲音。只要不是窮極無奈，村子裏都要聘請教師和建立學校（對私人學校和私塾來說這兩者是一回事，學校如果沒有財產，它就完全是隨任教先生的存在而存在）」。〔註93〕可見科舉制下民辦教育發達而官學不發達的狀況在很大程度上是適合當時的社會經濟和政治生態的。

但是儒學和官學教育都體現了國家意志，從長期來看國家不可能對此放任不管，詩賦與經義之爭就已經體現了國家對進士科考試方式的關注。對於官學教育來說，也必須找到一種合宜的方式來實現它與科舉的協調。明代摸

〔註91〕轉引自王日根：《明清民間辦學勃興的社會經濟背景探析》，《中國社會經濟史研究》，1998 年第 2 期。

〔註92〕同上。

〔註93〕吉爾伯特‧羅茲曼主編：《中國的現代化》，上海人民出版社，1989 年，第 245～246 頁。

索出一種協調二者的方式，那就是「學校科舉化，科舉學校化」或者說「合學校於科舉」，這一方式使二者關係穩定下來並一直延續到清末。具體說來，「合學校於科舉」也即「科舉必由學校」，是指科舉考試的童試成爲府州縣官學的入學考試，合格者自動取得官學生員身份，可以獲得國家所提供的一定的補貼，並可以參加進一步的科考。這樣科舉就與官學教育融爲一體，但是這種官學一般並不承擔日常的教學工作，基本上是作爲科舉的附庸而存在。在官學系統之外有民間的私塾、義學、書院等，其中有些也有官力參與其中，尤其是清代加大了官府對書院的控制，書院在很大程度上也都成爲備考科舉的輔助機構。不過正如上文所分析，這種狀況適應了當時的社會經濟生態和財政能力，對於科舉考試的準備乃至儒學教育來說也基本上夠用了。另外，傳統中國的教育基本上是爲做官作準備，學而優則仕，所以官學教育完全附屬於科舉在傳統社會中並不是非常奇怪和不合適的東西。這一教育體系在孕育它的傳統社會中總體來說問題不大，但它受到科舉制度的深刻影響，甚至可以說是附屬於科舉制度。雖然科舉與學校教育之間的關係在傳統社會中經歷長期磨合而穩定下來，但二者的整合事實上是以犧牲學校教育的獨立性爲前提的。在本質上，科舉考試制度是獨立於學校教育之外的一個自足的體系，它並不一定要以學校肄業爲前提，所以如何協調科舉考試體系與學校教育之間的關係始終是一個問題。這爲近代的教育轉型留下了一大難題，科舉與學校的關係問題在近代科舉革廢過程中重新成爲一大焦點（具體分析詳後）。

總之，到明清時期，通過八股文實現了科舉考試與儒學經義的融合，通過「合學校於科舉」實現了科舉考試與官學教育的融合，國家的意志在科舉中得到了體現，科舉的自主邏輯也與之實現了整合。科舉、儒學與一統王權就實現了比較穩定的結構性嵌合。這種比較穩定的狀況從明代開始一直延續到清末。這期間雖然仍有一些爭議和改革嘗試，但再也沒有大的變化了。在乾隆年間爭論是否要廢科舉時，大學士鄂爾泰所言或許爲我們審視那個時代的科舉制提供了一個比較周全的意見：「時藝取士，自明至今，殆四百年，人知其弊而守之不變者，非不欲變，誠以變之而未有良法美意以善其後。且就此而責其實，則亦未嘗不適於實用⋯⋯雖曰小技，而文武幹濟、英偉特達之才，未嘗不出於其中。至於姦邪之人，迂腐之士，本於性成，雖不工文，亦不能免，未可以爲時藝咎⋯⋯至於人之賢愚能否，有非文字所能決者，故立

法取士，不過如是，而治亂興衰，初不由此，無俟更張定制爲也。」〔註94〕鄂爾泰所言主要吸取了宋代科舉爭論中蘇軾的言論，這在當時的背景下也許就是一種比較中肯的結論，所以朝廷採納了這一派的意見。所謂「立法取士，不過如是」即是說在當時的社會條件下，也只能做到這樣了，或者說這一方法已是當時在權衡各種利弊後所能採行的最不壞的方法了。

第四節　權力精英儒化程度的加深與科舉官僚制

　　一統王權與儒學在長期的演進磨合中形成一種共生關係，這種共生關係在科舉制廣泛推行之後得以穩定下來。進一步，通過科舉與儒學教育的再整合，這些重要元素更好地嵌合在了一起。在傳統社會中，儒學、科舉制都與國家權力之間密切勾連，儒學是一種官方學說，而科舉制則是制度化儒家的重要建制，這方面已經受到很多人的關注乃至批判。但我們不能否認它曾發揮過積極的歷史功能，儒學對權力精英和權力運作產生了形塑作用，這一過程也就是「權力的儒化」，伴隨著科舉制度的廣泛實施，統治精英的儒化程度也大大加深了。

　　對「教化」的強調是儒家學說非常核心的一個方面，它與儒家的道德理想主義、對禮治的強調、對政治的認知等核心方面都關聯在一起。在第一章中我們已經涉及過這一問題，並將其作爲儒家約束權力的一種柔性機制，這裏結合科舉制度的影響進一步加以闡述。儒家的教化與基督教之類的大型宗教的傳播過程不太一樣，但也具有一些相通的地方。儒家沒有自己的教會組織和專職的教士，也不強調超驗的信仰。但是儒學教化的推進同樣需要一些建制化的安排，同樣需要精英基於信仰之上的自律和身體力行來進行垂範和帶動。實際上，隨著科舉制度的廣泛推行，這一制度逐漸成爲帶動儒學傳播最爲有力的機制。因爲在科舉制下，接受對儒學素養（主要是理學形態的儒學）的嚴格考試成爲實現社會上陞的敲門磚。低級別的考試自然以儒家經典爲主要考試內容，即使是以策問考試爲主的殿試也體現出儒學的廣泛影響，從整理出版的狀元殿試考題和答卷中我們可以看到宋代以後殿試策問考題和答卷中無不滲透著儒學的深刻影響。〔註95〕這

〔註94〕梁章鉅：《浪跡叢談、續談、三談》，中華書局，1997年，第85～87頁。
〔註95〕可以參閱鄧洪波、龔抗雲編著：《中國狀元殿試卷大全》，上海教育出版社，2006年。

樣，科舉考試有力地帶動了儒學教育和儒家文化的傳播，在儒學教育普及的基礎上，進而可以通過考試制度將其中的優秀分子選拔出來領導社會。因此，雖然儒學（也有很多人稱其爲「儒教」）缺乏獨立的教會建制，但是科舉制度在某種程度上起到了類似於教會的作用，因爲它可以爲精英選拔和「教義」傳播提供制度平臺。

隨著科舉制度的廣泛推行，儒家官僚集團也正式成型。這在明代尤其突出，明代的官員大多數由科舉正途出身，明代之前是基本上做不到這一點的。實際上長久以來進士科的崇高地位就已經使科舉制相對於其他選官制度獲得了決定性的勝利，非正途出身的官員在官僚機構中是被低看的。與此相應，明代也逐漸形成一種「官吏二分」或「官吏二元」的體制，官員一般是科舉出身，執掌政務，而吏員則主要是辦事人員。官員主治人，而吏員主治事。「夫官，倌也，又管也。一職皆立一官，使之典管而以治人爲重，故又從倌。」〔註96〕另一方面，儒家政治觀念強調官員的教化撫民作用，董仲舒在「天人三策」中說道：「今廢先王德教之官，而獨任執法之吏治民，毋乃任刑之意與！」〔註97〕從中我們可以看出「德教」是官的重要職責。國家任命的職官只到縣級，縣官就是親民官了，吏員則是其下手。再者，官員執行迴避並且轉遷不常，而吏的選用則非土著不可，也即「官無封建而吏有封建」。自仁宗、宣宗年間以來，明制限制吏員出身者出任地方上的正官、高官，〔註98〕並且吏員出身者不能參加科舉考試。這就製造出了一種嚴格的「官吏二元」體制，在這種體制下有意地貶低吏而擡高官，這種情況一致延續到清代。繼宋代「重文輕武」之後又形成「左吏而右儒」的格局，科舉出身的文官地位不斷上陞。應當說這是歷史自我損益的結果，「實踐證明，一個國家政權管理，僅有吏是不行的，還須有官。這是秦代統治留下的最大經驗教訓。漢以後，中國逐步吸收了儒家理論，建立了一個以儒家理論爲指導思想的官群體。這個管理群體，有利於皇權駕馭，也不會激化與民的矛盾。這是實踐中逐漸摸索出來的經驗」。〔註99〕實際上，元朝與秦朝一樣重吏輕儒，也同樣是一個短命王朝。明朝建立之後便反其道而行之，貴儒賤吏。通過將吏員的地位貶低，從而使這

〔註96〕　沈榜：《宛署雜記》卷三《職官》。

〔註97〕　《漢書‧董仲舒傳》。

〔註98〕　關文發、顏廣文：《明代政治制度研究》，中國社會科學出版社，1995 年，第239 頁。

〔註99〕　錢茂偉：《國家、科舉與社會》，北京圖書館出版社，2004 年，第 53 頁。

部分經常與百姓接觸的人較容易被社會控制，其敲詐勒索也就有了一個事實上的限制。〔註100〕

雖然儒家官僚集團不能保證清廉無私，也不能保證王朝永續，但是總體上看，科舉制度的實施有利於廉政。〔註101〕科舉制對吏治最為直接的一個影響就是使官員銓選任命中的腐敗大大降低了，並且科舉制度以制度化的方式不斷完成官僚系統的換血，這有利於吏治的更新。其次，由公開考試選拔出來的儒家文官個人素質一般比較高，許多官員本身就出身貧寒，知民間疾苦，另外受到儒學禮義廉恥和士林清議的約束以及修齊治平抱負的鼓舞而頗能自重和擔當，因此，這些人總體上要比吏員出身者更清廉一些。再者，儒家士大夫因為將注意力放在對學術研究和品行修養方面而降低了手中所握有的權力的危害。「對學術與文學的濃厚興趣也有可能淡化一個官員對聚斂財富的欲望，轉移他的視線，使之不會去一心一意地搜刮民脂民膏，因他確實另有事可做，另有為他所看重，也為社會所看重、他也有能力做的事情可做，且不說儒家的學問還一直是一種約束利欲、端正品行的學問。」〔註102〕中國古代由「讀書人」而非「技術人才」來治理社會正是出於一種道德優位的意識，「在中國傳統之中，『讀書』是一種具有特定涵義的行為方式，而不僅僅是一種直觀意義上的閱讀書籍或與技能性學習相關的行為。它更多強調一種不那麼功利、目的性不那麼具體的超技能的持續學習（所以為官者需要聘請專業化的師爺），是一種追求和探尋無用之用的努力，以提高人的自主能力，至少改變經濟對人的支配性影響（參見孟子所說的『恒產』與『恒心』的關係）」。〔註103〕由此構造出了一種對士大夫的柔性約束。當然，這種柔性約束受士林風氣的影響很大，一般隨著官僚系統紀律的鬆弛和商業繁榮所帶來的財富誘惑而衰減。宋代蔡襄根據其經歷所做的概括就表明這種情況，他說：「臣自少入仕，於今三十年矣，當時仕宦之人，粗有節行者，皆以營利為恥。雖有逐錐刀之資者，莫不避人而為之，猶知恥也。」但同時又感歎士風日下，人心不古：「今

〔註100〕參考費孝通：《鄉土中國・鄉土重建》，時代風雲出版集團，1993年，第152頁。

〔註101〕有學者專門探討了這一問題，參考屈超立：《科舉制的廉政效應》，《政法論壇》（中國政法大學學報），2001年第5期。

〔註102〕何懷宏：《選舉社會：秦漢至晚清社會形態研究》，北京大學出版社，2011年，第251頁。

〔註103〕羅志田：《經典淡出之後的讀書人》，《讀者》，2009年第2期。

乃不然，紆朱懷金，專爲商旅之業者有之。興販禁物茶鹽香草之類，動以舟車貿遷往來，日取富足。夫貪人日富而居有田宅，歲時有豐厚之享，而清廉刻苦之士妻孥飢寒，自非堅節之士，莫不慕之。貪人非獨不知羞恥，而又自號材能。世人耳目既熟，不以爲怪。」〔註104〕不過，這類批判性話語往往反映出儒家士大夫對於士風的關注，其背後自然還是一種擔當意識。最後，科舉出身的士大夫由於受儒學薰陶，在處理政務時往往也能將儒家的治道原則體現出來，在這方面各朝史傳和各種地方志中多有記載，很多循吏、儒臣、親民官往往都能對儒家原則身體力行。

可見，儒學文化網絡有助於約束權力和降低權力的危害性。從歷代興亡的教訓來看，權力儒化對保證王朝的長治久安確實發揮了很大的作用。事實上，這種儒化作用也確實產生了比較顯見的效果，按照一個 19 世紀來華的英國官員的觀察，其成功之處頗值稱道，這一英國官員指出：「儘管這個帝國可能是虛弱的，『但是它的到處可見的絕妙組織和安排仍是特別惹人注目的』。這個『絕妙組織和安排』是基於對儒學的普遍接受。每一個人（包括皇帝本人）和每一個機構（包括中央政府）都努力扮演他（它）的合適的純正儒家角色。」〔註105〕

科舉官僚集團僅止於官，而不及於吏。在官吏二元體制下，中央政府實際上放棄了對吏員的直接控制，這很大程度上是因爲受到管理能力的限制。「把官吏予以區別，吏部直接管理的官數有限，有利於朝廷加強對官員的控制。」由於吏員的數量要遠遠多於官員的數量，「如果把全國官吏混合統歸吏部管理，吏部是無法勝任的」。〔註106〕而由吏部管理官員，由官員管理吏員，這就增加了一個管理跨度，既發揮了文官的治權，又增強了地方的自主性。並且行政層級越多，行政人員和單位越多，行政成本也越高，中央政府在財

〔註104〕《蔡忠惠公集》卷 18，《國論要目・廢貪贓》。明代陳邦彥也指出了大體類似的現象：「嘉隆以前，士大夫敦尚名節，遊宦歸來，客或詢其囊橐，必唾斥之。今天下自大夫至於百僚，商較有無，公然形之齒頰。受銓天曹，得膴地則更相慶，得瘠地則更相吊。官成之日，或垂囊而返，則群相姍笑，以爲無能。」《陳岩野先生集》卷 1《獎廉讓》，轉引自徐茂明：《江南士紳與江南社會（1368～1911 年）》，商務印書館，2004 年，第 80 頁。

〔註105〕1869 年 3 月 1 日歐南森的報告，轉引自芮瑪麗：《同治中興：中國保守主義的最後抵抗（1862～1874）》，中國社會科學出版社，2002 年，第 155 頁。

〔註106〕關文發、顏廣文：《明代政治制度研究》，中國社會科學出版社，1995 年，第244 頁。

政上也越負擔不起。如果中央財政加大徵收力度，則徵收和分配過程中必然產生許多損耗、貪腐，又必然會加重底層負擔，與其這樣，還不如讓地方自為。

在看到官吏二元體制優點的同時，我們也應注意到這一體制也有自身的弱點。這集中表現在兩大方面，一是後期王朝經常呈現出來的「文弱」特點與此有關。在成熟時期的科舉文官制度下，文治禮教和科舉功名享有崇高的地位，吏員和軍人等群體的社會地位都被貶低，並且其上陞渠道受到嚴格限制。實際上，吏員和軍人這類人物在傳統社會中都是處理實際事務的專業人才，相對於科舉文官來說，無論是刑名錢糧還是軍事作戰，他們都要更幹練機敏一些。宋代就因為實行以文制武和頻繁的軍事調度而在武功方面非常孱弱，後世基本上延續了重文輕武的做法。固然一些由科舉制度選拔出來的文官也表現出了很高的軍事天賦，出了一些名將，但是相對於前科舉時代的王朝來說，後期王朝確實表現出了文弱的特徵。大一統王朝所具有的規模優勢使其相對於周邊國傢具有很強的戰略優勢，而自身強有力的文化勢能又總能最終同化少數民族政權，因此在傳統社會中，增強國力這一問題還不是非常急迫，傳統中國在權衡各種利弊之後還是選擇了文治。但在面對近代西方強有力的挑戰時，尋求富強卻成為至關重要的問題。在後文的近代轉型部分，富強問題就是近代制度變革過程中的一個核心問題。第二，吏員及其他基層行政人員實際上承擔了主要的行政事務，他們並不能因為才幹而實現社會地位的上陞，而科舉文官往往不擅長處理這些事務，任期也非常短暫，這使國家在控制這部分人方面變得非常困難。芮瑪麗在其研究中揭示出：「隨著地方行政管理的技術性問題越來越複雜、越繁多、越重要，不斷增強的權力就被那些不僅未受到過正統儒學教育，而且已完全陷入地方壓力和偏見中的人合法地取得或非法地篡奪了。」〔註107〕這也是官吏二元體制所帶來的一個弊端。不過總體上來說，在傳統社會中這些弊端相對於其歷史合理性來說要顯得次要一些。

傳統的文官考試所選僅限於政治性的官而不及於專職辦事的吏，這就提示我們中國古代的官僚制與現代文官制度是有很大差異的。正如秦暉所說，「科舉官僚體系在『官』無選舉、『吏』無考試這兩點上都根本迥異於現代文

〔註107〕芮瑪麗：《同治中興：中國保守主義的最後抵抗（1862～1874）》，中國社會科學出版社，2002年，第178頁。

官制度」。〔註108〕當然,秦暉所說的「選舉」是現代西方的選舉,一般來說,西方的政務官是由選民選舉產生,而事務官也就是文官是由考試產生。秦暉還認爲科舉官僚制的政治哲學基礎是強調「大共同體本位」(君國本位)的傳統法家理念。確實自漢承秦制以來,中央集權的郡縣制和科層官僚制一直是大一統王朝的不二選擇,這種體制當然更符合主張中央集權的法家之理念。不過秦暉主要是在以西方爲參照系來批判傳統中國的政治。相對論揭示出一個道理,通過不同的參照系所看到的東西是不一樣的,現在我們將參照系轉換一下,換到傳統中國的語境中來,換到一種比較非西方中心主義的參照系上來,那麼我們或許就不會對科舉官僚制加以一概否定。

事實上,科舉制的確不同於現代文官考試,如果與西方相比較的話,科舉在西方更恰當的對應物似乎是「選舉制度」。國人以古漢語中的「選舉」一詞來翻譯英語中的 election,確實在某種程度上抓住了二者比較相近的特點。當然這只是在某些方面的相似,在傳統中國比較集權的體制下,選舉更側重自上而下的過程,這類似英語中的 selection,與西方自下而上的票選是根本上不同的。既然如此,那它們還可能有什麼相似之處嗎?實際上,在許多地方我們仍然能發現一些精神上的相似之處。首先,科舉官僚制並不是韋伯意義上的理性化的技術官僚制,而是更突出政治性(體現在對儒家經典素養的要求上),在這一點上它與突出政治而非行政的西方選舉制度更相似。在官吏二分的體制下,科舉出身的官更類似西方的政治家,而吏則更類似西方的行政人員。許倬雲因此認爲傳統中國的文官體系是「工具性和目的性兼具」的體系,「因爲文官體系具有儒家意念的目的論,所以與王權實際上不斷有對峙的緊張。……這也是韋伯的工具性文官制度,所缺少的成分」。〔註109〕其次,科舉制是一種開放的考試選官制度,雖然與西方的票選形式不同,但它同樣體現出競爭性和開放性。錢穆指出:「憑事實講,科舉制度顯然在開放政權,這始是科舉制度之內在意義與精神生命。」〔註110〕在這一制度下,能否獲得政治參與、分享政權的資格完全取決於一種嚴格的才學考試。一般來說,科舉及第者即使不能位極人臣,也能爲官一方,以今天的眼光來看,他們出任的都是比較高級的官職。在科舉制下高級官職完全向平民開放,所謂「朝爲田

〔註108〕 秦暉:《科舉官僚制的技術、制度與政治哲學含義——兼論科舉制與現代文官制度的根本差異》,《戰略與管理》,1996 年第 6 期。

〔註109〕 許倬雲:《歷史分光鏡》,上海文藝出版社,1998 年,第 68 頁。

〔註110〕 錢穆:《中國歷代政治得失》,三聯書店,2001 年,第 56～57 頁。

舍郎，暮登天子堂」這一理想憧憬說的就是這種情況。因此，這一制度使高級官員的選拔完全制度化、公開化了，也具有了程序保證下的競爭性，而不再受到身份、關係、黨派等因素的干擾（至少從制度設計來說是嚴格避免任何這類干擾因素的）。如果僅僅從民主所內含的「平等」這一層意思來看，那麼從這種開放性和公平競爭性特點來看，科舉制度無疑具有一定的民主性。只不過相對於現代民主制來說，一種是考試競爭，一種是選票競爭，一種是平等的考試權，一種是平等的選舉權（或被選舉權）。再次，科舉制下所選拔出來的士大夫精英雖然不是由人民票選出來的，但他們同樣具有很強的代表性和參政議政能力。這種代表性體現在他們被社會廣泛認同的程度上，士大夫階層對社會所公認的儒學之熟練掌握和身體力行就是其賢能和代表性的重要體現。甚至有人認為科舉制是古代中國式的代議制度。〔註 111〕因為科舉考試中分區定額的安排同樣體現出地區利益。唐以後科舉鄉貢按州縣大小比例舉送貢人到中央參加考試與漢代察舉制下按人口比例察舉孝廉、秀才以及《禮記》記載的諸侯貢士給中央政府的制度具有某種承接性。〔註 112〕明代分區定額的安排則進一步確認了不同的大區比例，這些都體現出一定的地區代表性。科舉出身者無論在朝廷還是地方社會中都能參與到政治過程當中。在朝廷，他們可以議政參政，這包括參與廷議，上書陳事，諫諍彈劾等。在地方，士紳可以作為鄉里領袖與官府打交道，也具有上書言事的權利，這就使他們具有一定的民意代表性。

總之，雖然中西社會的選舉方式和對代表性的理解有差異，但同樣體現出了政治過程的開放性、競爭性以及一定的代表性。當然科舉制所帶來的政治參與是比較有限的，只有非常少量的士人可以獲得功名。因此，國家治理無論在頂層還是底層都具有很強的精英主義色彩。不過精英主義本身並不是一個錯誤，根據精英主義者的觀察，古往今來的任何社會都是由精英主導的，這是一個鐵的事實。按照熊彼特和達爾等學者的觀察，即使是現代民主制也不例外。〔註 113〕問題主要在於這些精英是否具有高出一般人的素養，以及是

〔註 111〕何永佶：《中國史的代議制度》，載《觀察》1948 年第 4 卷第 11 期。

〔註 112〕劉海峰、李兵：《中國科舉史》，中國出版集團東方出版中心，2004 年，第 2 頁。

〔註 113〕熊彼特提出了精英民主模式，而達爾則提出了多重少數統治的多元主義民主模式。參考約瑟夫·熊彼特：《資本主義、社會主義與民主》，商務印書館，1999 年；羅伯特·A·達爾：《誰統治：一個美國城市的民主和權力》，江蘇人民出版社，2011 年。

否存在著有效的制衡機制和互動機制以防止權力精英蛻變爲一種壓迫性的力量。事實上約束權力這一問題的一大根本就在這裏，前面所講的權力的「儒化」很大程度上就是針對這一問題。

當然，科舉官僚系統需要執行王權的意志和一些比較有限的行政任務（傳統國家的職能比較簡單），官僚行政的一面也是其基本面孔。但從總體上說，傳統的治理架構並非貫徹一種皇帝包攬一切而士大夫官僚僅僅負責執行的線性秩序，而是更偏向「皇帝與士大夫共治天下」的共治形態，前面已經指出過這一點。固然，有些強勢皇帝（如朱元璋）可能比較專權，但正如韋伯所揭示的，常規化對於非凡的權力來說總是致命的。〔註114〕隨著統治秩序的常規化，整個官僚機構和社會秩序的運作就具有很強的制度性和自主性，皇帝則往往僅保留一種象徵性權威。〔註115〕皇帝個人的能力畢竟有限，其理論上無限的權力與其有限的能力是矛盾的，因此這麼大一個國家的治理必須依賴士大夫階層。而這一士大夫階層又不是一個完全缺乏主體性的階層，而是具有一定的社會文化性格，這也就使權力的運作並不是純粹依賴權力意志，而是具有雙重性格。「文官體系的社會性格在選拔的過程中出現，他的國家性格和治理機構則在文官體系運作中體現，所以能夠使國家和社會形成均衡，發揮制衡的功用。」〔註116〕實際上，國家官員尤其是親民官的社會性格更多地來自於他們必須與地方社會打交道，這就使其不能僅僅線性地執行自上而下的行政命令。正如李懷印在其研究中所發現的：「縣官不僅僅只是國家的代表。在整個帝制晚期，由於縣以下缺少正式的管理機構，縣官不得不依賴於精英們的合作，以執行上司的命令。作爲一個講求實際的管理者，縣官不僅僅只是作爲一個對省府負責的官員，他必須考慮鄉村士紳的看法。」〔註117〕與國家任命的官員相比，科舉所選拔出來的士紳則具有更強的社會性格（對此進一步的考察放在下一節）。

上面雖然進行了一大串的中西類比，但這麼做並不是要牽強附會地將科

〔註114〕馬克思・韋伯《經濟與社會》（上卷），商務印書館，1997年，第280頁。

〔註115〕同樣是明朝，一些皇帝甚至若干年不上朝，但整個官僚系統和社會仍然有序運轉，這就很可以反映出這種高度制度化的狀況。明代雖然廢除了宰相，但是內閣首輔則發揮了宰相的作用。可以參考黃仁宇：《萬曆十五年》（三聯書店，1997年）一書。

〔註116〕許倬雲：《歷史分光鏡》，上海文藝出版社，1998年，第68頁。

〔註117〕李懷印：《華北村治：晚清和民國時期的國家與鄉村》，中華書局，2008年，第231～232頁。

舉制度等同於西方的選舉制度，也並不是說傳統的王權是完全「理性化」了的，而是說任何成功的人類文明都具有某些共性的方面，都要通過一些機制和相應的功能來使社會系統達致某種可持續的平衡狀態，只不過由於各種歷史條件和自身稟賦的差異，不同的文明系統會採取不同的實現形式。這中間當然也有優劣長短之分，對此應當進行具體的分析和診斷，而不能一概而論或不屑一顧。科舉制背後凝結了許多歷史文化功能，它不是皇帝為了一己私欲所御用的一個工具。當然，由於它處於大一統政治結構之下並與之實現了很好的整合，因此與西方現代社會功能分化的制度系統不同，科舉制的許多功能都被復合在這一制度中樞之中。如果硬要拿其與西方制度系統中的某一項制度來進行類比，那麼它很可能就是一種「四不像」，但從另一面看又似乎是一種「四都像」，前面的比較分析已經揭示出了這種特點。不過這也並不是說科舉制是一種錯誤的怪胎，實際上其多重性格與面向正是歷史演進中不斷試錯調整和互動磨合的產物，這中間凝結了許多歷史智慧。

第五節　科舉制度的社會嵌合及士紳在基層治理中的功能

科舉制度首先是作為一項考試選官制度而存在的，但是隨著這一制度的廣泛推行，科舉與社會發生了不斷的互動，科舉制度嵌入到社會文化網絡之中。這樣，科舉制除了與頂層的一統王權、官學教育實現了互動磨合之外，還與基層社會自組織網絡實現了有效的互動磨合，並成為其中一個極為重要的組織化因素。科舉制的長期實施在社會上逐漸蓄積起一個士紳階層，他們成為基層社會的領袖力量，成為國家與社會以及大小文化傳統之間的中介，在基層社會治理中發揮了極為重要的作用。

科舉制的實施必然會引發相應的社會變動，這一點早已引起研究者的注意，其中學者們關注較多的是科舉所引發的社會流動，而這裏主要側重考察科舉制與社會網絡之間所發生的關係。所謂社會網絡是指社會的自組織力量所形成的結構和各種社會聯結，它們是基於社會需要而實現的人類聯合，用普特南的術語來說就是「社會資本」，用社群主義的術語來說就是「社群」或「小共同體」（community）。它們具有自發性和內生性，其生命力存在於社會合作所帶來的共同收益以及人類的情感紐帶之中，並通過結構化安排穩定下

來。合作和情感紐帶是人類社會的普遍需要，社會合作的秩序也是歷史演進中逐漸發展出來的，但是不同社會由於不同的稟賦和條件而可能採取不同的形式，所以這背後也涉及到地方性知識。尤為重要的是，這種社會網絡之型構往往與特定的文化因素有關，無論是宗族組織還是士紳群體背後都有濃厚的儒家文化因素，這在西方基督教文化中也一樣，所以本文運用「社會文化網絡」一詞來指稱基層社會的自組織形態。

在傳統中國，家族無疑是最為重要的社會自組織單位，也是中國社會凝聚的基礎。家族或宗族與現代意義上的家庭是不同的，後者是指核心家庭，而前者則超出了核心家庭而及於整個族人。陳寅恪認為「吾中國文化之定義，具於《白虎通》三綱六紀之說」。〔註118〕其中除了君臣一綱和師長、朋友兩紀之外，其他的都是規範家族關係的，可見，家族、宗法之於中國文化的重要性。這種文化進一步延伸出的人際關係就是費孝通所說的「差序格局」，與之相對，西方的人際關係則是一種「團體格局」。人際關係的不同也是導致社會組織方式不同的一大原因。梁漱溟在解釋傳統中國家族關係發達的原因時就寫道：「家庭誠非中國人所獨有；而以缺乏集團生活，團體與個人的關係輕鬆若無物，家庭關係就特別顯露出來。」〔註119〕也就是說家庭這種小共同體之凸顯是因為在外部組織（如教會、社團等）不發達的情況下需要由其來承擔社會凝聚功能，這是從功能主義角度來說的。除此之外，我們也可以看到，在傳統中國聚落式的農業社會中，家族也是比較方便而有效的社會組織。聚落式農業社會的特點是社會比較安穩，流動性小，大家聚居在一起，這樣的社會是一個熟人社會，人倫秩序的處理就比較重要，而使人們安分守己是防止社會萌亂最有效的手段。另外，小農經濟又非常脆弱，需要互助的力量來提供安全保障。再者，農業生產和社會生活的經驗也需要代際傳承來保障再生產的繼續，這樣必須保證長者的權威。綜合這些及其他一些因素，一種注重父權家長制的宗族組織就是非常適應這種社會需要的。對社會互助的需要在有些情況下甚至超出了血緣關係，出現了一些非血緣的「擬制宗族」。〔註120〕

當然父權制氏族組織不僅僅為中國文化所獨具，這在其他一些文化中也

〔註118〕陳寅恪：《王觀堂先生挽詞序》。
〔註119〕梁漱溟：《鄉村建設理論》，上海世紀出版集團，2006 年，第 25 頁。
〔註120〕參考王日根：《明清民間社會的秩序》，嶽麓書社，2003 年，第 60～61 頁。

不鮮見。〔註121〕但其他文化傳統中的家族組織都沒有像在中國文化中一樣特別突出和堅韌持久，並用嚴格的禮教來加以規範化，而是隨著經濟社會的發展而逐漸解體。不過今天的研究已經表明傳統中國的商品經濟並非不發達，〔註122〕但這帶來的並不是家族組織和鄉土關係的解體，而是其擴展。在明清商品經濟發展帶來的社會流動下，流寓城市中的人，其社會組織形態仍然是基於鄉土人情關係之上的會館之類的組織，這些組織並不是絕對保守排外的，而是在實現社會整合的基礎上又在一定程度上起到了文化交流和融合的作用。〔註123〕即使是今天，實現經濟現代化的一些東亞國家和地區，其經濟發展也離不開家族關係的支持，這尤其體現在家族企業的發達上面。家族這種小共同體所形成的互相幫扶和忠誠關係或許正是傳統文化及其現代發展的持久生命力之根基所在。這就提示人們不要總認為這種與西方差異比較大的傳統就一定是落後的、封建的東西，一定是完全不適應時代而需要加以徹底破壞和改造的東西。上述看法是將現代化等同於西化，屬於一種線性的、一元論的觀念。但以迄今為止的現代化格局來看，現代化與不同文化傳統遭遇的結果是出現了「多元現代化」的格局，各大文化都為自身的現代化發展打上了特有的烙印，而不是整齊劃一的西方化。〔註124〕也就是說，許多這類的差異更多的是文化上的，而不是發展階段上的。

作為國家掄才大制的科舉制度與作為社會凝聚基礎的小共同體之間很快發生了親和。科舉制廣泛推行之後，舉業就成為家族的集體事業，科舉制逐漸嵌入到社會文化網絡或社會內生秩序之中，這一制度也得以從民間社會的活力中汲取力量。前面在考察科舉制與教育的關係時已經觸及到了這一問題，現在結合社會網絡來進一步加以考察。讀書應舉對於一個農業家庭來說是不菲的開支，而其成功與否則是未定之數。實際上由於科舉競爭激烈，失敗的概率是很大的，一個家庭自己來承受舉業無疑風險太大。但是對於一個家族來說，舉業的風險能得到分散，而收益則更有保障。一方面，一個家族的經濟實力和剩餘比較多，另一方面，由於才智的自然分佈不平衡，一個家族中總有更加聰明的讀書種子。因此通過集中財力來供養這些讀書種子應舉

〔註121〕參考古郎士：《希臘羅馬古代社會研究》，中國政法大學出版社，2005 年。
〔註122〕中國經濟史研究中的「加州學派」對此貢獻最大。
〔註123〕參考王日根：《鄉土之鏈：明清會館與社會變遷》，天津人民出版社，1996 年。
　　　　又見王日根：《明清民間社會的秩序》，嶽麓書社，2003 年，第 33 頁。
〔註124〕多元現代化的觀念參考艾森斯塔特：《反思現代性》，三聯書店，2006 年。

業就既分散了風險又增加了成功的概率，而由此帶來的回報又可以爲家族共享。一旦士子獲得了科舉功名，他們也具有回饋家族和鄉土的倫理責任，如瞿同祖所說：「每個家族都將本族中的士紳視爲全族的保護人，而該士紳也接受這一義務。」〔註125〕這在明清社會中非常明顯，鄉居的科舉精英往往成爲宗族的首領，在家族和地方社會的事務中發揮巨大的影響。

宗族組織是農業社會實現互助和提供安全保障的自組織力量，它在經濟上最爲重要的建制化安排就是族產，其中主要是義田，義田是家族公產。族產爲贍貧、助學、祭祀及其他活動提供了比較穩定的財力保障。義田並不一定單獨是爲科舉而設，但助學無疑是其非常重要的功能之一，並且許多義田確實是單獨爲舉業而設。家族辦學是爲族學，爲了鼓勵族內子弟投身於科舉，許多家族設置了義田或義學田，製定了對赴科舉者的獎勵措施，如安徽徽州《明經胡氏龍井派宗譜》記載：「凡攻舉子業者，歲四仲月請齊集會館會課。祠內供給赴會。無文者罰文一錢，當日不交卷者罰一錢。祠內託人批閱。其學成名立者，賞入泮賀銀一兩，出貢賀銀五兩，登科賀銀五十兩，仍爲建豎旌區，甲第以上加倍。至若省試盤費頗繁，貧士或艱於資斧，每當賓興之年，各名給元銀二兩，仍設酌爲餞榮行。」〔註126〕從中我們能看出有關舉業的獎勸措施規定得非常細密，操作性也比較強。閩西中川胡氏家族族規則規定，凡立有功名者，可在家廟前之門坪上刻「功名柱」一支，胡氏家族家廟前曾共立過 21 支木柱，和 15 支石柱，可見族規的獎勸作用和門風嚴正確實對於家族利益非常有利。〔註127〕超越家族的各種教育形式也紛紛出現，包括義學、義塾、村塾、書院等。並且慈善事業也可以超出家族的狹隘範圍而及於鄉族、流寓者。一個比較突出的例子是義丐武訓建學的故事，武訓憑藉乞討和省吃儉用積攢下來的積蓄購置學田 300 餘畝，建立三處義學，將自己從社會中取得的施捨完全回報給了社會，而毫無爲自己娶妻置業的打算，其感人事蹟受到清廷嘉獎，不幸的是其墓碑在文革中遭到破壞。

這類的義田、義學既有民間捐助的（其中包括許多經商致富的商人），也有官方捐助的。〔註128〕它們不僅僅在鄉村社會中大量存在，在城鎮中也存在。

〔註125〕瞿同祖：《清代地方政府》，法律出版社，2003 年，第 305 頁。
〔註126〕王日根：《明清民間社會的秩序》，嶽麓書社，2003 年，第 148 頁。
〔註127〕同上，第 148～149 頁。
〔註128〕同上，第 118～119 頁。

「在明清時期勃興的大量會館中，義田也是一種重要的經濟基礎，像徽商『足跡所至，會館、義莊遍及各行省』」。會館的一個重要功能就是為本地舉子科考提供接待。「科舉制度的發展助長了地方主義觀念的盛行，人們為謀求本地入官數的增多，不惜由官捐、商捐來建立會館為本籍應試子弟提供儘量周全的服務。」〔註129〕總之，「由於義田的凝聚，在明清基層社會便形成了許多自我保護的團體，有家族性的，也有超家族性的；有土著居民的，也有流寓者們的；有鄉村的，也有城鎮的。」〔註130〕

　　建立學校必然需要辦學資本和師資力量。在傳統教育體系下，對辦學資本的需求實際上並不大。基礎教育的組織者和實行者主要是塾師階層，私塾的特點是辦學非常靈活，成本非常低，這適應了傳統基層社會多種多樣的需求。比如塾師可以自行開館，也可以坐館東家，還可以供職於村塾、族塾或義塾。〔註131〕塾師開館可以自備房間或租別人的房間，在水鄉甚至可以於船上開館。自宋代以來，中國底層知識分子以塾師為業已經成為普遍現象，而明清私塾教育更是大盛。前清私塾遍佈城鄉，底層文人和出仕之前的讀書人多以塾師為業。〔註132〕實際上，傳統社會中未入仕的知識分子可以有多種營生方式，宋代袁采說：「其不能習進士業者，上可以事筆箚，代箋簡之役，次可以習點讀，為童蒙之師。如不能為儒，則巫醫、僧道、農圃、商賈、伎術，凡可以養生而不至於辱先者，皆可為也。」〔註133〕當然一般來說，讀書人的出路更側重需要文化知識的工作，比如清代知識分子可以入幕，作幕賓；可以儒而醫，成為職業醫生；可以棄儒就賈；可以成為訟師等。但對於讀書人來說最具吸引力的職業無疑還是塾師，這一方面是由於明清時期塾師的需求量大，做塾師是更為便捷的就業途徑，另一方面是由於塾師職業具有他種職業所無的獨特魅力，塾師職業比較方便備考，並且在尊師重教的傳統中這一職業也比較體面，做塾師還可以因為能教書育人而更具職業價值感。〔註134〕因此這些人也多能自重，在教書育

〔註129〕王日根：《明清民間社會的秩序》，嶽麓書社，2003年，第176頁。
〔註130〕同上，第61頁。
〔註131〕蔣純焦：《一個階層的消失：晚清以降塾師研究》，上海書店出版社，2007年，第34頁。
〔註132〕同上，第28～29頁。
〔註133〕袁采：《袁氏世範》卷中《處己》。
〔註134〕蔣純焦：《一個階層的消失：晚清以降塾師研究》，上海書店出版社，2007年，第31頁。

人中能爲人師表，也爲鄉民提供了表率，體現出傳統知識分子「正人必先正己」的道德風範。〔註135〕「落第士子坐蒙館」是比較普遍的現象，這對貧寒士子來說可以解決生計問題並可以繼續備考；對於基層社會來說則儲備下了大量的知識精英，可以提供基礎教育和文化資源，後者關乎農村日常生活，如平日「有人做生，請先生做壽聯；有人死去，請先生做輓聯或祭文悼詞」；〔註136〕而對於國家來說則一方面解決了大量落第士子的出路問題，另一方面也解決了儒學知識和知識分子的再生產問題，可以說是一舉多得。這樣科舉制度就比較好地嵌入到了基層社會的教育、社會網絡之中。而對於官學和書院來說，一般是具有高級功名的知識分子才能當教官。但高級知識分子也有自願做塾師的，一些隱士、遺民、辭官者也甘居鄉里，授徒爲生，這些人更側重塾師職業的精神價值。〔註137〕

當然科舉制度滲透到社會文化網絡之中還有比較細微的機制，如對信仰、風俗的影響，對此不再詳論。下面轉到科舉制對基層社會治理的影響上面，而在考察基層治理之前首先需要大體描繪一下科舉時代的國家社會關係概貌，這有助於我們對傳統社會的基層治理狀況進行一個總體定位。

首先，我們來對科舉時代的「國家」進行一個總體性的定位。現代政治理論從國家與社會的角度根據國家的大小強弱可以將不同的政府類型劃分爲四類：小而弱、小而強、大而弱、大而強。「大」、「小」指的是政府的規模和職能，而「強」、「弱」則指的是國家的能力。總體來說，傳統中國是一個「小而弱」的政府，這裏先給出這麼一個論斷，下面會根據大小強弱這些維度來進行具體的分析。

在上一節中我們已經考察過傳統的官僚系統，其中比較重要的一點是國家任命的職官只到縣一級，縣以下基本上交由地方社會自我治理。政府的規模是比較小的，從官員數量上來看，據記載，唐朝文武官數爲 18800 餘人，宋朝文武官數爲 24000 餘人（一說 27000 餘人），元世祖至元十三年（1276）的官數是 16425 人。這裏所謂的「官數」，是法定編制還是實際官員數字仍然值得研究。由於缺乏計量意識，中國古代文獻多沒有精確的實際官員數記載。

〔註135〕王日根：《明清民間社會的秩序》，嶽麓書社，2003 年，第 151 頁。

〔註136〕王楷元：《辛亥革命前後的私塾生活》，轉引自賈國靜：《私塾與學堂：清末民初教育的二元結構》，《四川師範大學學報（社會科學版）》，2002 年第 1 期。

〔註137〕蔣純焦：《一個階層的消失：晚清以降塾師研究》，上海書店出版社，2007 年，第 32 頁。

〔註138〕明朝文官數目的法定編制是20400人，晚明則漲至24683人。〔註139〕清康熙年間文官定額是11951人，而道光末年，全國文官數目是11316人。〔註140〕這一時期人口翻了一番，而作為管理者的文官數目卻並沒有因此而大增，這是非常令人驚訝的。當然這些都是額定的職官數目，官僚機構總是會有膨脹的趨勢，明代就發生了周期性的增員與裁員，清代管理漕運的官僚機構的膨脹也是比較突出的，因此實際的數目可能比額定數目多出一部分。此外日常行政離不開大量的衙役胥吏，在清代還有幕僚。這些人的數目要遠遠多於官員的數目，並且也有不斷擴張的趨勢，導致這種擴張的原因有官僚系統自我膨脹的衝動（帕金森定律與裙帶主義的結合），經濟社會管理職能的增加，人口壓力帶來的謀生需求等。但這些人一般不歸中央財政供養，其收入主要依靠地方行政經費和自己「創收」（所謂陋規之類的）。但即便是加上吏員，從這些數目來看，傳統中國的政府規模也是比較小的，官民比例也比較小。

按照韋伯所提供的理論範式，在現代國家建立之前的傳統帝國都沒有做到管理的「理性化」，國家能力和職能分化非常有限。雖然傳統中國的國家構建比較早熟，但其職能確實比較簡單。國家的職能一般都是限於與統治直接相關的部分，如稅收、治安、國防等。受儒家思想影響的傳統中國尤其體現出一種反技術理性和消極退縮的特點。「儒家的正統路線認為，國家的主要目的是支持和維護道德、社會和文化的秩序，以使天下和諧太平。要達到這個目的，首先要求統治階級本身有德行。國家在管理上與經濟上是一個退隱者的角色。」〔註141〕與法家相反，儒家也不主張增強國力，「傳統的法家講富強，而儒家毋寧是在阻止把『合理地』和有組織地追求富強作為國家的目標方面起了相當的作用」。〔註142〕事實上隨著經濟社會的發展，客觀上需要國家管理職能的擴張，但是傳統中國在這方面並沒有採取一種積極進取的態度。當然並不排除國家在某些公共職能上起到很積極的角色，如在賑災救荒以及抑兼併上的積極舉措，但是這些職能都主要集中在與統治性命攸關的

〔註138〕錢茂偉：《國家、科舉與社會：以明代為中心的考察》，北京圖書館出版社，第59頁。

〔註139〕同上，第62頁。

〔註140〕郭松義、李新達、李尚英：《清朝典制》，吉林文史出版社，第261頁。

〔註141〕本傑明・史華慈：《尋求富強：嚴復與西方》，江蘇人民出版社，1996年，第7頁。

〔註142〕同上，第9頁。

領域，並且由於受制於國家管理能力的低下和官僚機構的弊病，即使在這些
領域也存在著很多問題。〔註143〕在明清社會中，國家的退縮內斂體現得尤
為明顯。前面提到明朝政府周期性地增員與裁員，這種做法就非常能體現出
傳統國家在應對社會經濟複雜化問題上的消極態度，儒家士大夫也對政府規
模的擴張持一種比較反對的態度。弘治前期，徐恪在《請裁河南冗官疏》中
寫道：「我朝法古建官，凡在外官司府州縣等，皆量地方廣狹、政務繁簡，
命官分治，各有定額。今日地方人民無異於曩時，錢糧軍需無加於舊額，夫
何添設撫民、督糧、兵備、水利、理刑、提學、管屯、營礦、管河、勸農、
捕盜等官，比舊加倍！」〔註144〕這種話語既反映出儒家士大夫對官僚機構
膨脹的擔憂和對祖制的恪守，又反映了其對國家管理職能擴張的消極態度。
比較有意思的是為什麼儒家對「祖制」那麼重視呢？無疑中國人具有尊敬、
崇拜祖宗的習俗，祖制中也常常凝結著開國皇帝對前朝經驗教訓的借鑒。但
在政治話語和權力運作中，問題卻不是這麼簡單，上引奏摺就反映出儒家士
大夫試圖用祖制來約束官僚機構的膨脹，這與儒家通過理想化的上古敘事
（「三代」、先王）來進行社會政治批判是一個道理。在另一些情況下，祖制
可能寄託了許多既得利益，就像清代的漕運海運之爭一樣，祖製成為主張河
運的官員維護既得利益的招牌。〔註145〕黃仁宇對明代稅收的研究中也強調
指出其技術上的不合理性以及政府在管理上的消極應付態度。〔註146〕實際
上隨著經濟社會的發展，由朱元璋所確立的「祖制」已經在很多地方變得不
合理，但是政府卻很難對此做出有效的回應和調適。清代康熙大帝「永不加
賦」的舉措也表明王權所代表的國家並沒有隨著人口和經濟的發展而積極擴

〔註143〕魏丕信的研究指出在乾隆時期曾經存在著有效的荒政，但受制於財政能力和
　　　　官僚組織紀律的下降，嘉慶以後中央政府已經很難有效地協調和控制大規模
　　　　的活動。參考魏丕信：《18世紀中國的官僚制度與荒政》，江蘇人民出版社，
　　　　2002年。而對抑制兼並問題上存在著困境的揭示可以參考秦暉：《中國經濟史
　　　　上的怪圈：「抑兼並」與「不抑兼並」》，載《傳統十論》，復旦大學出版社，
　　　　2003年。
〔註144〕轉引自錢茂偉：《國家、科舉與社會：以明代為中心的考察》，北京圖書館出
　　　　版社，2004年，第64頁。
〔註145〕關於「漕運」還是「海運」的爭論參考費正清主編：《劍橋中國晚清史》（上），
　　　　中國社會科學出版社，1985年，第129～130頁。
〔註146〕參考黃仁宇：《十六世紀明代中國之財政與稅收》，三聯書店，2001年。從技
　　　　術角度看歷史和對管理數目字化的強調也是黃仁宇許多歷史著作的一貫重
　　　　心。

張的意識。在這些方面，傳統國家無疑體現出一種缺乏進取意識的特點，這種國家最怕的是變化，因為變化所帶來的總是對既有秩序的瓦解，使其變得失調和紊亂。這種國家也最怕天下有事，因為一旦出亂子就容易導致本已虛弱的財政更是捉襟見肘。儘管如此，變化總是在發生，在承平時期，經濟社會總是能夠得到發展，人口也會不斷膨脹，傳統的統治體系往往因為不能應對這些變化而出現問題。〔註147〕

導致國家缺乏進取性和靈活應變能力的一大結構性原因是傳統政治中高度集權的治理結構使其自身具有很強的惰性，因為比較缺乏自下而上和多元靈活的調節機制來促生變化。但國家權力並不是缺乏自主性，實際上正如孟德斯鳩所說，「有權力的人們使用權力一直到遇有界限的地方才休止」，〔註148〕為什麼王權不將其觸手伸得更長更廣一些呢，為什麼士大夫們不爭取多設一些官職來安排士人呢？實際上，王權不是沒有建立基層行政機構的意願，傳統的鄉里、保甲等都是基層建制，但這些基層建制往往會虛化或被基層社會所吸納。從權力組織的金字塔結構來看，隨著行政層級向下延伸，相應的行政人員和行政單位數目會呈幾何級數增長。一個官員就會對應著幾十個吏員，同樣一個縣政府也會對應著若干個鄉里組織。廣大鄉村社會是高度分散的，這種分散的狀況加上當時比較低下的交通和通訊手段，再加上中國是一個大版圖的國家，對於中央政府來說，越往下延伸就越難以有效滲透和控制。並且行政層級越多，行政人員和單位越多，行政成本也越高，中央政府在財政上也越負擔不起。前一節在分析官吏二元體制時已經觸及到了這一問題，中央政府事實上無法有效地對基層建制和吏員加以有效的垂直控制。另一方面，土地不斷流轉和人口遷徙流動的現實也使國家政權的基層組織難以靈活適應，因為里甲、保甲等組織的有效性都是建立在人口和土地狀況保持穩定這一前提上的。

但是如果我們僅僅停留在技術手段和行政組織手段的限制這一層面，那麼問題的本質還沒有得到充分的揭示。實際上，當國家權力試圖增強其汲取能力的時候未必不能做到。前已提及秦朝的國家動員能力是非常驚人的。隋

〔註147〕 無疑商品經濟的發展帶來的金錢誘惑會對官僚機構的腐敗產生重大的刺激作用，也會拉大貧富差距，人口膨脹則會帶來人地矛盾，這些都不利於統治秩序的維持。

〔註148〕 孟德斯鳩：《論法的精神》（上冊），商務印書館，2004年，第184頁。

代更是典型的藏富於國的例子，「古今稱國計之富者，莫如隋」。〔註149〕根據馬周向唐太宗的奏疏來看，隋代國庫裏儲備的物資到唐太宗貞觀十一年還沒有用完。〔註150〕明末爲了鎮壓起義和應對外敵入侵，一改低稅負的政策，大幅提高了財政稅收，但也由此激起了進一步的民變，陷入惡性循環。晚清政府增加財政收入的努力也頗見成效，國家歲入（中央和各省收入）大致從鴉片戰爭後的 4000 萬兩，到甲午戰後的 8000 萬兩，再到辛亥年的約 3 億兩。〔註151〕清末的情況無疑與西方入侵帶來的壓力有關。從這些例子中我們都能看到國家在試圖擴張和增強汲取動員能力時都不是做不到，這與歐洲封建社會中國家能力虛弱、無法向下滲透的情況具有天壤之別。

　　實際上，從傳統社會治理中一些基本的結構性因素入手來加以分析或許更有助於我們看清問題的本質。傳統國家是以脆弱的小農經濟爲基礎的，這體現在其稅收主要是依靠農業稅。〔註152〕小農經濟的特點是它的剩餘非常有限，並且抵禦天災人禍等風險的能力也比較差，所以非常脆弱。〔註153〕由於耕地資源和技術水平有限，隨著社會復興帶來的人口膨脹，這種小農經濟會

〔註149〕　馬端臨：《文獻通考・國用考》。

〔註150〕　《舊唐書・馬周傳》。

〔註151〕　羅志田：《革命的形成：清季十年的轉折（上）》，《近代史研究》，2012 年第 3 期。

〔註152〕　這並不是說中國古代的商品經濟不發達，而是說國家稅收主要立足於農業稅。這種稅收包括實物、貨幣、勞役等形式。當然在某些朝代的某些年份，工商稅也比較多，但多歸皇室收入，帝制中國從來沒有很好地將其作爲立國基礎，而是採用重農抑商的國策。並且國家也從鹽鐵官營這樣的抑制自由經濟的政策中獲取了大量的收入。而之所以說傳統農業經濟是「小農經濟」，是因爲中國古代地權比較分散，以自耕農爲主，在均田制時代自然如此，在均田制崩潰之後的土地商品化時代，土地流轉比較頻繁，這雖然能夠產生一定的土地集中，但諸子平分式的遺產繼承制度等原因導致地權在集中之後也總是容易重新走向分散，所謂「千年土地八百主」說的就是這種情況。

〔註153〕　對這種脆弱性的個案定量考察可以參考費孝通：《鄉土中國・鄉土重建》，時代風雲出版集團，1993 年，第 186～187 頁。費孝通考察的是近代的情況，但由於經濟體系並沒有發生根本性的躍遷，所以還是可以作爲參考的。從中我們能看出小農經濟的農業剩餘是非常有限的，往往要靠家庭手工業來彌補家用，如此方能維持不饑不寒的生活。如遇天災人禍就往往要舉債生活，挺不過就不得不出賣土地，甚至成爲流民。另外馬若孟、黃宗智也考察了由清代延續下來的傳統小農經濟的過密化和脆弱性，參考馬若孟：《中國農民經濟：河北和山東的農民發展（1890～1949）》，江蘇人民出版社，1999 年；黃宗智：《華北的小農經濟與社會變遷》，中華書局，1986 年。

變得更加脆弱。傳統中國在宋以後的商品經濟已經比較發達，但是卻沒有走向成熟的資本主義和工業革命，整個經濟由小農經濟、家庭手工業和發達的市場交易網絡構成，其中地權交易也非常頻繁。〔註154〕這種小農經濟以家庭手工業來補農業收入的不足，但隨著人口增長和地塊面積的減小，小農經濟在向著精耕細作的「過密化」方向發展。〔註155〕農業勞動力實際上是潛在過剩的，如果人口壓力不能被新的經濟機會吸收掉從而使新增勞動力得以謀生，那麼就會帶來流民等嚴重威脅社會穩定的問題。因此，傳統的社會經濟體系似乎很難邁出所謂的「馬爾薩斯人口陷阱」。後期王朝已經很好地解決了軍人叛亂和地方割據帶來的問題，但是傳統中國從來沒有解決好貧富差距懸殊的問題和流民問題。只有在資本主義經濟高度發展，資本的廣泛積纍使資本與勞動力的相對價格發生顯著的變化之後，才能帶來普遍的富裕並創造出一個龐大的中產階層，這種社會結構才算比較穩定。也只有在資本主義經濟和科技進步帶來生產力和財富的幾何級數增長從而蓋過了人口壓力之後，人口過剩問題才有解決的希望。但傳統中國的經濟體系似乎從來沒有擺脫農業經濟的制約，「在二十世紀以前，中國的經濟幾乎沒有不屬於農業部門或不與它發生密切關係的。」〔註156〕根據隨後給出的一個關於十九世紀八十年代國民總產值的估計，農業產值佔了 66.79%，貿易則僅占 6.59%，手工業或製造業占 3.77%。〔註157〕這印證了農業的絕對統治地位和工商業發展的有限。雖然商業在繁榮的時代能夠得以擴張，但它對整個經濟的帶動能力卻非常有限。十八世紀的清代商業得到了長足的發展，「雖然商業化給人口稠密的平原和沿海地區的城鎮帶來繁榮和富裕，但那些不與貿易集散地和交通要衝發生聯繫的地區仍然處於貧困和不景氣的狀態中，無地的移民，作為人口變動的產物，他們反而浪潮般地湧入這些偏遠地區」。〔註158〕在這種經濟體系下，土地是主要的資本資產，官員和商人積纍的財富也往往用於購置土地。但是土

〔註154〕 參考龍登高：《內涵式發展與邊際式變革——以傳統市場為中心的中西比較》，《思想戰線》，2005 年第 4 期。

〔註155〕 「過密化」概念是由黃宗智提出的，參考黃宗智：《華北的小農經濟與社會變遷》，中華書局，1986 年。

〔註156〕 費正清主編：《劍橋中國晚清史》（下卷），中國社會科學出版社，1985 年，第 8 頁。

〔註157〕 同上，第 9 頁。

〔註158〕 費正清主編：《劍橋中國晚清史》（上卷），中國社會科學出版社，1985 年，第 115 頁。

地在總量上是固定的，對土地的投資並不能帶來生產力和財富的巨大增長，相反卻導致土地的兼併。當然兼併本身並不是問題所在，在任何自由社會，財富的集中都是難免的，問題是土地兼併不能帶來生產力的提高和經濟機會的增多，相反卻僅僅製造出一批食利者、懸殊的貧富差距和大量的流民。因此總體來說，傳統社會脆弱的經濟基礎也決定了相應的財政基礎非常薄弱，如果國家過度增加汲取能力就會使社會貧弱的狀況雪上加霜，最終會走向失控。

　　另一方面，傳統的權力組織結構又是一種金字塔形結構的官僚體制，官僚要對上級負責，國家權力相對於社會來說處於優勢地位，這種結構非常容易走向失衡。在這種權力結構之下，治理風險本來就非常高，如果再加以自上而下的催逼，後果就更加不堪。秦朝、隋朝、元朝這些短命王朝的共同點正是過度「有為」，從而導致民不聊生。因此以結構性的眼光來看，以一統王權為核心的國家權力之退縮毋寧是歷史篩選的結果，也就是說在歷史的不斷優選中，傳統中國找到了自己的均衡或穩態，這種均衡就是中央集權的小政府模式和輕繇薄賦的政策，任何過度偏離這種均衡的做法都不會穩定，不會長治久安。而儒學則對此起到了加固的作用，使仁政、民本等治道原則成為統治精英的自覺意識，甚至沉澱到其集體無意識中，這樣才能使國家治理擺脫對皇帝個體素質的絕對依賴，盡量降低統治者個人專斷意志帶來的風險。不過國家權力的收縮雖然對權力濫用具有某種解毒作用，但是這種相比現代國家來說尚比較缺乏進取性的國家也面臨著國力不足的問題，這在很大程度上是傳統政治制度約束權力的方式和能力有限所帶來的結果。由於缺乏有力的外部制約、廣泛的政治參與平臺和可以有效控制的管理方式，傳統政治系統無法應對國力擴張所帶來的嚴重內耗和社會危機，因此，更可取的選擇就是使國家權力盡量退縮以減少其危害。

　　政府規模的狹小和職能的簡單就給社會留下了很大的空間，事實上社會也不得不自我組織起來以提供一些必要的公共物品。社會上各種互助、慈善事業固然比較興旺，甚至糾紛的處理一般也可以在地方社會自我解決，而不需要告到官府。而社會自治的成功又使國家權力可以比較放心地從百姓的家門口退出，國家所要做的就是盡量不要擾民罷了。羅志田教授指出：「『小政府』對應的是某種程度上的『大民間』或『大社會』，過去常說中國是中央集權，那最多只能體現在京師的中央政府本身。到了各地，則大體是一種逐步

放權放責的取向，越到下面越放鬆。秦漢時的鄉里已非常弱化，實不能像一些人想像的那樣行使『國家』的功能或代表『國家』。至少從唐中葉以後，大體上官治只到州縣一級，且直接管理的事項不多，地方上大量的事情是官紳合辦甚或是由民間自辦的。用現代術語來表述這一官紳『共治』的特點，即『國家』不在基層，也缺乏向基層擴張的意願和動力。」〔註159〕

在對傳統的國家社會關係進行了總體定位之後，我們就可以對地方治理展開進一步的分析了。由於傳統中國的城鄉基層治理差異不大，廣大鄉村又構成了中國的主體，下面主要討論科舉制度對傳統中國鄉村治理的影響，進而附帶論及城市的情況。傳統中國的鄉村治理經歷了一些流變，但大體的格局是由國家的鄉村政權組織和地方社會的自治組織兩部分構成。尤其是在唐宋以後伴隨著社會經濟的變遷，出現了從鄉官制向職役制的轉化。國家試圖控制地方社會的里甲、保甲之類的建制無法適應土地自由買賣和人口不斷膨脹並經常遷徙流動的社會現實，因此，國家設置的鄉村機構往往虛化或與鄉村自治組織融合。在一般情況下，基層社會的治理更多依賴鄉村自治組織，士紳則成為鄉村社會的領袖，這在明清社會中臻於成熟。因此，有人稱其為「『虛擬』的鄉村政權」，其中鄉紳主導著鄉村社會事務，官府則致力於完成朝廷的任務（主要是完稅），兩造往往通過鄉官和衙役這些跑腿人打交道。即使是在徵稅活動上，清代朝廷為了防止衙役的擾害，在每年的兩季徵糧徵稅中，禁止衙役下鄉催收，更多地依靠鄉里組織協助地方官完成每年最重要的公務。在實際運作中，鄉紳在其中往往起了非常關鍵的作用。〔註160〕值得注意的是，學界對於傳統鄉村治理中的領導精英具有多種稱呼，包括紳士、鄉紳、士紳、地方精英等，這些不同的稱呼背後有著一些微妙的區別。〔註161〕目前來看，「士紳」概念是比較通行的用法。士紳的界定一般以科舉功名及官職經歷為主要標準。當然，理想的士紳要兼具功名、任官經歷、土地等豐厚的財產、家族在地方上的威望和貢獻、年資、個人的道德威望等要素於一體。

〔註159〕羅志田：《革命的形成：清季十年的轉折（上）》，《近代史研究》，2012 年第 3 期。

〔註160〕以上參考張鳴：《鄉村社會權力和文化結構的變遷（1903～1953）》，廣西人民出版社，2001 年，第 14 頁以下。可以說這種對鄉村治理的總體認識模式主要源自費孝通先生。

〔註161〕詳細辨析參考徐茂明：《明清以來鄉紳、紳士與士紳諸概念辨析》，《蘇州大學學報》（哲學社會科學版），2003 年第 1 期。尤育號：《近代士紳研究的回顧與展望》，《史學理論研究》，2011 年第 4 期。

〔註162〕一般來說，告老還鄉的官員和具有科舉功名（包括比較低級的生員）的士人構成了士紳的主體。此外，在地方治理中也有非士紳的地方精英，「地方精英」這一概念的所指就寬泛得多了。

前面曾指出科舉制度參與形塑了中國社會的結構，隨著科舉制的廣泛實施，在社會上蓄積起一個士紳階層，這一階層要比豪強貴族更容易與一統王權實現比較穩定的整合，而地方豪強貴族的退出也客觀上需要一個有力量的階層來填補，士紳階層就起到了這種填補作用。科舉制對鄉村治理最爲重要的影響當體現在士紳階層身上。應當說，士紳階層的形成與其作用的發揮並非有意識設計的產物，科舉制最初產生時主要著眼於選拔官員，但這一制度在長期的運作中與社會文化網絡發生互動磨合，逐漸產生出了超出原有意圖的功能並適應了地方社會治理的需要，這是一種長時段的後效。總體來說，士紳階層在全國各地的分佈是比較平衡的，當然不可否認在一些人文發達的地區士紳的分佈會更密集一些（總體上看，無論是宗族組織還是士紳數量，南方的一些地帶都要比北方發達）。這種地區之間分佈相對比較平衡的狀況與科舉制度的特點有很大的關係，因爲官學生員在每一個地區都有一定的名額，而在高級功名方面又通過分區定額制度照顧到了經濟文化相對落後的地區。潘光旦和費孝通統計了清代 915 個貢生、舉人和進士的出身，從地域分佈上來說，來自城市的占 52.50%，而來自農村的占 41.16%，還有 6.34%出自城鄉之間的鄉鎮。後兩者加起來，幾乎與前者相當，而且其中魯、皖、晉、豫四省的同類人員，來自鄉間的比例大於來自城裏的。〔註163〕可見傳統的統治精英在城鄉之間的分佈基本上也是比較平衡的，並且鄉村士子並不因參加科舉就脫離鄉村，官員告老之後也會還鄉，從而形成了一個「落葉歸根的社會有機循環」。〔註164〕因此，士紳階層的影響力是及於全國的。

無數的證據都表明士紳階層在基層社會中是領袖人物，中國社會中沒有西方的貴族和教士，因此士紳階層多少發揮了替代作用。從兼具治理權威和道德教化這兩方面的功能來看，士紳階層在一定程度上還眞兼具貴族和教士的雙重作用。正如一個十九世紀的外國觀察家所說：「由於中國知識階級掌握

〔註162〕參考史靖：《紳權的本質》，載費孝通、吳晗等著：《皇權與紳權》，嶽麓書社，2012 年，第 137～138 頁。
〔註163〕參考費孝通：《鄉土中國‧鄉土重建》，風雲時代出版，1993 年，第 175 頁。
〔註164〕費孝通：《鄉土中國‧鄉土重建》，風雲時代出版，1993 年，第 171 頁。

著輿論和維護輿論的合法權力，它就起到了貴族和牧師的雙重作用，起到了一種締合作用。由於人民在地理上的隔離、（中國）語言的特點以及土地貴族的缺乏，就使這種『紳士制度』更為必要。如果考慮到中國的這些特點和紳士制度對於這些特點的強烈影響，那麼除了這些紳士制度以外，要設計一個確保政府永存和在這個政府下人民都滿意的更好的方案是不可能的。」〔註165〕

在過於迷信正式制度的思維傾向影響下，許多現代學人往往忽略了操作制度的「人」的因素，忽略了制度背後的社會文化網絡，而這些才是支撐制度運作的支點和土壤。西方人文主義思想家白璧德在《民主與領袖》一書中指出，孔子之教可以造就民主領袖所需要的「人的品格」，孔子主張以身作則，其結果是塑造出「公正的人」，而不僅僅是「抽象的公正原則」，在白璧德看來，這才是社會的唯一保障。〔註166〕科舉制度為社會培養儲備了大量高素質的領導精英，這些精英能夠身體力行地參與到地方治理中，與此同時也構建出了有利於實現低成本治理的社會文化網絡，這是其最為重大的貢獻之一。

學界對士紳階層和鄉村治理的研究成果非常豐富，下面主要結合科舉時代的整體治理結構和社會文化網絡來做一些概要的分析。

首先，我們需要明確士紳階層的屬性。從國家社會角度來看，士紳階層身上兼具兩重屬性。一方面，士紳階層一般具有科舉功名，屬於官僚集團的後備人選或者是卸任官員。並且他們享有國家所賦予的一定特權，包括經濟上的特權，具有生員以上身份即可以免差徭；法律和身份上的特權，士紳犯罪需要先革去功名才能上刑，可以與地方官平起平坐等。這些使士紳階層具有國家屬性和一定的特權身份。另一方面，很多士紳都紮根於鄉土，他們本身就是地方社會中的人員，或者因為宗族或者因為鄉情而嵌入在地方社會網絡之中，因此他們身上又具有社會屬性。從個體權威的角度來說，士紳身上也兼有兩重屬性，一方面，他們身上具有國家所賦予的威權，這使其成為四民社會的領袖力量，是地方社會的頭面人物；另一方面，他們又因為對儒學知識的佔有而具有文化權威，這在強調禮教倫常的鄉土社會中是非常重要的權威來源。當然，並不是僅僅憑藉佔有儒學知識就能確立起有效的權威，士

〔註165〕引自芮瑪麗：《同治中興：中國保守主義的最後抵抗（1862～1874）》，中國社會科學出版社，2002年，第158頁。

〔註166〕參考余英時：《現代儒學的回顧與展望》，三聯書店，2004年，第185～186頁。

紳個體的權威很大程度上取決於其道德威望和對本地社會的貢獻。後種權威是內生性權威，它區別於國家所賦予的威權。周德榮就認為「士紳的地位並非來自出身和法定的特權，而是由於公眾的評比。士紳擁有地方上公眾的愛戴，這是與官僚交涉時為執行人民代表的任務所必須具備的條件」。〔註 167〕正因為士紳身上兼具多重屬性，這才使他們成為國家社會之間以及大小文化傳統之間的重要中介。

　　具體來說，在士紳與地方官之間可以形成平面互動，士紳之間也可以形成平面互動，由此士紳可以發揮上傳下達和制衡作用，從而在權力的垂直網絡之外構建了一種平面網絡，這種情形用費孝通的話來說就是「雙軌政治」。〔註 168〕平面網絡的特點是互動參與，更適合描述這種狀況的術語是「治理」（governance）。李懷印指出：「我寧願用『治理』而不是『統治』一詞來描述這些非正式制度的實際運作，因為『統治』意味著國家通過正式的代理人和體制實現強迫控制。換言之，『治理』是國家權威和鄉村居民共同參與的一個過程，它在帝制時期包含了不僅滿足統治者而且因應村民需求的一系列內生性制度安排。」〔註 169〕科舉制度創造出一個可以使士紳與官員之間實現平面互動的網絡，士紳具有官方身份的保障，可以與地方官平起平坐，並且他們與官員之間也具有共同的儒學語言，因此士紳與地方官打交道比較容易。而鄉民一般難以直接與地方官打交道，身份上的不平等和語言上的不通是一大障礙，因此士紳就被推舉出來成為其代言人。〔註 170〕科舉制度之於地方社會治理的貢獻就在於它能選拔和儲備起來大量的社會精英，賦予這部分人與地方官平等的身份而又不使其直接染指國家權力。士紳因此也就能夠作為官民的中介，起到微妙的平衡作用。「在百姓和官吏之間，士紳常常擔任調停人的角色，這使他們贏得了本地居民的一貫尊重。許多官吏發現，通過士紳向百姓下達命令比通過正常的政府渠道要容易貫徹得多。」〔註 171〕「無論是個體

〔註 167〕周榮德：《中國社會的階層與流動：一個社區中士紳身份的研究》，學林出版社，2000 年，第 59 頁。
〔註 168〕費孝通：《鄉土中國・鄉土重建》，風雲時代出版，1993 年，第 147 頁以下。
〔註 169〕李懷印：《華北村治：晚清和民國時期的國家與鄉村》，中華書局，2008 年，第 2 頁。
〔註 170〕地方官一般都不是本地人，各地方言的差異構成了一大溝通障礙，而士紳則可以與其用官話和書面語交流。
〔註 171〕瞿同祖：《清代地方政府》，法律出版社，2003 年，第 307 頁。

行動還是集體行動，士紳作為一個代表共同體利益的壓力集團，他們是唯一可以通過公認的渠道向州縣官或更高級的官吏表達抗議或施加壓力的集團。」〔註172〕

　　除此之外，士紳往往也是地方社會的各種公共活動（如慈善事業、興修水利、築路修橋等）和禮儀活動的組織者和領導者。〔註173〕「時至19世紀，由紳士來推進和經理這些地方和宗族事務已是早就確立的慣例。經理家鄉的事務，是紳士對中國社會所負責任的核心。……紳士通常認為自己理所當然地負有造福家鄉的責任，具有完善、維持地方和宗族組織的責任，而旁人對他們也有這樣的期待。正如纂入宗譜、撰寫於19世紀的一篇文章所指出的那樣，當一個人成為生員（紳士的下層成員）之後，他就會站出來或人們會請他出來處理他家鄉的公共事務，只要他留在家鄉，這就是他的『恒事』。」〔註174〕儒家修齊治平的抱負和作為四民之首的地位也賦予了士紳相應的自覺意識和責任意識，當然士紳從事這些工作也是獲取收入的一個重要來源。「絕大多數的紳士通過經理地方事務或教授學生來謀生。儒家的理想在紳士制度中得到了體現。根據儒家的傳統，紳士在履行對社會和教育的領導責任時，便開始了他們的職業生涯，而他們獲得的功名便表明他們已受過合格的教育，符合就業的資格。」〔註175〕據張忠禮的統計，在其所收集的5400多份19世紀的人物傳記之中，有48%的傳主在家鄉和宗族的事務中發揮了某些紳士功能，20%的傳主參與了若干私人慈善活動，只有32%的傳記沒有專門提及這類活動。〔註176〕可見，儒家士紳是基層社會中廣為接受的「現場治理者」。〔註177〕地方官一般也樂於讓士紳發揮中介作用和帶頭作用，實際上士紳的上傳下達和組織帶頭作用在很大程度上分擔了治理成本，他們熟悉地方的情況，在處理相關事務的合理性上一般比初來乍到的地方官好得多。地方官往往任期短暫，不熟悉本地情況，在地方上也缺乏根基，因此，一般地方官上任之後

〔註172〕瞿同祖：《清代地方政府》，法律出版社，2003年，第307～308頁。
〔註173〕張忠禮的《中國紳士》一書詳細列舉了紳士的一系列職責，參考張忠禮：《中國紳士》，上海社會科學出版社，1991年，第54頁以下。
〔註174〕張忠禮：《中國紳士的收入》，上海社會科學出版社，2001年，第43頁。
〔註175〕同上，第187頁。
〔註176〕同上，第44頁。當然，作者也指出自傳中沒有提及這方面的活動並不表明紳士們沒有發揮這方面的作用。
〔註177〕「現場治理者」這個提法來自秋風，參考姚中秋：《美德‧君子‧風俗》，浙江大學出版社，2012年，第92頁。

的首件要務就是聯絡地方士紳，否則其政令很難推行，這在許多官箴中都被強調。〔註178〕

　　一個地方往往有多個士紳，這時士紳之間在處理地方事務中也需要互動協調。民國教育家蔣夢麟在回憶其童年生活時寫道：「讀書人和紳士在地方上的權威很大。他們參加排難解紛，也參加製定村裏的規矩，他們還與鄰村的士紳成立組織，共同解決糾紛，照顧臨近村莊的共同福利。」〔註179〕從中我們能看出士紳之間是有組織網絡和互動行為的，而共同的科舉出身無疑提供了這種互動網絡的連接紐帶。有時士紳也會因為地方利益而聯合起來給州縣官施加壓力，比如浙江省山陰縣和會稽縣的士紳們因不滿書吏在辦理地契過戶時所要的規費過高，聯合起來商定地契過戶時可以附加的規費不得超過800文，並將這一方案通報給知府，要求他將這一數額確定為永久性的官方收費額，這一請求獲得了同意。〔註180〕可見在士紳所代表的社會力量與國家政權之間是有討價還價的機制的，政治運作並不是一個單向度的、自上而下的強制推進過程。以清朝為例，一般來說，朝廷的正稅，也就是田賦是固定的，只是按照慣例有一定的浮收比例用作地方行政經費，非常規的稅收數額需要召集士紳等地方代表根據實際情況來協商確定。否則會遇到地方社會力量的抵制，其執行將是非常困難的，而官府的力量並沒有強大到可以不用進行討價還價的地步，後種情況只有在將行政組織鋪到每一戶家門時才能做到。在稅收和治安之外，一般就是天高皇帝遠了，地方事務在本地內部都能解決。蔣夢麟在回憶其童年生活時將這種情況記載了下來，「村裏的事全由族長來處理，不待外界的干涉。祠堂就是衙門。……沒有經過族長評理之前，任何人不准打官司。……仲裁者力求做得公平。自然，村中的輿論也是重要因素，還有，鄰村的輿論也得考慮。族長們如果評判不公，就會玷污了祠堂的名譽。……田賦由地主送到離村約二十里的縣庫去，糧吏從來不必到村裏來。老百姓根本不會理會官府的存在，這就是所謂『天高皇帝遠』。」〔註181〕當然，蔣夢麟所記載的是宗族組織比較發達的地區的情況，在其他地區情況可能有所差異，但通過前面對國家社會關係的總體定位來看，「皇權不下縣」應是一

〔註178〕如石成金：《官紳約》指出：「地方官興利除弊，體察民情，必須訪之鄉紳。」
〔註179〕蔣夢麟：《西潮・新潮》，嶽麓書社，2009年，第22頁。
〔註180〕參考瞿同祖：《清代地方政府》，法律出版社，2003年，第308頁。
〔註181〕蔣夢麟：《西潮・新潮》，嶽麓書社，2009年，第22頁。

種常規狀態。民間自組織機制處理地方事務的效率和合理性自然比國家好得多，因爲社會自組織在信息方面更對稱，並且具有平面互動的談判機制和監督機制。所以帝制中國國家政權的收斂並不是如許多現代研究者所設想的那樣是一種國家構建的缺失，而是奠基於地方治理成功之上的一種無爲而治的藝術。

具體到士紳個體，其權力大小則取決於其實力和威望。「在同一個自然村或自然村集合裏，鄉紳可能不止有一個，里正保長之類的到底聽誰的，還要看鄉紳間勢力人望的大小，宗族間勢力的分割以及宗族內部等級順序等等因素。」〔註182〕士紳的威望一方面是建立在其實力之上，這種實力包括宗族力量、經濟實力，更重要的是功名或卸任之前的官位和人脈的大小。另一方面則是建立在其處理事務的能力和人望上。對於鄉民來說，後者更切合自身的利益，否則他們就不會將其作爲保護人，不會找其代言或辦事。如果士紳胡作非爲甚至勾結官府剝削鄉民，那麼他們就面臨士林清議的非難以及失去人望的危險，這對於其權威的維繫和本地社會的安定來說是非常不利的，從而也就不利於士紳們的長遠利益。對於官紳勾結，朝廷也是嚴令禁止的。當然中國這麼大，士紳群體也比較龐大，劣紳肯定會有一些，不過這部分人只能逞能於一時一地，其威望和影響力無法與正紳相比。這是士紳之間及士紳與鄉民之間關係的大概情況。

在士紳與地方官之間可能存在著合作與衝突的兩面。一般來說，如果地方官能夠有所收斂，處理好官紳關係，那麼這對其任官一方來說非常有利。如果地方官行爲出格，突破了界限，不給士紳面子，士紳也不是只能一味地退卻忍讓，他們也有撒手鐗，這就是利用他們在官場的關係、舊屬、同鄉、同年等等，形成所謂的士大夫輿論從而不利於地方官，甚至乾脆利用監察系統直接彈劾這些人。〔註183〕「紳既代民立言，同時又爲民楷模，在國家與社會、官與民之間起著承上啓下的重要作用。任何地方，若『其地多紳士，則地方官不敢肆然爲非，而民得稍安』。」〔註184〕州縣官對士紳的壓力也不是無動於衷的，正如知縣何耿繩所說：「凡紳士爲一方領袖，官之毀譽多以若輩爲

〔註182〕張鳴：《鄉村社會權力和文化結構的變遷（1903～1953）》，廣西人民出版社，2001年，第20頁。

〔註183〕同上，第21頁。

〔註184〕轉引自羅志田：《國進民退：清季興起的一個持續傾向》，《四川大學學報（哲學社會科學版）》，2012年第5期。

轉移。」〔註185〕士林清議對官員的仕途具有重要的影響。因此，在地方治理中是有著制衡機制和緩衝調節空間的，至於情勢具體朝著哪個方向走則取決於各種力量之間的博弈結果。一般來說，在皇權無爲的局面下，自上而下的壓力小，地方官沒有從鄉村社會「汲取資源」的沉重壓力，那麼這種緩衝空間就比較大，官紳、官民關係也比較容易處理，其比較理想的狀態就是「官民相得」。〔註186〕但「當皇權有爲時，統治者的兵威所及，總是要設法控制紳權，充其所極，這控制的結果便是皇權往下伸張，紳士與官僚結合，至少在政府委託的公務上，紳權變成了皇權的延長」。〔註187〕這時士紳階層發揮作用的調節緩衝空間就不存在了，紳權實際上也就消失了，基層社會中那種微妙的平衡就會被打破，權力在向失控的方向發展，官民、官紳、紳民矛盾則會加劇，基層治理也就走向紊亂。當然，這種狀況主要發生在頂層過度有爲時，而不是常態。尤其是隨著政權儒化程度的加深，在後期王朝，除非迫不得已，統治者一般不會主動去增強這種所謂的「汲取能力」。

　　一般來說，王朝初期皇權比較強勢的時候，紳權就退縮，而隨著王朝走向穩定，朝廷的基層機構往往形同虛設，士紳在地方社會中的作用加大。清代就經歷了這麼一個過程，清初無論是保甲制度的設立還是各種對士紳嚴厲打壓限制的措施都使明季擴張起來的紳權沉淪下去。但皇權事實上根本無法直接地控制地方社會，隨著時間的推移，紳權和地方的自主性則擴大。在這方面，太平天國運動是一個重要的轉折點，這一時期使早已實際控制地方的紳權合法化和體制化了。〔註188〕紳權實際上填補了朝廷控制的不足，「紳士在地方行政中的新作用，不但解決了 19 世紀後期的問題，而且解決了帝國晚期一個長期存在的問題，即傳統的官僚制度已不能治理其密度驚人地增長的農村人口和被經濟競爭弄得日益失調的社會制度」。〔註189〕而清末立憲運動中的地方自治則是進一步的重要發展。當然，這已經是在向近代邁進了。

〔註185〕轉引自瞿同祖：《清代地方政府》，法律出版社，2003 年，第 326 頁。

〔註186〕王日根：《明清民間社會的秩序》，嶽麓書社，2003 年，第 523 頁。

〔註187〕胡慶鈞：《兩種權力夾縫中的保長》，載費孝通、吳晗等著：《皇權與紳權》，嶽麓書社，2012 年，第 115 頁。

〔註188〕胡林翼寫道：「自寇亂以來，地方公事，官不能離紳士而有爲。」《胡文忠公遺集》卷 86，轉引自王先明：《士紳構成要素的變異與鄉村權力——以 20 世紀三四十年代的晉西北與晉中爲例》，《近代史研究》，2005 年第 2 期。

〔註189〕孔飛力：《中華帝國晚期的叛亂及其敵人（1796～1864）》，中國社會科學出版社，1990 年，第 229 頁。

　　除了作爲官民之間的治理中介之外，士紳還在大小文化傳統或精英文化與大眾文化之間發揮了溝通和中介的作用，使國家權力和儒學教化向文化網絡滲透，參與構建出了一種「文化權力」。傳統治理中強調教化，這並非無的放矢或僅僅做做樣子。實際上每一個社會都離不開「教化」這個東西，比較有意思的是現代社會科學嘗試著用嚴格的推理來證明教化的不可或缺，有人甚至將其稱爲「社會學基本定理」〔註190〕。對於傳統中國社會來說，由於社會比較安穩，在一個流動比較少的禮俗社會中，風俗之純正就是一件重要的事情。現代協同學理論可以應用到解釋風俗現象上面，「某地一旦形成了一種普遍的氣氛，那麼這個地方的新來者就無法反其道而行之」。〔註191〕因此風俗一旦純正，就會對世道人心起到一種規約作用，而這是不需要國家付出成本的。而一旦歪風邪氣漲起來，地方社會就不太平了，這時國家的負擔就重了，治理成本也會直線上陞。因此儒家強調「教化」實際上具有通過維持風俗人心的純正來實現低成本治理的意願，這也被統治者所接受。早在漢代地方治理中，一大批「循吏」就對此身體力行，而其結果至少從史書記載來看多是「大治」。余英時指出，「從孔、孟、荀到漢代，儒教的中心任務是建立一個新的文化秩序」。而具有文化自覺意識的循吏則起了溝通精英文化與大眾文化的移風易俗作用。〔註192〕漢代還在地方設「三老」，專管教化。在後期王朝裏，這種注重教化的作風也延續了下來，清代朝廷就有意識地安排地方士紳宣講聖諭。

　　不管朝廷的做法效果如何，對於士紳階層來說，他們更重要的作用在於其身體力行的垂範作用和實現儒學「知識下鄉」的作用，這也符合國家對他們的期望。士爲四民之首，其一言一行皆足以爲鄉民表率。「世之有紳衿也，固身爲一鄉之望，而百姓所宜衿式所賴保護者也。」〔註193〕如明代弘治朝狀

〔註190〕金迪斯提出了「社會學基本定理」。這個定理有三部分，其中一部分這樣陳述：一個社會，長期而言，如果沒有任何說教機構——例如教會、學校、報紙或家庭的灌輸等，那麼，長期而言，這個社會必定瓦解。這與個人自由與啓蒙主義是相矛盾的。參考：汪丁丁等：《制度經濟學三人談》，北京大學出版社，2005年，第25頁。

〔註191〕赫爾曼·哈肯：《協同學：大自然構成的奧秘》，上海譯文出版社，2005年，第87頁。

〔註192〕余英時：《漢代循吏與文化傳播》，載《士與中國文化》，上海人民出版社，2003年，第128頁。

〔註193〕《紳衿論》，《申報》，1872年，五月初一日，第22號。

元朱希周，除了爲官清廉之外，退居鄉里之後也成爲具有道德感化作用的榜樣，「里中兒稍爲不善，輒曰：『吾何以見朱公』其黠者曰：『秘之，幸毋使公知而已。』蓋不出戶而隱然爲薄俗風勵」。明末文震孟對此稱讚說：「夫大臣居鄉，非獨清謹貴也，有所繫於鄉之輕重乃貴。」〔註194〕這是就士人在自省自修基礎上所樹立的道德榜樣而言，其實士紳的內生性權威也需要靠自己的品行來維持，士紳要維持其在鄉里的威望也往往不得不謹言愼行，勸善懲惡。「一鄉有善事則身先倡率，以行爲籌劃以成就一鄉。一鄉有惡人則設法勸誡以改過懲治以警邪。」〔註195〕於是傳統社會中就形成了一個起到教化垂範作用的階層，這與西方的教士階層多少具有相似之處。固然行爲不檢點的士紳也是有的，就好比西方中世紀的教士也有腐化墮落的現象。但就總體情況而言，士紳階層既然被傳統社會視爲榜樣，他們就得自覺不自覺地做出一個體統來，不自重的士紳在鄉土社會和士林輿論中是沒有市場的，在常態下這種劣紳應當是少數。「至於刁劣紳衿則有大謬不然者，方其少也。」〔註196〕

　　一個社會不能缺乏「君子」的帶頭示範作用，一個個的「士君子」恰恰好比一個個的「正能量」中心，可以對整個社會向善起到帶動作用。而儒學就是一種注重君子養成的學問，所謂彬彬有禮、溫良恭儉讓等都是說的這個事情。〔註197〕當然，君子的養成很大程度上要靠道問學和修身養性，《中庸》謂「君子尊德性而道問學」，理學和心學這兩條路子在很大程度上都是針對這個根本問題。儒家的修齊治平理想顯然是一種比較高的要求，對於文化精英來說還算合適，但是對大眾來說，儒學並沒有提供救世主式的超驗信仰，儒學要發揮作用就不能停留在紳士或君子養成的高標準上，而是需要精英的垂範帶動作用以及精英文化向大眾文化的滲透作用。

　　士紳作用的發揮需要權威的支持，科舉制就賦予其國家權威，但更需要儒學知識和自身人格魅力所帶來的「卡理斯瑪」力量。在傳統社會中讀書人

〔註194〕轉引自徐茂明：《江南士紳與江南社會（1368～1911）》，商務印書館，2004年，第 77 頁。

〔註195〕《紳衿論》，《申報》，1872 年，五月初一日，第 22 號。

〔註196〕《紳衿論》，《申報》，1872 年，五月初一日，第 22 號。這些對士紳作用的評價都是仍然生活在那個年代的人所作出的，雖然有所美化，但這正反映了那個時代的人們對士紳階層整體的期望，也在一定程度上說明在正常情況下多數士紳應當是朝著這個方向靠攏，這樣才能符合社會對他們的期許。

〔註197〕具體的分析可以參考余英時：《儒家「君子」的理想》，載《現代儒學的回顧與展望》，三聯書店，2004 年。

絕不是現代的一般學生，而是有著權威力量，因爲其所讀之書是具有規範力量的聖賢之書，其所學主要並非普通的技術知識，而是關於教化的知識。今人多以爲儒學是「無用」之學，以其不切於實用。但在傳統鄉土社會中，儒學卻不是無用之學，而是可以用於規範人倫，調解糾紛的實用學問，因爲「鄉紳用以調節糾紛的論理工具，往往是浸透了儒家倫理的鄉里道義」〔註198〕大小文化傳統本是相連的，儒學本來就與整個文化傳統和社會風俗具有親緣性，所謂「禮失求諸野」講的就是儒家的禮並不是一二個聖人單純憑自己的頭腦構想出來的，而是具有社會文化的根基，用哈耶克的術語來說這就是一種「擴展秩序」。也正因爲儒學具有鄉土性，儒家士紳才能在鄉土社會中紮根。

另一方面，儒學的精英文化（主要體現在經典中）又可以通過熟練掌握經典知識的士紳階層或其他民間知識分子向社會滲透，從而爲小文化或俗文化提供指引和規範，提供反哺。這種滲透的方式可能多種多樣，比如在參與調解糾紛和主持禮儀慶典等實際活動中，或者在族規家法等的製定〔註199〕和文化象徵的構造方面，甚至在評書戲文中也有濃重的儒家倫理規範的色彩。蔣夢麟生動地記載了其童年時的見聞，「在我幼年時，我們蔣氏家廟的前面還有古堤岸的遺蹟，那家廟叫做『四勿祠』，奉祠宋朝當過御史的一位祖先，他是奉化人，名叫蔣峴」。「四勿」即《論語》中所說的非禮勿視、非禮勿聽、非禮勿言、非禮勿動。「但是我們的那位御史公卻把這四勿改爲勿欺心，勿負主，勿求田，勿問舍，人稱之爲四勿先生。」〔註200〕這則故事一方面可以反映出儒家的典籍文化通過宗教象徵而滲透到大眾文化中，另一方面也反映出這種滲透方式的靈活性，士紳知識分子可以按照自己的口味，或爲適應地方性需要或大眾文化的口味而進行再創作。蔣夢麟接著羅列了許多這類的機制，「這些自古流傳下來的處世格言是很多的。我們利用一切可能的方法，諸如寺廟、戲院、家庭、玩具、格言、學校、歷史、故事等等，來灌輸道德觀念，使這些觀念成爲日常生活中的習慣。以道德規範約束人民生活是中國社會得以穩定的理由之一」。〔註201〕實際上，杜贊奇在研究國家的「文化權力」時也強調了類似的機制，如關公進入寺廟，形成崇拜就體現了國家提倡的「忠

〔註198〕張鳴：《鄉村社會權力和文化結構的變遷（1903～1953）》，廣西人民出版社，2001年，第23頁。
〔註199〕宋代以後儒家注重經營家族，范仲淹設立的范氏義莊就是一個很好的例子。
〔註200〕蔣夢麟：《西潮·新潮》，嶽麓書社，2009年，第18頁。
〔註201〕同上，第18頁。

義」倫理對大眾的影響作用，從而使國家權力以一種文化的形式滲透進來，當然這一過程中也存在著朝廷和民間關於關羽文化象徵釋義的定奪。〔註202〕

　　總之，士紳在溝通大小文化傳統以及使儒學教化滲透到大眾社會中發揮了重要的作用。科舉考試使儒家經典成為士紳階層必須熟練掌握的知識，這一制度也賦予他們權威性的地位，進而這些文化精英又可以在基層社會的現場治理中和文化符號的構建中使儒學的影響力及於整個社會。這樣，儒學在教化和維持世道人心方面的作用就絕非虛言。通過士紳階層的領導作用和儒學的社會化，文治禮教這種被大家公認的軟性力量或柔性力量在地方治理中得以發揮實效，從而可以最大限度地降低對權力和硬暴力的使用，使社會治理低成本而高成效。這種地方治理的效果和儒學的影響被晚清來華的英國人士注意到：「通過士紳來管理地方，這種制度在清朝統治的二百年中就已經成熟。在 19 世紀中葉，每一個外國觀察者都對地方社會穩定留下了深刻的印象。很明顯，地方社會是在實行自我管理，而且它在任何方面都不損害中央政權。在中興時期到過中國的英國傳教士阿禮國曾指出：這個『孔教帝國』是歷史上各帝國中唯一沒有建立在軍事力量、宗教或迷信基礎上的帝國。另一個英國官員在內地進行了廣泛旅行後報告說：儘管這個帝國可能是虛弱的，『但是它的到處可見的絕妙組織和安排仍是特別惹人注目的』。這個『絕妙組織和安排』是基於對儒學的普遍接受。每一個人（包括皇帝本人）和每一個機構（包括中央政府）都努力扮演他（它）的合適的純正儒家角色。」〔註203〕

　　上面著重考察了士紳在鄉村社會中所發揮的作用。其實在城市中，士紳大體了發揮了類似的作用，甚至在城市中士紳的力量更為強大。「鄉村雖受鄉紳和宗族的規範引導，但在一些地方力度不及城市士紳對市民的影響控制。與中世紀歐洲的情況不同，中國城市是士紳活動與生活的主要場所，加上地緣紐帶把鄉土社會的人際關係和社會組織引入城市，士紳商董憑藉會館公所控制商幫市民，使其支配作用更加常規化體系化。」〔註204〕的確，會館最開始往往是由士紳建立的，旨在招諭流移，加強社會管理。「故一般會館多以同

〔註202〕參考杜贊奇：《文化、權力與國家：1900～1942 年的華北農村》，江蘇人民出版社，1996 年，第 130 頁等處。
〔註203〕芮瑪麗：《同治中興：中國保守主義的最後抵抗（1862～1874）》，中國社會科學出版社，2002 年，第 155 頁。
〔註204〕桑兵：《晚清學堂學生與社會變遷》，廣西師範大學出版社，2007 年，第 25 頁。

籍為紐帶，以士紳為領導，以神靈作為精神支柱。」〔註 205〕由於中國的文化和統治體系在城鄉之間並沒有根本的差異，因此我們能夠看到城鄉治理中有許多共同的元素。這與歐洲的差異比較大，在歐洲中世紀，農村多控制在貴族的手裏，而城市相對比較獨立，享有封建領主頒發的豁免權，由此發展出了其比較獨特的市民社會。〔註 206〕「中國人的社會從來都沒有建立過擁有獨立的明確管轄權的自治市，城鎮與鄉村一樣是被兩種不同的組織機構聯合管理的；其一是自上而下，直到各家各戶的帝國中央集權轄區網，其行政治所只設在縣城內；其二是各種相互交叉的社團、陳陳相因的非官方組織，這些組織並非由於有目的，或有明確公認的權利而產生，而是由一群有經常性聯繫、同住一個街坊、同參加某些活動與祭祀、有共同利益、或總體上都是休戚相關的人時時處處自發地形成的。」〔註 207〕社會管理在城鄉間也大體具有類似的機制，在執行基本的公務之外官府將很多事情都留給非官方的社會組織去管理。在科舉時代，城鄉之間以及大小文化傳統之間的生態都比較平衡，從而使整個的社會和文化具有一種凝聚力和循環流動的生機。

當然我們也不能過分美化士紳群體，他們固然有為地方社會謀取利益的傾向，同時他們身上也具有私人屬性。按照費孝通的說法，中國人是處於一種「差序格局」中的，這其中有親疏遠近之分，士紳首先對保護本家族的利益負有責任。在某些情況下，這也可能造成對其他人的不公。另外，士紳本身享有一定的特權，尤其是在稅負方面享有一定的豁免權，這些人也總是更有能力減輕自己的負擔，所以他們的稅負就會轉嫁到普通百姓的頭上，給他們造成更大的經濟壓力。〔註 208〕士紳群體雖然在社會治理中發揮了作用，但他們本身往往是不事生產的人，如果這部分人的數量過多就會加重生產者的負擔。王韜寫道：「天下之治亂，繫於士與農之多寡。農多則治，士多則亂。非士能亂天下，託於士者眾，則附於仕者亦眾，而遊惰者且齒甘乘肥。」〔註 209〕尤其是對於地位相對比較低而又數量眾多的生員、監生來說，他們

〔註 205〕王日根：《明清民間社會的秩序》，嶽麓書社，2003 年，第 212 頁。
〔註 206〕韋伯在其比較研究中就特別強調了西方城市與中國城市的差別。參考韋伯：《儒教與道教》，商務印書館，1995 年，第 58 頁。
〔註 207〕西比勒·范·德·斯普倫克爾：《城市的社會管理》，載施堅雅主編：《中華帝國晚期的城市》，中華書局，2000 年，第 731～732 頁。
〔註 208〕瞿同祖舉了清代的一些例子，參考瞿同祖：《清代地方政府》，法律出版社，2003 年，第 316 頁以下。
〔註 209〕王韜：《弢園文錄外編·原士》。

中間有些人迫於生計壓力或受不良風習影響往往不得不放下身段來謀利，更容易加重這一階層變得臃腫後所產生的弊端。這一問題在明代中後期就比較顯著，紳衿階層所享有的政治經濟特權和豁免權激化了社會矛盾，因此清初統治者對這一階層展開了打壓，將賦役上的特權和豁免權收回。〔註 210〕可見，如果大量士子都擁堵到這種單一化的社會上陞渠道上面就非常容易造成社會問題。而當士紳傾向於濫用自己特權的時候，官府反而又可以對其發揮一定的制衡作用。比如在賦稅方面官府也試圖限制士紳的胡作非為，「紳士如想不納田賦和漕糧，常常有意拖欠，以期最終能偷稅。為杜絕弊端，政府製定了一些規定以制止這種情況的發生。在登錄田賦的『印簿及串票內，注明紳衿某人字樣，按期催比』，這樣如果他們拒納，就要『照紳衿抗糧例治罪』」。〔註 211〕

　　上文的考察主要關注與科舉制度相關的社會文化網絡，實際上，傳統中國的民間自組織網絡極為發達，各種組織和活動非常豐富，有禮儀、宗教、祭祀性的，有慈善的，有商業的，有娛樂的，等等。中國這麼大的一個國家，各地的情況也有差異。儘管在名號和活動內容上有所不同，但它們都是社會的內生秩序，對維持社會的健康運作發揮著重要的作用。而士紳與非士紳的地方精英在這些組織網絡中扮演了重要的角色。

　　國家與社會關係的處理是人類社會永恒的課題，國家行使公共權力，從事政治統治和公共管理，這是自上而下的軌道。而社會則是自組織的力量，是自下而上的軌道。二者都不可或缺，理想的情況當然是實現國家與社會的良性互動。在明清社會的基層治理中，地方官代表了國家，他們要履行基本的行政職務和公共管理職務。傳統國家是比較缺乏進取的國家，其實地方官主要的責任就是收稅和治安。此外，官府也可以監督制約紳權，使其不至於侵犯國家和鄉民的利益。另一方面，士紳及其帶領下的地方社會也確實在很多時候能與地方官進行一定的討價還價，從而不使權力的運作成為單向度的。並且地方社會在士紳及其他地方精英的領導下通過自治組織提供公共物品，各種公益事業，甚至糾紛的解決往往都可以在地方社會內部完成，從而減少了對國家權力的依賴。對於紳民關係來說，雖然士紳是四民之首，在地

〔註 210〕參考伍丹戈：《明代紳衿地主的發展》，載《明史研究論叢》第 2 輯，江蘇人民出版社，1983 年。

〔註 211〕張忠禮：《中國紳士》，上海社會科學出版社，1991 年，第 47 頁。

位上要高人一等，但其權威的維繫又取決於他們在鄉民中的人望，他們要想在經理地方事務中獲取收入也必須對鄉民負責才行。官、紳、民之間維持一種互相牽制而又富有建設性的微妙平衡是最為理想的狀況。與頂層的皇帝與士大夫共治天下一樣，在社會基層治理中，士紳與地方官也是可以視為一種「共治」形態。總體來說，傳統治理結構的良性運轉需要維持一種微妙的平衡和共贏，在頂層是王權與士大夫之間，道統與君統之間的平衡，在底層是官府與基層社會，官紳之間的平衡。在平衡中各方才能實現共贏，才能保障長治久安。一旦王權突破界限或國家權力用高壓下沉，那麼平衡就會被打破，各種問題也會隨之爆發。不過，士紳階層具有守土保民的意識，也能夠有效地控制地方社會，因此即使出現改朝換代，往往也不致打亂整個社會的秩序。

科舉制不僅僅加強了中央集權和政治整合，選拔出了國家文官，而且選拔出了士紳這一群體來領導地方社會，這兩個群體的數量都被國家通過科舉制度有效地控制著。雙軌政治的兩個軌道都與科舉制度相連，並且通過士紳的中介而實現上傳下達和平衡作用。因此，華夏文明在某種程度上以自身特有的形式實現了國家與社會之間的良性互動，否則很難想像一個王朝能在脆弱的經濟基礎上和各種天災人禍的威脅下維持幾百年的統治。正如費孝通所說：「任何統治如果要加以維持，即使得不到人民積極的擁護，也必須得到人民消極的容忍。換句話說，政治絕不能只在自上而下的軌道上運行，人民的意見是不論任何性質的政治所不能不加以考慮的，這是自下而上的軌道。在一個健全的，能持久的政治必須是上通下達，來往自如的雙軌形式。這在現代民主政治中看的很清楚，其實是在所謂專制政治的實際運行中也是如此的。」〔註212〕也正是依靠地方治理的成功，大一統國家也獲得了成功。「從世界史的視角看，中國統治的國土面積那麼大，維持那麼久（朝代雖更易，基本未變換體制），基本僅此一例。按照歐洲的經驗，廣土眾民幾乎是不可能一統治理的，也沒有實施實際政治管理的先例。而根據中國的歷史經驗，由於實行了真正『小政府』的無為模式，在低成本的情況下運作，廣土眾民的情況是可以治理的，實際上也在很長的時間內實施了管理。」〔註213〕

〔註212〕費孝通：《鄉土中國·鄉土重建》，時代風雲出版，第150頁。
〔註213〕羅志田：《革命的形成：清季十年的轉折（上）》，《近代史研究》，2012年第3期。

第六節　對科舉制度的總體定位及這一制度的局限

　　上文系統考察了科舉制度與一統王權、儒學和社會文化網絡在長期的歷史演進中不斷互動磨合的過程，在這一過程中科舉制度得以深度嵌入到華夏文明的政治、社會和文化結構之中。現在我們可以對科舉制度進行一個總體性的定位了。科舉制度在中國歷史上和傳統華夏文明結構中究竟具有什麼樣的地位和功能呢？對此，余英時有一個總體性的看法，「科舉是傳統政治、社會、文化整體結構中的一個部分，甚至可以說是核心部分。所以光緒三十一年（1905）科舉廢止後，持續了兩千年的帝國體制也隨即全面崩解了」。〔註214〕羅志田教授的論述則給科舉制度賦予了更高的權重，「前近代中國社會的重心正是處於社會結構中心地位而居『四民之首』的士，這一社會重心的制度基礎就是從漢代發端到唐宋成熟的通過考試選官的科舉制……科舉制使政教相連的傳統政治理論和耕讀仕進的社會變動落在實處，是一項集文化、教育、政治、社會等多方面功能的基本體制（institution）」。〔註215〕類似的，有學者也指出，「社會結構、統治模式與文化傳統——這三部分是彼此滲透、交融在一起的，它們通過一個共同的價值體系（儒教）來完成內在聯繫，而將此三部分黏連在一起的制度中樞正是科舉」。〔註216〕海外研究科舉制度的大家艾爾曼認為科舉制度是晚期中華帝國完成政治、社會和文化再生產的「教育陀螺儀」，並指出「在當時，科舉制度不是前現代的錯誤，也不是反現代的獨塊巨石」。〔註217〕

　　另有學者不僅僅強調科舉制度在歷史上的重要性，更從「成功人類文明共性」的高度來把握科舉制度。「華夏文明在隋唐科舉制逐漸成熟的基礎上，儒學所堅持的『道統』得到了制度性的加固，大一統社會在『王道』與『霸道』兩種『治道』間的遊移得以結束，儒學所重視的文治禮教得以上陞成為立國原則，從而最終使一統王權與較小規模政府有機結合起來，使精英的培

〔註214〕余英時：《試說科舉在中國史上的功能與意義》，香港《二十一世紀》，2005年6月號。

〔註215〕羅志田：《權勢轉移：近代中國的思想、社會與學術》，湖北人民出版社，1999年，第192頁。

〔註216〕徐爽：《斷裂的傳統：清末廢科舉對憲政改革的影響》，《政法論壇》，2006年第2期。

〔註217〕謝海濤編譯：《艾爾曼論中華帝國晚期科舉的三重屬性：政治、社會和文化再生產》，《北方民族大學學報》（哲學社會科學版），2010年第6期。

養、流動、選拔、使用與儲備在全社會範圍內最大限度地合理展開，使統治精英與社會精英都能兼具使命感、責任感與自律意識，使整個社會得以用較低的成本達成極為有效的治理。」不僅如此，科舉制度還使廣大鄉村成為社會文化精英最大的「蓄水池」，從而參與構建出促使社會實現低成本治理的「社會文化網絡」和極有生命力的鄉村社會自治組織，充分減少了對國家機器和暴力的依賴，減少了民眾對政府提供所有公共產品的指望，從而使華夏文明得以用「一種自己特有的或與其他成功文明相通的方式，顯現出了人類成功文明所具有的諸多共性」。〔註218〕

從這些論斷來看，學者們對科舉制度在中國歷史上和傳統華夏文明結構中的重要地位和積極功能是具有充分的認識的。在上文的考察中，筆者突出了一統王權、儒學、士階層（包括士大夫與士紳）以及科舉制度這些核心要素。下面主要據此來對科舉制度的地位和功能作一個總體性的定位。從宏觀上看，在傳統華夏文明的治理架構中，通過以一統王權為核心的權力系統來實現政治整合，通過以儒家經典為主要載體和以孔聖為主要偶像的文化系統來規範權力的運作和實現文化意識形態整合，而士階層則是儒學的主要承當者和官僚系統、社會統治精英的主要人選。在帝制時代的中後期，將這些要素穩定結合起來並不斷完成再生產的主要制度紐帶就是科舉制度。由此，科舉制度也發揮著全方位的功能，成為支撐整個華夏文明系統的一項核心制度。落實到治理結構上，以一統王權為核心的高度集權的頂層官僚政治與以士紳為主導力量的基層社會治理疊合在一起，科舉制度則是中央政府制導整個社會的重要依靠。這在明清時代趨於成熟和定型，此後這一局面得以延續達500多年之久。

進一步我們可以結合科舉制度來看一下華夏文明的總體特點。上面已經從宏觀上對傳統大一統文明高度整合的穩定結構進行了刻畫，總體上說越往後這種結構就顯得越穩定（當然我們已經無法得知如果沒有西方的衝擊，明清社會究竟會向什麼方向發展）。實際上，根據金觀濤的觀點，這種結構還是一種「超穩定結構」，也就是說這種穩定結構具有更高一層的調節系統，可以通過改朝換代的震盪調節而復生。〔註219〕傳統文明在長期的歷史磨合過程中

〔註218〕劉瓊、張銘：《傳統中國鄉村社會治理模式問題再認識》，《東嶽論叢》，2012年第11期。

〔註219〕金觀濤、劉青峰：《興盛與危機：論中國社會超穩定結構》，中文大學出版社，1992年，第196～197頁。

無疑已經發展出了一種高度穩定和自洽的結構。按照一般的原理，無論是在生物學、化學還是工程學上，結構穩定性都是比較可欲的一種東西，因爲它標誌著生命力和持久性。傳統文明系統無疑在其生存環境（「小生境」）中非常成熟和穩定，做到了高度的「專化適應」。但是按照托馬斯·哈定等人所揭示的文化進化論觀點，專化適應與進化潛力是成反比的。〔註220〕高度穩定的結構無疑對內部異質性因素的生長具有抑製作用。西方現代文明進化的活力很大程度上正是源自中世紀封建社會的多元狀況所包含的各種可能，這正好提供了一個反證。另外，高度專化的結構對於適應新的環境劇變來說也非常不利，近代中國對西方挑戰反應的遲鈍正好表明了這一點。當然，這方面更具根本性的問題還不是一個人們在思想意識層面的反應問題，而是源自中西文明系統結構異質性之上的排異反應。越是高度整合和自足的結構，其排異性也越強，要想實現新生轉進也就越困難，近代中國轉型的大難題就在這裏（詳後）。

科舉制度在傳統社會中無疑具有非常重要的地位，並發揮了許多正面的功能。然而，作爲一種國家舉辦的大規模統一考試，它也有其固有的弊端和局限，尤其是當其出路完全與做官相連時，這種弊端和局限就更加顯著。科舉考試具有大規模性（源自其開放性）、高利害性（源自其背後的豐厚獎勵）、選拔性（源自其競爭篩選性）等核心特徵。在這些方面，它與今天的高考、公務員考試都有很多相似之處。從某種意義上說，高考和公考是將科舉考試分解開來的現代對應物。只不過科舉無論是在高利害性，還是在競爭的激烈程度方面都是後二者所不能比的。大規模高利害考試的特點是對社會具有強有力的吸引力和引導性。這種作用機制本身是一把雙刃劍，它可以發揮許多積極的作用，如勸學、促進文化傳播、使選拔過程公開公正等；也可以帶來許多負面的東西，如應試教育、才智的浪費、標準化和單一化的趨向、競爭的殘酷等，並且很難將這兩方面剝離開來。

科舉制度以其開放性和相對公平性幾乎吸引了傳統社會所有的優秀人才，而其考試的內容則主要限於儒家經典，並且及第者的出路一般是做官，所以無論在考試和教育的內容上，還是在社會出路上，科舉制度都具有很強的一元化特徵。大規模的入口與狹窄的出口，以及比較一元化的考試內容和出路幾乎是科舉制度所有弊端的主要來源。八股文走向僵化就反映出，長期

〔註220〕托馬斯·哈定等著：《文化與進化》，浙江人民出版社，1987年，第78頁。

推行一種內容單一化的大規模考試制度會導致「名實背離」的問題，也即考試本身的自主邏輯壓倒了選才的邏輯。士子爲了應科舉不得不將大量的精力投入到學作八股文上，八股文雖然能考驗一個人的才智，但無論是從儒學知識素養的角度還是從行政才幹、道德品質的角度來看，學做八股文本身都與科舉考試所要實現的選才目標難以符合，這也是後世帝王往往對八股不滿的一大原因。八股文於是僅僅成了一個敲門磚，在科舉及第之後往往就被拋棄，對此投入的大量精力和才智就成了一種浪費。這背後實際上還存在著一個應試教育的問題，考試的指揮棒作用使人們都被吸引到與考試直接相關的內容上面。並且由於考試形式和內容比較單一化，應試教育所帶來的弊端就更加顯著。再加上科舉考試幾乎吸引了全社會所有的才智之士，千軍萬馬過獨木橋，這無疑進一步放大了其負面影響。不過，考試本身並不是絕對的罪惡，它對人們勤奮向學所發揮的獎勸作用是非常積極的，它通過考覈才能來發揮鑒別篩選作用也是不可或缺的，它的客觀公正性對於一個講求人情關係的文化來說更是解毒的良藥，但是當大規模的選拔性考試與單一而僵硬的考試內容和考試方式結合起來之後，其負面作用無疑就被放大了。增加考試內容和方式的靈活性和多元性，以及開拓其他可行的選才方式無疑可以降低其負面影響。

另外，由於科舉考試主要考儒家經典，並且社會出路主要指向做官，有人認爲正是科舉制度的這種激勵結構使中國無法實現科技革命。〔註221〕確實，科舉考試對社會的吸引力使大量的才智都被用到準備八股文之類的考試上面，而不是用到科學研究上。不過，這中間的因果關係並沒有這麼簡單直接。科學技術的發展需要相應的文化取向和社會經濟條件的支持。西方文化無疑比較側重科學方面的成就，在古希臘時期亞里士多德就提出了物理學、植物學之類的學科分類並加以專門化的研究，歐幾里得就已經寫出了《幾何原本》這樣邏輯嚴密的數學著作。中世紀雖然在科學上進展不多，但是從經院哲學的邏輯體系和思維方式來看，我們也能很容易看出它是「西方的」而不是「東方的」，並且一些研究已經表明唯名論哲學與後來的科學發展具有很大的相關性。而近代資本主義經濟的發展更是促發了工業革命和科技的長足進步，牛頓力學無疑是其標誌性的成就。中國文化的取向似乎不側重這一方

〔註221〕林毅夫就是主張這一觀點的比較有代表性的學者，參考林毅夫：《解讀中國經濟》，北京大學出版社，2012 年，第 49 頁以下。

面，雖然我們不能說古代中國的實用技術不發達，〔註222〕但即使在科舉制度實行之前，中國古人也沒有表現出對科學成就方面的熱衷（當然不排除一些個例的存在）。事實上，科舉制度本身是一種考試制度，它也未始不能考覈科學、技術方面的內容，就像唐代的明算、明法科目那樣。因此，問題的關鍵不在這一制度本身。另外，沒有相應的社會經濟條件的促發，工業革命和持久的科技進步也不可能發生。其實，在其他沒有實行過科舉制度的文化和地區，也沒有像西方一樣發生工業革命和科技革命。因此，這中間的因果關係非常複雜，而不是線性的、簡單的，我們不應將傳統中國科學技術沒有實現突破性發展的癥結直接怪罪到科舉制度頭上。

　　科舉考試是一種選拔人才的考試，但是其所選拔的「人才」卻不是現代意義上的普通人才，而是士大夫精英。科舉是爲選官而設，其所指向的出路自然也是做官。許多人批評科舉時都認爲它導致了「官本位」，但官本位本身並不是由科舉產生，雖然科舉對其具有一定的加強作用。當然吏治的腐敗更不能歸結於科舉，科舉的重要作用恰恰是對吏治腐敗產生一定的制約作用。〔註223〕科舉考試是非常開放的，除了少量從事特殊行業的人，理論上說所有男子都有參加考試的權利。並且傳統的科舉教育雖然不是面向大眾的現代公共教育，但它確實使教育普及了開來。機會的公平性和教育的普及性使科舉考試的入口非常大，但是科舉考試選官的特性又使其出口非常狹窄，這就帶來了科舉考試競爭的激烈和殘酷。宮崎市定形象地稱其爲「中國的考試地獄」。〔註224〕在這方面科舉制度的獎勸功能存在著一個「過度激勵」的問題。很多考生和當時的社會在這種激烈的競爭壓力下甚至產生了迷信心理，由於焦慮和心理壓力，很多

〔註222〕李約瑟在其對中國科技史的研究中就突出強調了中國古代的科技成就。現在看來科學與實用技術似乎不能看作一回事，雖然二者也不能截然二分。總體來看，前者需要相應的規範、形式化的系統和學術積纍，後者則源於生活實踐的需要，中國古代似乎在系統的科學研究方面比較欠缺。

〔註223〕王亞南似乎將科舉作爲傳統官僚政治的一大支柱而加以批判和否定，參考王亞南：《中國官僚政治研究》，中國社會科學出版社，1981年，第100頁以下。劉海峰《爲科舉制平反》一文則對這一問題行了辯駁，參考劉海峰：《爲科舉制平反》，《書屋》，2005年第1期。

〔註224〕隨著考試競爭變得愈加殘酷和王朝統治走向衰弱，一些士子甚至成爲造反運動的領導者，這也標誌著科舉制對社會的整合能力下降。See Ichisada Miyazaki. *China's Examination Hell: The Civil Service Examinations of Imperial China*, New Haven and London: Yale University Press, 1981, pp121～124.

士子寄希望於從祭祀、占卜和夢境中獲得暗示和鼓勵。〔註225〕大量士子被吸引到科舉道路上來，夢想著能夠一舉成名，但其中很多人往往終老科場，這些人有些屬於腐儒陋儒，本就沒有足夠的才智，有些則並非沒有才華，卻並不適合科舉考試或者運氣欠佳，比如傑出的小說家蒲松齡在早年考中秀才之後就一直屢試不第。對這部分士人來說他們的命運是比較悲慘的。

此外，科舉考試巨大的吸引力和競爭的殘酷必然會誘使許多考生採取投機取巧和舞弊的手段，科舉舞弊之所以屢禁不止當與此有關。從應試上的投機，如背範文、懷挾（搞小抄）、冒名槍替，到串通考官舞弊的「通關節」行為，歷朝都會發生。科舉制度的程序採取了嚴密的措施來防範舞弊，但是即使這樣也難以杜絕舞弊的發生，尤其是隨著官場紀律的鬆懈，科舉舞弊也會增加。而科舉競爭壓力的增大也會誘使人們訴諸非常規的手段以求獲售，這又對吏治造成衝擊。可見，不同因素往往是互動的，科舉出路困境（人口膨脹、文化人過剩、出路有限）對吏治構成嚴重衝擊，而吏治的腐敗和考場紀律的鬆懈又會對科舉制度的公平性產生影響，使這一制度更容易受到人們的質疑。不過在傳統社會中，統治者對於科舉舞弊是極為重視的，對舞弊者的懲處往往不惜採取極刑，由此可見科舉取士大典在帝王心目中的地位。在這種嚴厲的懲處措施下，科舉制度的底線公平還是比較有保障的。

被這一制度淘汰下來的大量士子的出路必然是一個非常棘手的問題，在傳統社會中這一問題還是得到了有效的緩解。一方面，科舉考試可以無限次應考，這為士子保留了實現社會上陞的希望。另一方面，科舉與社會文化網絡的有效磨合使士子的就業和社會地位都得到了比較好的保障，因為士子可以從事塾師等比較體面的謀生職業。讀書人在傳統社會中也非常受推崇，這也使他們具有社會歸屬感和自重意識。國家所能提供的機會非常有限，是社會，尤其是廣大的鄉村社會吸納了大量的落第士子，並且把他們有效地整合進社會文化網絡之中。但是這種整合方式高度依賴於這一制度本身以及這一制度支撐下社會文化網絡。傳統的讀書人比較缺乏實際的技術知識和謀生技能，如果科舉制度不存在了，那麼士子們就會面臨「皮之不存毛將焉附」的困境。魯迅在小說《孔乙己》之中略顯誇張地刻畫出來的那個落拓形象多少反映了科舉制度廢止之後沒落士子的悲慘命運。

〔註225〕艾爾曼列舉了大量這樣的例子，參考艾爾曼：《中華帝國晚期科舉文化史》（網絡版 http://ishare.iask.sina.com.cn/f/36793977.html? from=dl），第162～181頁。

除了上面所列的那些方面之外，科舉制度的強大邏輯也使學校教育不得不向科舉看齊，由此對整個教育體系產生了支配性的影響。在明清社會中，雖然通過「合學校於科舉」的方式實現了學校與科舉的整合，但官學教育體系實際上逐漸變得有名無實。在傳統社會中，學校教育體系很難獨立於科舉體系之外，在近代轉型過程中，這成為科舉改革的一大難題。（詳後）

固然科舉制度存在著種種不足之處，但我們也不應以完美無缺來要求一項制度。實際上處於複雜社會系統中的制度從來不可能是完美的，因為它必然會受到自身特定邏輯和各種外在影響因素的制約，而完美主義不過是一種線性思維的產物。

一種制度具有自身的基本邏輯，科舉制度基本的自主邏輯就是大規模高厲害考試所固有的邏輯。由這種固有邏輯所帶來的問題，除非我們廢除這一制度，否則是無法將其徹底消除的。不過，廢除這一制度雖然能夠徹底消除這一制度本身所存在的一些負面因素，但也會導致這一制度所致力於解決的問題重新爆發出來。如果還想保留一項制度所具有的功能，那麼我們所能做的就是通過各種調整來儘量將其弊端降低。

另一方面，一項基本制度是嵌入在整個文明系統的結構和網絡之中的，與各種因素產生複雜的互動作用，它也必然會受到各種因素的制約，科舉制度所存在的很多問題也就不僅僅是這一制度本身所能左右的。處於複雜系統內各種因素制約下的制度從來不可能是完美的，因為影響因素太多了，一項制度不可能滿足所有各方面的要求，在這種情況下人們所能選擇的只是尋求一種最不壞的結果或相對平衡的結果，這種結果也可以視為一種「均衡」（主要是一個經濟學中的術語，這裏並非嚴格的用法）。均衡之所以會產生正是由於存在著許多負反饋因素的制約。在數學圖像上，「均衡」可以表示為不同約束條件所構造出來的曲線的交點或相空間中的吸引子，從動力學上來說就是一種穩態。從均衡的這種特點中我們就可以看出事物不是單線向前發展的，而必然會受到許多因素的制約。科舉制度在傳統社會中確實走向了一種瓶頸，實際上包括王權在內的各方都難以對其完全滿意，但最終大家也只能說「立法取士，不過如是」。

此外，一項制度實行久了必然會面臨許多新的問題，這些新的問題往往會導致新的弊端產生。因為複雜社會系統是處於動態演化中的，會內生出許多新的情況，也會因為外部環境變化而面臨新的問題。科舉制度也是如此，

八股文最開始可能是一種比較好的將經義與詩賦融爲一爐的考試方式，但後來它的長期推行也產生了弊端，但在傳統社會後期，人們似乎還沒有找到很好的替代物或者八股文考試對於大家來說還算差強人意，所以也沒有進行根本性的改革。

其實，即使是現代西方的制度也無法做到十全十美。拿西方的選舉制度來說，它雖然有自身的功能優勢，但也不是沒有弊端，同時也會因爲時間久了而出現新的問題。比如，選舉制度面臨著政治投機的問題，許多政客可能借空口許諾而博取選票甚至利用選民的非理性情緒上臺；當選民成爲了上帝之後，對選民的政治許諾可能使福利政策只能有增無減，進而導致難以解決的財政赤字和系統性的金融問題。任期的限制本來是選舉制度發揮其功能的重要手段，但是執政黨和政府的頻繁更換（在一些多黨制國家這一問題尤其嚴重）也可能會使政策連續性無法保證。此外，選舉制度還面臨金錢和其他因素干預選舉過程的問題，面臨著選舉運作中巨大的經濟耗費問題，後者在現代社會中已經非常顯著。上面所列舉的一些問題都是選舉制度的基本邏輯（或許我們可以將這種基本邏輯簡單地概括爲「向選票看齊」）與許多影響因素相結合所帶來的。但是面對這些問題，西方並沒有因此而將其徹底拋棄，而是試圖從各方面來加以補救以使其不利影響降低。所以一項制度所存在的很多問題都非常具體，這些問題都是因爲制度與複雜社會系統的各種因素相互作用而產生，其中很多問題也往往因爲與制度固有的邏輯結合在一起而無法一勞永逸地徹底解決。以爲一項制度可以做到完美，以爲設計出這種完美的制度就可以一下子解決自身的所有問題，這只是人類理性一廂情願的幻覺。這種過高的期望只會導致對自身制度或外來制度的非理性態度，因爲過高的期望在無法滿足之後往往會迅速轉變爲失望，甚而會激發下一波非理性狂熱。

無論如何，科舉制度所存在的問題和局限都爲人們批評這一制度提供了標靶。實際上在傳統社會中批評科舉和八股的聲音一直斷斷續續存在著。受激於明清易代的劇變，一些人甚至將明亡的原因完全怪罪到八股文頭上。明末清初那些比較激進的思想家多少都對八股及科舉有過批判。如顧炎武說：「八股盛而六經微，十八房興而廿一史廢。」〔註226〕實際上，無論是在民間

〔註226〕顧炎武：《日知錄·十八房》。

還是朝堂之上，大家對八股文一直頗有微詞。〔註227〕但正如上文所說的，在傳統社會中八股科舉或許就是一種各方還能接受的最不壞的選擇，所以它也經受住了歷史的考驗。但是這一制度所存在的問題和弊端在近代轉型過程中被一下子放大了，因爲這時中國所遭遇的已不僅僅是傳統語境內的問題，而且許多之前不成爲問題的地方也成了問題之所在。

〔註227〕參考張鳴：《夢醒與嬗變》，北京燕山出版社，1998 年，第 325 頁。

第三章　科舉制在華夏文明近代轉型中的革廢

第一節　處於古今中西之交的近代中國轉型

　　明清社會雖然實行海禁，但並不是沒有對外貿易的窗口。由於中國經濟的特點，在對外貿易中中國一直保持著順差。英商看到鴉片貿易有利可圖，便大量向中國輸出鴉片。鴉片貿易導致白銀外流，這對中國經濟和民生產生了巨大的危害。作爲一種毒品，吸食鴉片也嚴重影響了國人的健康和社會生機。清政府意識到了這一問題，並任命林則徐負責禁煙。林收繳了英商手中的鴉片並用強硬的手段處理與英商的爭端，引發了英國的武力干預。鴉片戰爭爆發，中國戰敗，簽訂了不平等的《南京條約》，中國由此開始被納入西方的條約體系。一般認爲這是中國近代史的開端。在相對平行地與西方發展了幾千年之後，近代中國卻不得不面對西方擴張所帶來的全球化時局。這是人類歷史上全新的一頁，此前從來沒有一個文明能將整個世界捲入其中，也沒有一個文明具有如此強大的能量從而能對其他社會持續進行一波波的衝擊。擁有幾千年文明史的華夏文明不得不去應對這種前所未有的局面，時人稱其爲「數千年未有之變局」，誠哉斯言！

　　無疑，近代中國轉型的啓動具有很強的外源性，並且越往後，外來的衝擊也越嚴重，中國越發不得不起而應對這種變局。哈佛東亞研究中心的創始人費正清由此提出了「衝擊——反應」的理論範式。這一理論範式對於近代史研究影響非常大。但是僅僅關注外源性的影響容易導致人們忽略中國社會

內在的發展動態和變革邏輯，這種理論範式也就具有很強的西方中心主義取向。後來海外中國研究中興起了「中國中心觀」，開始著重關注此前研究所忽略的另一些方面，研究視角的轉換也爲近代史研究打開了新的視野，出現了一批新的成果。

理解近代中國轉型需要弄清楚一些基本問題，首先的一個問題就是何時開始發生眞正的近代轉型。在劃分近代史的開端上以 1840 年鴉片戰爭爲界似乎很方便，這種分界的背後實際上也蘊含了「衝擊——反應」理論範式的西方中心主義視角。孔飛力是中國中心觀的一個傑出代表，在其早期的一部著作中他指出：「中國政治制度的穩定性有其很深的社會制度的根源；正是由於這一點，我們懷疑中國歷史的『近代』時期能夠用主要的外部事件來劃界。」〔註1〕孔飛力所理解的「近代」是指「歷史動向主要由中國社會和中國傳統以外的力量所控制的時代。換句話說，它是這樣一個時代，我們從中看到的『衰落』不再是簡單的清王朝的衰微和伴隨它的社會弊端，而是一個把中國歷史不可改變地導離它的老路，並在社會和思想的構成中引起基本變革的更爲深刻的進程。這樣一個進程不同於朝代循環，其不同之點在於中國的政權和社會再也不能按照老的模式重建起來了。」〔註2〕根據其對由鎮壓叛亂所引起的地方軍事化和紳權（在孔的研究中稱士紳爲 elite，譯本中將其譯爲「名流」）擴張的研究，孔飛力指出：「王朝因而能夠度過 19 世紀中葉的危機而繼續生存了近 50 年，這一事實明白無誤地顯示了中國社會和政治秩序的韌性和復原能力，更深一層說，顯示了名流持續不斷的能量和內聚性。……舊秩序衰落（不同於王朝的衰落）的開始時期不會早於 1864 年，即太平軍叛亂被撲滅的那一年。」進而孔飛力指出：「如果我們考慮到舊秩序的生存能力至少延續到了 1864 年，並把那種生存能力主要歸因於名流使國家和社會凝聚在一起的那種沒有衰減的力量，那麼就可以合理地假定，隨後的衰落是名流自身的某些致命的弊病所造成的。使 1864 年勝利成爲可能的某些制度和某些品質，在隨後的幾十年中已被削弱或被破壞，導致的結果不僅是統治王朝，而且也是傳統的國家制度的毀滅。」〔註3〕

〔註 1〕 孔飛力：《中華帝國晚期的叛亂及其敵人（1796～1864）》，中國社會科學出版社，1990 年，第 5 頁。

〔註 2〕 同上，第 2～3 頁。

〔註 3〕 同上，第 8～9 頁。

那麼是「什麼因素影響著作爲國家一部分的中國名流的結構，以致使它不能在 1911 年以後在中國重新建立一個統一和有效的政府」？孔飛力將其主要歸因於中國名流階層的分化和分裂，尤其是城鄉分割的出現及名流對農村控制能力的喪失。「由於以城市爲中心，現代化過程開始產生一批新的城市名流，他們發現自己越來越難以與中國農村的問題完全利害一致。……儘管新的城市名流在工業、政治、新聞和學術等現代的部門中取得顯著的成就，但他們卻越來越難以在中國行政的中心任務中發揮作用：從城市行政基地去治理主要是農村的社會。」〔註4〕太平天國政權和國民黨政權都沒有實現城鄉之間有效的整合和一體化，而共產黨政權的崛起在很大程度上正是因爲成功地對農村進行了有效的組織和動員。

從上面對孔飛力一些觀點的羅列，我們已經可以看出其學術研究的特點是從中國傳統和社會內部的脈絡或動態來理解近代社會變遷，由此揭示出了許多此前的研究所沒有注意到的問題和發展動態，提出了一些發人深省也富有爭議的觀點。本文的研究也側重從中國歷史的內部脈絡和華夏文明的內在結構出發來審視近代轉型問題，所以很多情況下會借鑒「中國中心觀」視角下的一些研究成果和理論方法。但孔飛力的研究也存在著兩個問題，一是沒有將西方的衝擊與中國歷史的內在動態結合起來分析，二是側重於對地方社會和名流變化的分析，而沒有將其與頂層的制度變遷結合起來研究。

一方面，西方的衝擊是中國社會發生變化的重要促動因素，無論如何，1895（甲午戰爭）、1901（庚子事變）、1905（在中國國土上進行的日俄戰爭）這些年份的對外屈辱對於近代中國來說都具有舉足輕重的意義。正是在這些屈辱的強烈刺激下，近代國人才主動採取了一系列**轟轟**烈烈的集體行動，進行了大規模的制度變革。

另一方面，儘管省級行政的權力和士紳權力在清末不斷擴張和合法化，但地方權力的擴大和地方軍事化並沒有走向失控的地步。樞廷與督撫仍然被「內外相維」的大一統制度傳統很好地維繫在一起，科舉制度也仍然發揮著將士紳階層與王權連接在一起的功能。在鎮壓叛變之後，清廷仍然很好地堅持了文治原則，也一直牢牢掌控著中央稅收權力、官員任命權力和軍事權力。以鎮壓太平天國運動引起的地方軍事化爲例，清廷舉辦團練是爲了應付叛

〔註4〕孔飛力：《中華帝國晚期的叛亂及其敵人（1796～1864）》，中國社會科學出版社，1990年，第237～238頁。

亂，實際上清廷深恐其成爲擾亂地方的失控力量，一直力圖將其負面作用降到最低。比如直隸各地的團練多「旋募旋散」，在大多數地方並未達到難以控制的地步。〔註5〕並且這種地方軍事力量被忠於朝廷的士紳控制著，可以說是一種「紳軍政權」，這與後來士紳不得不依附於軍人的「軍紳政權」有所不同。〔註6〕另有學者也指出：「民國之後軍閥割據分裂的事實，則使既往研究在注意到咸同以來督撫權力擴展、部院權力相對削弱的同時，多認爲是地方權力的增長。這種判斷實際基於兩個並未落實的假定前提：一是行省已成爲與中央對應的地方層級；二是揣測清末督撫都想占山爲王、坐地稱霸。這種觀點忽略了清廷始終把握督撫黜陟權，避籍制度又使督撫及屬官均對任職地區難有鄉梓之情，清中葉以後，督撫調動頻繁，往往剛熟悉一地情況，就被易地調走。對督撫而言，占山爲王，規制方面並無實際可能，晚清內憂外患跌起，即使慈禧光緒流亡輾轉，也未見督撫反叛。入樞拜相才是他們最憧憬的目標與渴望的機會，是其仕途的頂點。持重如張之洞、驍悍如袁世凱，無論他們如何經營湖北、山東、直隸，清廷一聲令下，也連忙入京履職。」〔註7〕因此，後世的軍閥割據和地方主義很難直接追溯到這裏來。中央權力的崩潰是在辛亥革命之後，從此後的情況來看，督撫們即使在辛亥革命之後也沒有轉化爲軍閥，新軍閥的興起主要是在一統王權崩潰後湧現出來的，看來局勢是走向失控了。弗朗茲·邁克爾指出：「只有在革命後，袁世凱才企圖在他自己組織的基礎上重建中央政府，把他所要求的中央權力加到他自己的軍事和行政權力之上。」〔註8〕實際上，造成清末士紳階層和督撫離心以及局勢走向失控的主要原因是原來維持平衡和完成政治整合的制度紐帶被人爲摧毀了。

　　因此，爲了更充分地理解中國的近代轉型，我們的分析需要做到將西方衝擊的影響與中國歷史的內部動態結合起來，並且需要在中國歷史的脈絡中來把脈我們在學習西方過程中所遇到的問題。實際上，廢科舉這一重要的制度變革就是當時的改革者在西方衝擊帶來的巨大壓力下主動採取的一項學習西方的行動，這背後既涉及到西方衝擊帶來的危機和壓力，也涉及到國人對

〔註5〕 黎仁凱等著：《直隸義和團運動與社會心態》，河北教育出版社，2001年，第27～31頁。

〔註6〕 參考陳志讓：《軍紳政權：近代中國的軍閥時期》，三聯書店，1980年。

〔註7〕 關曉紅：《清季外官改制「地方」的困擾》，《近代史研究》，2010年第5期。

〔註8〕 弗朗茲·邁克爾：《19世紀中國的地方主義》，轉引自關曉紅：《清季外官改制「地方」的困擾》，《近代史研究》，2010年第5期。

這種危機的感知和內化過程，也就是說衝擊與反應之間不是一個線性的關係，這中間還有一個內在轉化的過程。因此，後文對科舉革廢的考察將主要側重揭示西方的衝擊是如何被中國社會當時的精英層所內化，進而導致他們採取特定改革舉措的。這種分析之所以側重精英層是由於以下兩個重要的原因，一是廢科舉主要是一項自上而下的決策，在傳統中國比較集權的決策結構下，處於權力中樞的精英能發揮至關重要的作用。不過同樣需要指出的是，雖然廢科舉、興學堂是由清廷自上而下推進的，但當時的地方實力派官僚和營造輿論話語權的知識精英同樣發揮了巨大的影響。二是雖然西方衝擊和近代轉型的大形勢構成了廢科舉的時代背景，但精英層對這種形勢和時代課題的感知無疑要比一般的大眾敏銳的多，時代形勢所產生的實際影響需要具體通過精英層的感知和行動來促成，並且這種行動又會對當時的形勢造成反饋性的影響，這中間也是一種循環累積因果關係。總之，知識精英和權力精英在這一過程中發揮了主導性作用，而社會大眾則受到頂層政策的結構性引導，比如他們不得不根據廢科舉、興學堂的政策調整自己的行為，這進而產生了重要的社會後果。（後文會對此展開分析）

精英層對形勢的感知、理解和由此採取的行動無疑會受到「認知因素」的深刻影響。正如韋伯所言：「直接支配人類行為的是（物質上及精神上的）利益，而不是理念。但是，通過『理念』創造出來的『世界圖像』，經常如鐵路上的轉轍器一般，規定了軌道的方向，在這軌道上利益的動力推動著行動。」〔註9〕但另一方面，思想觀念之能發揮作用本身無疑也是某種歷史形勢所促成的，同時思想觀念又會與這種歷史形勢發生互動，這是思想與現實的互動過程。複雜社會系統的作用機制總是非線性的，我們的分析也需要去按照這種複雜互動的特點來進行，而不是將其簡化為某種線性決定論。

雖然觀念的力量是偉大的，但實際的歷史後果卻不是由主觀意願所能決定的，而是複雜社會系統中各種因素互動的結果。其中人們在認知上的局限和中西社會的異質性都會對實際的歷史後果產生巨大的影響。這也是後文的相關分析非常側重的一個方面。

在上述認識的基礎上，下面可以對本文所說的「近代轉型」作進一步的闡釋了。顧名思義，「轉型」必然涉及到某種結構性的變化，實際上，它首要

〔註9〕轉引自施路赫特：《理性化與官僚化：對韋伯之研究與詮釋》，廣西師範大學
　　　出版社，2004年，第6頁。

的含義是指近代中國再也無法停留在原來的軌道上了，爲了應對新的挑戰，華夏文明需要做出一番脫胎換骨的努力。由於本文側重研究近代國人有意識行動所引發的制度變遷，所以這裏姑且將這一轉型過程理解爲行動者不斷做出選擇和重新塑造中國的過程。雖然西方構成了近代中國學習的對象，但是我們最好不要先驗地假定這種轉型就是直接按照西方的樣式來重塑中國，因爲「西方」並不是一個同質性的、明確的、固定的東西，西方的經驗仍然是一個需要我們去理解和吸收的東西（即使是對西方人來說這種經驗也不是自明的〔註10〕）。並且，這一學習過程受到我們對西方的特定解讀和自身歷史條件的影響。再者，這一學習過程的最終結果會怎樣也還是未定之數，這是因爲即使行動者試圖朝著某個方向走，實際的歷史後果也不一定與其意願相符。實際上，這種轉型的過程與發展趨向只有在此後的歷史脈絡中才能看得清楚。

前幾章中所涉及到的中西比較往往都是一種靜態的、抽象的比較，從傳統中國制度體系中的一些局限以及西方現代制度體系的一些優點中，我們可以認識到西方具有值得中國學習的一些成功經驗。但對於中國近代轉型來說，最重要的還不是這種抽象的總體性認知，而是如何在自身基礎上去做出調整和改善以應對時代挑戰，後者是一種動態的實現過程。可能受傳統的「知行合一」觀念的影響，很多人往往對此不加以區分，以爲只要知道了，剩下的問題就是直接的行動，但這兩個過程實際上差異巨大。以一種超然的立場進行中西比較所獲得的只是一種抽象的認識，是一種「書本型知識」，由此得到的許多結論往往也是抽象的、靜態的，甚至只是片段的。比如我們知道西方的憲政民主制好在哪裏，也知道它可以補足傳統政治中約束權力剛性不足的局限。又比如我們知道西方現代國傢具有富強的優勢，這是近代中國需要去學習，也是不得不去學習的。這些東西很多人一眼就能看到，但對於具體的學習過程和動態的實現過程來說，問題就遠遠沒有這麼簡單了。

要知道中西社會都是在不同的歷史機緣和自身稟賦下經長期演化而形成的複雜、異質的文明系統。這種跨文化的學習借鑑過程就不能不涉及到一些遠爲複雜的問題，比如，西方的成功經驗是什麼，它是那麼明晰的一個東西嗎，對這種經驗的理解和解讀是不是涉及到我們主觀的認知過程或者說它本

〔註10〕關於這一點，柯文有比較細緻的論述，參考柯文：《在中國發現歷史：中國中心觀在美國的興起》，中華書局，2002年，第4～7頁。

身就是一個認知建構的產物？拿一個例子來說，近代的許多革命者非常鍾情於法國的啓蒙理性主義思想和大革命，以爲通過啓蒙和革命來創造一個理想的新社會就是西方的成功經驗，這種認識無疑已經涉及對西方經驗的一種主觀解讀和取捨。另一方面，即使我們意識到西方制度的一些長處值得我們學習，現在又面臨著如何在差異巨大的社會文化背景下來學習和實現這種長處的問題，以徹底廢舊立新的方式將西方的制度樣式直接照搬過來就能成功嗎，複雜的社會文化系統眞的可以讓這種線性的理性設計如願嗎？西方的制度是一種不需要社會文化網絡等條件支撐的普適性的東西嗎，中國自身歷經長期歷史篩選的一些制度經驗和文化資源就毫無價值了嗎？這些問題都沒有表面上看來的那麼簡單直接。古人有「知之非艱，行之惟艱」的說法，孫中山則反其道，而有「知難行易」的說法，但現在看來，複雜異質文明系統之間的學習過程在「知」上非常艱難，在「行」上也非常艱難。

上面從複雜文明系統之間的學習借鑒過程入手進行了一些宏觀的考量，下面進一步從中國歷史的內在脈絡中提出一些近代轉型中所遇到的更爲具體的問題，這些問題在操作層面往往呈現爲一種兩難選擇。由於科舉制度與傳統文明結構深度嵌合在一起，所以這些問題和兩難困境都與科舉制度變革具有很大的相關性。首先，傳統的大一統王權是已經被「修正」了的王權，無爲主義和小政府是防止權力濫用的重要防線，這在傳統中本來是非常正面的東西，但是面對近代西方挑戰，無爲主義是不是已經無法應對新的國際局勢了呢？如果需要國家權力奮發有爲，那麼如何防範權力下沉和失控所帶來的危害呢？本已貧弱的國家財政和經濟基礎如何能一下子提供各項現代化措施所需要的資源呢？自上而下地加強國家的汲取能力之後又如何能保持民間社會的承受能力和自組織活力呢，如何防止由此可能導致的社會反噬呢？其次，華夏文明以文治禮教立國，從而使武人干政問題得到比較好地解決，但是在險惡的近代國際環境中，是不是需要鼓勵尚武精神呢？如果是這樣的話，如何防止軍人、軍閥勢力變爲一種難以控制的力量呢？再者，一統王權、儒學和科舉制度本來是傳統政治、社會和文化整合的主要基礎，如果將其徹底摧毀，那麼如何來維持一個社會的底線秩序呢？將西方的憲政制度甚或共和政體照搬過來是不是就能立馬解決這一問題，而在情勢緊張並且缺乏相應社會文化土壤的近代中國，直接照搬來的這些制度或政體能有效運作嗎？我們摧毀的是高度制度化的傳統，而能照搬過來的只是一些法律文本或制度樣

式，它們會不會淪為傳統文明所致力於剋制的各種無組織力量（軍閥、派系、遊民、地方割據主義等）的工具，被它們所破壞或只是為其披上了一層光鮮的外衣？最後，科舉制度在傳統社會中具有廣泛的功能，我們能否從西方直接移植過來一種可以實現功能替代的制度？不考慮中西社會的差異，直接進行制度移植會不會帶來許多問題，如何消化由中西社會差異所帶來的種種衝突和失調？由此留下的許多空白如何才能填補？比如，如何使新式學生群體建設性地融入社會經濟秩序中去，如何防範人情關係泛濫對人事行政的干擾，如何培養和選拔有素質的官員和鄉村社會領導精英，如何保留文治和教化的力量等等。

以上問題都是一些從傳統脈絡中和古今中西交匯之處所延伸出來的比較具體的問題，這裏先將其提出來，在後文的相關分析中都會有進一步的闡釋。雖然自清末以降，國人都被革命熱情和推倒重來的抱負所鼓舞，當時人的問題意識似乎不在上述那些問題上面，但以長時段的眼光來看，上述諸種問題都是結構性的，也是無法迴避的。我們不能先驗地假定只要將傳統摧毀掉並照搬過來西方的一整套制度或設計出一套完美的制度就能立馬解決所有問題，歷史已經反覆證明這種理想主義的假定在根本上是不可行的，畢竟社會演化不會是在空中蓋樓閣。華夏文明結構與西方現代文明結構差異巨大，二者的遭遇是一種異質文化的碰撞，中國的現代化進程也就不可能是從零開始或清零之後再開始，而必然是從一個與西方差異非常大的底子開始。這種差異也必然會給學習西方的過程帶來一系列的困難。如果我們以為這種困難僅僅是學習西方的決心夠不夠，對自身傳統摧毀得徹底不徹底的問題，那麼這種思路可能一開始就走向了一個錯誤的方向，因為它將現代化僅僅看作一個簡單照搬西方的線性過程。實際上，上述很多困難在深層次上是由文明結構和社會文化網絡的異質性所帶來的，這種異質性使自身很難實現與西方制度體系的直接對接，反而會造成種種齟齬和排異反應，帶來種種進退失據和顧此失彼的尷尬。這集中體現在，傳統中很多本來起到修正作用的制度機制到了近代卻成為眾矢之的，比如國家權力的無為和儒家的文治禮教被認為不利於迅速實現富強。而一些需要剋制的負面事物反而被認為需要積極加以擴張，如國家權力和尚武精神的擴張。但當時的中國又缺乏早發現代化國家那樣相對從容的發展環境和一些原生的制度機制來有效地緩解和剋制那些因素的負面影響。面對這麼多的難題和困境，華夏文明的近代轉型必然非常艱難。

中國近代史中一個非常令人矚目和費解的現象就是主觀意願與實際歷史後果的背離，或者說話語邏輯與歷史邏輯的背離。這表現在種種轟轟烈烈的救國理論、救國行動和追求進步的行動最後都以失敗和背反而告終。良好的意願不一定會產生好的實際結果，這是我們在歷史中和現實的改革中常常會遇到的一個問題。對這一問題，近代以來很多人往往一直堅持一個單向度的解釋，那就是良好的意願之所以不能實現，我們之所以不能將西方先進的制度學到手是因爲傳統和反動勢力的阻撓，進而需要做的就是進行更徹底的革命、改造。固然，這種邏輯的背後不能說沒有一定的道理，因爲中西文化傳統的差異確實構成了我們學習西方的一大困難所在，並且這種看似能迅速、徹底解決問題的做法深深地迎合了知識分子的道德義憤。但如果我們僅僅用進步、反動（落後）二分的簡化模式來認識問題，甚至訴諸道德義憤，而不能以一種複雜的理論眼光來審視這些問題，那麼這種做法本身已經是智識上的巨大失敗。因此，在今天我們重新審視這段歷史時也應當儘量避免這種簡單化的思維方式，而要用更具歷史縱深和理論深度的眼光來進行透視。

第二節　科舉革廢前晚清社會的相關發展動態

經過長期磨合演進出來的傳統文明系統構成了我們近代轉型的底子，但近代中國遭遇西方具體是發生在晚清，因此把握中國近代轉型首先需要從瞭解晚清社會的一些發展動態開始。下面筆者根據前人的研究對晚清社會發展的一些重要動態做一個提綱挈領式的介紹，在介紹過程中主要關注那些對科舉制度變革和近代轉型影響比較大的方面。

像此前的王朝循環一樣，清王朝在西方衝擊之前已經呈現出了一些衰敗的跡象。這些跡象包括官僚機構的腐敗加重、貧民流民的起義增加等。對於清代社會來說，人口數量的顯著增加顯然是一個具有重大影響的變量。從十七世紀末起到十八世紀末白蓮教叛亂時爲止這一長時期的國內和平階段中，中國人口翻了一番多，從一億五千萬增加到了三億多。僅在 1779 至 1850 年時期人口就增長了百分之五十六，所以在 19 世紀中葉大叛亂爆發的前夕人口已達四億三千萬左右。〔註11〕這與明代的人口情況顯著不同，明代人口並沒有明顯的增長

〔註11〕費正清主編：《劍橋中國晚清史》（上），中國社會科學出版社，1985 年，第 115 頁。

趨勢，而是徘徊在六千萬人左右。〔註12〕人口像自然界中的很多現象一樣都是呈指數增長的，當然這種增長受到資源條件的限制，因此實際的增長曲線是一條「阻滯增長曲線」（或邏輯斯蒂曲線）。我們如何來看待清朝中後期的人口增長呢？一方面，人口的增長反映了社會生產力，主要是糧食生產的增長，這無疑得益於從國外引入的新作物品種；另一方面，人口的增長也同時帶來了資源的緊張。傳統社會比較脆弱的經濟體系對人口壓力非常敏感，人口對土地的壓力尤其明顯，這種壓力達到一定程度就會導致社會上出現大量難以養家糊口的貧民、流民，整個社會便呈現出一幅貧弱和危機重重的狀況。孔飛力將人口壓力視為導致晚清衰敗的重要因素，也是導致叛亂爆發的根源：「農業經濟中日益增長的盈餘與乾隆時代的長期和平，曾經生產和哺育了日益增長的人口，但是沒有促使經濟和政治出現新的發展以吸收那麼多的人口。在傳統體制內的這一繁榮時期，埋下了十九世紀最初幾十年危機的根子。」〔註13〕

固然，人口壓力不是單獨發揮作用的，但它無疑會使社會矛盾變得緊張和缺乏緩衝的餘地。並且人口壓力會與社會系統中的許多因素產生互動，從而引發一系列的問題。這在政治層面表現在對科舉制度和官僚系統的影響上。無論是政府官員的法定數額還是科舉學額都沒有按照人口的增長速度而增長，相反卻受到了嚴格的限制，「乾隆時代的進士名額在絕對數字上已有所減少，生員名額則是穩定的。甚至從前不受數量限制的童生，在十八世紀末也受到了限制。」〔註14〕另一方面，文化人的供給卻顯著增加，這兩方面的因素結合起來就導致科場競爭和官員陞遷壓力的劇增。此外，清代實行的捐納制度更是對此火上澆油。康熙大帝承諾「永不加賦」，這體現出一統王權在儒學的影響下主動收斂自己的觸手。但這種固定稅賦的做法也會帶來其他的問題，既然在許多情況下政府活動都需要財力的支持，因此田賦收入的不足往往要靠其他手段來彌補，清代盛行的捐納制度（也就是明碼標價的賣官）很大程度上就是為了應對常規性稅收的不足。雖然清廷努力對這種做法加以限制，但它對吏治和科舉正途來說仍然是非常不利的。

〔註12〕 參考楊子慧主編：《中國歷代人口統計資料研究》，改革出版社，1996年，第908頁。

〔註13〕 費正清主編：《劍橋中國晚清史》（上），中國社會科學出版社，1985年，第116頁。

〔註14〕 同上，第117頁。

　　據統計，在咸豐元年的科試中，全國（廣西除外）中舉者 1789 人，上陞流動爲進士者 249 人，占 13.7%，後實授官職者 317 人，占舉人（考取進士者不計）的 20.6%，候補者 72 人，占 4.9%，兩者共占 25.3%，尚有 74.7% 仍處於「沉澱層」。〔註 15〕一科就沉澱下來了這麼多，不斷累積的結果可想而知。在傳統社會中士子的出路一直是一大問題，而清代人口的劇增無疑使出路問題要比之前嚴重得多。當然，鄉村社會和官僚機構會努力吸納這部分人，大量的士子入幕成爲僚屬，有些甚至成爲包稅人、訟師之類的角色。在傳統社會中沉澱下來的這個龐大的官僚機構後備軍也成爲近代轉型中需要應對的一大問題，如果他們不能被新的社會經濟秩序所吸收，反而被一下子調動起來湧入政治領域的話，就非常容易導致嚴重的社會危機。

　　爲了在日益嚴峻的科場競爭中勝出，而在獲取功名之後爲了能夠謀取官職，士子們不得不訴諸一些非常規的手段，從而加劇了科場和官僚系統的腐敗。「對社會陞遷現存渠道的壓力，無疑地促成了清代中國政治行爲的特殊型式——即庇護制網絡結構——的形成，在這個結構中，在庇護者與被庇護者的關係中承擔的義務比他們在政府工作中通常承擔的要多一些。」〔註 16〕「測量官場腐敗到什麼程度的好方法是看私人的派系紐帶在某一時期的公開表現，甚至誇耀到了什麼程度。這反映在和珅官邸外面的干謁者門庭若市這一醜聞上，也反映在一位官員的言論中，他在讚譽另一位顯宦的品質時說，他的門內沒有私人干謁者。」〔註 17〕顯然，中國文化中注重人情關係的因素在這種情況下被顯著放大了，實際上類似情況在後世的計劃經濟體制之下更加顯著，在計劃經濟體制下由於幾乎所有社會資源的分配都掌握在「新階級」的手中，要想獲取資源或從中「分利」就不得不在很大程度上依賴於各種非正式的渠道和交易。可見，問題的核心在於資源的稀缺性程度。在這種庇護制網絡背後當然伴隨著各種金錢和人情等方面的交易，而行政效率和社會公平則受到嚴重影響，這是私人因素干擾權力運作的結果。科舉制度的發明在很大程度上正是爲了遏制私人裙帶關係的泛濫，但在晚清社會中其正面功能的發揮無疑受到了一定的干擾，不過它仍然是防止官僚政治走向無序失控的

〔註 15〕 王先明：《中國近代紳士階層的社會流動》，《歷史研究》，1993 年第 2 期。
〔註 16〕 費正清主編：《劍橋中國晚清史》（上），中國社會科學出版社，1985 年，第 121 頁。
〔註 17〕 同上，第 122 頁。

最後一道防線。另外，雖然科場案時有爆發，但科舉考試的公平性仍然能夠被多數人所接受。實際上朝廷對科場案的嚴厲懲處也從另一個側面說明科舉考試秩序仍然受到朝廷的重視。

儘管很多士子都在努力謀取一官半職，不過在當時國貧民困的世局下，官員的日子也不好過。由於有清一代的官俸總體來說比較低，許多京官要依靠地方官的各種供奉來補貼家用，一旦落空甚至要靠借債度日。而地方官則需要為滿足各種陋規和填補府庫虧空而焦頭爛額，甚至有些官員不得不將自己的身家都倒貼進去。〔註18〕對於一般的士人來說，隨著士階層的膨脹和貧困化的加劇，許多士人也不得不放下身段來謀生，給當時人以「嗜利無恥」、「世風日下」的觀感。〔註19〕總之，在功名與富貴之間的聯繫變得不那麼直接和容易。在物質需要的刺激下，士風和官場風氣自然會受到嚴重影響，傳統政治中對權力的柔性約束就遭到削弱。

人口的壓力使社會貧弱不堪，大量的底層貧民無疑是這種壓力最大的受害者。當然他們也會對此做出反應，於是出現了許多新的社會動態。為了生活下去，大量人口不得不通過遷徙來尋找土地和謀生機會。如果是在經濟發達的過程中，人口的遷徙流動一般是從農村向城市流動，這一過程就是城市化。但晚清社會中大量的遷徙流動卻不是這樣，人口大量奔向的地方是偏遠的未開發地區。在這些地方，本地人口與外來人口之間的關係非常緊張，這就埋下了後來叛亂的種子。另一方面，清代社會的一大特點是會道門之類的秘密結社盛行，它們在很大程度上也是對人口壓力的一個反應。為了尋求互助和精神安慰甚至為了從事一些非法的勾當，大量的貧民都加入了各種宗教組織或秘密會社。無論是官場的派系主義還是民間的秘密結社都是正常情況下朝廷嚴厲提防的對象，但在晚清社會中它們都爆發了出來。這類秘密結社或教派組織成為後來叛亂的主要組織手段，比較顯著的有三合會、白蓮教以及後來影響更大的拜上帝教。

鎮壓白蓮教起義就已經耗盡了乾隆時代積蓄下來的國庫，也暴露了軍隊戰鬥力不足的問題。聲勢更大的太平天國運動爆發後，清王朝發現其正規軍根本就無法對抗起義隊伍，最終清廷不得不授權曾國藩等官員或地方士紳來

〔註18〕 對此的詳細考察參考楊國強：《清代的功名與富貴》，載《晚清的世人與世相》，三聯書店，2008 年。
〔註19〕 參考李長莉：《晚清士風與義利觀念的變動》，《河北學刊》，2000 年第 1 期。

組織軍事力量。鎮壓叛亂當然需要大量的資金，省級財政由此獲取了徵收釐金（一種商業稅）的權力。無疑，紳權的擴大和省級財政的自主性在撲滅太平天國運動以後都合法化了。這標誌著中央地方關係和官紳關係都發生了重大的變化。儘管如此，與貴族政治下的情況相比，官紳的政治忠誠還是非常有保證的，他們並沒有發展出獨立於朝廷控制的私人王國，中央王權仍然對全社會具有很強的掌控能力。不過總體來說，力量對比在朝著不利於加強集權的方向發展，相較於清代中前期，這時朝廷對地方社會的控制已經不那麼嚴厲了。這對於中國的未來發展意味著什麼呢？從消極方面來說，它可能導致地方主義變得尾大不掉，中國重新走向地方割據主義；從積極方面來說，中央地方之間、官紳之間相對平衡的關係也為此後中國接受立憲和地方自治提供了契機。至於局面究竟朝著哪一個方向走則取決於這種平衡關係能否通過某種制度形式確立下來和保持下去。

清王朝雖然成功地從國內的叛亂中恢復過來，按照儒家的方式完成重建，實現了中興。但從長遠來看，應對西方的挑戰才是更為嚴峻的一項任務。從 1840 年的鴉片戰爭開始，西方就用堅船利炮敲開了國門。但是從鴉片戰爭到 1860 年代，有二十年的時間跨度，剛好是一代人的興替，而這期間在官紳士人層面卻存在著一個學習西方的斷層。〔註 20〕其間對西方的反應幾乎是一片沉寂，直到 1860 年，郭崇燾仍在抱怨：「中國與西夷交接二十餘年，至今懵然莫知其指要」，「京師知者獨鄙人耳」。〔註 21〕一些人不免將這種反應的遲鈍歸結為士大夫階層的頑固守舊，甚至最終歸結為儒學本身的問題。實際上，儒學並非鐵板一塊，同樣，士大夫階層也非鐵板一塊，從後來並不缺乏開明的改革派士大夫這一情況來看，1860 年前的沉寂主要還是由於在當時西方衝擊帶來的影響還比較弱，還沒有引發中國社會的強烈反應。京師士大夫居於政治中心，保守派的力量比較強大。不過在鎮壓太平天國的過程中，通過與西方的直接接觸，新發跡的地方大員意識到了洋器的厲害。這些地方大員多講求實際，而不埋首道學清議，所以他們相對於京師保守的士大夫來說，在接納西方事物方面要相對容易一些。轟轟烈烈的洋務運動正是在這樣一批大

〔註 20〕桑兵：《晚清學堂學生與社會變遷》，廣西師範大學出版社，2007 年，第 22 頁。

〔註 21〕《郭崇燾致曾國藩》，《陶風樓藏明賢手箚》第 5 冊，轉引自上引桑兵一書第 34 頁。

員和朝中恭親王的支持下展開的。另外，一些比較早地接觸西方的人士恰恰是通商口岸的買辦等新興社會力量，他們有些就是由士人轉化而來，這些人也是比較早地主張學習西方的士人，典型者如王韜、鄭觀應。總體來看，近代中國發展的各種不平衡性一開始就表現了出來，一方面是居於政治中心的比較保守的京師士大夫與比較開明的洋務大員之間的差異。另一方面是開風氣之先的沿海通商口岸與內地的差異。這些都顯示出士風的區域性差異，甚至包括士大夫的個體性差異。應當說，這種不平衡性很大程度上與西方影響力的覆蓋範圍和滲透程度有關。

學習西方的船堅炮利和建立現代軍事工業，自然需要引入西學，尤其是科技知識。這樣純粹以儒學為教學內容的傳統教育就無法滿足需要了。於是洋務派創立了最早的一批軍事學堂，主要教授西方的語言和軍事技術。這種新式學堂是外在於科舉教育體系的一種新生事物，畢業生主要是供洋務運動所需。由於科舉制度的強大吸引力，這類學堂確實難以吸引許多優秀的人才報考。總體上說，洋務學堂並沒有培養出多少優秀的人物來。（後來名噪一時的嚴復卻是洋務學堂出身，當然他在學堂出身後留學英國的進修經歷無疑更為關鍵。）

事實上，近代中國的新式學堂並非由洋務派首創，教會學堂的興辦要早得多，數目也更多。1859 年以前，清政府和開明士人尚未提出辦學設想，教會已在各地設立學堂 50 所，學生達 1000 人。其主辦者雖是外國人，學生卻是清一色的中國人，至少體現了一個文化層對西學東來的一種反應。〔註 22〕教會學堂最初主要面對的不是士大夫階層，而是下層社會。從文化分層的角度來看，「官紳士人作為正統主流文化的負載者，也具有本位文化異體排他性的主導功能，對外來文化的融彙內化力與抵拒排斥力適成正比。而城鄉的農工商民，則內化力差，排斥力也弱。他們不會明確地概念化比較中西文化的優劣短長，卻能從實際生活出發，對具體事務選擇取捨。」〔註 23〕最初教會學堂主要以培養神職人員為目的，它們往往提供免費的食宿來吸引貧家子弟，近代中國留學生之父容閎就是其中的一個。在能夠與洋人直接打交道的地方，學習西方的新知識也有其直接實用之處。事實上，隨著中西交往的加

〔註22〕桑兵：《晚清學堂學生與社會變遷》，廣西師範大學出版社，2007 年，第 24 頁。
〔註23〕同上，第 23 頁。

深，教會學校甚至可以吸引官紳子弟來學習外語等新知識。1865 年，上海英華書院「考慮到英語教育將是高度有利的，有許多人表示爲此目的希望能學習英語」，率先實行收費招收商界子弟，以提高學校的辦學質量和地位。〔註24〕在風氣比較開放的沿海地區，這種發展趨向也較爲有力。1895～1900 年間，上海、福州、蘇州等地的教會學堂在所在地募集基金，得到官商各界的捐贈。許多學校申請入學的人數大爲增加，尤其是富商家庭子弟。彙文、文華等校還有十幾位達官顯宦的親戚和正途士人入學。雖然戊戌政變後科考恢復，不少人又要求退學，但 1899 年聖約翰大學的報考者還是超過招生數的 50％。〔註25〕可見，這種發展很大程度上是基於民間社會自發的選擇，其中也反映出新舊因子之間的消長。實際上，在議廢科舉之前，雖然科舉教育體系的力量仍然具有主導性，但新式學堂也並非像許多官員所設想的那樣無法得到發展。到 1898 年，美國教會在華創辦中小學 1106 所，學生 20129 人。天主教系統有學生 16571 人。1901 年，天主教學堂爲 975 所，學生 18057 人。加上中國人自辦的官、公、私立學堂，接受新式學堂教育的學生總數達到 50000 人左右。〔註26〕

新式學堂是在科舉教育體系之外獨立發展起來的，是近代中國引入西方教育體系的產物，這樣實際上就開始形成一種二元教育體系。這種二元體系使兩種教育之間發生競爭，科舉教育對新式教育也就體現出一定的排斥性。通過前面的介紹，我們可以發現新式學堂的興起具有相應的需求支持，這種需求要麼是國家圖強的需要（洋務學堂），要麼是民間社會的自發需求。科舉教育體系當然也有強有力的社會需求，這種需求很大程度上是由科舉制度提供的社會上陞渠道所激發，科舉背後的利祿之途和身份榮耀無疑是其最大的吸引力所在。在正常的競爭關係中，實際上是需求決定成敗，就像商品市場中不同產品之間的競爭那樣。如果新式教育完全在科舉體制之外獨立發展，那麼它也可能基於社會需求而不斷擴展，另一方面科舉出路的狹窄和競爭的激烈也會使科舉考試對社會的吸引力下降。但科舉教育與新式教育的競爭仍然是不平等的，因爲前者背後有國家獎勵體系的支持。這並不是說科舉制度

〔註24〕桑兵：《晚清學堂學生與社會變遷》，廣西師範大學出版社，2007 年，第 33 頁。
〔註25〕同上，第 38 頁。
〔註26〕同上，第 38 頁。

與接受新學新知絕對矛盾，關鍵問題是科舉考試所具有的導向作用指向哪一邊，如果考試內容和方式向西學靠攏，那麼科舉制度未始不會促進西學的迅速傳播。這在陳寶箴、江標等人主持的湖南新政中就體現得非常明顯。湖南新政中的科舉改革促使湖南風氣大開，新學書籍供不應求。〔註27〕甲午戰敗之後，士大夫階層實際上已經普遍意識到中國必須進行變革。湖南新政就是由比較開明和務實的督撫主持的、獨立於康梁等維新派的地方性改革嘗試，只不過它受激進維新派分子所引發的戊戌政變的波及而流產。

科舉教育涉及到國家制度，這就使教育變革不能純粹依賴自發的市場調節力量（相對價格機制），而必然會需要進行某種制度性改革。實際上，科舉教育與新式教育之間的衝突有其更深層次的根源，那就是中西文明結構和制度體系的差異。傳統教育體系是在科舉制的帶動下發展起來的，它直接與做官相連，以教授儒家經典為主。而西方現代教育則是大眾教育，教育內容比較多元化和專業化，其社會出路也以市場為導向。要全面引入西方新式教育就必須在根本上觸動科舉體系，看來這是無可避免的。至於具體怎麼改革，怎麼實現新舊銜接，怎麼把握改革的輕重緩急，因為涉及到中西社會的種種差異，問題便非常麻煩。（具體分析詳後）

求強需要引入西學，而求富卻主要在於發展實業。實際上，雖然傳統中國有重農抑商的政策取向，但是商業、市場之擴展是社會經濟發展必然伴隨的現象。因為除非是在非常原始的社會或者實行全面的國家管制，否則社會分工與互通有無自然就會發生，傳統中國顯然不屬於前兩者。越往後，中國的商品經濟也越發達，宋代曾經達到了一個高峰，蒙元的入侵打斷了這一進程。在長期比較穩定的明清社會中，商業也得到了長足發展。商業的發展也會影響到士大夫階層及其觀念，明清以來「棄儒就賈」的普遍趨勢造成了大批士人沉澱在商人階層的現象，在許多士人的觀念中也不再將商業視為末業，出現了「新四民論」。〔註28〕實際上，科舉出路比較狹窄，大量的士人難以通過科舉實現社會上陞流動，棄儒就賈就成為謀生乃至實現社會上陞的一個非常重要的途徑。在清代，科舉競爭和出路的壓力隨著人口膨脹所帶來的

〔註27〕參考羅志田：《權勢轉移：近代中國的思想、社會與學術》，湖北人民出版社，1999 年，第 194～196 頁。

〔註28〕參考余英時：《中國近世宗教倫理與商人精神》，載《士與中國文化》，上海人民出版社，2003 年，第 455、467 頁。

供求關係變化而大大加劇，科舉對許多人已經變得不是那麼有吸引力，大量的士人於是轉向經商。即使在尚比較封閉的內陸省份山西也出現了這種情況，舉人劉大鵬在日記中以一個保守士人的立場寫道：「近來吾鄉風氣大壞，視讀書甚輕，視爲商甚重。才華秀美之子弟，率皆出門爲商，而讀書者寥寥無幾，甚且有既遊庠序，竟棄儒就商者。……當此之時，爲商者十八九，讀書者十一二。」〔註29〕

近代中國遭遇西方的挑戰，最初這種挑戰主要體現爲「商戰」，英國一開始主要還是試圖通過貿易手段來獲利。西方的入侵很大程度上是經濟入侵，西方利用其物美價廉的工業產品不斷佔領中國的市場，將其納入世界資本主義經濟體系，獲取了大量的財富，也逐漸擠佔了許多小生產者的生計。許多士大夫知識分子已經意識到了這一問題，於是提出了「商戰」、「分西方之利」、「實業救國」等口號，這些口號反映出士人對商業的觀念已經非常近代化。雖然好利是投身商業的主要動力之一，但是作爲四民之首的士投身商業也具有某種擔當意識在內，以狀元張謇爲例，他用投資實業賺的錢興辦了南通師範學校，這樣的新式學堂因爲有實業的支撐而比較紅火。洋務運動中官僚經營洋務企業也具有爲國家求富強的意識。不過需要附帶指出的是，雖然洋務運動後期已開始鼓勵民間資本的參與，但其官督商辦模式的弊端是非常顯著的。

實際上，士紳階層也是最有能力從事商業的階層，他們有資本、有知識，也有社會地位爲投資提供的保障。因此，他們中的許多人轉而經營工商業。在1895～1913年近代民族資本的創建熱潮中，紳士、官僚向商人的流動也是極爲普遍的現象。據統計，在近代染料開採、金屬採冶行業中，紳士投資創辦者佔有相當比例，在紡紗企業中，紳士投資者的比例更大。張謇等11個紳士資本家集團的資本總額要占到1895～1913年商辦企業投資總額的10.7%。〔註30〕由紳向商或由商向紳轉化而形成的「紳商」階層是近代中國社會中影響力非常大的一個群體。這種大量存在的錯動流向已經標誌著傳統的士紳階層開始發生一些分化。科舉功名或捐納得來的功名僅僅爲他們提供了一種共同的身份和地位象徵，而實際的流向卻並不在於做官，這也反映出科舉功名與實際的職業取向可以發生分離。

〔註29〕劉大鵬：《退想齋日記》光緒十八年，山西人民出版社，1990年，第17頁。
〔註30〕具體的統計數據和表格參考王先明：《中國近代紳士階層的社會流動》，《歷史研究》，1993年第2期。

　　西方影響的深入也帶來了大量新的經濟機會，比如買辦階層的興起就是源於貿易對中間人的需要，洋務運動興辦的新式企業也為新式人才提供了一定的經濟機會。當然這些新的機會主要集中在通商口岸和一些核心城市。鑒於近代中國發展的不平衡性和經濟增長非常有限，這種新的經濟機會總體上說並不顯著。現在我們來關注另一部分人，伴隨著現代傳媒的引入，主要是由於報刊業開始興盛，出現了一種新的媒體人職業，許多知識分子已經可以通過筆桿子過活。一些士人轉化為新型知識分子，這些人對此後的歷史進程影響重大。新型知識分子與傳統的士大夫相比具有一些新的特點，一方面，他們因為接受了西學而在思想觀念上發生了許多重大的變化，另一方面，他們與既有的秩序具有相當的疏離性，而不再是既存秩序的堅定擁護者。在當時內憂外患的社會背景下，這些人在思想上和行動上都非常活躍。有些知識分子往往也兼作社會活動家，甚至從事或公開或秘密的革命活動。知識分子和公共領域的活躍往往是轉型時代非常顯著的一個特點，在轉型時代各種內外危機和社會苦難的催逼下，富有道義擔當和社會批判精神的知識分子往往走向歷史的前臺。這部分人以其新銳和批判性而能迅速佔據輿論話語權的制高點，進而產生非同尋常的社會影響力，有些甚至成為革命的領導者。這方面梁啟超就是一個比較典型的例子。梁啟超在考進士失敗之後就不再從事舉業了，他後來參與了維新變法運動，而在變法活動失敗之後又以其「筆端常帶感情」的文字和比較新銳的思想、大膽的觀點而成為意見領袖，影響了一代人。類似的，劉師培雖出身於經學世家，也在會試失敗之後主動放棄舉業而漂浮於城市中，參加了革命宣傳活動。也與梁啟超一樣，劉師培一生的政治立場多變，充滿了躁動不安的特性。可見，由傳統士人中分流出來的近代知識分子充滿了不安分性。傳統的士紳不但是支持既有秩序的中堅力量，而且本身就紮根於既有的社會文化網絡之中，扮演著現場治理者的角色。而新式知識分子往往游離於既有社會秩序之外，成為一種無法落根的力量。但他們與之前的士紳比較相似的地方是都同樣熱衷於政治，這或許是士大夫「以天下為己任」情懷的一種殘留吧。

　　在近代早期，西方的影響還沒有大到衝擊整個文明秩序的程度，但是其影響力的緩慢滲透和中國社會內部的轉變卻在持續發生著，新舊力量也在不斷消長。在近代轉型過程中，士紳階層已經不是鐵板一塊，這種分化、分流過程甚至早在科舉制度廢止以前就已經在發生。士紳的分化過程無疑在中國

社會內部注入了多元化的因子，也爲中國的發展帶來了新的可能性。但我們也應看到，這種分化還是很有限的，大量沉澱在基層社會的士紳仍然是支持社會運轉的重要力量。而紳商、甚至形成過程中的新知識分子也仍然通過科舉功名而黏合在一起。張謇、梁啓超等人無疑都仍然活躍在體制內或曾活躍在體制內，也正是科舉功名爲他們提供了政治參與的機會。在當時，科舉制度的吸引力雖然已經有所下降，但是它對舉子來說仍然具有強大的向心力。甲午之時，日本挑起戰爭，清政府喪師失地，然是年適值會試屆期，「各省士子挾其且夫嘗思之學以應禮部試者，皆麇集於上海一隅，以俟輪船之開往天津，……時勢如此，岌岌可危，而猶務此不急之圖」。〔註31〕雖然文章作者對此切齒痛恨，但是我們從中不難看出科舉對整個社會的向心力之大：即使是在戰亂動蕩的時期這一制度仍然像上好了發條的鐘錶一樣有條不紊地運作著。除了這個例子之外，一些統計數據也表明大部分士紳仍然局限在本等級圈內流動，甲午戰爭之後，士紳階層對科舉的向心力並無明顯的減弱趨向。〔註32〕我們有把握說，至少在廢科舉之前，比較激進的一些士大夫知識分子雖然在輿論中非常活躍，但他們只能算「活躍的少數」，而生活於既有秩序中的大量士紳才是「沉默的多數」。在內憂外患的變局中，科舉制度也許是爲數不多的對世道人心還有強大維繫力量的機制。

第三節　危機中的科舉變革：從改革到立廢

　　儘管變化一開始還比較緩慢，並且西方影響力的滲透也受到傳統慣性和保守力量的牽制，但是從長期來看，在西方一波波愈演愈烈的衝擊之下，新舊力量的消長總是在朝著有利於趨新的一方變化。天朝上國的迷夢在堅船利炮的打擊之下總會被驚醒。在新舊消長過程中，甲午一役無疑具有轉折意義，甲午一戰中國敗於蕞爾島國日本，此後的割地賠款更是屈辱無比，作爲東臨的日本其胃口顯然要比歐西國家大的多，這些最能引起朝野震驚。日本在明治維新之後致力於學習西方，迅速邁入強國之列，這也成爲當時中國人眼中活生生的榜樣。甲午之後，改良變法已是大勢所趨，現在的問題就是怎麼改、

〔註31〕《請緩會試說》，《申報》1895 年 3 月 6 日。轉引自楊齊福：《科舉制度與近代文化》，人民出版社，2003 年，第 26 頁。

〔註32〕數據圖表參考王先明：《中國近代紳士階層的社會流動》，《歷史研究》，1993年第 2 期，第 90 頁。

怎麼變了。在朝中士大夫還猶豫不決的時候，新進的舉人已經等不及了。此前一直關注西學、西政的康有爲在這個時代登上了歷史舞臺。概言之，康有爲的變革方法論可說是「大變、全變和速變」。〔註33〕這既是受到日本明治維新這一成功個案的刺激，也是緣於其特定的形而上學（對此後文相關部分展開分析）。操之過急的戊戌變法由於扯動宮廷權力鬥爭而被終止，斷送了甲午之後舉國求變的大好形勢。〔註34〕但經過西方一波波的衝擊和中國社會內部對這種衝擊的不斷內化之後，變革的形勢已經逐漸成熟，這是中時段的趨勢性影響，戊戌政變的波折也無法打斷這一趨勢。很快庚子事變帶來的沉痛打擊和人心搖動還是將清廷推向了迫急變革的軌道。在慈禧太后的親自主持下，此前被呼喚的許多措施紛紛登場，制度變革真正走向了實施過程，這就是清末新政。雖然它是清廷自上而下推行的變革，但是其主要的指導思想卻是來源於朝野的改良維新派。短短幾年間，清廷廢除了科舉制度，進行了預備立憲，照搬了大陸法系的整套法律制度，在基本制度方面幾乎是進行了全面的廢舊立新，變革的步驟不可謂不大，說它是一場革命也不爲過。

對於科舉革廢事件來說，究竟是什麼原因導致時人認爲必須對科舉制度加以改革甚至直接廢除呢？既然這一決策和相應的制度變遷是時人在特定的認知和觀念下有意識採取的一項行動，那麼對這一過程的分析也必須能夠揭示出其背後的認知建構因素。一般來說，社會演進可以劃分爲兩種樣式，一是「自發演化」，二是有意識干預之下的劇烈變遷或者說是「有意識演化」，〔註35〕也即通過理性設計的方式來干預社會原有的演進軌道。哈耶克著重闡發了自發秩序或擴展秩序思想，新制度主義經濟學中所說的「誘致性制度變遷」也屬於自發演化，其特點在於漸進擴展性、協變性和自組織性。當然，在這

〔註33〕 這是蕭功秦對戊戌變法之變革觀的一個總結。參見蕭功秦：《危機中的變革：清末現代化進程中的保守與激進》，上海三聯書店，1999 年，第 60 頁。

〔註34〕 今天的史學界已經對戊戌變法中的燥急、輕率和策略上的盲目等方面提出了廣泛的質疑和反思，參考蕭功秦：《危機中的變革：清末現代化進程中的激進與保守》，上海三聯書店，1999 年；張鳴：《夢醒與嬗變》，北京燕山出版社，1998 年。可以說，當時反對改革的情緒不少是由於敵視康有爲所引起的。這說明改革也是一門藝術，如果由缺乏政治經驗的人運用「書本型知識」來操作的話就很容易出問題。

〔註35〕 顧自安在其著作中根據哈耶克的思想提出了這一劃分方式，並維護哈耶克的自發演化思想，反對有意識演化。參考顧自安：《制度演化的邏輯：基於認知進化與主體間性的考察》，科學出版社，2011 年。

一過程中，人類理性並非完全不發揮作用，只不過它不是以哈耶克所批判的那種「建構理性主義」的總體性方式來發揮作用。而對於有意識干預下的社會變遷來說，建構主義的特點就顯著得多。既然涉及到理性設計和建構，那麼這種變革方式就必然會受到特定認知、觀念和訴求的強烈影響。

固然西方衝擊帶來的外源危機是近代中國變革的重要動力，但是外來的衝擊並不能單獨發揮作用，其作用的發揮取決於中國社會內部的消化吸收過程。逢數千年未有之變局，近代國人開始「開眼看世界」，也就是開始用理性的眼睛來重新打量這個世界。大家逐漸意識到中國再也無法保持在原有的軌道里了，必須進行變法圖強。現在的問題就是：面對千頭萬緒的社會問題，究竟應當如何進行變革呢？為了回答這一問題，時人就不得不動用其頭腦中的知識和觀念來加以謀劃，由此認知和觀念因素也就建構性地影響了相應的制度變革過程。新制度主義政治學的新近研究中已經出現了「建構製度主義」（Constructivist Institutionalism）的分析路徑，這一分析路徑強調觀念（理念）、話語在制度變遷中的建構作用。〔註 36〕在近代中國的制度變遷中，建構主義的特點無疑非常明顯。總體來看，國外的制度模式為近代中國提供了外在的參照系和模做對象，而自身的文化「前見」和不同於西方社會的「語境」則發揮了相應的承接作用和篩選作用。當然，在這一移植過程中外來的制度和理念也必然會發生或多或少的變異。

認知和話語要想發揮巨大的影響力需要中介平臺和擴散渠道。由於報紙、電報等新式媒體和傳播手段的引入，清末中國的公共領域前所未有地活躍了起來。當時的媒體人也確實對新式媒體的角色和作用具有某種自我意識，1872 年 4 月《申報》創刊號的「本館告白」就展現出了這種自我意識：「且夫天下至廣也，其事亦至繁也，而其人又散處而不能相見也。夫誰能廣覽而週知哉？自新聞紙出而凡可傳之事無不遍播於天下矣，自新聞紙出而世之覽者皆不出庭戶而知天下矣，豈不善哉！」〔註 37〕除了報紙，電報的作用也不

〔註36〕See Colin Hay. Constructivist Institutionalism. in *The Oxford Handbook Of Political Institutions*,（Rhodes R.A.W., Binder Sarah A. and Rockman Beat A. eds. Oxford University Press, 2006）.中文的介紹性文章參考朱德米：《理念與制度：新制度主義政治學的最新進展》，《國外社會科學》，2007 年第 4 期。肖晞：《政治學中新制度主義的新流派：話語性制度主義》，《華中師範大學學報（人文社會科學版）》，2010 年，第 2 期。

〔註37〕轉引自格里德爾：《知識分子與現代中國：他們與國家關係的歷史敘述》，廣西師範大學出版社，2010 年，第 95 頁。

容小覷，電報使以前必須經過累月才能傳達的信息得以迅速交流，大大縮短了人們之間的時空距離。清末那些影響決策的疆臣和政要正是通過電報串連溝通起來的，所以流傳下來的電文成爲記載他們當時活動的重要史料。在新式媒介手段之外，當時人還熱衷於成立各種學會、商會、救國會之類的組織，從而提供了公共交往的組織平臺。通過媒介和組織平臺的中介作用，人們的認知和話語可以在公共領域中不斷互動，那些支配性的話語就會逐漸贏得話語權，成爲強勢話語。

思想觀念和話語不一定會直接產生實際的歷史後果，但是在時機成熟的時候它就可能被掌握權力的決策者或有意或無意地採納並轉化爲實際的變革舉措。實際上，這中間有一個知識精英與權力精英以及知識與社會的互動過程。傳統的士大夫階層不僅僅掌握權力，而且也是學者，正是科舉考試將兩種身份聯繫起來，這爲知識與權力的互動提供了直接的橋梁。像張之洞這樣的對科舉革廢過程影響非常大的人物就不僅僅是官僚，也是學者，學術知識與政治影響力在這類人身上很容易就能結合起來。另外科舉功名也能賦予很多在野的知識分子以政治參與權力，康有爲就是通過上書而獲得光緒帝青睞的，這也爲知識影響社會政治變革提供了便利。再者，知識分子也能通過營造社會輿論、組織各種學社、充當幕僚等方式影響政策，這是清末政情中非常顯著的現象。新政正是在朝野千呼萬喚中才出臺的，清廷在危機深重之際終於將此前人們所呼喚的許多改革措施一股腦地付諸實施，正反映出輿論話語權對清廷決策的影響。在本章的第一節中，筆者已經指出清末新政中的制度變革主要是由社會精英層（包括知識精英與權力精英）所主導，而其影響則輻射到社會大眾，產生了重要的社會後果。本節下面的分析就側重於揭示西方的影響是如何被當時的精英層所內化並轉化爲某種特定的改革舉措的。

使近代危機傳導到對基本制度的改革上面，掀起科舉革廢強勁呼聲的是「人才救國」觀念。可以說，「人才救國」觀念是啟動近代中國大規模製度變遷的一個切入口和突破點。在戊戌變法時期，這一觀念就已經被許多比較有代表性的維新派人士所力陳。受激於甲午戰敗，嚴復發表了一系列的時論，申明改良變法的急迫性。1895 年發表於天津《直報》的《救亡決論》開篇就指出：「天下理之最明而勢所必至者，如今日中國不變法則必亡是矣。然則變將何先？曰：莫急於廢八股。夫八股非自能害國也，害在使天下無人才。」〔註

〔註38〕王栻主編：《嚴復集》（第一冊），北京：中華書局，1986 年，第 40 頁。

38〕康有爲在光緒二十四年（1898）所呈遞的《請廢八股試帖楷法試士改用策論摺》中開宗明義地寫道：「臣竊惟今變法之道萬千，而莫急於得人才；得人才之道多端，而莫先於改科舉。今學校未成，科舉之法，未能驟廢，則莫先於廢八股矣。」〔註39〕其弟子梁啓超斷言：「吾今爲一言以蔽之曰：變法之本，在育人才；人才之興，在開學校；學校之立，在變科舉。」〔註40〕另一個維新派人士譚嗣同甚至認爲變科舉「誠爲旋乾翰坤轉移風會之大權，而根本之尤要者也」，「大變科舉而後可造就人才，而後可變一切法。」〔註41〕庚子事變之後，慈禧太后痛下變法的決心，科舉革廢進入實際操作過程。許多實力派官僚重申了戊戌時期的論調。張之洞與劉坤一於光緒二十七年呈遞《籌議變通政治人才爲先摺》，其中謂「中國不貧於財而貧於人才，不弱於兵而弱於志氣」。〔註42〕最終立廢科舉之議被採行也是試圖通過此舉來加速學堂興辦，培養人才以匡扶大局。「就目前而論，縱使科舉立停，學堂遍設，亦必須十數年後，人才始盛。……強鄰環伺，豈能我待。」〔註43〕可見，自始至終正是「人才救國論」使科舉改革問題成爲時人關注的中心，也使科舉革廢呼聲佔據了話語權的制高點，進而主導了朝廷的決策。

倡言人才救國當然有許多現實性的考慮，這其中既有對八股積習的反感，也有對辦洋務需要掌握西學的新式人才的考慮。但是面對複雜變幻的形勢和千頭萬緒，人才救國觀念被拔高到提綱挈領的地位恐怕不僅僅是現實性的考慮那麼簡單，它背後必定有某種「形而上」的東西在支撐，在這方面儒家文化所具有的一些「前見」發揮了很強的導向作用。誠如伽達默爾所言：「偏見就是我們對世界開放的傾向性。它們只是我們經驗任何事物的條件——我們遇到的東西通過它們而向我們說些什麼。」這並不是說「偏見」或「前見」使我們的視域被完全封閉起來，恰恰相反，「正是借助於它我們才會向新的、不同的、眞實的東西開放。」〔註44〕

〔註39〕舒新誠編：《中國近代教育史資料》（上），北京：人民教育出版社，1981年，第36頁。

〔註40〕梁啓超：《變法通議》，華夏出版社，2002年，第24頁。

〔註41〕轉引自楊齊福：《科舉制度與近代文化》，人民出版社，2003年，第53頁。

〔註42〕舒新誠編：《中國近代教育史資料》（上），人民教育出版社，1981年，第47頁。

〔註43〕同上，第62頁。

〔註44〕漢斯－格奧爾格・加達默爾：《哲學解釋學》，上海譯文出版社，2004年，第9頁。

　　在儒家傳統中，從經典記載到現實的政治運作無不體現出「尚賢」的取向，可以說「人才」是被置於中心地位的，當然這種「人才」並不是現代普通意義上的技術人才，而是領導社會的士大夫精英。《大學》中提出了儒家傳統中的治國路線，即所謂的「修齊治平」、「內聖外王」，這中間最爲關鍵的自然是那個居於中心地位的「人」。在富有人治色彩的儒家傳統中，統治者的素質被視爲政治得失的關鍵，正如荀子所言：「有亂君，無亂國；有治人，無治法。……故法不能獨立，類不能自行；得其人則存，失其人則亡。」〔註45〕在儒家的經世傳統中，每逢遇到統治危機，選賢任能總是一個首要的任務。王安石在變法時就認爲「培養人才是變法的先決條件。進行政治改革，一定要預先培養和選拔一批能講先王之意以合當今之時變的賢才，方能『因人情之患苦，變更天下之弊法』。」〔註46〕可見在儒家文化意識中，無論是修齊治平還是政治改革，政治的原動力都在於人，內聖才能外王。正是這種儒家觀念的影響使時人在變法維新的突破口和中心點方面達成了一定的共識。與對人才問題的重視不同，結構性的因素和物質資源等比較現實的約束條件往往被看作次要的。誠如前引張之洞和劉坤一的奏摺中所說：「中國不貧於財而貧於人才，不弱於兵而弱於志氣。」而實際上當時的中國財力匱乏，兵備更是不足以應對日益嚴酷的國際環境。袁世凱等人所上的另一封奏摺中幾乎重複了相同的論調：「國無強弱，得人則興；時無安危，有才斯理。誠以人才者，國家之元氣，治道之根本。」〔註47〕可見，面對近代危機所興起的「人才救國論」在很大程度上正是儒家傳統所具有的特定「文化前見」和致思邏輯的產物。這反映出儒家文化對制度變遷發揮了動力作用和導向作用。

　　另一方面，思想觀念之能發揮重要影響也需要相應的現實土壤，這中間又存在著思想與現實（或知識與社會）的互動。時人對人才問題的重視指向的是「救國」，而這正是當時內憂外患世局下國人所迫切以求的目標。實際上，「人才救國」觀念的本質不在於「人才」，而在於「救國」，其背後存在著一種國家主義觀念，它容易通向一種集合整個國家的力量來迅速實現富強的舉國體制。只有明白了這一根本指向，我們才能理解爲什麼後文將要分析的科

〔註45〕《荀子‧君道》
〔註46〕田建榮：《科舉教育的傳統與變遷》，教育科學出版社，2009年，第141頁。
〔註47〕朱壽朋編：《光緒朝東華錄》，光緒二十九年二月袁世凱等奏，中華書局，1958年，總第4997頁。

舉改革最終並沒有指向發展市場經濟和多元社會，也沒有爲民間社會文化網絡的適應性調整留出比較好的發展空間，而是仍然堅持人才爲國家所用，並且在辦學過程中使官僚國家的力量惡性擴張，將科舉制度背後原本就存在的國家主義因素惡性放大。

　　人才的作育在於教育，而人才的選拔則在於選舉制度。作爲一個選拔和儲備領袖人才並對教育和社會發揮有力導向作用的制度，對人才問題的關注集中指向科舉制度自然也是順理成章的事。科舉之所以被時人詬病，一方面是由於八股取士的考試內容和方式，另一方面就是科舉與學校（學堂）的關係問題。在人才救國觀念的主導之下，科舉制度改革被提上了議事日程。在戊戌變法時期，改革的矛頭主要指向八股。雖然對八股的批評早就有了，但是在近代西方衝擊之前，各方還是將其作爲一個差強人意而又沒有更好替代之物的東西接受下來。前面也已指出在長期的推行過程中，科舉考試出現了名實分離的弊端，走向僵化的八股文無疑就是其一大表現。這種嚴格的科場文章與取才、爲學的眞義逐漸脫離，而僅僅成爲一種考試工具，造成大量的才智和精力浪費在它上面，而儒家的經史之學和經世致用之學則受到忽視。這就難免會引起人們的廣泛質疑，於是八股文一時成爲眾矢之的。實際上廢除八股在社會上層的阻力並不是很大，在傳統社會中從士大夫到皇帝對八股一直有著「名爲尊崇，實際上鄙夷」的社會心理氛圍，這也是光緒帝能夠沒有受到多少阻撓就輕易下詔廢八股的原因。〔註48〕值得注意的是當時國人雖然對八股文提出了廣泛的質疑，雖然也對西學產生了廣泛的興趣，但這並不是說士大夫群體已經完全拋棄了儒家學術傳統，相反，在當時的語境中，經世致用的實學才是大家所關心的，其中當然首先是儒家的實學傳統，而西學之被接納也是出於經世所需。當時人心目中能夠救國的「人才」也不是現代普通意義上的技術人才，而是能夠領導社會的士大夫精英（對這一點後文還會有交代）。可以說這一過渡時期仍然具有非常深厚的傳統背景。

　　在庚子事變之後的清末新政中，廢八股已經不是關注的焦點，實際上在廢科舉之前的 1903 年已經開始改試策論。現在科舉與學校、新式學堂的關係成爲大家關注的焦點，對二者關係的認知最終影響了科舉革廢的方式。另外，雖然廢科舉的操作過程發生於清末新政中，但主導這一制度變遷的主要觀念

卻是發源於戊戌變法時期的維新派思想中，無論是前面所說的「人才救國」觀念，還是後面將闡釋的「合科舉於學校」的變革方略都是如此。

戊戌變法時期，對於科舉改革實際採納的措施是光緒帝下詔廢八股並改試策論，以及應貴州學政嚴修的奏議開設經濟特科。但是對於康、梁等維新派人士來說，其變科舉的主張卻遠遠不止於廢八股，後者只是一個權宜措施或下策。正如康有爲在奏摺中所說，「今學校未成，科舉之法，未能驟廢，則莫先於廢八股矣。」「俟學校盡開，徐廢科舉。」〔註49〕也就是說，當前不能立廢科舉只是因爲學校還沒有興辦起來。可見在其意識當中，學校是科舉的替代物，這一點正是廢科舉取嚮背後的一個要害所在。其弟子梁啓超更是詳細、明確地闡述了革廢科舉的上中下三策。其中上策就是「遠法三代，近採泰西，合科舉於學校」。所謂「合科舉於學校」就是將取士與養士過程都放到學校中（這被認爲是「三代」之制）。其具體措施是「自京師以訖州縣，以次立大學、小學，聚天下之才，教而後用之，入小學者比諸生，入大學者比舉人，大學學成比進士，選其優異者，出洋學習比庶吉士……」〔註50〕梁啓超的這種策略在當時還屬暢想，但在清末新政改革中，這一「合科舉於學校」的策略卻幾乎被原版套用。〔註51〕

廢科舉一個重要的現實原因是改革者認爲科舉制的存在妨礙了新式學堂的興辦。科舉改革的滯後更是使這一問題變得尖銳化。晚清的科舉改革確實一再貽誤時機，這種改革的滯後是導致後來科舉制改革走向激進化的一個重要原因。〔註52〕前文曾經指出過，近代中國應對西方挑戰的靈活性受制於傳

〔註49〕 舒新誠編：《中國近代教育史資料》（上），人民教育出版社，1981 年，第 36、39 頁。

〔註50〕 梁啓超：《變法通議》，華夏出版社，2002 年，第 60 頁。

〔註51〕 張鳴比較早地注意到科舉革廢過程中這種改革方式的特點並進行了相應的分析，參考張鳴：《夢醒與嬗變》，北京燕山出版社，1998 年，第 340 頁等處。關曉紅在一系列的文章中也都強調了在清末科舉改革的設計中並非徹底廢除科舉制度，而是將科舉與學堂合二爲一。不過她認爲這種做法是後來迫於形勢而不得不採取的，而本文更側重從當事人認知和觀念層面來分析其中的各種曲折和主觀選擇性，並從異質文明系統中的制度差異來分析這種形式照搬和比附式對接的改革方式所存在的問題，參考關曉紅：《晚清議改科舉新探》（《史學月刊》，2007 年第 10 期）、《終結科舉制的設計與遺留問題》（《中山大學學報（社會科學版）》，2011 年第 5 期）兩文。

〔註52〕 有學者強調此前各種科舉改革嘗試的擱淺是新政改革者下決心停廢科舉的一個重要原因，參考關曉紅：《晚清議改科舉新探》，《史學月刊》，2007 年第 10 期。

統文明高度專化適應所帶來的惰性。但是西方一波波強有力的衝擊最終使這種文明的自我穩定機制鬆動了，改革的時機也就逐漸成熟了。這時改革者選擇何種改革方略就是關鍵性的問題，因此在改革阻力、技術操作層面之外還存在著改革方略的選擇這一重要問題。袁世凱等力主廢科舉的大臣根據其對當時情況的觀察指出，在朝廷下詔辦學之後，「各省大率觀望遷延，否則敷衍塞責，或因循而未立，或立而未備。推究其故，則曰經費不足也，師範難求也。二者固然，要不足為患也，其患之深切著名，足以為學校之敵而阻礙之者，實莫甚於科舉。蓋學校所以培才，科舉所以掄才，使科舉與學校一貫，則學校將不勸自興，使學校與科舉分途，則學校終有名無實」。〔註53〕袁世凱的觀察和對策未嘗沒有現實性的考慮，但從其論點中我們可以看出其意圖在於將科舉與學校合為一途，正是這種「合科舉於學校」的取向體現出其改革方略的主觀選擇性。因此，新政伊始，一些實力派官僚所主張的廢革科舉策略是試圖通過每科遞減科舉取士名額並移作學堂出身這種緩廢的方式實現傳統的科舉制度向學堂教育和學堂取士制度的過渡。〔註54〕

在 1904 年出臺了奏定學堂章程（癸卯學制），其中就包括獎勵學堂章程，主要是通過授予學堂畢業生以功名的方式來獎勵學堂興辦。張之洞等人不久就轉為主張立廢科舉，不過試圖直接廢除科舉制度的嘗試一開始遇到了一些阻力，王文韶是中樞朝臣中比較堅決的反對者。清末新政中決策的運作過程大體是這樣的，各項新政雖自上而下地通過朝廷政令頒行，但其決策過程卻往往由地方促動中央，即疆臣互相串聯溝通，自下而上地提出議案，並以各種手段權謀，設法聯絡及鼓動樞要。隨著清廷中樞權力部門的人事更替，在反對立廢科舉的那些少數派人士退隱之後，廢科舉決策得以通過的時機就出現了。〔註55〕1905 年，疆臣們聯銜呈遞的《立廢科舉以廣學校》奏摺終於獲

〔註53〕《光緒朝東華錄》，光緒二十九年二月袁世凱等奏，總第 4998 頁。
〔註54〕當時的奏摺記錄了這些官僚的改革規劃，如 1901 年 4 月 25 日，袁世凱：《遵旨敬抒管見上備甄擇摺》，1901 年 7 月 12 日，張之洞和劉坤一上「江楚會奏」第一疏《變通政治人才為先遵旨籌議摺》，以上文獻出處參見關曉紅：《科舉停廢與清末政情》（《中國社會科學》，2004 年第 3 期）一文，另有光緒二十九年（1903），張百熙、榮慶、張之洞：《奏請遞減科舉注重學堂摺》，載《中國近代教育史資料》（上），人民教育出版社，1981 年，第 59 頁以下。
〔註55〕關曉紅：《科舉停廢與清末政情》一文專門考察了廢科舉決策得以通過的過程及其中的機巧，參考關曉紅：《科舉停廢與清末政情》，《中國社會科學》，2004 年第 3 期。

得清廷上諭的批准，結束了此前科舉與學堂並行的雙軌制。上諭指出：「三代以前，選士皆由學校，而得人極盛，實我中國興賢育才之隆軌，即東西洋各國富強之效，亦無不本於學校。方今時局多艱，儲才爲急……著即自丙午科爲始，所有鄉會試一律停止，各省歲科考試亦即停止……總之學堂本古學校之制，其獎勵出身亦與科舉無異。」〔註56〕從中可以看出，其論調和實際措施與梁啓超在戊戌變法時期所提出的「合科舉於學校」的策略幾無差異。這也許正應了凱恩斯的那段名言：「經濟學家和政治哲學家們的思想，不論它們在對的時候還是在錯的時候，都比一般所設想的要更有力量。的確，世界就是由它們統治著。講求實際的人自認爲他們不受任何學理的影響，可是他們經常是某個已故經濟學家的俘虜。」〔註57〕晚清的改革者所促成的無非是早先已經逐漸贏得輿論話語權的改革方略。

上面大致追溯了「合科舉於學校」這一制度變革方式在清末的來龍去脈。實際上這一做法的背後有著更深的歷史根源。前文在考察科舉制度與官學教育的磨合過程時指出，傳統的整合方式是一種「合學校於科舉」的方式，它使官學教育體系直接附屬於科舉制度。近代的改革方式實際上是來了個乾坤大翻轉，通過「合科舉於學校」的方式將科舉選官納入到學校教育制度中去。從當時人的話語中，我們可以看到，用學校取代科舉的做法在某種程度上符合儒家的三代理想。實際上，宋代王安石所設計的「三舍法」也是打著尚古主義的名號，也是試圖將養士、取士的過程都合併到學校當中。清末的改革設計者同樣以「三代」比附西方，梁啓超所說「遠法三代，近採泰西」即此謂也，清廷廢科舉的上諭中也用了同樣的話語，並且清末的做法實際上也是將養士、取士過程都合併到學校中去。以上說明這種科舉變革策略具有很深厚的傳統背景，這也許就是它在當時的輿論市場中能贏得話語權的一大原因。

雖然傳統的致思邏輯和話語運作爲科舉革廢提供了特定的認知框架和一定的變革動力，但清季改革者所致力於興辦的新式學堂和採納的新學制卻意在照搬西方、日本的新式教育模式。因爲時人認爲只有像日本一樣大量興辦起新式學堂才能培養出大批人才，進而迅速實現國家富強，對富強的追求才是科舉改革的根子所在。實際上，早在戊戌變法時期，康有爲等人就試圖直

〔註56〕舒新城編：《中國近代教育史資料》，人民教育出版社，1981年，第65頁。
〔註57〕凱恩斯：《就業、利息和貨幣通論》（重譯本），商務印書館，1999年，第396頁。

接按照日本的模式對中國進行「快變、大變、全變」。康有為認為日本所以能夠成功在於「全變、盡變」，如果中國能夠仿照日本變法，則「三年而宏規成，五年而條理備，八年而成效舉，十年而霸圖定」。〔註58〕當然國外的經驗並不是現成的，而是需要國人加以主觀解讀的，今天的研究表明，為了證明其「全變、盡變」主張的合理性和可行性，康有為對日本明治維新的經驗和史實進行了選擇性的解讀、取捨甚至歪曲捏造。〔註59〕可見，很大程度上，康有為的許多變革話語都是為了論證某種事先就已在其頭腦中形成的大變、全變方略的合理性，而這背後的實質就是認為只要將國外的先進模式全面照搬過來就能迅速實現富強。類似的，梁啓超在《變科舉》議論中也指出：「大變則大效，小變則小效。」如果能按照其所出的上策進行大變，「千年積弊，一旦廓清而辭辟之，則天下之士，靡然向風，八年之後，人才盈廷矣」。〔註60〕從事後來看，後來的改革者最終也確實採取了這種「快變、大變、全變」的改革方略。

實際上，在資本主義工業社會，正如培根所言，「知識就是力量」，用國內更時髦的話來說就是「科學技術是第一生產力」，現代發展經濟學也論證了「人力資本」的重要性，因此清末國人對人才的重視無疑是找對了方向。但問題是，如何實現與西方新式教育制度的銜接呢？這才是科舉改革中遇到的最為實質性的困難。要知道傳統的教育體系因為受到科舉制度的強大影響而與西方現代教育體系差異巨大，如果追溯得更深一些，那麼這種差異又來源於整個文明系統的結構性差異。概略言之，新式教育是面向大眾的普通教育，而非培養少量統治精英的科舉教育。新式教育以培養適應工業社會需要的各方面的專業人才為主要取向，與此相應，這些人才畢業後將進入市場分工體系擇業。總之，一個是批量「生產」的，一個是少量精選的；一個是以專業技術教育為導向，一個是以經典教育為導向；一個是進入市場自由擇業，一個基本上是由國家包辦的入仕一途。這些差異在今天看來極為顯著，但「對於包括先進人士在內的近代中國人，要真正認識其間的差別，極為困難。20世紀以後，雖已全面實行新學制，許多人對此依然混淆不清。加上教育的民

〔註58〕　康有為：《進呈日本變政考序》，湯志鈞編《康有為政論集》（上），中華書局，1981年，第224頁。

〔註59〕　參考村田雄二郎：《康有為的日本研究及其特點：〈日本變政考〉〈日本書目志〉管見》，載《近代史研究》，1993年第1期。

〔註60〕　梁啓超：《變法通議》，華夏出版社，2002年，第60頁。

間化趨勢以及科舉取士制度使文化分層的教育界限相對模糊，增加了將近代西方教育與古代傳統相混淆的可能性」。〔註61〕正因爲這種混淆不清，清季改革者用新式學堂取士來取代科舉取士，並由國家包辦學生的出路，這在本質上並沒有擺脫傳統的學而優則仕的思維，也沒有考慮好大批量畢業的新式學堂學生的社會出路問題。當時，御史陳曾祐倒是少有的有著清醒認識的人，他於光緒三十一年八月（1905 年 9 月）呈遞的《奏請變通學堂畢業獎勵出身事宜摺》指出了問題之所在：「故以學堂爲專造人才而設，實昧於興學之本旨也。知興學本旨在此不在彼，則學堂與仕進不可混合之故自明。」〔註62〕值得注意的是其奏摺中所用的「人才」正是傳統的含義，這從一個側面印證了前面所說的新舊人才觀的區別。

上一節已經指出清末在科舉制度體系之外獨立發展起來的新式學堂還是有一些市場的，也得到了一定的發展。不過新式學堂教育與科舉教育的競爭關係是不平衡的，這源於科舉教育體系背後擁有國家獎勵制度的支持。如果要將新式教育普及開來，那麼必須在根本上觸動科舉制度本身，主要是打破科舉考試與儒學教育之間的壟斷性關聯。現在的問題就是如何改革科舉制度來鼓勵新式教育的發展。實際上有許多可以採取的方式，比如通過改革科舉考試內容和命題方式來提高西學的地位，〔註63〕通過將學堂畢業作爲參加科考的條件以鼓勵士子進學，也可以通過給予學堂出身的考試合格者以更優裕的委任來提高其地位，等等。當然也可以通過實際上採取的那種「合科舉於學校」的方式來獎勵學堂興辦。前面的考察已經指出，「合科舉於學校」這一變革方式受到當時特定的認知、話語因素的強烈影響，即主要是受到傳統的

〔註61〕桑兵：《晚清學堂學生與社會變遷》，廣西師範大學出版社，2007 年，第 41 頁。

〔註62〕璩鑫圭、唐良炎編：《中國近代教育史資料彙編·學制演變》，上海教育出版社，1991 年，第 543 頁。

〔註63〕值得注意的是，單純將八股改爲策論並不是一個完備的選擇。因爲前面分析八股文相對於策論的優勢時已指出，單獨採用策論這種考試形式不適合大規模統一考試的技術性要求。而在清末，策論考試還面臨著與學校教育整合的難題，因爲策論容易流於浮誇和文辭，雖然這適合漢字文化考試和一定學歷之上的高級考試（因爲它能考察綜合運用知識並致用的水平），但單純靠幾篇策論不容易考察源自西方的以科技知識爲主要內容的新學水平，所以考試程序和內容的改革不能止於策論。對這方面的考察可以參考劉龍心：《從科舉到策論：策論與晚清的知識轉型（1901～1905）》，《中央研究院近代史研究所集刊》，第 58 期（民國 96 年 12 月）。

科舉與學校「二元對立」或「兩位一體」思維方式的影響。說它是「二元對立」是因爲改革者試圖直接用學校來取代科舉，將科舉與學校視爲非此即彼的選擇，而不是在文官考試、精英選拔與學校教育制度並立的視野中來進行改革；說它是「兩位一體」是因爲這種科舉與學校的一體化要麼使學校附屬於科舉，要麼使科舉附屬於學校，並且一體化的背後都是由國家包辦士子出路，人才都是爲國家所用。

除了上述特定的認識和思維方式之外，在現實的操作層面，這種改革方式也體現爲一種妥協兩全的做法，因爲它爲新式學生保留了從前科舉制度所許諾的入仕出路，同時將這種出路轉移到新式學堂中從而有利於學堂的興辦和新式教育的迅速發展。在當時的改革者看來，「合科舉於學校」的做法似乎是兩全其美，而實際上這種變革方式卻是一種「錯位嫁接」，它試圖將西方的新式教育制度嫁接到傳統的科舉體繫上。但其實際後果就是爲了實現教育制度的現代轉型而犧牲掉了科舉所內含的文官考試和精英選拔功能，將從前由中央主導的這一考試和銓選體繫連根拔除了，而沒有同時實現這一制度的現代轉型，也就是說其實際效果就是廢科舉。而當時一些西方國家已經借鑒中國的科舉制度採行了文官考試，有效地遏制了政黨分肥帶來的腐敗和政治動蕩，取得了良好的效果。清末時人在人才救國和大辦學堂這種單線突進的思路主導之下，對科舉制度的其他正面功能似乎都視而不見了，因此對這一制度也沒有絲毫的惋惜之情。很多人認爲保留科舉功名是一種改革不徹底的產物，但實際上這在更大程度上是一種陰差陽錯，如果不是採用「合科舉於學校」這種改革方式的話，改革者肯定會考慮到需要建立起新的文官考試和銓選體系，而不會在將這一制度連根拔除後而沒有樹立行之有效的替代性制度體系。〔註64〕

第四節　錯位嫁接：「合科舉於學校」所導致的直接後果

廢科舉的當時之所以沒有引起很大的波瀾，一大原因就是國家利祿之途由科舉轉向了學堂，士紳可以通過辦學來延續其特權，因此有學者稱其爲「官

〔註64〕清末雖然採行了學部對畢業生、歸國留學生的考試，但這與從前的科舉體系已經不可同日而語，後文還會分析由此導致的直接後果乃至深遠影響。

紳新一輪默契的成立」。﹝註65﹞通過「合科舉於學校」的改革方式也確實在短期內促進了新式學堂的大量興辦，據《宣統元年分教育統計圖表》所列，至1909年，各省的學堂及教育處所合計已達 58896 所。比之 1905 年的 8277 所，所增超過六倍。而集聚在這些學堂的學生已多達 1626720 人。﹝註66﹞同樣，赴海外遊學的留學生數量也激增。但學習西方新式教育和走向富強的根本似乎不在於短時間內興辦了多少學堂，而是在於整個社會文化網絡是否作出了適應性的調整從而使事物朝著良性的方向發展。比如，如何保證在短期內大量興辦起來的學堂和培養出來的人才的質量並使其可持續發展？如何使新式學生融入到社會經濟秩序中並發揮建設性的作用？利祿之途確實給新式學堂興辦以巨大的刺激，但是國家能提供那麼多的利祿之途嗎，如何在這種變化了的情況下保持一個有效的文官制度和選拔體系？這些及其他一些問題都非常麻煩，顯然心急火燎的清末改革者對這些問題尚缺乏明晰的認識和充足的準備。由速變大變和錯位嫁接的改革方式所帶來的各種衝突和失調就逐漸爆發了出來。

事後看來，即使是就科舉改革的直接目標——新式學堂的興辦而言，當年大量興辦起來的新式學堂的可持續性也是一大問題。廢科舉後雖然在短期內確實出現了一個辦學熱潮（這很大程度上是由於將科舉對社會的引導激勵作用直接轉移過來的結果，後文還會分析這一問題），在這一過程中存在著大量鋪張浪費和有名無實的現象，並且學堂勃興的狀況並不可持續，無論是經費還是生源等方面都出了問題，這種短期內的勃興可以說是一種「虛假的繁榮」。幾年後有人「證諸各地實在狀況」總結說，廢科舉次年，興學之風「大盛，各處學堂，以是年創設者，不可屈指計。以今觀之，自興辦學堂以來，此年之進步，可謂一躍而至極點矣。自是至今，細察各處學堂之狀況，則著著退步，大有一落千丈之勢」。﹝註67﹞一位外國人也觀察到了同樣的問題：「嘗見中國北部某城，其廣袤僅與吾英典地城相埒，乃五六年間，所謂學堂驟達二十七所，初高等、兩等小學而外，如農業，如法律，如方言，如陸軍，如女學，固無不應有盡有。乃辦理之法，無一適宜。曾無幾時，相繼閉歇，其碩果僅存者，亦只餘

﹝註65﹞周振鶴：《官紳新一輪默契的成立：論清末的廢科舉興學堂的社會文化背景》，《復旦學報（社會科學版）》1998 年第 4 期。

﹝註66﹞轉引自楊國強：《晚清的士人與世相》，三聯書店，2008 年，第 249 頁。

﹝註67﹞《論我國學校不發達之原因》，《申報》1909 年 5 月 24 日。轉引自羅志田：《科舉制廢除在鄉村中的社會後果》，《中國社會科學》，2006 年第 1 期。

五六所而已。」〔註68〕當然在中國如此大的一個國家，各地情況有所差異，學堂的退化是僅就趨勢而言。不過即使連政治、經濟、文化中心北京和比較富庶的江蘇都面臨著這樣的問題，可見這類問題的普遍和嚴重。〔註69〕

　　這種脫離了社會實際的辦學除了面對可持續性問題之外，辦學質量也無法保證。其陰暗面在順天府學務中表現得尤為明顯，前文曾提及的明代朱元璋強製辦學過程中所發生的問題重現了。在順天府，「各州縣連一個眞正的學堂都沒有。某縣立有蒙學堂十餘處，其中的學生多半是花錢雇了來的小工，教習大概也都開過學房鋪。在城內立有高等小學堂一所，學生共有四五人。前幾天南路廳下鄉查辦事件，要到學堂裏頭去參觀，趕緊連司事的全扮做了學生，對付著湊了十來個人，敷衍了敷衍。」〔註70〕另一些所謂辦學有成效的官僚也存在著鋪張浪費和安插私人的問題，如兩江師範所用夫役竟達 135 人之多，年費至 9000 餘元。其中有親兵、巡丁、茶房、鼓號兵、剃髮匠，甚至用印家人，簡直就是一座封建衙門。《教育雜誌》記者不禁喟然長歎：「該校辦事人在今日官場中已為俊傑，猶復若此，則彼貪鄙庸劣之儔，更何論焉！」〔註71〕一些當時的知識分子也表達了其對這種所謂新式學堂的厭惡之情，杜亞泉在 1911 年寫道：「今日教育上最顯著之弊害，在各地方多設立有名無實之學堂。此種學堂，其名義上無論為官公私立，實際則皆為一二私人，歆於創立學堂之名譽，且冀籌取地方之公款以恣其消費，憑藉官廳之權力以張其聲勢，非實有教育上之見地與其志願者也。故內容之陋劣，現象之駭怪，不但失社會之信用，且以增社會之惡感。」〔註72〕梁啓超在《新民說》中也有類

〔註68〕《論中國學務》，《外交報》第 273 期，譯自英國 1910 年 1 月 5 日《格剌斯哥報》。轉引自桑兵：《晚清學堂學生與社會變遷》，廣西師範大學出版社，2007年，第 151 頁。

〔註69〕在北京，有的竟「因款項不足，擬將該堂改為家塾」。在江蘇也有人指出：「官立民立各學堂費繁事大，每苦難於興辦。」（上述史料轉引自賈國靜：《私塾與學堂：清末民初教育的二元結構》，《四川師範大學學報（社會科學版）》，2002 年第 1 期。）

〔註70〕憂時子：《順屬各州縣的新政可哭》，《愛國報》第 155 期，1907 年 3 月 18 日。轉引自桑兵：《晚清學堂學生與社會變遷》，廣西師範大學出版社，2007 年，第 159 頁。

〔註71〕《江蘇諮議局調查兩江師範學堂報告》，《教育雜誌》第 3 年第 3 期，1911 年4 月 8 日。轉引自桑兵：《晚清學堂學生與社會變遷》，廣西師範大學出版社，2007 年，第 159 頁。

〔註72〕參見許紀霖、田建業編：《杜亞泉文存》，上海教育出版社，2003 年，第 322 頁。

似的批評，當時各省雖「紛紛設學堂矣，而學堂之總辦提調，大率最工於鑽營奔競、能仰承長吏鼻息之候補人員也；學堂之教員，大率皆八股名家弋竊甲第武斷鄉曲之巨紳也」。〔註73〕從當時人這些普遍的觀察和反應來看，這種借官力迅速上馬的辦學反而成了官紳投機鑽營的所在，其效果自然也就不可能理想。

　　與此相比，廢科舉不過幾年，學堂與私塾竟又形成競爭局面，有時私塾還略占上風。宣統三年即有人注意到：「昔之學生，大抵出私塾而入學堂；今之學生，乃有出學堂而入私塾者。」大約同時，《申報》的一篇文章也說：在學堂與私塾的競爭中，「入學堂者既多，私塾自歸消滅，此固一定不易之理。但默察近年來情形，則大有不然者。即學堂日漸退步，而私塾反日漸進步」。這還是「就蘇、常諸郡風氣早開之地言之，其他荒僻之地更不知何如」。而「私塾之所以受社會之歡迎」是因為其辦學較具彈性，其「善趨時尚者」，教學內容「亦添入算學、圖畫等科」。這類「不新不舊之教法」，頗「能迎合多數人之旨趣」。〔註74〕實際上，據郭沫若對其童年生活的回憶，私塾課程的調整早在廢科舉前的庚子之後就已經發生，在他生活的那個偏僻的鄉鎮裏，「庚子過後，家塾裏的教育方法也漸漸起了革命，接著便讀過《東萊博議》、《史鑒節要》、《地球韻言》和上海當時編印的一些新式教科書。先生又得到一部教會學堂用的《算述備旨》，根據著這本書來教我們的算術」。〔註75〕可見，傳統的教育體系和民間辦學不是不能根據新形勢做出適應性的調整。在前文對傳統教育的考察中已經指出，原有的民間辦學適應當時中國的社會文化生態和財力，從而用非常少量的資源將教育普及開來，這本來應當是近代中國教育發展的一個不錯的起點。「清代中國有著一個建立現代學校體系的比較穩定的基礎。但是，在這樣一個體系建立之前，晚清時代的現代化主義者就就決定不在舊的基礎上繼續建設，而是來一個從頭開始。」〔註76〕雖然興學堂的意

〔註73〕梁啓超：《新民說》，《飲冰室合集·專集之四》，中華書局1989年影印本，第63～64頁。轉引自羅志田：《權勢轉移：近代中國的思想、社會與學術》，湖北人民出版社，1999年，第199頁。

〔註74〕以上所引參見羅志田：《科舉制廢除在鄉村中的社會後果》，《中國社會科學》，2006年第1期。

〔註75〕郭沫若著作編輯出版委員會編：《郭沫若全集·文學編》，第12卷，人民文學出版社，1992年，第7頁。

〔註76〕吉爾伯托·羅茲曼主編：《中國的現代化》，江蘇人民出版社，2003年，第246頁。

願未嘗不良好，但是當時國家財力困窘，無力提供普及教育，而靠官力推進的新式學堂對原有的民間教育形成了擠佔和排斥，因爲許多支撐民間辦學的資源和場所，主要是各地大量的「公產」（這是一種民間性質的或介於官私之間的財產）都被挪用到辦學堂中去了。許多民間辦學也因爲廢科舉而解散停辦或者被強制改造了，尤其是大量的書院，包括許多歷史悠久聞名遐邇的書院都被強制改造爲一般的學堂或者荒廢塌坏，失去了文化和學術精神傳承的功能。

　　《中國的現代化》一書對近代中國的教育改革總結道：「希望新型的教育方式能夠普及和切合實際，這忽視了政治、經濟和其他方面的束縛。中國政府沒有能力給教育撥付經費……可以想像，晚清的改革派及其繼承者付出了極大努力，本可鼓勵人們建立足夠數量的義學和私塾，使大約 50%的男性居民讀書識字的。但他們討厭舊式學校，致力於根除或改變舊式學校，而不是擴大它們，新型教育奪回了原爲私塾佔據的許多地盤，而沒有直接侵入文盲的圈子。」「使國外的體制適應中國社會變化中的需要、適應於中國的財力物力和期望，這一問題，一直使 20 世紀中國所有的教育家深感苦惱。他們接連採用了日本、美國和俄國的模式，希望也能取得這些先進工業社會所創造的那種成就。外國模式的顯赫地位，總是意味著往往可以不考慮中國的國情和中國人的情感，一古腦兒地進行移植。」〔註 77〕可見，晚清的改革者所推動的新式教育本質上是一種另起爐竈的做法，這與當時人對待科舉制度的態度是一致的。國內學者張鳴也對這種另起爐竈的教育變革方式進行了反思，「原來舊教育的基礎，從硬件到軟件都不在新教育體系中發揮作用，這實在是一種資源的浪費。既然許許多多舊式的士大夫可以在原有的文化基礎上接受新學，那麼爲什麼不可以在原有的教育基礎上加以改造進行新教育呢？另起爐竈在近代化教育的轉變時期，顯然成本要大大高於舊瓶裝新酒，而且在效果上也不見得就好」。〔註 78〕

　　實際上傳統中國靠官力強制推行的辦學是一個屢試不爽的失敗之舉，前面考察傳統教育時提到宋代王安石和明代朱元璋強製辦學的失敗，而民間辦學則非常興盛。這是由於民間辦學能與民間社會的自組織活力結合起來，而

〔註77〕　吉爾伯托・羅茲曼主編：《中國的現代化》，江蘇人民出版社，2003 年，第 528
　　　　　～529 頁。
〔註78〕　張鳴：《夢醒與嬗變》，北京燕山出版社，1998 年，第 342 頁。

官力強制推辦的學校則因爲經費不足、對官吏的監控困難、不適應社會的需要等問題而不能收辦學之實效。近代的科舉改革和辦學沒有很好地吸取歷史教訓，也沒有與民間社會的自組織活力實現良性互動的發展，使其有生機和可持續，並保持一個社會靈活多樣的資源，反而對民間辦學和社會文化網絡產生了嚴重的破壞作用，並使官僚國家的陰暗面惡性擴張。

倉促興學並沒有帶來好果子，另一方面，授予學堂畢業生和歸國留學生以科舉功名並作爲候補官員的做法實際上仍然延續了國家包辦士子出路的一元化做法。那種比附式的話語對接也只是將「三代」的學校硬套上了西方的「學堂」名號，卻沒有意識到一種制度體系背後有相應社會文化網絡的支持，其中很多地方可能根本就對接不上，因此直接照搬過來就必然會導致種種衝突和失調。晚清的改革者本來是希望新式學堂取士可以取代傳統的科舉取士。但是這種做法很快被證明問題重重，因爲新式學堂是大批量興辦的，畢業考試也較爲容易，這與前文所分析的科舉考試的嚴格篩選作用不可同日而語。

社會行動者或能動的主體（agent）與制度（institution）、結構（structure）的關係一直是社會理論研究中的一大核心主題。制度機制往往能對行動主體產生激勵作用，這是現代機制設計理論所揭示的基本原理。在科舉改革問題上，制度機制的變革也產生了相應的社會後果。實際上，將科舉、學堂合爲一體的改革方式對社會產生了嚴重的誤導作用。廣大的讀書人發現改革爲他們提供了一個寬鬆得多的入仕階梯，因爲只要學堂畢業就可以獲得功名，大家一蜂窩湧進這種所謂的新式學堂。於是出現了許多非常怪異的現象。「在那個時代，小學裏 30 歲上下的人俯拾皆是，據郭沫若回憶說，他當年上小學的時候，學校裏『三十歲上下的成年人要占半數以上』，而 14 歲的他，要『算是最幼的一起』。」〔註79〕這說明這一改革將原來大量沉澱在基層社會中的士子都調動出來了。大量的人是奔著功名富貴去的，這些畢業生能非常容易地獲得功名。國家名器泛濫，但出路卻無法保證。實際上，仕途很快就出現了驚人的擁擠。1911 年 5 月，唐文治指出：「乃自今年以來，留學生之畢業回國及各省高等學堂畢業生，經學部考試而得京外實官者，綜計各案，已不下千餘員。畢業獎勵行之未及十年，而得官之多，已浮於甲辰（1904 年）會試以

〔註79〕張鳴：《鄉村社會權力和文化結構的變遷（1903～1953）》，廣西人民出版社，2001 年，第 47 頁。

前之數十倍。長此不變，竊恐倍數與年俱增，而全國將有官滿之患，似亦無此政體。」〔註80〕清廷也意識到了這一問題的嚴重性，本來這時要推行的官制改革準備裁汰冗員，但鑒於這種情況也不敢下手了，陷入一種兩難困境，徒貽人以話柄。「政務處奏請免裁各省員缺，以為畢業生升途。業經奉旨依議矣。然裁汰官缺，為近今我國一大政，舉國皆屬目。不料忽有此反汗之舉也……本屬不成政體，我政府其何詞以謝天下，而尤謬者則欲以留此員缺為位置畢業生之地。」〔註81〕從更深一層來看，這說明不同的改革目標和措施之間也出現了衝突，清末新政改革的頂層設計並沒有充分意識到全面改革會帶來的各種衝突和失調。不過清廷已經沒有時間來糾正其錯誤了。這一趨勢到民國仍然不減，「民初數年間，在北京和各省出現了一批數以百萬計『日費精神以謀得官』的『高等遊民』，其中相當一部分是畢業學生」。〔註82〕

對於國家來說是官滿為患，而對於士子、學生來說則是出路無著。在科舉時代，士子的出路本來就是一大問題，不過在傳統社會中由於科舉制度與社會文化網絡很好地嵌合在一起，從而不但使這一問題得到較好的緩解，而且使大量積澱下來的士子成為基層社會非常重要的現場治理者，從而在很大程度上發揮了建設性的作用。但清末立廢科舉和大辦學堂的做法卻導致出路問題一下子顯性化了，並以爆炸性的方式呈現出來。

對於舊式士子來說，科舉制的廢止使其失去了原有的上陞途徑，上陞途徑的中斷必然會帶來社會分流。這種流動已經不是之前的緩慢分流或分化，而是由制度劇變帶來的結構性流動。既然新式學堂和出國遊學成為新的利祿之途，大量的士子湧向了新式學堂和出國留學，不過這部分人一般是比較年輕的士子，並且能夠負擔起新式學堂和出國留學成本的士人必須具有相當的經濟基礎。據統計，湖北地區在清末20年間的4萬名紳士中，至少有2萬餘人是通過新式教育參與社會流動的，約占紳士人數的43%。具有舊式功名的士紳出國留學的也很普遍，據民初《最近官紳履歷彙編》統計，江蘇地區參加留學的進士占到原有功名人士的54.6%，舉人占到31.0%，生員占到66.7

〔註80〕 《交通大學校史資料選編》，轉引自張亞群：《科舉革廢與近代中國高等教育的轉型》，華中師範大學出版社，2005年，第185頁。

〔註81〕 《未免輕視學生》，載《東方雜誌》1904年第12期。

〔註82〕 桑兵：《晚清學堂學生與社會變遷》，廣西師範大學出版社，2007年，第397頁。

%。〔註 83〕新式學堂主要集中在城市，尤其是大都市，所以伴隨著這種分流的結果是大量農村士紳的城市化。另外，由於清末軍人地位的上陞，從軍成為一個重要的社會上陞途徑，大量的士子流向了新軍。據統計，廢科舉的 1905 年加入湖北新軍的人，九十六人之中有二十個廩生，二十四個秀才。〔註 84〕當然，也有其他分流方式，不過廢科舉帶來的巨大分流壓力使士人的流向主要奔向那些短期內能大量吸納人口的部門，比如學堂和軍隊。廢科舉所帶來的劇烈衝擊可能在短期內由學堂和軍隊等部門消化了。但是那部分沒法進入新式部門的士人怎麼辦，這些人可能包括年紀大的舉子，貧寒的士子等無法找到滿意流動渠道的士子，這部分人面臨著非常悲慘的命運，或者成為一種不安分的力量。山西舉人劉大鵬感慨道：「自變法以來，業經六、七年，而老師宿儒皆坐困於家。」〔註85〕有些紳士甚至流向秘密社會，「紳衿與哥老會多合為一氣」。因此，清王朝所憂心的「前聞舉貢生監，以考試既停，無所希冀，詩書廢棄，失業者多，大半流入會黨」，絕非聳聞之詞。〔註 86〕

但是通過進入學堂等部門實現分流並不是關鍵，關鍵問題還在於職業分流，也就是說關鍵在於要讓新式人才能夠建設性地融入到社會經濟的分工秩序中去。近代化轉型從長遠來看必將會帶來更多的職業分化，傳統「士農工商」的職業劃分也會變得更加多元化。民國新編的一些地方志中就將職業門類劃分的更細了，如《阜寧縣新志》的「職業」細分為 23 項。〔註 87〕不過市場秩序是一種擴展秩序，並不能在短期內就一下子形成完善的分工體系和提供大量的經濟機會。「中國的近代都市化進程雖然早已開始，但一直進展不快，到新政時期，並沒有形成足以吸走農村人才的巨大引力，更容納不了相應的人口。但廢科舉興學堂的行政舉措，以一種非常規的形式，人為地刺激了這一進程。」〔註 88〕同時，相比於從前的科舉制度，「學堂畢業是一次性的，它不像科舉制度那樣，可以無限期地對所有落第者『許諾』『下一次機會』，正因為如此，清末的學堂制度不存在對功名追求者的挫折感的自我消解機

〔註83〕 王先明：《近代紳士階層的社會流動》，《歷史研究》，1993 年第 2 期。
〔註84〕 陳志讓：《軍紳政權》，三聯書店，1980 年，第 14 頁。
〔註85〕 劉大鵬：《退想齋日記》，光緒三十三年六月初一日，第 169 頁。
〔註86〕 王先明：《近代紳士階層的社會流動》，《歷史研究》，1993 年第 2 期。
〔註87〕 同上。
〔註88〕 張鳴：《鄉村社會權力和文化結構的變遷（1903～1953）》，廣西人民出版社，2001 年，第 48 頁。

制」。〔註89〕對於大量的新式學堂學生來說，他們畢業之後才是麻煩的開始。當然對清廷來說，聚集在新式學堂裏的學生已經夠麻煩的了，躁動不安的學堂學生被證明非常難以管束，一波波的學潮此起彼伏。〔註90〕學堂學生的躁動當有其時代背景，一方面是受轉型社會中革命風氣的薰染，另一方面是由於新舊更易之際兩頭不著地的狀況所帶來的浮囂，傳統的教育規範和學術精神在另起爐竈式的教育改革中幾乎是一掃而空，這帶來的就是對學生失去管束。〔註91〕這些學潮雖然往往能找到一些正當性的藉口，但多起於年輕學生的意氣用事，畢竟專心學業才是學生的本職。民國著名記者黃遠庸年輕時曾領導學生鬧學潮，但在遊歷歐美之後則對早年的不受師訓，不受學校管束的意氣用事表示了懺悔。〔註92〕

　　學生畢業之後的問題則更大，這種問題又因為倉促推進的新式教育與社會文化網絡的不兼容而放大。一方面，新式教育所培養出來的學生因為接受了源自西方社會的價值觀念和生活方式，與傳統的農村習俗格格不入，很難再回到農村。他們看不起鄉民，自然也不願意回到農村去，而在科舉時代主要是農村消化了大量的科舉後備人才。又因為辦學堂的捐稅負擔傷害了鄉民的利益，〔註93〕卻沒有帶給他們什麼好處，再加上文化上的隔膜，清末出現了大量鄉民毀學的暴動。〔註94〕這明顯地反映出倉促推進的新式教育與鄉村社會難以融合。另一方面，新式學堂是在短期內大批量興建起來的，而當時的辦學資源和合格的師資極為有限，辦學規範更是不成熟，所以多粗製濫造、

〔註89〕蕭功秦：《從科舉制度的廢除看近代以來的文化斷裂》，《戰略與管理》，1996年第4期。

〔註90〕關於學潮頻發的詳細研究可以參考桑兵：《晚清學堂學生與社會變遷》，廣西師範大學出版社，2007年，第二、四章。

〔註91〕梁漱溟特別指出了西洋風氣輸入給中國倫理本位的社會所帶來的瓦解作用，新式學生這些青年人的叛逆性格也有這種深層的文化碰撞背景在。參考梁漱溟：《鄉村建設理論》，上海世紀出版集團，2006年，第56頁等處。應當說這種瓦解作用既有優勢文化衝擊的原因，也有國人自毀長城的原因。

〔註92〕參考桑兵：《晚清學堂學生與社會變遷》，廣西師範大學出版社，2007年，第445頁。

〔註93〕比如有人指出，某些「劣紳莠士，借興學為名，魚肉鄉里，侵吞公款，致教育之聲價日墮，教育之信用全失，毀學之風，由此而滋」。轉引自賈國靜：《私塾與學堂：清末民初教育的二元結構》，《四川師範大學學報（社會科學版）》，2002年第1期。

〔註94〕參考楊齊福：《晚清新政時期鄉民毀學述論》，《福建論壇（人文社會科學版）》，2002年第5期。

投機鑽營之流，其培養出來的「新式人才」和到日本留學「速成」歸來的留學生一樣多是不學無術而又喜歡投機鬧事的人物。「後起的新學家們多是依靠辦學堂而一批一批製造出來的。在東洋傳來的速成法備受歡迎的時代裏，粗製濫造是常有的事。」〔註95〕據悉，當時數萬留日學生絕大多數都在東京一帶鬼混。〔註96〕「舊制既去，新制尚不能起大作用，全國教育乃成一鍋夾生飯。新學堂確實培養了不少『新人物』，卻未必養成了多少『新學人』。學子無學，是後來其社會地位逐漸下降的一個重要原因。」〔註97〕在失望之餘，教育家們開始稱他們爲「高等二流子」。〔註98〕這些人並不爲當時的官僚和社會所看重和重用。工商業界人士曾抱怨畢業生不稱其職，認爲：「國家教育的宗旨，是在造就一班普通的人民，教給他養身養家的能耐，並非是教全國的人，全成了大人物大英雄。」而學堂教學內容如出一轍，學生僅僅「會些個光線力點的新名詞，別的全不會」，因此工商界「全都無法位置」。〔註99〕實際上，朝廷既以利祿之途引誘學堂興辦，學堂辦學和新式學生自然也自覺不自覺地奔著當官去。新式學堂雖然大量上馬，但是卻呈現出一種畸形發展的面貌，相對於實業學堂來說，法政學堂畸形繁榮。據統計，1912 年，法政畢業生有 5115 人，占全國高校畢業生總數 8326 人的 61.55%，畸形發展的狀況於此可見一斑。〔註100〕這與日本形成了鮮明對比，後者的發展比較均衡，並且以職業教育爲導向。〔註101〕這種情況自然反映出大家奔著做官去的多，以爲廢科舉之後就能將「當官熱」打消掉，那是一種想當然的想法，以今天的「公考熱」回過頭去看，則這一點更是不待言說。實際上，要想打消「當官熱」，約束權力和將權力所附著的豐厚利益剝離掉才是根本，如果改革不是朝著這個方向走，單純廢除科舉考試制度只會導致人事行政更無章法可循。

〔註95〕楊國強：《晚清的士人與世相》，三聯書店，2008 年第 282 頁。

〔註96〕唐德剛：《袁氏當國》，遠流出版事業股份有限公司，2002 年，第 296 頁。

〔註97〕羅志田：《近代中國社會權勢的轉移：知識分子的邊緣化與邊緣知識分子的興起》，《開放時代》，1999 年第 4 期。

〔註98〕吉爾伯托·羅茲曼主編：《中國的現代化》，上海：上海人民出版社，1989 年，第 528～529 頁。

〔註99〕《論國民教育》，《愛國報》第 262 期，1907 年 8 月 15 日。轉引自桑兵：《晚清學堂學生與社會變遷》，廣西師範大學出版社，2007 年，第 397 頁。

〔註100〕張亞群：《科舉革廢與近代中國高等教育的轉型》，華中師範大學出版社，2005 年，第 215 頁。

〔註101〕桑兵：《晚清學堂學生與社會變遷》，廣西師範大學出版社，2007 年，第 393 頁。

　　本來在市場經濟之下，以企業爲主體的現代部門才是解決就業的主要渠道，但當時的中國社會基本上還停留在農業社會的水平上，現代部門極爲有限，並且主要集中在少數核心城市和沿海地區，所以社會對新式人才的需求實際上非常有限。在現代化過程中，通過社會經濟秩序的擴展會逐漸增強社會吸納新生事物的能力，但是晚清的立廢科舉和大辦學堂卻是以一種爆炸性的方式到來的，並且由於清廷將科舉的獎勸作用直接轉移到學堂中去，學堂和新式教育也就不是按照市場供求來逐漸推進，而是一蜂窩地發展，這更惡性放大了其社會影響，帶來了嚴重的社會問題。

　　本來廢科舉的主要緣由是「人才救國」，按說新式人才應當奇缺，趕不上社會的需求才對，但「實際上到處可見他們非但不能適得其所，甚至無處容身」。〔註102〕還在廢科舉之前，這一問題就已經比較明顯，廣東武備學堂1904年應屆畢業生110餘人，到1908年，除官派自費留學僅40人外，出任軍職者不過20餘人，而且多無實權，另外50人只能別謀生計。浙江武備學堂畢業生200餘人，「在軍界授職任事者十不二三，而大半投閒置散」。〔註103〕類似的，湖北新政中培養的大批下級軍官相對過剩，如陸軍特小學堂大量畢業生無法安置而依然回營當兵。〔註104〕其實加入到新軍中去的畢業學生也往往得不到重用，只能屈居於腐敗軍官的淫威之下，許多舊式士子和新式學生加入到新軍中去是爲了實現社會上陞，但這種不得志的局面使其特別容易被革命宣傳所打動，「這些無法『位置』的軍校畢業生最終成爲辛亥革命的前驅而尋找到了自己的歷史位置」。〔註105〕警務爲新政重點，而奉天警務學堂畢業生「見用者百無三四」。就連缺口極大的師範畢業生也得不到合理安排。〔註106〕師範生無法就業的情況可能與當時先發展高等教育，而初等教育卻滯後的做法有關，這更反映了教育改革背後的急功近利心態和缺乏統籌性。

　　上述普遍存在的現象說明所謂的新式人才似乎沒有那麼奇缺，而那種盲目推進而又不協調的現代化發展是一種畸形發展。以清末浙江作爲區域個案

〔註102〕桑兵：《晚清學堂學生與社會變遷》，廣西師範大學出版社，2007年，第393頁。

〔註103〕同上，第393頁。

〔註104〕高鍾：《文化激蕩中的政府導向與社會裂變：1853年～1911年的湖北》，華中師範大學出版社，1998年，第169頁。

〔註105〕同上，第169頁。

〔註106〕桑兵：《晚清學堂學生與社會變遷》，廣西師範大學出版社，2007年，第394頁。

來看，同樣的問題也非常明顯，有學者以 154 人清末浙江學生人才爲樣本分析，其中職業革命者竟佔了 18% 之多，而從事實業的則寥寥無幾。〔註107〕這不能不說是對清廷辦學的一個莫大諷刺。與日本明治精英相比，近代中國知識精英喜歡鬧革命、誇大口的多，而踏實求學和辦實業的則少的可憐。〔註108〕「歸根結蒂，這種畸形的人才過剩，乃是近代中國社會變遷動力與惰性矛盾衝突的病態表現。只有眞正邁開近代化步伐，才會感到人才缺乏的迫切和更新人才的必要。」〔註109〕而當時的中國社會似乎根本容納不了這麼多的所謂人才，在根本上這是自發的社會經濟秩序與清廷靠官力盲目推進的新式學堂之間的結構性矛盾。這種矛盾也充分說明那種單線突進的人才救國思路是成問題的。

學堂學生的出路成了嚴重問題，這進而會演化爲嚴重的社會問題。「受到前後夾攻的學生，一開始就面臨畢業即失業的危機。尖銳的地位矛盾（教育界域高而職業界域低）強化了他們對現實的不滿情緒。如不徹底改造社會，就只能自生自滅。這使學生及新知識群的破壞性功能超常發揮，而建設性功能受到抑制。」〔註110〕這些與既有秩序相疏離甚至相衝突的「邊緣知識分子」〔註111〕成爲此後中國社會長期動盪不安的一個重要推手。轉型社會這個「撒旦的磨坊」本來就製造出了大量的社會苦難，而立廢科舉這種「休克療法」和單線突進的學堂辦學帶來的出路問題無疑更是使社會苦難激增。年輕而又

〔註107〕 劉訓華：《清末浙江學生群體與近代中國》，上海大學博士學位論文，2010 年，第 331 頁。

〔註108〕 孫中山本人就贏得了「孫大炮」的稱呼，搞完革命後孫中山誇口要修「二十萬公里鐵路」（一說是「十萬公里」），但凡有點實幹之才的人都知道這在當時的情況下是不可能的，比民國財政尚顯寬裕的清廷都無法做到的事情靠一場革命當然也解決不了，袁世凱也樂得以此任務交付孫中山，最終孫中山在揮霍掉袁世凱撥付的經費之後一公里鐵路也沒修出來，袁世凱也正好乘機打壓他。從這個小故事中我們也能看出那種先破壞後建設的思路背後其實有很多想當然的成分。參考唐德剛：《袁氏當國》，遠流出版事業股份有限公司，2002 年，第 89 頁。

〔註109〕 桑兵：《晚清學堂學生與社會變遷》，廣西師範大學出版社，2007 年，第 394 頁。

〔註110〕 同上，第 395 頁。

〔註111〕 關於知識分子的邊緣化和邊緣知識分子的興起這一問題可以參考余英時：《中國知識分子的邊緣化》，《二十一世紀》，1991 年 8 月號。羅志田：《近代中國社會權勢的轉移：知識分子的邊緣化與邊緣知識分子的興起》，《開放時代》，1999 年第 4 期。

熱衷於政治的邊緣知識分子特別容易被革命運動所吸引，既然無法在社會上獲得滿意的謀生方式，那就以革命爲業，並且在革命中他們也往往能找到某種精神的歸宿。出生於 1902 年的職業革命家黃克誠的例子很能說明這種情況，出身貧寒的他被選中爲家族共同負擔的讀書人，但是在不負眾望地考入省立第三師範之後，因爲課業的壓力而產生了自卑感，再加上當時中國社會內外交困的局面，黃克誠對學業的興趣逐漸減淡，而開始關心國家社會問題，在閱讀了各種報刊之後，他認識到「不光是我一個人苦於無出路，整個中華民族都處在水深火熱之中」，於是「由過去爲個人尋找出路變爲立志爲國家、民族、社會尋找出路」。〔註112〕從其個人的命運中我們多少能看出由個人出路問題所帶來的壓力和苦悶通過一種心理機制的轉化昇華到革命事業當中去了。職業革命者的增多一方面源於革命風氣盛行的時代氛圍，另一方面也反映出被邊緣化而又心有不甘的知識分子的增多。「近代以還，由於上陞性社會變動的途徑多在城市，邊緣知識分子自然不願認同於鄉村；但其在城市謀生甚難，又無法認同於城市」。〔註113〕事後看來，「常在都市中遊蕩的知識青年固然成了『鬼蜮』，而失去知識階級的農村也變成了『地獄』。兩者都極大地影響了後來中國的發展，特別是雙方的結合爲後來中國的政治革命提供了最主要的人力資源。」〔註114〕

　　科舉制度下，大量的士子擠到做官一途上，這種一元化的狀況導致出路擁堵，這本來就是一個比較麻煩的問題，所以歷代王朝的後期往往出現秀才造反的現象。傳統文明系統中這種高度一元化和同質性的結構存在著潛在的問題，一方面它因爲高度專化而使適應新的挑戰變得困難，另一方面也容易因爲突然的轉型而造成巨大的震蕩，這就好比產生共振效應一樣。而「異質性則是改善系統健壯性的一個重要手段」，〔註115〕走向多元化正是針對這一問題的根本解決方法，但是社會經濟的多元化是一個需要逐漸擴展和包容異質性的過程，它需要一個漸進生長的過程。清末的改革者在人才救國觀念的主導下採取了立廢

〔註112〕參考羅志田：《近代中國社會權勢的轉移：知識分子的邊緣化與邊緣知識分子的興起》，《開放時代》，1999 年第 4 期。
〔註113〕同上。
〔註114〕羅志田：《科舉制廢除在鄉村社會中的後果》，《中國社會科學》，2006 年第 1期。
〔註115〕約翰·H.米勒、斯科特·E.佩奇：《複雜適應系統：社會生活計算模型導論》，上海世紀出版集團，2012 年，第 35 頁。

科舉的做法，並且通過給予學堂畢業生以科舉功名和利祿之途的方式來鼓勵學堂的興辦。這就使傳統社會中由於科舉制度長期推行所導致的人才潛在過剩問題在短期內釋放了出來，並因為獎勵學堂制度的實施而變本加厲。這種做法通過頂層的強制性制度變革實現了制度再造，並對社會產生了強有力的導向作用，但國家卻提供不了這麼多的職位，社會經濟秩序也沒有發生根本性的發展變化，由此產生了嚴重的結構性矛盾。因此，這一做法雖然在短期內促進了學堂和新式學生的激增，並迅速實現了教育轉型，但是整個社會卻沒有那麼大的容納能力來消化這種在短期內的爆炸性增長。後來傅斯年寫道：「往昔科舉制也造遊民，然為數不多；今「學校承襲科舉製造遊民，效能更大。學校越多，遊民越多。」〔註116〕又適逢中國處於內憂外患和痛苦轉型的歷史三峽中，革命激情本來就容易膨脹，聚在一起的學生群體普遍無法安於學業，畢業之後又無法找到自己的社會位置，這就導致本應從事近代建設事業的大量知識青年紛紛投身到革命洪流之中，成為一種社會不穩因素。「學生人數增長與素質提高不協調，使得社會的進化變革缺少成功的基因，成為導致近代中國不斷發生周期性痙攣陣痛，卻總是難產或結出怪胎的重要癥結。」〔註117〕

第五節　廢科舉與憲政改革

科舉制度的廢除不僅僅意味著原來的上陞流動途徑的終結，而且意味著士大夫群體失去了其曾經立身的制度基礎。尤其是對於仍然蓄積在基層社會中的士紳群體來說，他們既沒有正式官員的身份，又失去了曾經賦予自己國家權威的科舉制的制度保障。從前禮士、隆士的取士大典現在一下子蕩然無存，在此意義上，士紳階層是被清廷拋棄了，現在他們必須找到新的制度權威來寄身。恰在此時，清廷在朝野輿論的呼喚下推行了憲政改革，當時人稱其為「立憲」，士紳們在憲政改革中找到了政治參與的機會和新的制度平臺。所謂「立憲」實際上是政治體制改革的總稱，具體包括製定憲法、改革官制、召開國會、責任內閣、地方自治、司法改革等大項。

1905 年是清末新政改革的一個關鍵年份，日俄戰爭於是年結束。兩個列

〔註116〕轉引自羅志田：《科舉制廢除在鄉村社會中的後果》，《中國社會科學》，2006年，第 1 期。

〔註117〕桑兵：《晚清學堂學生與社會變遷》，廣西師範大學出版社，2007 年，第 151頁。

強在中國國土上開戰，受此刺激社會心態普遍更趨激進化。日本最終戰勝俄國，這被當時心切於政治體制改革的國人解讀爲「立憲」對「專制」的勝利，因此「立憲救國」的言論一時大盛。〔註118〕這一年不但實現了立廢科舉，而且派出了出洋考察憲政的大臣，實際上也就表明朝廷已經準備進行憲政改革了，果然在浮光掠影的考察之後，第二年就正式推出了「預備立憲」。科舉制度改革與憲政改革兩條線開始交匯在一起。許多接受新式教育的士紳知識分子參與到了正在推行的憲政改革過程中，構成了所謂的「立憲派」，他們迫切地尋求獲取制度化的政治參與權，倒逼清廷早日立憲和開國會。許多研究已經注意到在清末進行政治參與的這一群體的巨大影響，他們具有各種稱呼，如新士紳、紳商、地方名流、城市改良派上流階層、立憲派、新官紳等。〔註119〕總體來說，這部分人多是士紳階層中的成員，其中相當多數的人接受了新式教育。他們在清末開始「浮出水面」，參與到了新政改革過程中，成爲承接各種「地方自治」措施的「官紳」或「權紳」，並且很多有一省範圍或全國範圍影響的名流掀起了轟轟烈烈的立憲運動，倒逼清廷加快立憲步伐。從思想觀念到行爲方式，我們都能看出這一新士紳群體在很多方面都與舊式士紳不同，但另一方面我們也不能否定二者之間存在著一定的接續性，這並不僅僅是因爲他們往往都具有士紳的身份，而且因爲新舊轉換的背後存在著一些持續性的趨勢和時代指向。爲了更清楚地理解這種發展趨向以及廢科舉與憲政改革的關係，下面我們先對立憲這條線索作更詳細的交代。

　　正如在分析科舉革廢過程時所側重的，近代中國的制度變遷是有意識尋求富強和學習西方的結果，這種變革方式的特點是思想觀念先行，建構主義色彩比較重，而不像西方原生現代化國家那樣更多從歷史傳統中漸進

〔註118〕這種看法反映在當時的許多報刊言論當中，如《中外日報》（光緒32年5月）文章標題即爲《論日勝爲憲政之兆》。《時報》（丁未五月十五日）載文寫道：「故中國存亡之問題，實以能否確立立憲政治之基礎決定之。」《中外日報》（丁未九月一日）載文寫道：「苟欲救亡，捨立憲外，即無他策。」後兩則言論參見張朋園的《立憲派與辛亥革命》一書（吉林出版集團，2007年，第47～48頁）。

〔註119〕關於這一群體的研究可以參考孔飛力：《中華帝國晚期的叛亂及其敵人（1796～1864）》，中國社會科學出版社，1990年；周錫瑞：《改良與革命：辛亥革命在兩湖》，江蘇人民出版社，2007年；張朋園：《立憲派與辛亥革命》，吉林出版集團，2007年；魏光奇：《官治與自治》，商務印書館，2004年；王先明：《近代紳士：一個封建階層的歷史命運》，天津人民出版社，1997年。

演化的成分。在立憲方面，可以說這種有意識建構的取向更加明顯。當然，思想觀念的建構並不是一個憑空的、孤立的過程，而是受到人們各種文化前見、現實訴求等因素的影響，傳統所提供的「前見」或「前理解」以及當前的現實困境都對當下思想意識的形塑發揮了強有力的構造性影響。憲政這種外來的新生事物是如何進入到國人的視野中，又是如何被普遍接受為當時必須採行的要政呢？在這一過程中，外來的事物必須獲得本土資源和本土訴求的承接才能更容易被內化吸收，同時在這一過程中也難免會發生變異或再建構。

最先注意到西方憲政制度的人士無疑是得風氣之先的通商口岸（條約港）知識分子，王韜、鄭觀應等人是其中的傑出代表，但是他們的思想必須被內地的主流士大夫群體接受之後才能產生廣泛的影響，後種情況只有在西方衝擊的強度大大加深，從而導致思想文化權勢向趨新一方轉移之後才能發生。在一開始，得風氣之先的知識分子還必須謹慎地為其思想辯護，正如鄭觀應在其著作中所寫的：「今之自命正人者，動以不談洋務為高，見有講求西學者，則斥之曰名教罪人，士林敗類。」〔註120〕可見當時的改良維新派在士大夫群體中尚處於一種尷尬的地位。但曾幾何時，西方的制度便被視為救國的不二選擇，「苟欲救亡，捨立憲外，即無他策」。〔註121〕

那麼，自始至終是什麼因素使國人對西方的憲政制度發生了興趣，甚至最終導向了「苟欲救亡，捨立憲外，即無他策」的論斷呢？這必須從當時知識精英對西方憲政制度好處的理解來找原因。王韜寫於同治年間的《漫遊隨錄》強調，君主專制與議會制度的結合是實現「上下之交」和「富強之效」的手段。而鄭觀應在《盛世危言》中同樣強調了立憲和議會的好處是「朝野上下，同心同德」、「上下一心，君民一體」、「合眾志以成城」等。甲午戰爭爆發前，陳虬、陳熾、徐景澄、張蔭桓等人，均以大體相似的方式和用語表明了他們對西洋議會制度的看法。〔註122〕梁啟超則在《南學會序》中對其心目中這種團結一致、萬人一心的國家作了這樣的描繪：「萬其目，一其視，萬其耳，一其聽，萬其手，萬其足，一其心，一其力，萬其力，一其事……是

〔註120〕鄭觀應：《盛世危言‧西學》。

〔註121〕《中外日報》（丁未九月一日）轉引自張朋園：《立憲派與辛亥革命》，吉林出版集團，2007年，第47～48頁。

〔註122〕蕭功秦：《近代國人對於立憲政治的文化誤讀及其歷史後果》，《戰略與管理》，1997年第4期。

之謂萬其塗，一其歸，是之謂國。」〔註123〕在清廷頒行「預備立憲」的1906年，這一傾向表現得更爲突出。當時頗具影響的《東方雜誌》刊文指出：「今既宣佈立憲，則同舟共濟，黨派調融，與其鷸蚌相爭，何如兄弟急難，苟利於國，苟利於民，萬眾一心，萬矢一的，大同團體肇於斯矣。」〔註124〕另一篇時論在列舉了立憲的一些具體利益之後，指出立憲的最大利益在於「能公是公非，萬人一心，上下同德，以守則固，以戰則克。以謀內政，足以泯偏私之見，以謀外交，足以杜賄賂之源」。〔註125〕

　　從上述論斷中可以看出，從一開始西方議會制度最吸引國人眼球的地方就在於這種制度能夠通過鼓勵自下而上的政治參與來加強政治溝通和政治動員，從而獲得團結一致和捨私從公的力量。在當時國人看來，憲政制度這一工具恰恰是救治中國政治無能問題的良藥，因爲傳統中國政治的問題恰恰在於君民相隔，上下不通。王韜無疑是比較早地提出這種有影響力看法的知識分子，雖然他一生主要是生活在口岸地區，但他卻是一個接受了良好儒家教育的士人，甚至考中過秀才。按照王韜的看法，西方的政體類型可以分成君主之國、民主之國與君民共主之國。中國在封建時代是君民共主之國，而自秦制始，中國形成君尊臣卑的局面，君與民之間的距離加大，關係變得疏遠了，而皇帝則以維持本家族權力這一自私動機來統治，因此英國的君民共主政體與中國的三代理想相吻合，而英國之能實現富強正說明了君民共主的正確。〔註126〕經過這種轉換和包裝，西方的議會制度就成了儒家民本主義所本來就贊成的制度了。這一方面體現出條約港知識分子爲了使其議論被社會主流所接受而不得不以儒家的話語對西方制度加以包裝，另一方面則體現了儒家文化內在具有承接西方制度的本土資源。實際上根據余英時先生的考察，這種內在的動向在明清時代已經非常顯著，延續到晚清因爲接觸西方而激發出來，「因此對於西方的民主制度幾乎是一見傾心」。「他們終於在民主制度中發現了解決君權問題的具體辦法，突破了儒家傳統的限制。但是由於他們仍

〔註123〕轉引自張灝：《梁啓超與中國思想的過渡（1890～1907）》，新星出版社，2006年，第67～68頁。

〔註124〕《立憲綱要》，載《東方雜誌》，1906年第3卷增刊。從其所用的比喻來看，無疑有「天下一家」的意象。

〔註125〕轉引自蕭功秦：《近代國人對於立憲政治的文化誤讀及其歷史後果》，《戰略與管理》，1997年第4期。

〔註126〕參考王韜：《弢園文錄外編·重民下》。

然是站在儒學的內部來理解民主的意義，『格義』便成為他們所不能跳過的一個環節。」〔註127〕

如果比較中西憲政觀念，我們不難看出近代知識分子在看西方時戴著一副「文化濾光鏡」。中國知識分子所著意的地方在於君民相通，而這是通過鼓勵自下而上的政治參與來實現的。固然我們不能否認西方的憲政制度確實具有政治參與的面孔，不過在西方歷史演進過程中和主流的話語中，憲政主要是與約束國家權力，保護公民權利相關聯，也就是說憲政主要與自由主義的「保護主義」觀念相關。〔註128〕從西方政治現代化的總體背景來看，從中世紀的多元權力並存、政教分立的鬆散狀況到民族國家的建立，這期間王權扮演了一個積極進取的國家構建者角色，但是王權的擴張必然會導致貴族、第三等級此前長期享有的一些封建權利或自由權（liberties）受到損害，因此王權的擴張必然會受到抵制。除此之外，信仰自由也是自由主義憲政觀產生的一個重要的來源，這在當時宗教迫害盛行的西方社會中是一個非常現實的問題。〔註129〕它們都指向了限制國家權力和保護個人自由。在英國，以貴族、中產階級為代表的社會力量比較強大，在社會力量與王權博弈的過程中逐漸確立了一些約束權力的規範和制度機制。具有傳統背景的議會則是組織起社會力量與王權進行博弈的主要制度設施，而由封建特權轉化而來的「權利」或「自由」觀念則成為社會普遍接受的、抗拒王權獨斷專行的道義旗幟。因此，西方憲政觀念和制度運作一開始主要側重的是約束權力、保護自由這些方面。

但對生活於晚清的近代國人來說，一統王權很早就完成了對社會的高度整合，將一切中間力量都掃蕩了。不過儘管如此，由於儒家治道原則的影響

〔註127〕余英時：《現代儒學的回顧與展望》，三聯書店，2004年，第176頁。

〔註128〕赫爾德在總結自由主義民主制的發展時提到了這種「保護主義民主理論」，參見赫爾德：《民主的模式》，中央編譯出版社，1998年，第112頁。另外自由主義的代表性思想家波普爾也贊成一種「保護主義」的國家觀，認為現有的自由民主制是符合「保護主義」國家觀的制度。參見卡爾·波普爾：《開放社會及其敵人》（第一卷），中國社會科學出版社，1999年，第213頁以下。

〔註129〕羅爾斯特別強調了信仰自由之於自由主義政治觀形成的意義，「政治自由主義（以及更一般意義上的自由主義）的歷史起源，乃是宗教改革及其後果，其間伴隨著十六、十七世紀圍繞著宗教寬容所展開的漫長爭論」。參考羅爾斯：《政治自由主義》，譯林出版社，2000年，第12頁。對基督教二元政治觀與自由主義發生、發展之間所具深層關係的詳細考察可以參考叢日雲：《在上帝與凱撒之間：基督教二元政治觀與近代自由主義》，三聯書店，2003年。

力和統治權能本身的有限，大一統王權在常態下更多地是一種無爲主義的王權，所以國人享有比較充足的「事實上」的自由（相對於法律上的自由來說）。〔註130〕但是王權是一種浮在中國社會上面的高度集中的權力，所謂天高皇帝遠，君民之間存在著太遠的間隔，官僚集團主要是對上而不是對下負責，如何消除這種隔閡以使下情上達、上下相通就是一個比較困難的事情。接觸到西方的議會制度之後，中國的知識分子意識到它是一個非常有效的制度中介。「這些晚清改革家與清初儒家專制主義的批判者極爲相似，或許也和後來的政治激進派極爲相似。他們論述了黃宗羲和顧炎武深刻論述過的同一問題：使君主與人民相脫離的巨大斷層。甚至他們的勸告聽起來也極爲相似；他們所倡導的議會制度，雖然使用了陌生的術語，但不過是給魏克曼稱之爲『紳士家族統治』的熟悉的舊規包了一個新包裝。」〔註131〕

　　進一步的問題是，當時的國人爲什麼普遍意識到需要加強政治動員和獲取舉國團結一致的力量呢？這就涉及到當時特定的政治語境。尋求富強是近代中國制度變革的一大直接促動力，在立憲方面自然也不例外。對近代憲政思想頗有研究的學者王人博指出，「富強爲體，憲政爲用」是「中國從近代以來影響最大、最深、最遠的一個憲政文化範式」。〔註132〕的確在近代國人最初接觸西方的憲政制度時最能動人心弦的莫過於西方富強所帶來的示範效應。那麼富強與貧弱是如何與制度聯繫起來的呢？當時的國人顯然還不會像後世新制度主義學派那樣將西方興起的原因歸結於對產權的保障。〔註133〕但是知識精英們從自身文化語境中找到了二者關聯的竅門，那就是通過保障政治參與的議會制度可以溝通上下，獲得舉國團結一致的力量。不錯，當時國人之所以認爲憲政制度能帶來國家的強大是因爲它能集中人民的力量，並使其用到正確的地方。這中間大概又可以分爲兩方面，一是上下一心，實現團結和

〔註130〕後來的梁啓超、孫中山等人都意識到了這一問題，並將其與不利於社會凝聚的「私」或「一盤散沙」聯繫起來。所以在梁啓超的問題意識中，中國人需要一種「公德」來增強政治凝聚力，在孫中山的問題意識中，需要考慮的是怎麼將這「一袋馬鈴薯」的國人組織起來。無疑他們所指向的已經主要不是免於干預的「消極自由」，而是某種「積極自由」。

〔註131〕格里德爾：《知識分子與現代中國》，廣西師範大學出版社，2010年，第106頁。

〔註132〕王人博：《憲政文化與近代中國》，法律出版社，1997年，第534頁。

〔註133〕參考道格拉斯・諾斯、羅伯特・托馬斯：《西方世界的興起》，華夏出版社，2009年。

動員，二是公是公非，實現以公心治國。這兩方面都被認爲與國家的強大相關，也是當時中國所缺少的東西。君民、官民之間不是有隔閡嗎？私天下的君主和官僚集團不是被認爲自私自利的嗎？社會大眾（在士大夫的心目中，「社會」所指的應當主要是士紳階層）不是對國家富強的事業漠不關心嗎？恐怕這些東西並不是生活於西方憲政制度下的知識分子和社會大眾所主要關心的吧，憲政最初難道不是各種社會力量與王權衝突鬥爭的產物嗎？議會難道不是各種利益集團和社會階層爲了各自的私利而討價還價的場域嗎？社會大眾的政治參與和洶湧的民意難道不是需要通過精英的代議和憲法的規約來防範的嗎？

「團結就是力量」，這無疑是國人對於議會制度之好處所具有的最明確的直覺。正因此梁啓超認爲一個國要像一家人甚至一個人一樣，「萬其目，一其視，萬其耳，一其聽，萬其手，萬其足，一其心，一其力，萬其力，一其事」。如何才能實現團結一致呢，如何才能將這種團結一致的力量用到恰到好處的地方呢？這就需要「捨私從公」。正如康有爲在其所編《中華帝國憲政會歌四章》中所倡導的：「合群之道，眾議是尊，捨私從公，憲政攸傳。」「好惡從之眾兮，自大公而無偏私。」〔註134〕又如梁啓超所說：「君主者何？私而已矣；民主者何？公而已矣」。〔註135〕當時的知識分子普遍對「非君」思想產生了共鳴，對君主制的批評並非始於清代，但「在昔者爲一二人之言」，而在晚清受到西方民主思想的影響後則「言之者眾」。〔註136〕受到從日本引進的語彙的影響，到二十世紀初將傳統中國的政治體製定性爲「君主專制」成爲各方一致性的認識。〔註137〕傳統的「家天下」體制被認爲是「私天下」，人們認爲正是它壓抑了中國社會的活力，應當對中國的貧弱負責。由君主一人爲了自私目的實行專制自然不如爲了公益而群策群力來的強。這樣，通過將傳統的公私觀念創造性地應用到對西方制度的理解上，外來的憲政制度便獲得了本土道義資源的支撐。當然在將自身的文化觀念和希冀投射到西方制度上面的同

〔註134〕湯志鈞編：《康有爲政論集》（上冊），北京，商務印書館，1981年，第607頁。

〔註135〕梁啓超「與嚴又陵先生書」，轉引自張灝：《梁啓超與中國思想的過渡（1890～1907）》，新星出版社，2006年，第70頁。

〔註136〕王爾敏：《晚清政治思想史論》，廣西師範大學出版社，2005年，第191頁。

〔註137〕佐藤愼一：《近代中國的知識分子與文明》，江蘇人民出版社，2006年，第236頁。

時，這種外來制度也就發生了急劇的變調。於是在國人的眼中，問題不是如何去控制國家，而是如何增強國家權力，如何動員人力物力來實現國家富強。問題不是確立一種各方都能遵循的程序性互動平臺和規則，而是要實現某種實質性的道義目標或「主義」。問題不是如何約束權力，而是如何讓增強了的權力用到「為公」的地方，如果是這樣，那麼當「為公」的人掌握權力或權力用在「公」上面時也就沒有對其進行約束的必要了。於是，西方憲政觀念中對國家權力的懷疑和防範意識被丟到一邊，憲政的「消極自由」指向也被對「積極自由」的追求所取代。

不用說，對憲政的這種理解具有很強的道德理想主義情懷，這種觀念也對國家權力充滿了樂觀的期待，可是許許多多的現實問題並不是這麼簡單。當時中國需要增強國力是不錯，但是如何防止國家權力增強和下沉對社會的傷害呢？當時人以為大家都參與到政治過程中去就會獲得上下一心、團結為公的力量，但人們真的會自發地團結到某種「公」上來嗎，這種對西方制度和政治事物的理解是不是過於理想化了？如果價值多元和利益衝突是政治生活中一個恒久的主題，那麼如何能夠要求人們團結一致、萬人一心呢？實際上議會制度恰恰是允許各種利益衝突和分歧進入到政治過程中來，並通過一種公認的程序機制來達成某種政治結果，而要想直接實現整齊劃一就只有獨裁才行。〔註138〕後來的事實也證明，議會政治並沒有帶來舉國一致的力量，相反卻在中國化的過程中與不斷內耗的派系鬥爭糾纏在一起而走向分崩離析和聲譽掃地，倒是後來高度講究組織紀律的列寧式政黨做到了集中舉國力量的政治動員。

具有很深文化內涵的「公私」觀念在道德直覺上比較能打動人心，在有些時候大家也能對此達成一定的共識，比如官吏貪污肯定是違背了公道，但是它在很多方面，尤其是在涉及到利益衝突和價值多元問題的政治議程方面卻非常模糊，比如是向小民攤派苛捐雜稅來辦學或從事其他一些現代化事業「公」呢，還是防止侵犯本已貧弱的底層社會「公」呢？是對外借款來興修鐵路等基礎設施以推動現代化發展「公」呢，還是不借款以防止列強增加權

〔註138〕有趣的是，阿羅用嚴格的數理邏輯推理證明沒有合理的非獨裁規則可以確定基於個體選擇之上邏輯一致的公共選擇，叫做「阿羅不可能性定理」。當然我這裏的表述並不嚴格，詳情參考肯尼斯·J·阿羅：《社會選擇與個體理性》，上海人民出版社，2010 年。

益「公」呢？是加強中央集權「公」呢，還是實行地方分權「公」呢？是對德參戰「公」呢，還是不參戰「公」呢？以及是不是進行財產的平均分配才代表了「公」呢？等等。當具有很強道德內涵的公私觀念被挪用到政治上時，就非常容易走向一種泛道德主義和政治的一元化、絕對化，由此導致的對立也就是無法調和的。如果各方都認為自己掌握了真理，認為只有自己代表了「公義」，或者認為自己應當掌握絕對的權力，而不接受一種基於程序性互動妥協之上的政治，那麼最後就只能在刀槍上見真章了。除了在「公」的理解上面存在分歧之外，一個進一步的重要問題是，如何防止以「為公」的名義獲得的權力異化變質呢？在這些地方我們就能意識到西方憲政制度中比較不被當時人所注意的那些方面的價值了，那就是去限制和制衡權力本身，讓政治成為一種法治約束下的程序性互動過程。在缺乏這些基本的憲政共識和相應的支撐網絡（包括相配套的非正式制度）的情況下，我們可以看到近代國人的憲政實踐和此後的政治發展朝著兩個失控的方向發展，一是並沒有走向對權力的約束而是走向政治參與的爆炸和國家權力的急劇擴張（官僚國家的擴張在近代中國是一個持續的趨勢，對此下一章有更詳細的分析），二是各方一有爭端往往就訴諸武力、暴力革命，而不是通過法律渠道解決。當然，在清末民元所遺留下來的傳統秩序的餘溫散盡之後，隨著局勢日益向非理性和野蠻化的方向發展，這種所謂的「程序性的解決」也就愈發不可行了。

除了受自身文化前見和現實訴求的影響之外，近代國人對西方制度的理解也受到新輸入的西學之強烈影響。隨著西學影響力的加深，尤其是受嚴復譯介過來的進化論的廣泛影響，近代國人在思考自身政體和制度（regime）選擇時已經開始將其與歷史進化論聯繫起來，各種政體和制度不再單單被置於一副並行的世界圖像中，而且被置於一個線性發展的歷史線條中。這種歷史進化論觀念是如此有影響力，以至於君主立憲與共和革命的爭論雙方不約而同地將其作為一個共同的前提，現在要考慮的問題只是要不要將君主立憲作為一個走向共和的過渡階段，也就是說問題的核心是歷史進化能不能跳躍。由此就有了歷史進化論的溫和版本與激進版本。相對溫和的版本認為歷史發展要循序漸進而不可以跳躍，每一個階段都要套用適合這一階段的正確公式。深受西方科學主義思想影響的康有為就是這種觀念的代表，康氏用西方的歷史進化論重新闡釋了公羊三世說，「三世說因而也就成為一個放諸四海皆準的公式。康的一元式的公式，來自深信人類萬物同一根源……同一個本而

發展有異，則因中國二千餘年歷史沒有按照既定的公式發展，以至於『公理不明』、『文明不進』，終於落後。換言之，一個國家的歷史進程像數學方程式一樣，用了正確的公式，才會有滿意的結果」。〔註 139〕基於這種一個個階段循序漸進，每個階段都有自己特定制度公式的歷史進化觀念，康有為認為當時中國應當套用的正確公式是君主立憲，因此需要像日本一樣按照這一進化階段的要求對自身制度進行全變、盡變。孫中山無疑是激進版本的倡導者，在1905 年發表的《在東京中國留學生歡迎大會的演說》中，孫中山用一個著名的譬喻來說明追求「最新、最好」的必要性：「又有謂各國皆由野蠻而專制，由專制而君主立憲，由君主立憲而始共和，次序井然，斷難躐等；中國今日亦只可為君主立憲，不能躐等而為共和。此說亦謬，於修築鐵路可以知之矣。鐵路之汽車始極粗惡，繼漸改良，中國而修鐵路也，將用其最初粗惡之汽車乎，抑用其最近改良之汽車乎？於此取譬，是非較然矣。」〔註 140〕無論如何，當下的制度改革都從歷史進化的必然性力量中汲取了強大的動力，中國如果不能迅速實現歷史的進化就要被「物競天擇，優勝劣汰」的進化法則所拋棄。現在來看，不管是溫和還是激進，中國都注定要按照代表了歷史發展方向的西方制度來重塑自身了，這種深層觀念應當是清末新政中進行全盤性的制度再造的一個核心指導思想。當然，求新求變的線性歷史進化觀不僅僅影響了清末新政，而且是影響近代中國知識階層和政治運動的一個持久因素。

　　無論如何，通過一種根植於自身理解和訴求的內化機制，西方的憲政制度甚至共和主義被中國的知識精英接受了下來並被視為起弱振衰的良藥。從前面的分析中也可以看出這種對憲政制度的訴求所指向的主要是擴大政治參與和政治動員。而這一指向恰恰與正在伸張中的紳權之要求相吻合。當時熱衷於立憲和地方自治的人士未始沒有強烈的救國之心，〔註 141〕但我想對於士紳群體來說，一個更現實的考慮是保障和擴大紳權。在鎮壓太平天國之後，紳權在地方上的影響就已經大大增強了，並且在很大程度上正式化和合法化了。現在廢科舉一舉將紳權的制度基礎挖空了，面對被清廷所拋棄的局面，

〔註 139〕汪榮祖：《康有為論》，中華書局，2006 年，第 36 頁。

〔註 140〕《孫中山全集》（第一卷），中華書局，1981 年，第 283 頁。

〔註 141〕當時的一些志士甚至不惜以鮮血來請願，如長沙修業學校教員徐特立「乃覓刀自斷左手小指，濡血寫『請開國會，斷指送行八字』」。（《申報》，1909 年12 月 11、12 日），江蘇丹徒縣的郭毅自刺手臂，用血書寫下「以購國會，國會乎，政黨乎！血乎！」。（《申報》，1910 年 2 月 14 日）

士紳群體已經不能像從前那樣安分了，現在無論是從士紳階層來看還是從中央王權來看，都需要建立起新的制度聯繫。而在當時人看來，西方的議會制度就提供了一種上下相通的制度手段，於是引入西方的議會制度就成爲士紳階層獲取新的制度權威和政治參與平臺的要求。在此意義上，廢科舉對立憲改革具有某種促動作用。1907 年，江蘇巡撫陳夔龍說：「近年預備立憲之舉，頗爲海內歡迎，而歡迎之故，無非歆動於地方自治一言。」而「地方自治」所以「歆動」人心，正在它所闡發的旨意能夠被正在四張的紳權所借用，爲古老的東西移接一副炫人眼目的新頭臉。〔註 142〕轟轟烈烈的立憲運動就是在這些人的主導下掀起的，其目的是倒逼清廷加速立憲和召開國會。

按照清廷的想法，它所要照搬的是日本的「欽定立憲」模式，〔註 143〕在這種模式下可以保留皇帝的權威和對皇帝負責的官僚體系，而議會只是充當一種咨詢機構，《欽定憲法大綱》和「諮議局」、「資政院」這些稱呼都表明了清廷的這種意圖。但是欽定立憲模式的實現需要清廷自身具備足夠的權威來保持政治整合，而科舉制度的廢除恰恰導致這種整合能力的嚴重弱化。廢科舉實際上使清廷與政權的社會基礎——士紳階層失去了傳統的有機聯繫，清廷與士紳群體之間出現嚴重裂痕，這削弱了士紳群體的政治忠誠，甚至將其推向清廷的對立面。法國學者巴斯蒂指出，士紳（包括第一代學堂學生）與政府的關係在 1905 年前後發生了斷裂：即在 1901～1906 年，兩者基本上是合作關係；1905 年以後，兩者的衝突越來越頻繁，到 1907 年～1912 年時，兩者已變成對抗關係。〔註 144〕顯然這中間的分水嶺恰恰是清末新政的制度劇變。舊的制度紐帶廢棄了，而新的制度聯繫和合法性權威的建立尚付闕如，這就導致一統王權對整個社會整合能力的嚴重弱化，而同時士紳階層爲了尋找新的制度平臺和擴張權力的政治參與又帶來了參與爆炸，兩方面的合力最終衝垮了清王朝和傳統的政治秩序。辛亥革命打響之後，很多立憲派乾脆直接轉向支持革命，這才使革命得以迅速擴展到全國並最終瓦解了清廷的統

〔註 142〕楊國強：《清末新政：歷史進化中的社會圯塌》，載楊國強：《晚清的士人與世相》，三聯書店，2008 年，第 276 頁。

〔註 143〕蕭功秦在一篇文章中著重分析了近代國人對「欽定立憲」與「協定立憲」的文化誤讀問題，參考蕭功秦：《近代國人對於立憲政治的文化誤讀及其歷史後果》，《戰略與管理》，1997 年第 4 期。

〔註 144〕轉引自鄭若玲：《科舉、高考與社會之關係研究》，華中師範大學出版社，第148 頁。

治。〔註145〕從這裏來看，孔飛力關於士紳階層的分裂離心導致整個傳統秩序衰落和無法重建的論斷無疑是符合實際的。

　　雖然革命後照搬過來了西方的議會共和制度，不過以事後的眼光來看，也是從長時段角度來看，這種推倒重來的制度變革方式對於近代中國移植西方的憲政制度來說未必是一件好事。因爲傳統政治秩序解體所釋放出來的大量「無組織力量」，尤其是失控的軍事力量成爲此後中國社會長期難以消化的東西（對此後文還會詳論）。相對於有王綱約束和能保證一個底線秩序的一統王權來說，此後日益原始化和野蠻化的軍閥統治與憲政制度的親和力更差。嚴復在見證了清末民元世間百態之後曾惋惜道：「辛亥改革之傾，清室曾頒佈憲法信條十九，誓以勿諭。僕於其時，主張定虛君之制。使如吾言，清室怵於王統之垂絕幸續，十九信條，必將守之惟謹，不敢或背。而君臣之義，未全墮地；內外百官，猶有所懾；國事之壞，當不致如今日之甚。或得如英國國君端拱無爲而臻於上理，未可知也。」〔註146〕

　　就科舉制度而言，雖然它與西方的選舉制度不同，但傳統的制度並不必然是植入新制度的障礙，反而可以構成其良序運轉的一種支撐。很多研究近代中國選舉制度的學者都會發現，從晚清到民國，雖然選舉制度在形式上變得更「進步」，但無論是議員的議政能力還是道德素質都成一直線下降態勢。〔註147〕按理說制度在「進化」，爲什麼選舉和地方自治卻在退化？顯然問題不在制度形式本身，而在於相應的社會文化環境和運作制度的人。在清末剛剛引入西方的選舉制度，雖然一些傳統的士紳還不屑爲之，但在各省咨議局選舉中那些「運動選票」的人物也多是開明士紳，他們既有政治經驗，也多少還比較好地保留了紳士的風度，在缺乏代議制傳統的中國，這些人運作下的選舉制度儘管仍然有一些不足之處，但還是給許多國內外的觀察家以耳目一新的觀感。〔註148〕但是在綱紀、底線秩序和社會文化網絡解體之後，民國以

〔註145〕這方面的分析可以參考前引張朋園：《立憲派與辛亥革命》及周錫瑞：《改良與革命：辛亥革命在兩湖》兩書。
〔註146〕轉引自史華慈：《尋求富強：嚴復與西方》，江蘇人民出版社，1990年，第153頁。
〔註147〕關於這方面的研究有很多，可以參考劉建軍：《你所不識的民國面相：直隸地方議會政治（1912～1928）》，廣西師範大學出版社，2009年，第6～7頁。
〔註148〕當然也不排除存在一些賄選的行爲，不過總體來說這種選舉的質量和政治運作過程還是得到當時的觀察者廣泛的肯定，這也許正從一個側面反映了士風和士紳這一群體的地方性差異和總體性的質量。參考張朋園：《立憲派與辛亥革命》，吉林出版集團，第18～21頁。

後的議員選舉就逐漸變異爲一種威信掃地的行當，議員甚至被時人稱作「豬仔議員」，運動選舉的也多有地痞流氓之類的人物。過來人乃有感慨曰：「觀諸日後議員之相互傾軋，選舉之公然行賄，實令人對清末民初風俗之醇厚，追念不已。」〔註149〕可見問題的本質不在於國人是否具有政治參與意識，而是在於這種參與已經變得沒有任何底線約束。

今天人們在反思這段歷史的時候多以爲近代中國移植西方憲政制度的失敗是由於我們缺乏相應的「非正式制度」或公民文化的支持，但我們是不是還應當在這種說法裏面區分出一些層次來，因爲一個比較明顯的事實是在自身文化網絡保持得比較好的時候反而更有利於運作西方的選舉制度。這種文化網絡約束下的底線秩序和人格保證是超越於制度形式，甚至是超越所謂「公民文化」的更根本性的東西，也只有在這個有生命的根上面才能夠使嫁接上去的東西成活。相反如果缺乏這個東西，那麼移植過來的制度即使再怎麼「先進」也會異化變質，民元以後選舉制度的逐漸敗落就說明了這一點。從這個角度來看，科舉制度的一些積極功能，如培養和選拔社會領導精英的功能、政治和文化整合功能、維持世道人心的功能，對於近代中國移植西方的新制度未嘗不是好事，它完全可以成爲後者的一個支撐性體系和有益的補充。從前人們往往認爲傳統、舊制度是中國引入西方理念和制度的障礙，所以必須不遺餘力地加以全盤摧毀和徹底改造，但事後看來舊的制度紐帶的解體和綱紀的蕩然無存所帶來的是全方位的社會失調和幾無底線的叢林政治，這進而使移植過來的制度失去了存活的土壤。在此意義上，廢科舉與憲政改革的失敗也有巨大的關聯。〔註150〕

〔註149〕郭廷以等訪問：《鍾伯毅先生訪問紀錄》，轉引自張朋園：《立憲派與辛亥革命》，吉林出版集團，第20頁。

〔註150〕有學者注意到了廢科舉對憲政改革失敗的影響，不過其文章通篇主要集中寫科舉制度在傳統社會中的重要性，卻缺乏對二者關係的詳細分析，參考徐爽：《斷裂的傳統：清末廢科舉對憲政改革的影響》，《政法論壇》，2006 年第 2 期。

第四章　廢科舉對華夏文明近代轉型的長時段影響

　　廢科舉在當時並沒有激起多大的波瀾，從一些報刊雜誌的載文來看，時人多是拍手稱快的，如《萬國公報》刊文指出：「立廢科舉一節，取數百年來敗壞中國及今日屢躓屢起根深蒂固之附屬物，一旦拔棄之，是真中國歷史上之新紀元，而東方大局之轉移在此矣。」〔註1〕當然，事後看來那種美好的願景並沒有實現，這種過於樂觀的看法之產生，除了對自身傳統的失望，對速變、大變、全變的信心這些原因之外，大概是由於「不識廬山真面目，只緣身在此山中」的緣故吧。倒是曾經力倡西學，對八股頗有微詞的嚴復在廢科舉的第二年表達了幾分憂疑，「不佞嘗謂此事乃吾國數千年中莫大之舉動，言其重要，直無異古者之廢封建、開阡陌。造因如此，結果如何，非吾黨淺學微識者所敢妄道」。〔註2〕一統王權、儒學和科舉制度都有超過千年的歷史，在長期的共生關係中對中國社會產生了深刻的形塑作用，這種作用的一個顯著表現就是一些學者以「科舉社會」、「選舉社會」或「士紳社會」、「士紳之國」這些名稱來稱呼中國社會。既然以科舉制度為紐帶維繫的這種文明結構曾經保持了長期的社會整合，那麼其解體所產生的影響也必然是深遠的。正因為科舉制度關係如此重大，羅茲曼主編的《中國的現代化》一書對廢科舉

〔註1〕　《萬國公報》1905年10月號《中國振興之新紀元》，轉引自劉海峰：《中國科舉史》，第429頁。
〔註2〕　嚴復：《論教育與國家之關係——在環球中國學生會演說》（1906年），載王栻主編：《嚴復集》（第一冊），中華書局，1986年，第166頁。

這一事件定位頗高，認為它「在實際意義和轉折標誌上都大致類同於集中體現了轉變時代開始的俄國 1861 年廢除農奴制，以及日本 1868 年明治『復古詔書』頒佈後不久的廢藩改革」。〔註 3〕並認為廢科舉導致中國社會喪失了其特有的制度體系，對此後的歷史進程產生了複雜而深遠的負面影響。〔註 4〕結合今天的後見之明來看，廢科舉所帶來的深遠影響其脈絡還是比較清晰的，這一章主要就是考察這些影響中那些比較重大的方面和一些至今仍困擾中國的世紀難題。

第一節　政治重建的困難與走向

像之前的王朝循環一樣，晚清已經顯示出衰敗的跡象。不過清王朝能夠從聲勢浩大的太平天國運動中恢復過來，顯示出傳統的統治秩序仍然具有頑強的生命力。與之前的王朝循環不同的是，對清末中國來說，應對西方的挑戰而非內部的統治危機變得越來越重要。當然，內外危機又會發生互動，應對西方挑戰的不力也為清王朝的統治合法性帶來嚴重的危機。尤其是清廷在庚子事變中的無道做法既使中國遭受沉痛的打擊，更是引起了士人的離心，自此革命之說漸起。〔註 5〕這一場多少顯得荒謬的排外運動也成為朝中守舊士大夫徹底退出歷史舞臺的分水嶺。〔註 6〕西太后在前一刻還排外，此一刻則轉而媚外，並立即下詔變法，這多少表明最高統治者本人也已經意識到其權威發生了動搖。但此後展開的轟轟烈烈的清末新政並沒有將中國帶向富強，也沒能挽救清王朝的統治，反而造成了種種失調和混亂。其中廢科舉和憲政改革這兩大舉措無疑影響最大，它們導致士紳階層、督撫與清廷之間越來越離

〔註 3〕 吉爾伯托·羅茲曼主編：《中國的現代化》，上海人民出版社，1989 年，第 644 頁。

〔註 4〕 同上，第 643 頁。

〔註 5〕 參考羅志田：《革命的興起：清季十年的轉折（上）》，《近代史研究》，2012 年第 3 期。

〔註 6〕 蕭功秦專門研究了守舊士大夫在這場運動中的表現，指出了這種荒謬做法的心理機制（避害反應，遷怒心理，受挫心理等），參考蕭功秦：《儒家文化的困境：中國近代士大夫與西方挑戰》，四川人民出版社，1986 年。不過值得注意的是「清議派」士大夫並不是絕對排外的一個群體，事實上許多士大夫對新事物持開明態度，有一些士大夫則將排外當做實現其他政治目的的手段，對此的分析參考柯文：《在中國發現歷史：中國中心觀在美國的興起》，中華書局，第 32～33 頁。

心離德，社會治理也愈加紊亂。清朝又是一個異族政權，其統治合法性的流失使革命排滿的情緒也越來越強烈。許多革命志士都是眞誠的排滿主義者，可以說試圖在革命者內部將排滿主義和共和主義徹底劃清是不容易的。實際上，在社會不滿日益高漲的情況下，人們就會迫切地需要找到一個釋放口，排滿主義這種種族主義作風的盛行在某種程度上就是一種泄憤情緒的體現。而清廷在面對高漲的社會不滿情緒時卻屢屢犯錯，沒有適時加以疏導，而是使之激化，「皇族內閣」的出臺是一個，沒有處理好「保路運動」引發的危機又是一個。〔註7〕

但對於更深入的分析來說，除了把握以上所列的一些及其他一些具體原因和歷史細節之外，找到某種結構上的原因或長時段因素則更爲重要。因爲結構性因素產生深層次的影響，也會塑造出大趨勢，而某些具體的原因和泄憤口往往具有偶然性和個體性。如果人們的認識僅停留在後一層面，就往往會以爲只要避免了那些具體的誘因就能解決問題，比如人們會想，如果清王朝不是一個異族政權就好了，或者如果當初清廷早些立憲是不是就解決問題了。前面的考察過程已經從中西文明結構和社會文化網絡的異質性上揭示出直接照搬西方制度所帶來的困難和錯位、變異，現在我們還可以從另一些結構性層面來加以分析，因爲有些症狀的出現不僅僅是由於缺乏文化親緣性，我們可以看到即使是那些處於西方文化圈內或處於其邊緣的國家在現代轉型過程中也面臨著嚴重的轉型困境。觀察一下那些處於社會轉型期的高度集權的國家，我們能發現某些共相，在學者們常常加以比較的中、法、俄等國家中，都曾經存在過一個高度集權的威權政體，都爆發了一波波愈演愈烈的革命，都曾經試圖按照一些抽象的理念和制度模式來建構想像中的理想社會，但現實卻是在社會轉型苦難的深淵中不斷掙扎。實際上從世界現代化發展的歷程來看，能夠實現平穩轉型的國家是少之又少，而不斷動盪和始終不得其門而入的國家則所在多有。

現代化是一項至今仍未完成的全球性事業，也是人類歷史上規模最大、影響最深的社會變動，在這一過程中自然存在著種種基於文化差異、國情差異之上千姿百態的景觀，但在這一切的背後卻具有著一些共同的問題，其中

〔註7〕　今天看來清廷的鐵路國有政策情有可原，但錯在沒有從對整個形勢的判斷上來應對這一危機。參考蕭功秦：《清末「保路運動」的再反思》，《戰略與管理》，1996 年第 6 期。

由轉型苦難引起的「反向運動」是一個非常引人注目的問題。〔註8〕那麼是什麼製造和助長了轉型苦難呢？波蘭尼主要關注的是市場經濟對傳統社會保護機制的解構所帶來的苦難，張銘則進一步思考了東方社會摸索自己適應市場經濟這一時代課題的戰略方法。就本部分內容而言，筆者將主要側重分析政治制度結構帶來的社會不滿問題。托克維爾在其對法國大革命的經典研究中考察了導致革命爆發的長時段因素，其中非常重要的一點就是王權在加強中央集權的過程中對傳統社會結構的破壞，以及革命前遍及社會各階層的不滿情緒。〔註9〕實際上對於清末中國來說，不滿情緒的蓄積也是一個非常重要的因素。

觀察中、法、俄革命前的國家特徵，其共同點是都具有高度集權的威權體制。這種體制將權力高度集中在政府手中，使政府有著貫徹自己意志的強大行動能力；與此同時，這種體制還有著強大的、維持政治系統自身「穩定」的「抗干擾」功能，使整個社會自下而上的政治參與保持在較低的水平，能夠壓制小規模的反抗。威權體制的這些特點，顯然能有效平抑來自底層社會的情緒化躁動，充分發揮政治精英的引導作用。然而，作為一個事物的兩個方面，威權體制也有著自己難以擺脫的缺點。

一是被強制壓低的政治參與度會使政治權威對底層社會急迫之需求的感知失去敏感性，很難把諸多社會矛盾化解於未激化之時，因而高度集權的威權體制在對社會矛盾與衝突的協調方面總會顯得缺乏靈活性和即時性。因此，往往問題不到成堆，很難引起治理者的關注和重視；而治理者最後被動進行的改革，又往往因「積重難返」而收效有限。

二是社會上因不滿與焦慮而積纍起來的負面能量往往因威權體制下強大的抑制能力而得不充分的彰顯與釋放，這就使得這些能量緩慢而不引人注目地在那裏積纍。一般說來，威權體制下的政府及其代理人習慣性依賴高壓手段來解決問題，他們針對社會抗爭和不滿往往採取壓制而非疏導的方式，而

〔註8〕 卡爾·波蘭尼在其名著《大轉型：我們時代的政治與經濟起源》中比較早地探討了這一問題，國內學者中對這一問題比較關注的是張銘教授，參考波蘭尼：《大轉型：我們時代的政治與經濟起源》，浙江人民出版社，2007年；張銘：《現代化視野中的伊斯蘭復興運動》，中國社會科學出版社，1999年；張銘：《關於東方社會現代化發展戰略取向的若干思考》，《天津社會科學》，2006年第5期；張銘：《東方社會轉型與社會主義歷史課題》，《福建論壇（人文社會科學版）》，2007年第11期。

〔註9〕 參考托克維爾：《舊制度與大革命》，商務印書館，1997年，第234頁等處。

這種方式既能成功地應對無數小規模、小範圍的矛盾、不滿和抗爭，也能滿足自己對「政治穩定」的需求。然而在這種表層的政治穩定與其帶來的虛假安全感後面，卻是社會不滿和矛盾的大量積纍，社會矛盾的「堰塞湖」越積越高而得不到適時的泄流。因此不難理解，這樣的高位堰塞湖一旦決口就會勢不可擋，沖決一切。傳統中國的改朝換代以及近代不斷走向激進化解決道路的中、法、俄革命都具有這種特點。

再者，高度集權的威權體制始終面臨著約束權力的難題，如果權力得不到有效的約束，那麼它必將成為製造社會苦難的淵藪。在傳統社會中行之有效的一些權力約束機制往往在轉型期遇到挑戰甚至被人為廢棄，因為這種情況下的改革，尤其是有大抱負的快速改革，不僅難以產生預期的效果，甚至還會打亂磨合既久，尚能勉強維持運作的機制，成為新的混亂與麻煩的發生源。

以上這些方面都是高壓威權體制會帶來的問題，從社會的角度來看，自上而下的垂直權力結構和高壓體制的存在使社會底層和體制外力量表達利益訴求和影響權力運作的能力非常有限。缺乏充分的參與互動機制和多元靈活的調節機制會使社會不滿蓄積起來並最終都對準了整個體制，可見，在這種體制下存在著一個針對整個體制或政權的「社會容忍閾」。人們的隱忍「閾值」因高壓體制的存在而有很大的提升，當然這種「善於忍耐」的情形對整個社會來說並不是一件很好的事情，因為它只是一種暫時得到壓抑的狀況。在公共領域中實際上堆積有大量的不滿、焦慮、失望、憤恨、仇視，這些往往都被社會強控制體系壓抑著。因此這種容忍閾不突破則已，一旦突破則常常帶有爆炸性。

隨著轉型社會的全面失序和各種苦難的加深，隨著這種高隱忍「閾值」接近臨界，懷有高度壓抑感的人們開始尋找威權體制的薄弱環節，以求獲得政治參與的權利，以此來發泄自己的不滿。因此，我們可以看到轉型社會中的「公共領域」開始活躍起來，富有道義擔當和社會批判能力的知識分子成為最具有社會影響力的群體。而佔領道德制高點，提供某種理想的「主義」來進行號召，對威權體制進行道義上的抨擊與合法性的剝奪，往往會成為這類社會釋放自己「爆炸性能量」的最終可行的選擇。原本處於社會邊緣地位的知識分子走上歷史前臺並領導一波波愈演愈烈的革命，這在中、法、俄等轉型社會中成為了常態。同時我們也可以看到，知識分子群體內部也存在著

分化，而主張在既有體制框架下進行溫和改良的知識分子會逐漸被邊緣化，而主張進行激進革命和社會改造的知識分子革命家則深深地迎合了大眾的心態和激情，從而大有市場。因此這一類社會大變動往往不會滿足於在既有體制框架下的改革，而最終會把政治革命與社會革命捆綁在一起，從而走上激進革命，推倒重來的道路。

上面從結構性特點分析了高度集權的威權體制在面臨社會轉型時的困境，當然這並不是說這些社會一定會走向不可收拾的地步。雖然在分析的過程中，筆者往往側重分析一些長時段因素或結構性因素，但筆者無意接受一種徹底的歷史決定論或結構決定論觀點，而傾向於從複雜開放系統演化的角度來理解各種可能出現的情況。結構性的因素固然重要，但在複雜系統內部各種因素互動的過程中，某些能動因素在關節點（遠離平衡態的非平衡區域）上可能發揮非常重要的作用，甚至能夠使整個系統朝向另外的方向發展。因此，在社會轉型的歷史三峽中也有可能咬一咬牙就挺過去了。如此看來，不同的選擇可能會帶來不同的歷史後果。

回到清末時局中來，在內憂外患之下，在種種挫折和苦難催逼之下，社會上已經堆積了大量的不滿，梁啓超以其生花妙筆表達出了人們對整個體制堆積起來的萬端惱怒：「夫孰使我百業俱失，無所衣食者，政府也；夫孰使百物騰湧，致我終歲勤勞而不得養其父母者，政府也；夫孰使我一粟一縷之蓄積，皆使吏胥之婪索者，政府也；夫孰使盜賊充斥，致我晷刻不能即安者，政府也；夫孰使我祖宗丘墓之墟爲他國宰割分崩者，政府也。政府日紾吾臂，而奪吾食；日要於路，而劫吾貨。吾呼號顛沛而政府不我救，吾婉轉就死而政府不我憐。」〔註10〕這種抱怨將一切問題都怨到政府頭上去了，反過來說也就將解決一切問題的希望都寄託於政治手段上面了，這就埋下了對權力和暴力手段的迷信。在權威流失和社會離心的情況下，清王朝的統治已經極不穩定，一個老大的帝國並不是被武昌的一小撮革命者所推翻的，而是早已從內部分崩離析。「協同學的一個基本原理，在某個不穩定點，即使是很小的環境變化，也可能造成整個系統的極大變化。」〔註11〕擦槍走火的辛亥革命就是這樣發生的，其成功源於整個系統已經非常不穩定，或者說處於某種臨界

〔註10〕《國風報》，第18號，第26頁。轉引自張朋園：《立憲派與辛亥革命》，吉林出版集團，第67頁。
〔註11〕赫爾曼‧哈肯：《協同學：大自然構成的奧秘》，上海譯文出版社，第67頁。

狀態。辛亥革命終結了一統王權，在擾擾攘攘中，中國進入了民國時代。

清王朝的滅亡並不僅僅是一個王朝的終結，而且是傳統政治結構的全面崩解。因此，我們需要從超出清王朝命運的視野，也就是從傳統文明整體轉型的視野來看待近代政治轉型。對此，我們既不必為一個王朝唱輓歌，也不要以為只要照搬過來議會共和制度就已經實現了歷史的進化，後者無疑是一種比較淺薄的西方中心主義和線性進化觀念。相反，只有用傳統文明轉型的眼光進行深度透視，我們才能看出近代中國完成政治重建所面臨的困難。

在傳統社會中，一統王權、文官體系和士紳階層構成了整個社會運轉的中樞，而科舉制則是將它們連接起來的制度紐帶。從歷史合理性上來說，在缺乏代議制和民族國家觀念的前現代社會中，治理這麼大的一個國家，似乎只能通過加強中央集權來增強政治凝聚力。當然帝制中國一個非常高明的地方是有效地運用了文化整合的力量，並使政治與文化有機地結合起來。總體來看，這種政治結構和文明系統是高度整合的，也是高度制度化的，由此形成了傳統中國的政治和社會重心。傳統大一統文明演進的過程是一個不斷試錯調整和不斷磨合的過程，在這一過程中，那些異質性的因素和無組織化的力量不斷被這一結構加以抑制。大一統的對立面是地方割據主義，文官制度的對立面是武人干政，考試制度的對立面是私人庇護制、派系主義，小農經濟的對立面是流民等等，後一些事物恰恰具有非常高的相關性，地方割據勢力往往是由地方權貴、私人效忠關係、遊民武裝組織起來，它們構成整個制度化結構的對立面。事實上，傳統王朝周期性的崩潰主要與這些因素的大量滋生和走向失控有關。

但對於近代中國來說，這一高度整合的制度結構是在外來壓力下被有意識加以摧毀的。因此，清末民元的政治重建所面臨的不僅僅是王朝更替過程中所面對的問題，而主要是傳統的制度化重建能力的喪失。正如梁漱溟所說：「以中國此刻的亂，與歷史上的一治一亂之亂不同也。歷史上的亂，社會雖亂，各人之是非心則一，講不出多少道理來，因為講不出多少道理來，只有一條理可講，所以卒能規復舊轍。」而在近代，新的啟蒙思想已經將傳統權威瓦解開來，「是非心」已亂，則傳統的治道也就失去了社會認同這一根基。但當時中國畢竟從西方移植過來新的政體和制度框架，是不是這樣就可以奏效呢？在當時國人看來似乎是這樣，因為新的制度被認為是歷史進化的下一階段，是放諸四海而皆準的真理。正是在這種深層信念之下，當時知識分子

的一切話語和說辭都指向了一個方向，滿以爲這樣可以一舉解決中國歷史上和現實社會中所有的弊病，也正因此時人才毫不猶豫地將自身制度加以全面廢棄和再造。

在本文的制度分析中，筆者強調指出制度背後具有地方性知識，它要解決的許多問題都具有地方性特點，而不一定是通行的；另一方面，制度本身並不是一種抽象的形式，制度有效性的背後是需要社會文化網絡來支撐的，否則制度轉型將會非常簡單，只要照搬或設計出一部「理想的」憲法就好了。清末新政中的制度改革之失敗就與中西文明系統和社會文化網絡的異質性所帶來的錯位、衝突和失調有關。另外我們也可以看到在尋求國家富強和運用自身文化眼鏡來認識西方制度的過程中，移植過來的西方制度也發生了急劇的變調和走樣。這些都提示著在文化親緣性比較差的情況下進行制度移植所面臨的深層次困難。考慮到傳統文明結構解體所帶來的整個社會的無序化，困難就不僅僅止於上面所說的那些方面。近代中國全面模倣移植西方制度的過程恰恰又是一個瓦解摧毀自身制度和整個文明結構的過程。也就是說，近代轉型過程中所要應對的問題不僅僅是如何實現「歷史的進化」，而且更爲重要的是如何對付文明解體所釋放出來的「無組織力量」。二者並不是相互絕緣的過程，事實是在一個全面崩塌和蛻化的社會中是無法建立起任何能良性運作的制度的。

近代激進主義者的變革思路是推倒重來，但這帶來的問題是，如何來應對自身制度體系瓦解所釋放出的失控力量呢？傳統的制度體系固然具有明眼人一眼就能看到的一些弊端，具有很多不適應時代需要的地方，但是它們也凝結了許多歷史經驗智慧，發揮著許多重要的正面功能。而一旦將其拿除，由此導致的空白必將會使這些正面功能所曾致力於剋制的各種負面因素重新爆發出來。清末新政中以「合科舉於學校」的方式終結了傳統的科舉制度，事實上也同時毀掉了由中央主導的文官考試體系。我們知道考試制度是中國的一大發明，即使是在現代社會中它也不失其合理性和存在價值。而科舉制度所起的作用當然不止於文官考試，而且包括很高的「附加值」，它們是這一制度與華夏文明結構和社會文化網絡經歷長期磨合而獲得的。這些重要的隱性功能雖然不爲當時人所注意，卻實實在在地存在著。比如，由中央統一舉辦的文官考試和相應的銓選制度無疑是支持中央集權的一個非常重要的力量；通過考試制度來選拔文官而不是通過其他非常規的方式來奔競官職，使

社會對官職的競爭開放化和有序化，有效地剋制派系、私人關係對國家政治的干擾；通過賦予文官崇高的地位來節制武人，使軍人干政這種對一個社會傷害非常大的東西得到抑制；鼓勵人們勤奮向學，並將一些才智優秀又有社會責任感的精英選拔出來領導這個社會，等等。面對積極面與消極面同時存在的情況，在變革的過程中就需要注意何者當因，何者當革。對此嚴復事後曾進行過反思：「改革之傾，破壞非難也，號召新力亦非難也，難在乎平亭古法舊俗，知何者當革，不革則進步難圖；又知何者當因，不因則由變得亂。一善制之立，一美俗之稱，動千百年而後有，奈之何盡棄其所故有，而昧昧於來者之不可知耶！」〔註12〕因革問題如果處理不當就可能帶來邯鄲學步、先失其故的實際後果。事後看來，此後的一系列結果確實是令人不堪回首的，用「退化」一詞來形容似乎也不爲過。

立廢科舉並沒有如許多人所希望的那樣會打消中國人的「做官熱」，當時的改革者當然也沒有爲社會培養人才的觀念，很多新式學堂的建立和進入學堂的學生仍然是奔著做官去的。現在的問題是制度化的選官方式已經廢止，而新的可操作的銓選制度也並沒有樹立起來，官場在擁堵之外更是逐漸走向無序化。這一問題在清末新政時期已經呈現出來，以學堂畢業生爲主力軍的候補官員之臃腫達到了驚人的程度，並且人事行政也走向了退化。這不僅僅是因爲科舉之廢，而且包括官制改革所帶來的問題。從前官員任命具有一定之常規，但是清季因爲要行新政而改官制，其目的是爲了維新，但由此導致的「破格用人」恰恰成爲了官員結黨營私的工具。「在朝廷不惜寬籌經費以行新政，破除資格以求人才，而適以便諸臣植黨營私之計，爲若輩居官行樂之方。」「光緒末年，小人階之以取富貴者，捷徑有二：一曰商部，載振主之；一曰北洋，袁世凱主之。皆內以奕劻而借二楊爲交通樞紐。」〔註13〕在當時這些都是令正直的朝臣深惡痛絕的事情，但因爲附著在了變法維新的名義上而無可如何。本來是爲了追求歷史進化而採行的措施卻導致了實際的退化，這大概是清末新政的一個主調。於廢科舉一端我們就能看出其中的緣故，新舊更易之際本來就容易走向失範無著，那些之前行之有效的制度未必全無價值，值此之際貿然將其打碎所導致的結果自然是失去了任何可以信靠的有序化力量，權力也就非常容易走向失控。

〔註12〕轉引自馬勇：《嚴復學術思想評傳》，北京圖書館出版社，2001年，第332頁。
〔註13〕以上所引轉自楊國強：《晚清的士人與世相》，三聯書店，2008年，第268～
　　　　269頁。

人事行政的無序化使中國逐漸步入一種派系政治或「圈子政治」。此前，庇護關係網雖然也存在，但都是拿不到臺面上的東西，而現在它們則走上了前臺，成爲主導性的力量。北洋軍閥本身就是一個袁世凱所經營出來的派系，其後又分化出許許多多的派系或圈子。所謂派系或圈子都是以任人唯親、唯故、私人庇護效忠關係等爲特點，它往往與派系鬥爭、地方割據主義相表裏，而在國家層面則是一種分裂、無序和不斷內耗的力量。研究民元以後議會共和制的學者發現，在光鮮的制度外衣下面所遮蓋的是派系鬥爭和黷武主義，並且在這種無休止的派系鬥爭中耗盡了議會共和制度的活力。〔註 14〕國民政府也沒有從根本上改變這種派系政治特點，反而同樣以「圈子治國」而聞名，蔣介石所經營出的「黃埔系」就是一個他賴以起家的圈子，任人唯親自然也就是難免的，是不是嫡系或心腹要比才能、功勞重要的多。終國民政府時代始終無法擺脫各種分裂主義和派系鬥爭的內耗，這也是國民黨失敗的一大原因。正如有學者指出的：「國民黨雖然具有強烈的一黨獨裁和政權壟斷意識，但其『黨力』相對於中國的國家規模而言，並不強大。其黨的組織長期處於派系紛爭和軟弱渙散的狀態中，其離散而有限的『黨力』在相當程度上制約了它訓政的力度。國民黨只是一個弱勢獨裁政黨。這樣的黨如果沒有強勁的競爭對手，也許還能勉強維持其統治，但它所面對的恰恰是一個具有高度社會動員能力和組織內聚功能的中國共產黨，故其勝負也就可想而知了。」〔註 15〕這種內耗的本質就是缺乏一種各方所公認的制度權威，缺乏一種具有高度制度化能力的力量。與派系主義相伴的是精英質量的下降，做官、從政已經不需要資格，而是看關係、出身和武力的大小，等而下之的就是乘機而起的地痞流氓，中國大地上出現了各種各樣的「土圍子」。

我們知道庇護制和惟力是恃的叢林狀態往往是國家政權理性化之前所盛行的一種比較簡單原始的形態，從前由科舉制度所賦予中國社會的高度制度理性已經找不到了，政治生活不斷變得原始化和「武化」。在目睹了民國人事行政的種種亂象之後，一些文化名人表達了其感慨和惋惜之情。胡適說：「學堂是造就人才的地方，學堂不能代替考試的制度；用學校代替考試，是盲目的改革。結果造成中國二十五年來用人行政沒有客觀的、公開的用人標準。」

〔註 14〕 費正清主編：《劍橋中華民國史》（上），中國社會科學出版社，1998 年，第六章。

〔註 15〕 王奇生：《黨員、黨權與黨爭：1924～1949 年中國國民黨的組織形態》，上海書店出版社，2003 年，自序第 2 頁。

〔註16〕錢穆說：科舉制「因有種種缺點，種種流弊，自該隨時變通，但清末人卻一意想變法，把此制度也連根拔去。民國以來，政府用人，便全無標準，人事奔競，派系傾軋，結黨營私，偏枯偏榮，種種病象，指不勝屈。不可不說我們把歷史看輕了，認為以前一切要不得，才聚九州鐵鑄成大錯。考試制度之廢棄，僅其一例」。〔註17〕這當然是一種事後的看法，而在廢科舉之前多數人的意見恐怕正好相反，此一時彼一時，這中間的落差正好說明有些東西的重要性只有在它失去之後才會被人們意識到。

　　當時人未嘗沒有重建文官制度的意識，梁啓超後來甚至高呼：「復科舉便！」，孫中山也對考試制度大加讚美，並在其構想的五權憲法中單列考試權。事實上重建中央集權的文官制度的努力在袁世凱北京政府時期就有嘗試，但是伴隨著科舉制的廢除和帝制的解體，私人裙帶關係和地方主義迅速取代常規化的安排，軍人等原處四民社會邊緣的群體則起而佔據正統，各地都是由大大小小的軍事頭目統治，權力結構和利益格局已經發生根本性的轉變，從而呈現出某種不可逆性，這時再想恢復中央統一主持下的文官考試和銓選制度就非常之難了。於是，「從前由科舉制度給社會和政府提供的始終一貫的制導力量在半個世紀內一直沒有重新獲得」。〔註18〕

　　文官制度在西方被視爲政治的「穩定器」，因爲相對於政黨、政客的頻繁更替來說，一個穩定有序的文官系統無疑是整個政治體系有序運作的支撐。近現代法國雖然也處於不斷的革命動蕩中，但由於其文官制度的獨立性而使政治動蕩的副作用被大大抵消。當然科舉制不僅僅關乎人事行政，而且也是中央政府對整個社會的制導力量之所在，構成了無數社會精英安身立命的基礎。「過去，科舉年復一年地舉行，士子年復一年地應考，周而復始，形成一種規律性的周期變化，人們都習以爲常。一旦科舉眞的廢棄，具有強大慣性的運行機制戛然而止。讀書人一時很難適應，失落感和幻滅感是非常強烈的。清代科舉一度爲一百多萬人提供了一種生活方式，一旦這種賴以生存的生活方式遭到顚覆，必將使這些人陷入困惑、彷徨和幻滅之中。」〔註19〕在歷來

〔註16〕耿志雲：《胡適年譜》，四川人民出版社1991年版，第178頁。轉引自劉海峰：《科舉學導論》，華中師範大學出版社，2005年，第125頁。
〔註17〕錢穆：《錢賓四先生全集・國史新論》，聯經出版，1998年，第313頁。
〔註18〕吉爾伯托・羅茲曼主編：《中國的現代化》，上海人民出版社，1989年，第340頁。
〔註19〕劉海峰：《科舉制百年祭》，《北京大學教育評論》，2005年第4期。

堅持中央集權和採行文官制度的近代中國，這個遠遠比西方文官制度更重要的「穩定器」卻被人爲地廢止了，這對於處於「歷史三峽」中的近代中國來說無疑極爲不利。亨廷頓指出，現代性孕育著穩定，而現代化過程卻滋生著動亂，因此現代化轉型需要權威的槓杆作用。〔註20〕在評估中國1905年以後的現代化進程時，羅茲曼主編的《中國的現代化》一書就認爲導致中國落伍的最重要原因是中國政治在革新十年間的混亂。與此相比，日俄則在革新過程中保持了政治控制的連續性。〔註21〕在這種理解現代化發展的視野下，傳統的許多制度資源都可以作爲現代化轉型的重要憑藉，而不應當是人爲摧毀的對象。如果當初是通過一種調整轉化的方式來實現科舉制轉型，情況可能會好很多。〔註22〕

但根據前面的分析，單純硬性地加強威權和維持高壓穩定這種思維也有問題。如果這種威權本身就是製造麻煩的一大淵藪，如果這種威權本身就容易隨著自身的退化而逐漸失去人心，隨著社會不滿的蓄積而最終崩潰，甚至導向全面的社會失序和動蕩，那麼單向度地去加強這種威權和以高壓來維持穩定就既難以做到，也無法解決社會轉型問題。事實也證明清廷後來的高壓做法非但沒有帶來穩定和保持權威，反而激化了矛盾。因此，我們對權威的理解不能局限於硬性的方面，而要注意軟性的方面。後者包括認同、合法性或人心嚮背等關乎社會心理、意義世界的東西。在這些方面，科舉制度與儒學在維持社會整合和世道人心方面的功能無疑是一種積極因素。而不顧自身社會整合的基礎，在全面失序的基礎上依靠激進主義必然無法收穫甜美的果實。如果能在保持自身社會整合的基礎上面對現代化發展做出方向性調整，那麼或許可以避免社會蛻變與激進主義的惡性循環。

從一種高度整合和相對一元化的社會結構走向一種健康的多元社會無疑是近代中國轉型的一個深層主題，也是中國的現代化轉型需要做出的一種方向性調整。一個健康的多元社會必須具備有機的制度紐帶和社會連帶以實現有效的整合，比如市場經濟通過社會分工這種有機紐帶將人們納入到有序的

〔註20〕 亨廷頓：《變化社會中的政治秩序》，三聯書店，1989年，第38頁等處。

〔註21〕 吉爾伯托·羅茲曼主編：《中國的現代化》，上海人民出版社，1989年，第645頁。

〔註22〕 國內新權威主義的代表人物蕭功秦認爲如果當初是通過「舊瓶裝新酒」的方式來改革科舉制度，情況會好得多。參考蕭功秦：《從科舉制度的廢除看近代以來的文化斷裂》，《戰略與管理》，1996年第4期。

生產性活動中，宗教和教會等文化重心和社會建制使人們具有精神歸屬並被納入社會連帶中，憲政制度和相應的制度共識使多元的政治參與能夠實現互動協調而不至於走向暴力相向。相對於孕育出現代多元社會的西歐封建社會來說，華夏文明通過一種高度整合的方式確立起了大一統的秩序。與此相應，科舉制度也體現出一些比較一元化的特點，如比較單一化的儒學考試內容，比較單一化的社會出路。實際上就科舉制度來說，阻礙多元化的因素主要是儒學與科舉制之間的壟斷性關聯，以及社會出路的相對單一性，就這兩點來說，只要打破這種壟斷性關聯和社會上陞渠道的相對單一性就可以了。這可以通過將西學知識引入科舉考試和獎勸其他社會上陞渠道而實現。比如授予興辦實業和在西學上卓有建樹的人士以科舉功名這種榮譽，這樣可以在科舉獎勵體系內部引入多元化的因子，並能有效利用這一制度資源。如果想在保留傳統制度體系社會整合功能的基礎上來實現革新，這種內部包容和調整轉化的變革方式恐怕就是一種比較可行的選擇。但晚清的改革者在急於求成的心態下，以為這些都緩不濟急，以為進行根本性的大變、全變就能迅速解決問題，最終將這一制度連根拔除，這就帶來了社會整合的難題。隨著科舉制度的廢止和一統王權的解體，傳統文明高度整合的結構趨於崩解，但由此導致的也是政治、社會、文化秩序的全方位解體。這種全方位的解體所帶來的是深重的秩序危機和社會重心失落。正如論者所說：「取消科舉制度的行動破壞了 2000 年來通過許多步驟才得以鞏固的社會統一的根基。這一行動逐漸產生的始料不及的後果，比發動它的那些士大夫在 1905 年公開預見的所有後果都重要的多。它拋棄了舊的規範卻沒能提出一個新的規範，使得社會在隨後的一段時期處於無目標的遊移之中。」〔註23〕

　　晚清社會中已經在逐漸孕育著一些多元化因素，包括前面所說的地方社會和士紳自主性的擴大，科舉功名下的職業分流和士紳階層的緩慢分化，新式教育的興起等，後來清廷還採取了獎勵實業的做法。在這種情況下，傳統的制度體系實際上起到了重要的整合作用。但隨著文明系統的結構性解體，就再也沒有一種整合力量能維持基本的秩序了。如果是新興的社會經濟中堅力量，比如西方的中產階級，從社會內部孕育出來進而爭取權利，那麼這或許可以走向一種比較有序的多元社會。但中國社會實際上是一下子進入到一

〔註23〕吉爾伯托・羅茲曼主編：《中國的現代化》，上海人民出版社，1989 年，第 339頁。

種封建化的多元狀態中的，社會邊緣人（包括地痞流氓、軍閥、無業的知識分子等）也乘機崛起。這種「多元化」狀態是一種缺乏制度紐帶來整合的多元化，是一種病態的、無組織的狀態。許紀霖稱這種社會為「斷裂社會」，這是相對於傳統中國具有社會重心、制度化溝通和有機聯繫的社會來說的。「斷裂社會」有兩層涵義，一是國家與社會的斷裂，二是社會各階層的斷裂。許紀霖並指出：「這種『斷裂社會』表面看起來是一個現代的多元社會，因為現代性的本質就是分化，社會分化為不再有中心的多元社會。但『斷裂社會』與此的最大區別在於：在多元社會中國家與社會之間、各個領域之間以及各個階級之間，存在著基於合理的分工和分化基礎上的有序聯繫，而分化了的秩序又是被制度化了的。但在『斷裂社會』之中，社會各個階級和階層之間，由於缺乏公共的價值觀和制度基礎，無法形成有序的聯繫，也缺乏穩定的制度化分層結構，而是呈現出一種無中心、無規範、無秩序的離散化狀況。」〔註24〕也就是說這種「多元化」並不是現代西方那種基於有序社會分工、制度化整合和憲法共識之上的健康多元化，而是一種病態的症狀。

晚清以來巨大的人口與貧弱的經濟相結合導致遊民、饑民等社會閒散人員大量積聚，這些人員本來就是社會的不穩定因素。前面也考察過新式學堂學生因為難以被社會機體所消化而出現大量的邊緣知識分子和職業革命家。辛亥革命更是將這股潛力巨大的社會不穩定力量徹底釋放出來，卻沒有像之前的朝代更替一樣通過大規模的戰爭來消減人口和提供社會再分配的機會，這就為善後帶來了巨大的難題。「辛亥革命雖然只革命了八十三天（從一九一一年十月十日到一九一二年元旦），也並沒有打過幾場熱戰，但是卻把個處處有蹄痕的東南，弄得遍地皆兵。他們都認為是對革命有功的開國革命軍……你如能聚眾三兩百人，就可自封都督，有時甚至泛濫到一省九督的程度。」〔註25〕可見，費行簡所說的「民國成立，軍焰薰天」正是當時情況的寫照。

與西方的中產階級革命不同，這些鬧革命的並不是社會中堅，而多是社會無業人員或不安分的分子，革命對他們來說首先是謀生或滿足自己的野心。如果不能得到有效安置，這些人也就只能繼續鬧革命或淪為兵痞了。作為南京留守的革命家黃興就遇到了這種善後難題。「就是這樣有功革命的大小

〔註24〕 參見許紀霖：《「斷裂社會」中的知識分子》，《二十世紀中國知識分子史論》編者序，新星出版社，2005年。
〔註25〕 唐德剛：《袁氏當國》，遠流版，2002年，第61～62頁。

部隊，當時在南京留守管轄之下的總共有三十餘萬人之眾。黃留守如果是個野心家，或生就個軍閥胚子，那他大可乘勢學學袁世凱的『小站』前科，或蔣介石的『黃埔』經驗，將這三十萬留守部隊汰弱留強。提煉十萬精兵作為自己的政治資本，上與袁世凱爭半壁河山，下與閻錫山、唐繼堯、陸榮廷同步，列土封疆，做個民國藩鎮、一省軍閥，又誰曰不可？」〔註 26〕黃秀才本人雖然高風亮節，但那些蜂擁而起的各種各樣的都督們就未必能以國家為重。混亂的時局為許許多多的政治野心家提供了土壤，事實上兵痞們也需要這些人物來領導和豢養。「軍閥取之於民，而用之於兵，通過軍費開支又回到人們手中一部分。從這個意義上講，他們可以說是走投無路的農民的奶娘。」〔註 27〕

按照楊蔭杭多少有些戲謔和誇張而又不失洞見的說法，廢科舉 20 年後社會之混亂無序可謂達於極點：「有土而不能農，有巧而不能工，有貨而不能商，人民無事可為，於是乎多遊民。人民生計斷絕，於是乎多饑民。饑民流為盜賊，盜賊編為軍人，軍人兼為盜賊。遊民流為地棍，地棍選為議員，議員兼為地棍。」〔註 28〕頂層秩序已經敗壞了，基層秩序自然也難免，後者將在下一節中考察。總之，在社會全方位崩塌，綱紀蕩然無存的狀況下，連基本的秩序都無法保證，那些所謂的自治、民主、共和等口號自然都是空談。舊式官僚出身，依靠軍隊上臺的袁世凱似乎在一開始就已經證明紙面上的、口號上的民權、憲政、共和靠不住。何況這種民權、憲政觀念本來就是一種抽象的、含含糊糊的甚至是牽強附會的東西，它既沒有深厚的社會文化土壤，又在植入中國時變異為一種國家主義的工具。更因為在既有的文明秩序和綱紀被摧毀之後，釋放出的是非理性的、失控的力量，自身社會的生機都沒有了，國外的那些「先進」的制度和理念自然也無所依附。近代的激進主義者普遍接受了啟蒙理性主義觀念，認為傳統與現代化相對立，以為只有將傳統徹底打碎才能為現代化發展創造出一個全新的基礎。但實際上這種預設是有問題的，那就是他們所摧毀的只是傳統中的制度化力量，而釋放出來的卻是失控的無組織力量，而在這種文明的廢墟之上不但無法建立起他們所認為的更先進的制度，甚至連基本的秩序都無法保證。

〔註 26〕唐德剛：《袁氏當國》，遠流版，2002 年，第 62 頁。
〔註 27〕劉江船：《論民初軍閥割據的文化原因》，《民國檔案》，1994 年第 3 期。
〔註 28〕楊蔭杭：《老圃遺文集》，長江文藝出版社 1993 年版，第 898 頁。轉引自鄭若玲：《科舉、高考與社會之關係研究》，華中師範大學出版社，第 148 頁。

袁世凱重建中央集權甚至恢復帝制的努力失敗之後，局勢在朝著更加失控的方向發展。軍閥割據混戰這種中國歷史上最糟糕的局面竟在追求歷史進化的現時代重現了。這一時期雖然還保留著議會共和制的面孔，但其實質卻是泛濫的派系鬥爭和黷武主義。傳統政治中最壞的情況（派系鬥爭和武人干政）與西方制度中最有特色的一面（允許多元力量進入政治互動過程）奇怪地結合在了一起。議會政治非但沒有帶來之前人們所期待的同心同德、團結一致的力量，反而在無休止的派系鬥爭中耗盡了活力。從當時人所發明的「豬仔議員」這一稱呼中我們也可以看出議會政治已經聲譽掃地。楊蔭杭說：「民國之事，敗於營棍子老卒者半，敗於土棍地痞者亦半，土棍地痞者不配言自治自決，猶之營棍子老卒，不配言國權威信。」〔註29〕這話恐怕道出了當時的實情和民主人士心中的苦澀。格里德爾在研究近代中國自由主義失敗的原因時提出了類似的見解：「自由主義在中國的失敗並不是因為自由主義者本身沒有抓住為他們提供了的機會，而是因為他們不能創造他們所需要的機會。自由主義之所以失敗，是因為中國那時正處在混亂之中，而自由主義所需要的是秩序。自由主義的失敗是因為，自由主義所假定應當存在的共同價值標準在中國卻不存在，而自由主義又不能提供任何可以產生這類價值準則的手段。它的失敗是因為中國人的生活是由武力來塑造的，而自由主義的要求是，人應靠理性來生活。簡言之，自由主義之所以會在中國失敗，乃因為中國人的生活是淹沒在暴力和革命之中的，而自由主義則不能為暴力與革命的重大問題提供什麼答案。」〔註30〕當然，格里德爾是根據胡適所活躍的那個年代而做出上述論斷的。一個自由民主社會需要某種基本的秩序和憲法共識，看來在那種失控的、非理性的時局中，自由主義已經無法提供任何有效的解決方案。胡適等人倒是構想出了一個「好人政府」的方案，這種有些異想天開的方案也許是當時所能寄望的可以通過漸進改良來逐步解決問題的唯一寄託吧。自由主義之無能是因為它不像儒家制度傳統那樣具有深厚的社會文化土壤，而是漂浮在中國社會之上的一種東西，不能提供一個社會重心；另一方

〔註29〕楊蔭杭：《老圃遺文集》（原刊 1921 年 9 月 19 日《申報》），第 414 頁。轉引自羅志田：《權勢轉移：近代中國的思想、社會與學術》，湖北人民出版社，1999 年，第 215 頁。

〔註30〕格里德爾：《胡適與中國的文藝復興：中國革命中的自由主義（1917～1937）》，江蘇人民出版社，1996 年，第 377～378 頁。

面是因爲在當時混亂失序和追求國家強大的局面下對一種強權的需要遠遠大於對自由民主的需要。

處於過渡時代的那些半新半舊的軍閥們如何呢，他們能不能領導中國完成政治重建？他們無疑是傳統秩序蛻化的產物，不過與歷史上的軍事集團不同的是他們已經喪失了制度化重建中國的能力，因爲制度化的王權與儒學已經被摧毀。當然，這些人更沒有交出權力、實行憲政的覺悟，即使有這覺悟也基本上沒有這種可行性，因爲軍閥們已經陷入軍備競賽的囚徒困境中了。所以他們的情況是退也退不得，進也進不得，本身也只能成爲過渡時代的一種政治祭品罷了。

根據複雜系統演化的原理，無序中可能蘊藏著新的有序，如果有一種力量能夠在競爭中獲得支配性優勢就可能建立起新的有序狀態或新的穩定結構。「在競爭中一種特別有利的序參量會不斷將其他運動捲入自身，這是競爭之後的協同。」〔註 31〕這在傳統的王朝重建過程中就體現得非常明顯，原有社會結構中的那些「無組織力量」或邊緣人物通過造反革命而建立起新的王朝，創造了新的有序狀態，不過這是以一種基本同構的方式來實現浴火重生。近代中國的政治重建看樣子也需要類似的過程，那些被邊緣化的群體實際上蘊藏著巨大的潛能，「在眾多邊緣社群中，邊緣知識分子恐怕是既有參與意識也最有競爭力的一個」。〔註 32〕但在傳統的政治重建過程中除了依靠軍事力量之外還需要制度化力量的參與，那就是被社會普遍接受的儒家制度所提供的政治向心力，但是近代中國靠什麼制度化力量或「序參量」來實現替代呢？

造反革命必然需要某種「主義」的號召和指引，這無疑算是一種「序參量」，孫中山爲了搞革命也提出了一個「三民主義」。實際上這種主義往往多有生搬硬套、脫離中國實際的痕跡，拿民生主義來說，它主要受亨利・喬治的單一稅思想影響，「然而喬治的經濟理論，其原動力是都市化經濟，與根深蒂固的社會不平等或在技術和制度上都停滯不前的小農經濟發展問題沒有多大關係。令人不解的是，孫中山在議論單一稅的優點時，他的幻想更多來自他對西方的瞭解，或對香港和上海的瞭解，而沒有考慮已被他遠遠拋在身後的農村生活」。〔註 33〕可以說，有時在革命激情的背後主要是一種抽象的觀念

〔註 31〕赫爾曼・哈肯：《協同學：大自然構成的奧秘》，上海譯文出版社，第 30 頁。
〔註 32〕羅志田：《知識分子的邊緣化與邊緣知識分子的興起》，載《權勢轉移：近代中國的思想、社會與學術》，湖北人民出版社，1999 年，第 216 頁。
〔註 33〕格里德爾：《知識分子與現代中國》，廣西師範大學出版社，2010 年，第 186 頁。

力量和道德義憤在起主導作用，而比較欠缺對現實問題深思熟慮的擔當。當然「主義」的主要作用在於其號召力，人們一般不會理性地去推敲其中的各種關節。革命總是破壞在先，奪取權力是首要任務，至於如何建設在一開始一般還未納入主要的議事日程當中。

孫中山早年曾對直接實行議會共和制度抱有幻想，但是現實的失敗與他本人思想中的某種傾向相結合（這種傾向無疑與國人接受西方憲政制度過程中的國家主義觀念有關）使其轉變了立場或者說將他早年思想中含糊不清的東西終於弄明白了。我們來看看他現在對自由的解釋：「在今天，自由這個名詞究竟要怎麼樣應用呢？如果用到個人，就成一片散沙。萬不可再用到個人上去，要用到國家上去。個人不可太過自由，國家要得完全自由。到了國家能夠行動自由，中國便是強盛的國家。」〔註34〕按照那些革命者心中一貫的自我假定，即假定自己為盜火的普羅米修斯，要先知覺後知，甚至需要對愚陋不堪的民眾加以改造，為此自己必須首先獲取領導整個社會的絕對權力，這種思想落實到實處就是走一種軍政、訓政、憲政的路線。這不禁讓人產生疑惑，既然革命者不相信清廷能夠立憲，等不得短短幾年的預備期，那麼別人憑什麼相信革命者能在掌握了絕對的權力之後會去實行憲政，憑什麼又要再等一個遙遙無期的憲政許諾？這中間是不是存在某種荒謬之處，而荒謬又源自何處？是不是就存在於那些革命者的自我假定中呢，這種假定是不是對自身的理性甚至人性寄予了過高的厚望呢，是不是對絕對權力本身具有過高的熱衷呢？

當然僅僅有「主義」是不夠的，抽象的「主義」自身並不能直接落到實處，正如上面所說，單向度強加的「主義」必須與絕對的權力相結合才能生效。那麼如何才能獲取權力呢？不錯，現在需要的是強有力的組織動員工具，這也許一直是近代國人所炭炭以求的東西。很快十月革命的勝利就傳來了「福音」，這種福音不只是新的更「先進」的主義，更包括一種強有力的組織手段，那就是具有高度組織紀律和動員能力的列寧式政黨。這樣「一個主義、一個政黨、一個領袖」的格局終於可以成型了。孫中山以此方針將國民黨加以改組，中國的政治重建最終找到了新的載體。〔註35〕按照黃仁宇的說法，國民

〔註34〕《三民主義》講演，《孫中山全集》第九卷，中華書局，1986年，第282頁。
〔註35〕有學者注意到了中國現代政治重建中的這一因素，參考李斌：《政治動員與社會革命背景下的現代國家構建：基於中國經驗的研究》，《浙江社會科學》，2010年第4期。

黨專政期間，創造了一個高層機構，總算結束了軍閥混戰；而共產黨的土地革命，在農村創造了一個新的底層結構。〔註36〕

　　儒家制度解體之後，中國社會徹底失去了重心，在經歷了黑暗原始的軍閥割據混戰之後，近代中國最終通過強有力的集權政黨組織完成了政治重建。國人千呼萬喚中的強大現代國家終於建立起來了，它在貫徹國家的意志方面是非常成功的，不過這是以接受政治強權爲代價的。正如孔飛力所說，「名流（和一定程度上的更廣大的公民）迫切要求參與政治，確實曾激起體制改革的洶湧波濤。但是，浮在波峰浪尖上的是官僚政治國家的機構。波濤退卻以後，留下來的是它們。」〔註37〕在他看來，無論是1910年代的政府還是1927年以後的蔣介石國民黨政府，「一個世紀以來，發生的是中央政府的無情進軍」。儘管民族主義激發了中國人的政治參與意識，但獲勝者始終不是這些參與，而是中央政府的集中權力。〔註38〕杜贊奇也指出了同樣的情形：「在20世紀前期的中國政治舞臺上，不論是在中央還是在地方，政權都在急劇地更替，但在華北，國家權力擴張的一個重要方面——深入基層和吸收下層的財源——在這整個時期卻基本上沒有中斷。」〔註39〕這也許就是當初的「人才救國論」、「立憲救國論」在剝掉種種外衣之後所暴露出來的硬核。國家權力的擴張與增強難道不正是短期內迅速實現富強這一訴求實質上所指向的東西嗎？國家權力的下沉和汲取能力的增強不也正是參與軍事角逐的各方最爲需要的嗎？

　　與歷史上的王朝重建一樣，近代的政治重建仍然是通過「馬上得天下」，依靠一種高度集權的政治軍事力量從割據狀態中勝出。也與之前一樣，這種新建立起來的政治結構具有高度集權的特徵，甚至在某種程度上與傳統的大一統結構具有同構性。全面的脫序自然也需要全面的重構。由於社會文化網絡的崩塌和人爲施加的摧毀，社會失去了自組織活力，以及由於革命是社會上的邊緣人群和底層發起的，革命過程主要依賴於集權組織的政治動員，因

〔註36〕黃仁宇：《萬曆十五年》，三聯書店，1997年，第271頁。

〔註37〕費正清主編：《劍橋中華民國史（1912～1949年）》下卷，中國社會科學出版社，1993年，第408頁。

〔註38〕轉引自龔詠梅：《「脫胎換骨」的近代中國：孔飛力與他的中國近代史研究》，華東師範大學博士論文，2004年，第165頁。

〔註39〕杜贊奇：《文化、權力與國家：1900～1942年的華北農村》，江蘇人民出版社，1996年，第3頁。

此秩序的重構只能依賴於國家權力的垂直控制。這就提示我們近代政治重建與傳統的不同之處，那就是自上而下的行政強控制可以直達社會基層，國家權力變成一種無遠弗屆的東西，政治、社會的多元化程度更低。經歷一個輪迴，走向多元社會這一近代轉型的深層課題無疑並沒有完成，反而變得更加困難。另一方面，高度集中、高度一元化的權力與現代意識形態的結合導致權力約束也變得更加困難。事實上既然權力與真理結合，既然領袖與導師合一，那麼在這種邏輯下，權力約束實際上就是不必要的，相反倒應當加強權力來貫徹某種「真理」，來貫徹領袖的意志。近代以來早就將約束權力的傳統防線突破了，但始終沒有建立起可行的機制來替代之。事實上，如果國家權力已經完全控制了社會，那麼約束權力這一問題也就基本上沒有什麼指望了，只有社會的多元化程度和自治能力不斷增強，只有這個社會不再對絕對權力（不管是掌握在誰的手中，不管是以什麼主義的名義）充滿饑渴和希冀，或許我們才可以期待國家權力最終能夠被馴服，中國也就能真正走向一種現代政治文明。

第二節　鄉村社會的困境

　　科舉制度在傳統社會中有一個深度社會嵌合的過程，其最重要的體現就是由這一制度選拔儲備起來的文化精英成為基層社會治理中的領袖。士為四民之首，在科舉時代，使士階層完成不斷再生產的制度平臺就是科舉制。現在這一制度被廢止，那麼士階層的繼替就會中斷。在傳統社會中，科舉精英在城鄉之間的分佈大體是平衡的，這就使城鄉生態比較平衡，但在廢科舉之後這一平衡已經被打破，精英從鄉村單向地流向城市，當然伴隨精英流失的是資本、知識等資源的流失。清末以降國家權力下沉和不斷從鄉村汲取資源的做法更是對鄉村社會造成了巨大的創傷。而由西方滲透進來的現代經濟體系也對原來的小農經濟和家庭手工業構成了衝擊。總之，各方面的因素都朝著不利於鄉村社會的方向發展，而廣大的鄉村社會又構成了中國的主體，並且鄉村社會的變動對中國的近代走向產生了深刻的影響，鄉村治理的難題也一直延續影響到今天，所以本節主要關注近代制度轉型對鄉村社會的影響，及由此導致的一些長時段問題。對鄉村問題的研究已經汗牛充棟，早在民國時期就有許多知識分子觀察到鄉村社會經濟凋敝、行政僵化和文化荒漠化，

並謀求解決問題的出路。比較有代表性的有梁漱溟、晏陽初領導的鄉村建設運動及相應的理論思考，費孝通對鄉土經濟凋敝和基層行政僵化的觀察和鄉土重建的思考等。當代關於民國時期國家政權建設與鄉村社會關係最有影響力的研究當屬杜贊奇《文化、權力與國家》一書。這些研究已經確立了相關的典範和概念框架，本節內容主要是結合這些研究並承接上文的線索做一點梳理和相關的思考。

傳統文明系統經過長期的歷史磨合而達到了某種平衡和內恰，這是前面的考察所著重突出的一點。實際上，一個社會要想實現長治久安必然需要實現某種相對平衡的狀態，在西方社會也如此。西方文明從古希臘、羅馬時期以來就一直長期受到階級鬥爭問題的苦惱，與此相關的是政治體的衰敗問題。古代的共和主義就意在實現不同階層之間的平衡，羅馬共和國時期的制度很好地體現了這一點，古代思想家（如波里比阿、西塞羅）認為通過這種平衡和相互制衡可以防止政治體的衰敗。這種制衡思想後來轉化為現代民主制度中不同權力機構之間的分權制衡，分權制衡意在通過權力制衡來防止權力運作走向失衡。另外，現代社會主義運動的興起也與貧富差距、勞資衝突有關，西方社會通過一些思想、制度和政策的調整而將這一問題緩和了。當然，比較穩定的紡錘形社會結構的形成非常重要，否則很難防止整個社會不被這種階級紛爭所扯裂。

雖然與西方社會在很多方面不同，但傳統中國社會經過長期的歷史磨合也找到了自己的平衡態。概略說來，傳統的平衡主要包括城鄉之間的生態平衡、大小文化傳統之間的生態平衡以及在常態下官紳民之間的平衡等，後者也可以說是國家權力與社會之間的平衡。這些平衡的獲得無疑與許多要素息息相關。城鄉之間的生態平衡大體來說可以分為兩方面，一是經濟上的平衡，二是精英人才分佈上的平衡。前者與傳統的農業經濟有關，在農業經濟之下，城市主要作為行政中心存在。雖然也存在著一些處於交通要津的商業城市，不過在前資本主義社會中，由於現代經濟部門不發達，城市與農村的差距並不顯著。城市經濟所能提供的社會上陞機會有限，所以其對人才的吸附力也有限。科舉精英在城鄉的分佈基本上是平衡的，由於科舉制度是傳統社會上陞的主要渠道，所以這種狀況的出現應當有這一制度自身特點的原因。一個基本的原因是科舉制下受教育和中舉的機會在城鄉之間沒有顯著的差異，生活於鄉村社會甚至對舉業更為有利，因為它能提供一個較少受干擾、較少誘

惑的學習環境。另一方面儒學知識也適應倫理本位的鄉土中國，讀書人被鄉民所看重，所以科舉精英可以舒適地生活於鄉村，並在其中發揮重要作用，而不像後來的新式學生那樣難以融入鄉村生活。儒家士大夫對鄉土生活和鄉誼的眷戀還體現在，官員在告老之後一般都會還鄉，成為鄉紳，從而完成了一個落葉歸根的有機循環。因此在鄉村社會中就儲備下了大量的社會精英，這些精英大體平均分佈於廣大而又分散的農村，這正好適應了中國鄉村社會的特點和需要。大小文化傳統之間的平衡也與儒學和儒家精英的特點有關，在第二章中我們已經對此進行了分析，儒家士紳樂於也有責任領導和服務自身家族和鄉土社會，同時在這一過程中也溝通了大小文化傳統。

傳統的官紳民之間的平衡則主要受益於王權的無為主義和小政府的治理結構。只要國家權力不自上而下地施壓和加強汲取，那麼鄉村社會治理中就具有很大的緩衝、平衡的餘地。其中士紳階層因為既具有官方身份又具有地方社會屬性而能夠發揮上傳下達和平衡調節的作用。良紳因為享有崇高的威望而能夠主導鄉村社會事務，發揮領袖作用。這樣鄉村社會的正常秩序可以得到保障，而不至於走向失控。

維持一種相對平衡的生態系統是鄉村社會長治久安的保障，但是我們也應看到這種平衡具有某種脆弱性，許多因素都會對其造成破壞。首先，傳統的小農經濟非常脆弱，它應對人口壓力和天災人禍等風險的能力比較低，這是一種不穩定性因素，在這種情況下如果國家非但不能起到救濟和保護的作用，反而試圖增加社會底層的負擔，那麼就比較容易引發動亂。其次，紳權要想發揮緩衝調節作用有賴於國家權力的收斂，但由於傳統政治中約束權力的機制缺乏制度剛性，並且在非常情形下，國家也不得不增強汲取能力，而一旦自上而下的汲取壓力增大，那麼紳權發揮緩衝調節作用的空間也就被壓縮，甚至完全喪失。這時紳權要麼滿足上面的要求，那麼它也就成為了國家權力的工具，失去了對地方社會的保護作用，要麼就不得不退出地方權力的舞臺，那麼它同樣會失去作用。這些都是傳統社會中需要面對的問題，因此儒家一直諄諄告誡統治者要輕徭薄賦、以民為本。不過在傳統社會中雖然存在著打破平衡的因素，但即使由此爆發了動亂，基層秩序也能很快完成重建，這種動亂反而在一定程度上有助於消化社會中所積纍起來的大量矛盾。

在西方傳統社會中，教士和土地貴族是鄉村社會的領導力量，在現代化過程中他們在經歷某種轉化之後仍然保持著對地方社會的控制，比如在英國

就發生了貴族資產階級化的普遍趨勢，〔註40〕並且新興起的鄉紳階層也發揮了此前土地貴族的領導作用，而經過宗教改革，教會和教士仍然發揮著對基層社會治理的重要作用。以之反觀中國，我們會發現中國傳統社會確實具有自身的特殊性，兼具文化權威和國家身份的士階層是整個社會的領導力量。如果中國一直保持在自身的軌道上不變，那麼這種特殊性並不構成問題，但是一旦中國社會試圖走上一條各方面都與西方趨同的道路，那麼這種特殊性的喪失就會帶來系統性的問題。

在近代中國遭遇西方之後出現了許多影響鄉村社會的新因子，廢科舉就是其中非常重要的一個，下面就對這些新的影響因子作一些評估。通過這種評估主要是想弄清楚哪些方面是必然要面對的，而哪些方面又是人為造成的，從中我們可以大體明白轉型過程中的選擇空間有多大，進而可以反思近代中國走過的這條路有多少是無可避免的，又有多少對中國社會造成了不必要的傷害。

大體說來，新的時代因素包括西方的經濟入侵所帶來的影響和制度方面的變革，後者主要包括廢科舉和新式教育制度的引進，以及新型地方自治的推行和國家政權建設。就農業商品化發展而言，確實出現了一些新變化，有些地區的農民力圖適應商品市場而種植經濟作物，這是主動適應的做法，為此也要承擔市場價格波動帶來的經濟風險。不過總體來說，新的經濟因素在促進整個鄉村社會經濟發展方面的影響有限。馬若孟（Ramon Myens）和黃宗智對華北農家經濟的研究均說明，西方經濟入侵並沒有改變這一地區小農經濟的本質。〔註41〕不過雖然小農經濟狀況沒有發生整體性的變化，但越往後西方經濟入侵帶來的侵蝕作用也越顯著，這對於原有的小農經濟尤其是家庭手工業造成了不利的影響。費孝通注意到了這一問題，他認為原來農村的小康生活水平有賴於家庭手工業（「鄉土工業」）來補充農業收入的不足，同時它也可以緩解農村潛在的勞動力過剩問題，現在由於西方機器工業的競爭，家庭手工業受到嚴峻挑戰，這種無形的侵蝕作用使農村的生活水平逐漸下降，引起整個鄉村經濟的凋敝。費孝通希望地主階級能夠從依賴地租的寄生

〔註40〕摩爾在《民主與專制的社會起源》中特別強調了貴族對商品經濟的反應之於政治現代化的意義，英國因為這一點做得比較成功而走向了民主，參考摩爾：《民主與專制的社會起源》，華夏出版社，1988年。

〔註41〕杜贊奇：《文化、權力與國家：1900～1942年的華北農村》，江蘇人民出版社，1996年，第1頁。

生活中脫身出來並投資現代經濟，以發展鄉土工業。〔註 42〕其著眼點不在於各種制度花樣上的折騰，而是對準了發展市場經濟這一時代課題，這無疑是一種非常有遠見的看法。

除了經濟方面的衝擊，近代的制度變革對鄉村社會帶來了深遠的影響。自民國以來很多人都注意到廢科舉對鄉村社會的影響，其主要的一個影響就是士紳繼替的中斷。廢科舉興學堂不僅僅是一種教育上的變革，而且包含深刻的社會意義。由於新式學堂多是官僚所推辦，並且主要集中於城市，農村子弟的入學成本大大增加，新式教育的學費也比較高，教育在城鄉與貧富之間變得嚴重不公。當時有人指出：「以江南號稱財賦之區，凡小學生徒能畢初等小學五年之業而不爲家庭之生計所迫以致中輟者，尚屬寥寥；其他貧瘠之省，更復何望」。〔註 43〕爲了適應新的社會上陞渠道，大量的知識精英開始離鄉進城（當然在傳統社會中也存在著士紳城居化的現象，不過廢科舉引發了結構性的流動並使之不可逆化），這開啓了持續至今的一個單向流動過程。

在傳統社會中是存在著大量鄉居士紳和一個落葉歸根的有機循環的，現在的問題是新式學生已經不願意也無法回到農村了。新式教育所學的知識至少在形式上是與西方趨同了，在接受了這種新的知識、價值觀、生活方式之後，他們開始變得與農村格格不入。這些知識源自西方的工業社會和個人主義文化價值觀，它與儒家倫理本位的傳統社會無疑差距非常大。由於剛剛接觸西方，這些學生如許多人所觀察到的那樣多是沾染了西方社會的一些「習氣」，而乍一脫離傳統倫理規範的規約和權威主義的文化約束，他們又非常容易走向躁進和失控。雖然他們在科學技術方面所受的教育非常有限，但由於接受了科學主義觀念，新式學生多看不起鄉民和一些鄉村習俗，而他們所學的那些不新不舊的東西又不被鄉民所看重，這些學生也就逐漸失去了鄉民的信任，這樣在新式學堂學生與鄉民之間出現了文化上的隔膜，甚至發生了尖銳的衝突。莊俞早在清末就注意到，新學堂教育出來的學生「驕矜日熾，入家庭則禮節簡慢，遇農工者流尤訕誚而淺之」。〔註 44〕鄉民則以毀學暴動這種

〔註 42〕費孝通：《鄉土中國・鄉土重建》，風雲時代出版公司，1993 年，第 185 頁以下。

〔註 43〕《宣統元年江蘇教育總會呈學部變通初等小學堂章程》，《教育雜誌》，1909 年第 5 號。

〔註 44〕轉引自羅志田：《科舉制廢除在鄉村中的社會後果》，《中國社會科學》，2006 年第 1 期。

最原始的方式表達其抗議。當然這種新舊衝突背後的一個直接原因是利害衝突，那就是辦新政大大增加了鄉民的負擔，並且將原本屬於鄉村文化生活的寺廟、宗祠等公產圈佔，卻沒有為他們帶來什麼實際的好處。再者，社會上陞機會，主要是做官的機會主要集中在都市，新式學堂學生都要在都市中謀生活，所以他們也不願意回到農村。

與科舉時代的情況不同，現在的知識分子已經脫離了鄉村，原來紮根於鄉村中的文化精英也就缺乏繼替者了。鄉民戮力將自己的優秀分子送出去讀書，這些人卻不願意回來領導他們。後來雖然有人高呼「到民間去！到鄉間來！」，但實際情形卻正好相反。〔註45〕這極大地制約了鄉村社會的發展，並導致中國社會在城鄉之間越來越失衡。一方面優秀治理精英流失，鄉村社會失去了有力的領導力量。另一方面鄉村經濟的發展也失去了帶動者。有研究認為，民國時期紳士的城居和劣化使農業科技改良缺乏必要的資金、人力資源和穩定的社會環境，不利於農業科技改良的推進。〔註46〕這說明鄉村精英人才和資金的流失嚴重制約了鄉村經濟的發展。「讀書人不再返回鄉村，而是更多地留居城市。此後城市較前發生顯著性變化和發展，但其代價卻是鄉村和鄉村文化、鄉村經濟的急劇衰落。雖然這種城市化的道路是各國近代化的普遍模式，但在鄉村人口比例甚高的中國，造成的結果卻只能是城鄉差別、城鄉分離和城鄉對立的情形更為加劇，社會整合亦隨這種對立而更加困難。這種城市化的方式反而阻礙了中國的近代化，其影響至今依然依稀可見。」〔註47〕

由於讀書人的離去，所謂的「土豪劣紳」乘勢而起，鄉村政權也逐漸被一批素質比較差的人佔據。〔註48〕科舉制度在構造鄉村社會文化網絡上發揮著巨大的作用，而一旦這一制度被廢除，儒學和文化精英的再生產就發生中斷，連同精英的離鄉，都使得鄉村社會變得日益荒漠化，鄉村治理所依賴的社會文化網絡也逐漸走向崩塌，傳統的基層治理結構解體。鄉村治理也日益

〔註45〕參考羅志田：《科舉制廢除在鄉村中的社會後果》，《中國社會科學》，2006 年第 1 期。

〔註46〕蔣國宏：《民國時期紳士的嬗變與農業科技改良的困境》，《南通大學學報（社會科學版）》，2007 年第 4 期。

〔註47〕劉佰合、蔣保：《科舉制度的廢除與社會整合的弱化》，《安徽史學》，2000 年第 3 期。

〔註48〕參考羅志田：《科舉制廢除在鄉村中的社會後果》，《中國社會科學》，2006 年第 1 期。

失去「文化」而變得「武化」。前文已考察過漂浮在都市中的大量邊緣知識分子這一問題，許多這類高不成低不就的知識分子在科舉時代原本應當是具有良好社會地位，能夠領導、教育鄉民的生員、塾師之類的人物，但現在卻找不到自己的社會位置。可見實際的情形大約是「雙向受害」，「常在都市中遊蕩的知識青年固然成了『鬼蜮』，而失去知識階級的農村也變成了『地獄』。兩者都極大地影響了後來中國的發展，特別是雙方的結合為後來中國的政治革命提供了最主要的人力資源」。〔註49〕

　　科舉制的廢除是一項對鄉村社會影響深遠的制度變動，而清末以降新型「地方自治」的推行和國家政權建設同樣是影響深遠的制度變動。儘管鄉村社會的經濟狀況沒有多少改善，甚至持續惡化，但「自20世紀之初就開始的國家權力的擴張，到40年代時卻使華北鄉村社會改觀不小——事實上它改變了鄉村社會中的政治、文化及社會聯繫」。〔註50〕清末新政以來國家權力的擴張事實上主要致力於從基層社會汲取資源，其所謂的「自治」實際上沒有多少真正自治的意味，這在清末就已經引起民怨沸騰。清廷依靠自上而下的官力來推進「自治」，這本身就是一個莫大的諷刺，也為這種所謂的自治埋下了不詳的徵兆。即使是在傳統社會中，士紳一旦沾上了官權，紳權的社會基礎實際上就已經喪失了，而成為官府的工具。至於官紳勾結、魚肉鄉里的做法更是劣紳的行徑，這在傳統社會中本來是拿不上臺面來的事。傳統士紳在地方社會的威望是建立在為民眾辦事的基礎上，士紳並可以由此獲取一定的收入，這種信任和收入既然來自委託人，那麼士紳辦事多少也應當是對下負責的。

　　但在清廷自上而下推進的地方自治事業中，紳權一下子正式化了，並且這是拜官府所賜，一些劣紳藉此機會得以上位。雖然清廷在改革中也許沒有將政權全方位延伸到基層的意圖，但是這種做法卻實際上產生了官進民退的結果，而受害的則是社會下層。一個言官道出了這中間的一些曲折：「臣聞各省辦理地方自治，督撫委其責於州縣，州縣委其責於鄉紳。鄉紳公正廉明之士往往視為畏途，而劣監刁生，運動投票得為職員及議員與董事者，轉居多

〔註49〕羅志田：《科舉制廢除在鄉村中的社會後果》，《中國社會科學》，2006年第1期。

〔註50〕杜贊奇：《文化、權力與國家：1900～1942年的華北農村》，江蘇人民出版社，1996年，第1頁。

數。以此多數劣監刁生，平日不諳自治章程，不識自治原理，一旦逞其魚肉鄉民之故技，以之辦理自治，或急於進行而失之操切，或拘於表面而失之鋪張，或假借公威爲欺辱私人之計，或巧立名目爲侵蝕肥己之謀。甚者勾通衙役胥差，交結地方官長，籍端謀利，朋比爲奸。」〔註51〕這些人從傳統的觀點來看多是劣紳，他們藉新政獲得了正式的權力之後，官僚味變得十足。正如時人所言，當今紳士「大抵親於官而疏於民」。官紳民之間相對平衡的傳統關係便被打亂。由此導致的搜刮盤剝和鋪張浪費也是非常驚人的。「其苛捐擾民也，不思負擔若何，唯恐搜刮不盡，農出斗粟有捐，女成匹布有捐，而牙行之於中取利，小民之生計維艱，概置無問。其開銷經費也，一分區之內在局坐食者多至一二十人，一年度之間由局支出者耗至二三千圓，以一城區數區合計之，每年經費不下萬金。而問其地方之善堂如何、學校如何、勸業如何、衛生如何，不曰無款興辦，即曰不暇顧及。所謂辦有成效者，不過燃路燈、灑街道，或設一二閱報社、宣講所而已。而舊日育嬰堂、養老院、義塾、社倉、賓興、鄉約、施藥、施茶、積存諸公費，皆非揮霍盡淨不休。」〔註52〕從中多少能看出辦新政導致了嚴重的鋪張浪費現象，並且這些新政設施多是模倣西方而來，與民眾的切己需要反而不關痛癢，變爲地方的「形象工程」，上面以此來考覈，下面則以此應付。由此導致的結果自然不會理想。

地方公費或公產本來是各種民間自組織網絡運轉的財力支撐，但經過這種挪移和浪費，民間社會的自組織活力自然就被破壞了，由此造成的社會成本要遠遠大於所謂的新型地方自治的好處。胡思敬寫道：「公產盡爲豪強吞併，一切義舉，劃破無遺。而地方自治之基壞矣。」胡氏以不喜歡新政著稱，但其觀察並非無因而至。新型地方自治的倡行，卻毀壞了既存地方自治的基礎，眞是一個詭論意味十足的結果。〔註53〕所以清末新政中推行的地方自治反而激起了大量的民變，發生於山東萊陽的民變就很能說明問題。事後山東巡撫孫寶琦奏報說：「萊陽肇亂之原，由於已革前縣朱槐之顢頇成性，信任劣紳。城董事如王圻、正墀、王景岳、王贊楊、張相謨、葛桂星、宋維坤本皆不孚鄉望。近年新政繁興，朱槐之係倚諸紳爲心腹，諸紳遂出入衙署，甚至

〔註51〕《清末籌備立憲檔案史料》上冊，中華書局，1979 年，第 356 頁。
〔註52〕《清末籌備立憲檔案史料》下冊，中華書局，1979 年，第 757 頁。
〔註53〕羅志田：《國進民退：清季興起的一個持續傾向》，《四川大學學報（哲學社會科學版）》，2012 年第 5 期。

藉以牟利，爲眾所側目，以此叢爲怨府。」〔註54〕頗具諷刺意味的是鄉民所提出的一個要求就是停辦地方自治，這最能反映出這種所謂的地方自治不得人心。那些當年曾熱切呼喚大變、速變、全變的維新派人士甚至對新政產生了懷疑，「然而多舉一新政，即多增一亂端，事變益以紛拏，國勢益以搶攘。夫我國今日所謀之新政，固行之東西文明諸國，致治安而著大效者也；然移用於我國，則反以速亡而召亂」。〔註55〕

固然在後發國家現代化的起步階段，國家的推動是一個必要的手段，但是近代中國這種國家的推動非但未收其效，卻已先受其害，製造出了大量的問題和弊端。爲什麼國外行之有效的東西到了中國就變異走樣，甚至對自身造成了許多難以彌補的傷害呢？這大概也是許多當初曾熱切期盼照搬國外模式的維新派的一大困惑。我想中西文明傳統的異質性是許多照搬過來的東西發生走樣和產生衝突失調的一個深層結構性原因。正因此這一另起爐竈的照搬過程首先就破壞了原有的社會生態，而在強制推進的過程中又因爲依靠日益失去約束的權力而更加扭曲變形。上述種種症狀或許就是對那種依靠形式照搬和強權推進來謀求現代化捷徑的一大反諷吧！

隨著清王朝崩潰和軍閥割據混戰狀況的形成，鄉村社會更是受到災難性的影響。由於城市的治安相對來說好一些，所以軍閥主要侵擾的是鄉村，爲了應付軍費開支和滿足掠奪成性的需要，軍閥必須從農村大量榨取資源。各種軍事頭目的統治往往是赤裸裸的武力控制，有些軍閥本身就是一種流寇，所以他們對鄉村社會的壓榨也完全失去了道義的制約和長遠的顧慮，鄉村統治變得日益原始化。「北洋軍閥統治時期是中國農村遭到最爲嚴重的破壞的一個階段，不僅經濟上破產，農民陷入普遍的貧困化境地，而且農村原有的生活秩序以及組織網絡都弄得七零八落，農村變成了一個看不到任何希望的人間地獄。」〔註56〕生活於這一時期的前清舉人劉大鵬在日記中慨歎道：「民何不幸而生於斯時耶，予何不幸而目睹此時局耶。」〔註57〕如果說劉大鵬的感

〔註54〕《辛亥革命前十年間民變檔案史料》，中華書局，1985年，第182頁。
〔註55〕《辛亥革命前十年間時論選集》，第3卷，三聯書店，1960年，第654～655頁。
〔註56〕張鳴：《鄉村社會權力和文化結構的變遷（1903～1953）》，廣西人民出版社，第66頁。
〔註57〕劉大鵬：《退想齋日記》，1919年4月1日，山西人民出版社，1990年，第275頁。

概還僅僅是一種感性的發抒，那麼同樣經歷過這一時期的費孝通則多了一些學理性的思考。他觀察到基層行政正在走向僵化，認爲這是國家權力脫離了傳統的「雙軌政治」，自上而下地施壓所導致的後果。後來研究民國時期華北地區國家政權建設的杜贊奇指出，這種自上而下單向增強汲取能力的國家政權建設道路是失敗的，這一進程沒有很好地利用鄉村社會的文化網絡，反而破壞了它，使「營利型經紀」取代了傳統的「保護型經紀」（或可曰「劣紳」驅逐「良紳」，一種「逆淘汰」現象），並導致基層政權的「內卷化」，大量素質底下的中間人得以中飽私囊。可見這種政權建設非但沒有獲取實際的效果，反而產生了嚴重的社會弊害，最終這爲共產黨領導的農民革命打下了社會基礎。〔註58〕這裏我們同樣可以看到一種「雙向受害」，一方面國家政權的能力並沒有得到實際的增強，反而挖空了自己的牆角，另一方面鄉村社會也蒙受了各種壓榨，陷入苦難的深淵。

　　上文根據前人的研究大體勾勒了一下清末以降鄉村社會變遷的時代特點，現在可以對此進行一些總體性的評估了。首先我們需要弄清楚，面對近代變局，有哪些問題是當時中國所必須應對的。孔飛力從中國社會的內在理路出發提出了一些影響晚清中國和現代中國的緊要問題：「政治參與的拓寬如何與增強國家權力和國家合法性相一致？政治競爭如何與某種公共利益相協調？國家的財政需求如何與地方社會的需要相一致？」〔註59〕孔飛力所羅列的上述三大問題無疑都包含著一些內在的衝突和困難，這些困難在後來的歷史發展中都展現了出來。孔飛力的這些問題可以說主要是側重政治發展層面，其中最後一點正是針對國家政權與基層社會的關係問題。從超出政治發展的更廣範圍來看，我們大體可以歸結出以下近代中國不得不面對的幾大問題，一是發展市場經濟，應對西方帶來的現代經濟挑戰和擺脫貧困的壓力；二是發展新式教育和學習新知識，這又與市場經濟帶來的分工深化和社會多元化發展相耦合；三是增強國力和約束權力。根據前面的分析，當時人無疑廣泛注意到了這些問題，包括求強、求富、商戰等洋務口號的提出，商部的成立和清廷獎勵實業政策的出臺，人才救國論的興起和廢科舉、興學堂的舉

〔註58〕參考杜贊奇：《文化、權力與國家：1900～1942年的華北農村》，江蘇人民出版社，1996年，尤見第八章。

〔註59〕轉引自龔詠梅：《「脫胎換骨」的近代中國：孔飛力與他的中國近代史研究》，華東師範大學博士論文，2004年，第160頁。

措，立憲救國的呼籲和清末新政時期的政治體制改革乃至後來的革命、國家政權建設等。當然在增強國力和約束權力這兩方面近代國人始終沒有找到一個平衡點，或者說基本上是以犧牲後者的方式來追求前者。

現在需要評估的就是，近代國人在應對以上問題時所採取的總體取向和做法究竟存在著什麼樣問題，這些問題又對鄉村社會造成了怎樣的不良影響。首先，近代國人的政治熱情高漲，將主要注意力都集中到制度變革和革命動員上面，而在發展市場經濟上的成就非常有限。人類分工協作的市場秩序之擴展必須建立在對未來相對穩定的預期之上，可以說市場經濟是一種對秩序非常敏感的經濟體系。政治激情的不斷高漲衝破了社會的底線秩序，由此帶來的社會動盪恰恰對市場經濟的發展構成了最為嚴重的妨害。各方多是在政治領域裏反覆折騰，卻沒有創造出一個真正改變社會面貌的經濟增量。那個貧困的底子始終沒有根本性的改觀，這是近代中國的一個基本面。對於廣大的鄉村社會來說，如果不能通過經濟發展解決基本的生存問題，那麼制度花樣上的改頭換面所能起的作用有限，從事後來看許多折騰所起到的也主要是負面的作用。

其次，一波波的外來衝擊給國人帶來了巨大的心理壓力，這種危機感越往後越明顯，甚至上陞到了「亡國滅種」的高度（這與國人所接受的社會達爾文主義觀念有關）。無論是在科舉改革還是在立憲改革上，「救亡」都構成了激進變革的一個主要理由。這種救亡心態在當時的背景下可以理解，也能為變革帶來促動作用，但它如果走向極端就會產生嚴重的負面作用，會使統治者和許多精英分子過度追求「短期利益最大化」，這種急功近利的做法在長遠上反而對整個社會非常不利。追求短期最大化體現為採取單線突進的變革方式，在這一過程中官僚國家也變得日益失去約束。比如在人才救國論的鼓動下，改革者以為通過廢科舉和大辦學堂就能迅速實現富強，卻不考慮這種單線突進做法所導致的其他問題。又比如，為了增強汲取能力，國家權力單向度地自上而下地施壓，從而在很大程度上導致基層治理的僵化和鄉村社會的衰敗。

再者，在追求短期最大化的心態促動下，在理性主義幻覺的鼓舞下，改革者採取了一種生搬硬套、另起爐竈的方式，並依靠國家權力來強制推進。（下一章的方法論反思部分會對此進行詳述）

這類的變革總體上非但沒有實現其所預期的效果，反而打亂了整個社

會，引起從上到下全方位的功能失調和紊亂，所導致的後果是一種雙向受害和雙重蛻變，爲此埋單的是整個中國的現代化事業。由此所建立起來的現代部門成爲一種漂浮在中國社會之上的異化的東西，不但脫離了社會自組織活力的支撐，不能形成基於良性互動之上的積纍式發展，反而成爲整個社會的負擔，對中國社會造成了巨大的傷害。從耗費巨大而又缺乏活力的官僚企業，到鋪張浪費、難以持續的新式學堂和邊緣化的知識分子群體，再到異化了的「社會自治」和內卷化的基層政權，在在都是如此。可以說這種「現代化」推進一層，對社會的傷害就增加一分，以犧牲社會活力尤其是犧牲鄉村社會來追求所謂現代化的做法最終引發了社會革命的反噬，可以說是罪有應得。梁漱溟在總結近代中國的自救運動時歎道：「在中國人總不免情急指望著變得一結果出來；但正面結果往往不可見，其所有者只是中國社會自身引入更深一度地崩潰而已。於是，自救適成爲自亂。在這自亂當中，外力更易施其技而加強其破壞。那就是說，中國社會在失其自身原有組織條理時，更失去其應付環境的能力；愈崩潰，愈陷於無能力的境地。故自力破壞，重要過於外力破壞。」〔註60〕

　　那麼這是不是說就不應當進行變革呢？當然不是。爲應對數千年未有之變局，近代中國當然需要做出相當大的調整和改革。但是改革和發展有不同的方式和方法，也有輕重緩急之分，並不是說越快越好，越激進、越徹底越好。尤其是對於文明轉型這樣複雜的課題來說，變革的方法論問題就非常關鍵。只有先驗地假定自己掌握了社會發展的絕對眞理，或者個體理性全知全能，整個複雜社會系統會按照自己的設計線性變化，那麼那種越快越好、越激進越好的方法論才能成立。只有假定了各種社會和文明系統可以一模一樣，那麼那種直接照搬、另起爐竈的方式才可以成立。在今天看來這類的假定在根本上是不成立的，那麼對於近代的制度變革我們就可以作另一番思考。在一種救亡心態和大變、速變觀念的支配之下，當時一些致力於現代化的精英普遍認爲需要對制度作一種迅速的、全盤式的廢舊立新，並依靠國家權力來全面推進，這就是康有爲所代表的維新派和清末新政改革的一種基本取向。雖然當事人時不我待的心情可予以同情之理解，但事後看來，對於處於轉型期的中國來說，是不是一種基於中國社會實際之上的更加穩健和有所統籌的改革更可取？是不是由國家發揮一種引導和整合作用，而主要依靠社

〔註60〕梁漱溟：《鄉村建設理論》，上海世紀出版集團，2006年，第52～53頁。

會自組織力量進行適應性調整的發展方式更可取？當時所採取的那種大變全變而又不得法的方式確實讓改革一開始顯得非常快，卻使整個社會走向了不斷內耗的不歸路，這中間的重要原因就是國家權力的失控和社會底線秩序的喪失。我們還可以進一步追問，在增強國家權力的汲取能力之前是不是應當首先考慮防範其弊害呢？國家通過民富進而國強的方式來走向富強是不是比那種追求短期最大化、竭澤而漁的方式更好呢？當然，時間箭頭是不可逆的，社會並不會像物理實驗一樣可以通過改變操作變量而重新進行實驗，我們已經不能重來，這種事後的重新評估僅僅是進行一種反思性的思考，可以為我們把脈今天的問題提供一個參照系。

在社會革命之後，共產主義政權進行了社會改造和鄉村社會的組織重建。現在國家權力終於能夠非常順利地從基層社會汲取資源，但以犧牲農民的利益來支持重工業建設的做法並沒有為鄉村社會帶來多少實惠，反而使城鄉差距進一步加大。並且出於社會控制目的所確立起的城鄉二元體制也人為地將早已存在的城鄉裂痕以行政手段加以固定化，對社會發展和城市化進程造成了扭曲性的不利影響。隨著改革開放以來經濟的發展，城市對人才的吸引力進一步增強，而那些出走的精英卻幾乎沒有人回到日益空心化的農村來領導和帶動農村發展。近代以來人才和資源從農村單向流向城市的狀況以幾乎不可逆的趨勢延續著，甚至因為城鄉二元體制而人為加強。本就處於弱勢而又並非不重要的廣大農村在現代化過程中非但沒有享受多少照顧，反而一直都是犧牲者。今天，嚴重的「三農問題」已經顯現出來，這無疑也將是中國今後很長時期內都必須面對的一大社會問題。在傳統鄉村社會中，士紳群體是一個具有穩定制度來源、社區認同和較高文化素養的治理精英群體，而自科舉制度廢除以後，不管制度形式如何變換，至今無法有效填補其退出後的空缺，無法找到一種實現城鄉再平衡的方式，無法維持鄉村文化的活力。近代以來對鄉村元氣的傷害可能數十百年不能恢復，這反映了近代制度變革對鄉村社會的長時段影響。

第三節　文化重建問題

在傳統文明系統中，儒學與科舉制度、一統王權緊密相連，後二者先後解體，這自然也會波及到儒學，正所謂唇亡齒寒。科舉制度的廢除標誌著制度化儒家的解體，這對儒學無疑具有致命的影響，但其中的因果卻並不是單

線條的，因為儒學的失勢並不是由科舉廢除始，相反，科舉之廢在很大程度上反映了儒學已經開始失勢，因此，我們還需要在中西文化競爭的大背景下來看待這一問題。〔註61〕

　　傳統中國政教相連，儒學一家獨尊。不過儒學並不是一個封閉的體系，而是具有很強的包容整合能力。另外，獨尊儒學也不意味著其他流派和學問被禁止，只不過它們沒有儒學背後的國家獎勵制度（科舉制度即其核心）。因此，傳統文化可以說是一統多元的。但近代以降卻發生了一個乾坤顛倒的大變，儒學非但難以維繫獨尊的地位，反而一步步走向衰落、崩塌乃至被清洗，與之相反，西學則一步步走向了神壇，這種情況的發生無疑與中西文化競爭有莫大之關係。

　　文化的競爭除了軟實力之外，首先產生作用的可能是硬碰撞。傳統文化作為一個高度完備的文化系統，它對另一種文化系統的排異性自然是非常大的。但率先敲開國門的卻是西方的武力，武力既具有讓你不得不接受的脅迫性一面，也具有一定的說服力，畢竟西方的富強是能帶來示範效應的。一波波的外來衝擊所造成的影響越來越深，這無疑成為促發國人思想觀念變革的重要催化劑。不過，我們也不應由此忽略儒家文化自身內部的動向。在西方衝擊之前，清王朝已經呈現出衰落的跡象，晚清的學術動向也發生了變化。清初統治者對學術施加了嚴厲的限制，到乾隆在位時還大興文字獄。乾嘉時期考據學（漢學）臻於頂峰，但隨著盛世漸露衰相，學術風氣也發生變趨。「眾多的矛盾舛錯交接而又此起彼伏，由此帶來的重重憂患沖淡了上一代帝王留下來的文字之禁；也使天下事日益迫近地成為士人的切己之事。隨後，世風和士風都明顯地發生了變化。」〔註62〕新的學術潮流朝著兩個方向發展，一個方向是學者們對之前普遍專注於漢學表示不滿，宋學開始重新復興，考據、注疏與義理兼顧。十八世紀末年的諸位大師如阮元、莊存與、姚鼐等人身上都普遍存在著哲學上的折衷主義。另一方向是經世致用學派的興起，這一學派特別與今文經學有關，魏源無疑是其傑出的代表。〔註63〕考慮到後世章太

〔註61〕羅志田《新的崇拜：西潮衝擊下近代中國思想權勢的轉移》一文對這一問題進行了分析，載《權勢轉移：近代中國的思想、社會與學術》，湖北人民出版社，1999年。

〔註62〕楊國強：《晚清的士人與世相》，三聯書店，2008年，第72頁。

〔註63〕參考費正清主編：《劍橋中國晚清史》（上），中國社會科學出版社，1985年，第156頁以下。

炎、康有為等人的師承和學術都可以部分追溯到這些新的動向上來，可以看出這一時期的學術動向無疑對近代中國接觸西學發揮了內在的承接作用。

隨著西方影響的加深，西學的影響力也越來越大。這中間當然有文化的碰撞和本位文化對外來文化的抗拒，但也不乏本位文化對外來文化的主動接納。正如羅志田所分析的，在中西文化碰撞過程中，近代知識精英對這種文化競爭一開始並沒有非常充分的思想準備，相反卻在某種程度上對接納西方抱有一種樂觀的文化自信。近代比較激進的知識精英對自身文化大加撻伐，這一方面自然反映了他們對自身文化的失望，但從文化競爭的角度來看，這背後是不是又反映出一種文化自信？也就是說，敢於自我反思和自我摧毀，這本身就是建立在一種相信自身文化能夠維持的自信之上的。不過激進自我否定所導致的實際後果卻是儒學一步步走向失勢，甚至最終走向完全的退場。也許最開始的那代人還認為必須加大破壞的力度才能擺脫原有的桎梏，正如梁啓超所說，「如欲導民以變法也，則不可不駭之以革命……大抵所駭者過兩級，然後所習者乃適得其宜。」這樣，即使後人笑罵其為偏激無識，「而我之所期望之目的則既已達矣」。〔註64〕從嚴復晚年的退卻來看，他早年的激進主義取向也大體具有類似的邏輯，因為在他們那代人的眼睛裏，傳統仍然是需要靠激進主義來打破的一個桎梏。「但其追隨者在激進的道路上就走的不知有多遠。到民國後，這一故意激進取向又為新文化人所繼承，陳獨秀、胡適、魯迅的思路皆與梁啓超如出一轍。」〔註65〕

那麼究竟是什麼原因導致儒學受到知識精英群體廣泛的質疑呢？這中間的基本作用機制仍然是由於思想與現實之間的互動。西方衝擊所帶來的危機使尋求富強成為近代國人的一個核心追求，按照史華慈的說法，「傳統的法家講富強，而儒家毋寧是在阻止把『合理地』和有組織地追求富強作為國家的目標方面起了相當的作用。」〔註66〕芮瑪麗甚至認為「要麼選擇儒家遺產，要麼選擇以擴張國力為原則的那個險惡的新世界」。〔註67〕在這一點上，儒學確實很難一下子為追求富強的近代國人提供一套系統的方法，也正是在這

〔註64〕 梁啓超：《敬告我同業諸君》，轉引自羅志田：《權勢轉移：近代中國的思想、社會與學術》，湖北人民出版社，1999年，第60～61頁。
〔註65〕 同上，第61頁。
〔註66〕 史華慈：《尋求富強：嚴復與西方》，江蘇人民出版社，1990年，第9頁。
〔註67〕 芮瑪麗：《同治中興：中國保守主義的最後抵抗（1862～1874）》，中國社會科學出版社，2002年，第394頁。

裏，儒學的「有用性」受到了廣泛的質疑。雖然一開始正統的士大夫群體還並沒有走向全面否定儒家學術傳統，但是那些受到西學影響比較深的知識精英則表達了一種比較徹底的態度。1895 年時，嚴復已認定所有中國學問既不能致中國於富強，也不能救中國於危亡，故通通可說是「無用」，皆應暫時「束之高閣」。這種看法在義和團運動失敗之後開始成爲許多人的共識。〔註68〕

但是儒學眞的就毫無價值了嗎？儒家遺產與擴張國力眞的就是非此即彼的選擇嗎？綿長雋永而又富有包容性的儒家傳統眞的就無法做出調整以因應新的挑戰了嗎？在回答這些問題時我們首先需要澄清以下幾點，第一，儒家傳統對國力擴張和王權有爲的防範是建立在對權力失控的憂患戒懼意識之上的，並不是說國家富強就是絕對的惡，而是說在貧弱的經濟條件和缺乏對權力剛性約束的前提下，權力有爲非常容易走向失控，非常容易對民生產生致命的破壞性作用，進而導致天下大亂。因此儒家主張首先要富民養民，先富後教，這背後是一種民本意識。但在面對外來危機時，儒家士大夫也並非對國家的富強無動於衷，宋代的王安石就構想出了一些增強國力的方法，但儒家寧願保持一種對權力有爲的防範立場，這是王安石的政敵兼朋友司馬光所主張的。實際上，權力總是具有擴張的衝動，顯然儒家士大夫對此是有戒懼意識的。王安石的新法立意未嘗不良好，但是一旦進入官僚機構的操作中就馬上面臨著各種歪曲變形。面對近代危機，情況有沒有根本性的改觀？貧弱的經濟條件改變了嗎，對權力的剛性制約建立起來了嗎？如果這些都做不到或者說還難以做到，那麼僅僅是靠國家權力自上而下地開快車，整個社會是不是會滑向失控的深淵呢？儒家對權力濫用的憂患戒懼意識是不是就毫無價值了呢？在權力試圖有爲之前是不是應當先考慮如何更好地約束權力，近代國人的憲政追求有沒有走向這個根本的方向？在追求國家的富強之前是不是應當先考慮如何發展市場經濟以富民，近代國人對富強的追求有沒有走向這個根本的方向？而這些原本是儒家非常重視的東西，因此儒家的治理原則似乎不應被完全妖魔化。另外，芮瑪麗混淆了一個問題，那就是儒家舊秩序是本質上無法實現新的發展或者說與現代化截然對立呢，還是在當時儒家還沒有意識到實現重大調整的必要。前者是一個本質性問題，後者則僅僅是一個反應的靈活性問題。柯文對芮瑪麗的反駁就提出了這樣一種批評：「與其說是

〔註68〕 羅志田：《權勢轉移：近代中國的思想、社會與學術》，湖北人民出版社，1999
　　　 年，第 51～52 頁。

由於近代化與建立穩定的儒教秩序根本上水火不相容，不如說是當時大部分中國改革者不願意（或不可能）理解近代化對他們自認爲基本上已經熟知的老問題有何關聯，能起何作用。19 世紀六十年代中國思想的重心依然落在中國的內部。」〔註 69〕事實上，從後來種種發展動向來看，儒家士大夫中不乏改革者，甚至是顛覆性的改革者，他們都從儒家傳統中找到了支持改革的資源。

第二，在危機壓力下，近代國人眼中的「用」這一概念始終是一種非常工具理性和短期化的概念，無論在對待西方事物還是在對待自身文化傳統上都是如此。從「中體西用」中的西學之「用」到立憲救國的憲政之「用」，國人對西方事物的態度始終脫不了一個工具主義的態度。同樣的，儒學無用論也反映了一種急功近利的態度，其背後邏輯就是：因爲儒學在當下無助於迅速實現國家的富強，所以它就應當被束之高閣。廢科舉的邏輯也是類似的，爲了迅速實現富強，許多改革者都認爲必須大力發展新式學堂以培養大量人才，所以妨礙學堂勃興的科舉制度應當被迅速廢除。這種時不我待的心情在當時情境下可以理解，這些觀點乍一看來似乎也很有道理，但問題是傳統中許多歷經長期篩選而存留下來的東西難道就沒有其他的「用」，這些東西一旦被束之高閣或被摧毀還能不能發揮作用？

無論如何，儒學是逐漸地走向衰落了。廢科舉不是其走向衰落的開始，卻是一個決定性的步驟，因爲科舉制的廢除使儒學和士階層都失去了不斷完成再生產的制度動力。事實上，儒家原本也有許多民間建制，但在興學堂的過程中，許多承擔儒學教育的機構，尤其是書院都被裁撤改造爲學堂，甚至大量承擔民間信仰功能的祠堂、寺廟也被改建爲學堂。當然，在改革者的設計中，廢科舉並不意味著同時廢除儒家經典的地位，儒家經典仍然是學堂教育的重要部分，不過在科舉制廢除後和西方越來越強有力的滲透作用下，儒學走向沒落已經是大勢所趨了。儒學從壟斷地位退縮爲新的學科建制中的經史一科，已經難以延續自身曾經具有的「卡理斯瑪」權威了，〔註 70〕並且讀經講經的課程也在逐漸縮減，乃至完全退出。1904 年到 1910 年，經過癸卯、

〔註 69〕柯文：《在中國發現歷史：中國中心觀在美國的興起》，中華書局，第 16 頁。
〔註 70〕希爾斯將韋伯的「卡理斯瑪」概念擴大了，用來分析傳統的文化、制度和習俗的神聖性，以及它們對於人們社會行爲的規範作用，這裏借鑒了這種用法。
（參考愛德華‧希爾斯：《論傳統》，上海人民出版社，1991 年，譯者序。）

己酉、庚戌三次學制調製，讀經講經在初等小學課程中所佔的比例，分別爲每周學時的五分之二、三分之一、六分之一，明顯呈遞減之勢。〔註71〕民國之後，教育部則直接廢除讀經。

但儒學既然長期作爲中國的官方學說和文化的主軸，肯定也會有人做出一些保存或重建儒學的努力，不過這種努力很快就失敗了。戊戌變法期間，在爭論興學的同時如何保存儒學或孔教的問題時，禮部主事王照曾提出一個構想，其要旨是分設教、學二部：「以西人敬教之法尊我孔子之教，以西人勸學之法興我中國之學。特設教部，就翰林院爲教部署，以年高之大學士統之，輔以翰詹各官，專以討論經術，維繫綱常。」「各省督以學政，改名曰教正，佐以教旨。各邑各鄉增設明倫堂，領以師儒，聚講儒書，生徒之外，許人旁聽，立之期會，令鄉老族長書其品行之優者，具結上陳。教官覆核之，由教政考以《四書》各經經義，每州縣拔取數人以至二三十人，統名爲優行生，以備用爲教官，並備學部咨取，用作學堂之國文教習，表以章服，樹之風聲。此教部之專責，無難陸續奏請擴充者也。」至於學部，則「以實用爲重者也」。〔註72〕在這種設想中，可以說綜合了三方面的考慮，一是保持儒學的教化和行爲垂範作用，二是保留傳統科舉體系的某些方面，三是講求實際的效益，這體現在儒生可以同時充任學堂國文教習。可見這種變革方略比較注意到變革中的傳承並能有創造性的轉化。不過由於各種原因這一設想並沒有付諸實施。

張之洞是新學制和廢科舉的積極推動者，那一代人都曾努力維新求變，但他們很快就發現「新」和「變」來勢迅猛，很快就將他們甩在後面。出乎張之洞意料之外的是儒學的迅速失勢，青年人已經完全失去了對儒家經典的興趣和對孔子的敬意。西學可以爲「用」，但中學已經不能爲「體」了，現在的問題是如何「守」而不是如何「變」了，因此張之洞晚年的主要工作就是試圖保存儒學，首倡和設立「存古學堂」就是這種努力的體現。按照張之洞的設想，存古學堂被上陞到「延正學而固邦基」的高度，但並非以此來排斥

〔註71〕祝安順：《從張之洞、吳汝綸經學課程觀看清末儒學傳統的中斷》，《孔子研究》，2003 年第 1 期。

〔註72〕轉引自關曉紅：《終結科舉制的設計與遺留問題》（《中山大學學報（社會科學版）》，2011 年第 5 期），該文並強調指出廢科舉的制度設計未考慮到文化傳承問題。

西學，而是試圖在西學盛行的形勢下保存中學。〔註73〕中學需要努力來保存，這本身就反映了其漸趨於失勢的地位。張之洞原本也算「不新不舊」的人士，甚至其所起的作用主要是趨新，但在清末一些人士的眼中，設立存古學堂、保留儒家經典課程的舉措已經是一種「守舊逆流」的東西，由此可以窺見當時新舊轉換之劇急。庚子辛丑之後的情況真可謂「歐風美雨馳而東」，通過一些研究這一時期的學術著作來看，這一形容並不為過。〔註74〕這就難怪當時比較趨新的那些人士對張之洞保存舊學的努力會有上述看法了。

進入民國以後，康有為與其弟子陳煥章設立孔教會和試圖將孔教定為國教的努力則可以視為「儒家重建制度化的另一種路徑」，〔註75〕不過也可以視為近代以來保存或重建制度化儒學的最後一次像樣的努力。〔註76〕在康有為的思想中，孔子的形象已經成為一個「素王」和「教主」，這可能受到今文學派的影響。事實上康的看法已經脫離了正統儒學的理路，所以其所作的《新學偽經考》、《孔子改制考》一開始就引起士林非議，成為其推進維新變法的一種阻力因素。而在民國建立之後，康有為對於儒學退出所帶來的民族認同危機和社會教化的喪失深有感觸，有鑒於西方國家有其國教，為了國命的延續和國家的強大，康認為中國也應當立國教。〔註77〕但民國時期定孔教為國教的努力也遭到否定，這其中的原因可能很複雜，既受到儒學本身特點的影響，也受到新舊對立的時代語境影響，還受到康有為這樣的倡導者個人因素的影響，等等。〔註78〕不過，袁世凱等舊式出身的軍閥還是有尊孔復古甚至復辟的舉動，這進而引發了更為激烈的反向運動——新文化運動。

羅茲曼主編的《中國的現代化》一書中指出廢科舉對五四新文化運動具

〔註73〕 羅志田：《國家與學術：清季民初關於國學的思想爭論》，三聯書店，2005年，第109頁。
〔註74〕 可以參考陳旭麓：《近代中國社會的新陳代謝》，上海人民出版社，1992年，第十二章；楊國強：《晚清的士人與世相》，三聯書店，2008年，第231頁以下。曾有革命志士深歎：「巴黎之花，倫敦之犬，皆帶自由不可侮之氣。」（楊國強書第232頁）從中我們多少能看出當時人對歐西的崇拜程度。
〔註75〕 干春松：《制度化儒家及其解體》，中國人民大學出版社，2003年，第335頁。
〔註76〕 南京國民政府時期蔣介石也曾試圖推進包含儒家思想的「新生活運動」來整頓世風和凝聚人心國魂，但是這一努力與正統的制度化儒學已經有了相當的距離。
〔註77〕 參考汪榮祖：《康有為論》，中華書局，2006年，第114頁。
〔註78〕 詳細分析可以參考干春松：《制度化儒家及其解體》，中國人民大學出版社，2003年，第343～346頁。

有重要的促成作用，不過對此語焉不詳。〔註 79〕如果這一論斷有道理，那麼二者之間是如何關聯起來的呢？在很多人的印象中，儒學是被新文化運動所打倒的，但問題的另一面似乎更爲顯著，也即那些領導新文化運動的知識分子之所以如此激進化，儒學在新文化運動時期之所以如此不堪一擊，這本身就表明西學（當然是近代國人所接受的那種西學）的影響力早已大盛，而儒學所代表的傳統早已失勢，思想權勢和社會權勢早已發生了轉移。「在 19 世紀與 20 世紀之交前後 10 年中達於思想成熟的一代和『五四一代』之間發生了顯著的改變……在『傳統』的中國思潮中，他們覺得實實在在身處其間，因而，他們不是把中國傳統看作一個統一的整體，而是視爲互相競爭的趨勢和學說的活動場所。他們並沒有把傳統或傳統社會理解爲一個可全盤接受或拒絕的整體。因此我們發現，甚至像康有爲、梁啓超、譚嗣同和其他對官方儒學正統的某些重要原則的批判者，他們似乎仍感到，自己可從佛家形而上學和中國傳統的其他部分找到一種超然的依據，以攻擊各種既成制度和公認正統觀念的絕對主張。與那種『中國傳統』與『現代西方』的絕對兩分法的看法相反，他們繼續在中國思潮和西方思潮之間尋找各種類似性和相容性。」〔註 80〕從史華慈的上述見解中，我們可以看出僅僅是兩代人中間就存在著巨大的溝壑，這正反映了近代思想文化變遷的迅猛。另外的一些研究也表明，傳統在五四一代知識分子那裏早已失去了卡理斯瑪的魅力，在他們的文章中雖然也有對傳統經典的引用，但傳統已經僅僅被作爲一種「學術資源」，而不再是一種「知識資源」，二者的核心區別在於傳統是否還被視作政治制度和倫理道德的合法性依據。〔註 81〕二者間的差異正反映出「思想權勢的轉移」和「經典的淡出」。〔註 82〕而對此產生決定性影響的就是科舉制度的廢除。

　　按照林毓生的研究，新文化運動的特點是「全盤性反傳統主義」，試圖借思想文化來解決問題。雖然儒學所代表的傳統受到了徹底的攻擊，但新文化運動的這些主要取向卻悖謬性地由傳統的思維模式所決定。〔註 83〕這種觀點

〔註 79〕 吉爾伯托・羅茲曼主編：《中國的現代化》，上海人民出版社，1989 年，第 643 頁。

〔註 80〕 史華慈：《史華慈論中國》，新星出版社，2006 年，第 87 頁。

〔註 81〕 章清：《傳統：由「知識資源」到「學術資源」——簡析 20 世紀中國文化傳統的失落及其成因》，《中國社會科學》，2000 年第 4 期。

〔註 82〕 這兩個術語都來自羅志田教授的著作。

〔註 83〕 參考林毓生：《中國意識的危機：「五四」時期激烈的反傳統主義》，貴州人民出版社，1986 年。

很有意思，因爲它認爲全盤性反傳統主義本身就是一種傳統思維模式的產物。事實上，全盤反傳統似乎內含著某種悖論，這種悖論與哲學解釋學中的「解釋學循環」非常類似。在海德格爾和伽達默爾那裏，傳統（或者說「前見」、「前理解」、「文本」、「敘事」等）構成了我們理解的結構和視域的地平線，可以在「本眞的重演」或「視界交融」中被重新釋義並不斷影響當下的存在。在哲學解釋學的視野中，我們是無法從中完全逃離出來的，我們也沒有必要這麼做，挪用海德格爾的一個術語來說，傳統可以被視爲生生不息的「存在的家園」。但近代以來存在於中國思潮中的整體性反傳統主義卻一直試圖從傳統中徹底逃離，試圖徹底打碎傳統，試圖「再造文明」。〔註84〕上面所揭示的悖論表明這種做法本質上無法實現，因爲傳統早已經構造性地融入到反傳統主義者的思維模式和行爲方式中，試圖完全另起爐竈就好比試圖拽著自己的頭髮脫離地球一樣難以辦到。但問題還不止於此，在整體性反傳統主義者的心目中，傳統已經被符號化、抽象化、機械化，而不是一種活生生的、複雜多樣的、彌散性的、被大眾所內化傳承的東西。在他們對待東西文化傳統的態度上都體現出這種取向，比如魯迅極端地呼籲通過「不讀中國書」來避免傳統的「毒害」，好像這樣就能徹底從傳統中逃離。陳獨秀則以爲通過「打倒孔家店」和將西方的「民主」、「科學」等口號或主義拿過來就可以解決問題，而實際上他對西方民主和科學的理解非常空洞，並且嚴重偏離了其眞精神。〔註85〕

　　按照更一般的看法，新文化運動反映了近代國人學習西方的進一步深入，從原來的器物層面和制度層面深入到了文化層面。這無疑是有一定道理的，從表面上看，這種做法也具有一定的系統論思維特徵，因爲它不再單純地將制度與文化分割開來看待，而是試圖通過文化上的全面改造來爲學習西

〔註84〕連相對比較溫和的自由主義者胡適都有「再造文明之夢」（羅志田），林毓生甚至認爲胡適的改良主義是「僞改良主義」。

〔註85〕這種偏離在思想層面固然已經比較顯著（主要表現在唯科學主義和唯理主義觀念上），而在更深層次的人格、行爲模式層面，這種偏離也非常顯著。王元化特別注意到，陳獨秀在批判杜亞泉所寫的一篇文章時捕風捉影、上綱上線的做法嚴重背離了科學和自由民主的精神，最終陳獨秀的做法導致杜亞泉失去《東方雜誌》編輯的職位。王元化稱其爲「倫理不守恒」。正是這一發現使王元化接受了林毓生的影響，由之前的爲五四辯護走向反思五四。參考夏中義：《林毓生與王元化「反思五四」——兼論王元化學案「內在理路」與「外源影響」之關係》，《清華大學學報（哲學社會科學版）》，2013年第4期。

方打下基礎。但從實質上看，這種另起爐竈的文化改造方式（其更爲極端的表現是強制性文化革命）與之前清末新政中的速變全變思維具有內在的一貫性邏輯，它們在根本上都是一種單線突進、推倒重來的理路，往大處說都是試圖用理性來全面設計和改造文明。

　　每一個時期人們都試圖找到或以爲找到了某個單一性的徹底解決問題的途徑，同時也找到了相應的罪魁禍首。人才救國的罪魁是科舉，立憲救國的罪魁是專制王權，文化救國、主義救國的罪魁是整個儒家傳統，然後不遺餘力地進行徹底的打碎，甚至推行強制性的改造，令人沮喪的是種種努力最終都收穫了苦果。今天看來，再將這些努力的失敗僅僅歸結爲反傳統還不徹底和一些外在原因（如「救亡壓倒啓蒙」），而不反思此種方式本身內在的問題已經沒有多少說服力了。實際上，面對複雜有機的社會文化系統，那種試圖找到某個單一決定性因素的還原論思維方式和全面推倒重來的線性變革方式本身就是成問題的。線性還原論是啓蒙理性主義時期的機械科學世界觀所具有的方法論，在今天的複雜性科學世界觀的視野下，這種思維方式和方法論的局限是顯而易見的（對此更詳細的分析放在末章的方法論反思部分）。雖然近代種種發展動嚮背後的作用機理非常複雜，但從總體上看，在上述方法論取向下所採取的行動始終沒有找到一種平穩的轉型路徑，無法引發可以良性循環的「協變」，也無法形成對準時代課題的持久努力和積纍式發展，最終自然也難以結出其預想中的甜美果實。

　　上面大體概述了廢科舉前後的文化變趨，並揭示出近代的文化改造思路背後所存在的一種核心取向。無疑科舉制度的廢除對中國文化的發展產生了深遠的影響，蕭功秦甚至稱廢科舉導致了「中國文化的斷裂」。〔註86〕但廢科舉對中國文化的影響具體是如何展開的，我們又應當如何評估其長時段後果呢？

　　在展開具體的分析之前，我們首先需要對「文化」的所指進行一個簡單的界定。思考過中國文化重建問題的余英時認爲：「從前談文化問題的人往往顯露兩個傾向：第一，他們將複雜萬狀的文化現象在文字上加以抽象化，並進一步用幾個字來概括整個文化傳統的精神。第二，這種抽象化又引起一個不易避免的傾向，即以爲具體的文化現象也和抽象的觀念一樣可以由我們任

〔註86〕蕭功秦：《從科舉制度的廢除看近代以來的文化斷裂》，《戰略與管理》，1996年第 4 期。

意擺佈。上面所說『本位文化』、『全盤西化』之類的態度便是這種傾向下的產物，其基本假定是人們（其實只限於少數知識分子）可以主觀地、片面地決定文化發展的方向」。〔註87〕確實近代以來的知識分子對文化的理解往往過於符號化、主義化，這反映出一種建構理性主義的傾向。哈耶克指出：「這種觀點導致把一切文化現象都作為特意的產物看待，它所根據的信念是，按照預定的計劃重建所有逐漸生成的制度，不僅是可能的，而且是可取的。」〔註88〕而今天人們通常在社會學或文化人類學的意義上理解文化，大略來說，廣義上的文化與文明的概念同義，泛指所有物質、制度與精神成就，狹義的文化則主要側重精神層面。應當說狹義文化概念的內涵更能體現出這一概念的特定性。總體來說，文化是一個複雜而有機的精神系統，它是彌散性的，滲透於文化圈中每一個體的思想觀念、情感、態度和行為模式之中。它對個體的影響力包括意識層面的和無意識層面的，其中無意識層面的影響力更能反映文化的深刻力量。同時，文化所發揮的這種彌散性、滲透性影響也使其具有固有的傳承性。另外，承接前文區分大小文化傳統的思路，文化可以劃分為精英文化和大眾文化兩個不斷互動的層面。實際上，現代行為主義政治學中的政治文化概念也是從影響人們政治態度、情感和行為的意義上來界定文化，而不是將文化理解為一種抽象的、文本性的東西。

　　在對文化的所指進行了一個初步的界定之後，下面我們轉到正題上來。廢科舉所產生的直接後果就是艾爾曼所說的「去經典化」，〔註89〕儒家經典和儒學無疑是傳統文化的精英層面，因此廢科舉首先主要影響的是精英文化層面。可以說這一舉措在根本上撼動了士階層安身立命的基石，同時也危及了寄託於這一制度之上的一整套的生活方式、國家和社會治理傳統。因此，廢科舉確實引發了精英文化層面上的斷裂和舊式士子精神世界的坍塌。在一則被學者廣泛徵引的案例中，山西舉人劉大鵬用日記記錄下了廢科舉之後的幻滅心情，恰能反映出舊式士子失去精神依傍的情態：「甫曉起來心若死灰，看得眼前一切，均屬空虛，無一可以垂之永久，惟所積之德庶可與天地相終始。但德不易積，非有實在功夫則不能也。日來凡出門，見人皆言科考停止，大

〔註87〕　余英時：《試論中國文化的重建問題》，載《文史傳統與文化重建》，三聯書店，2004 年，第 428 頁。
〔註88〕　哈耶克：《哈耶克文選》，江蘇人民出版社，2000 年，第 343 頁。
〔註89〕　參考艾爾曼：《中華帝國晚期科舉文化史》（網絡版 http://ishare.iask.sina.com.cn/f/36793977.html?from=dl），第 292 頁以下。

不便於天下，而學堂成效未有驗，則世道人心不知遷流何所，再閱數年又將變得何如，有可憂可懼之端。」〔註90〕值得注意的是，劉大鵬所代表的這部分士子在當時應當是依附於科舉制度的「沉默的多數」，但這一時期主導輿論話語權和影響實際決策的卻是那部分比較激進的趨新人士。在新舊轉換之際，「新」並不是從原有社會文化秩序中逐漸生長出來，從而引發整個社會文化系統的協變，而是在外來衝擊的影響下最終依靠國家權力的推動實現了迅速的權勢轉移，這樣整個的社會文化變遷便呈現出一種斷裂的形態和一邊倒的趨向。由此帶來的夢想破滅、人心動搖、精神危機和文化重心失落也確實極大地加劇了近代轉型中的動盪不安。在後來的思想界，各種「主義」、「思潮」滿天飛和走馬燈式地轉換，以至於連善變的梁啓超都不得不「跟著少年跑」。思想觀念的變化和政治激進主義具有了一種內在的加速度，在不斷的求新求變過程中，原來自以爲「進步」、「新」的東西很快就會落伍。到三十年代，有人注意到民間自發復興儒學的努力，一位外國觀察家指出：「支持儒學回歸的人們認爲，作爲中國『萬世師表』的孔子教導人們的那些傳統美德在中國逐漸消失了，這直接導致了當前國家政治的混亂和社會的危機。他們堅持認爲，如果儒學沒有遭到人們漠視的話，中國絕不會變成今天這種地步。」〔註91〕顯然，這種看法注意到了道德傳統失落和人心動搖所引發的危機，提出了一種對時代困局的特定理解。生活於那個時代的杜亞泉也意識到這一問題，不過他並沒有由此走向復古，而是持一種比較穩重持平的保守自由主義的變革立場。〔註92〕

胡適曾揭櫫近代中國出現種種亂象的背後原因是找不到一個「社會重心」，但更進一步的問題是，近代中國爲什麼找不到「社會重心」？對此胡適本人羅列了一大堆瑣碎的原因，羅志田在考察了這一問題之後認爲胡適並沒有揭示出問題的根本，他認爲「從根本言，近代中國重心之失落，還是國人已失其故，缺乏一個重建民族認同的文化基礎。沒有這樣一個基礎，即使『收拾』一些西方的學理，仍談不上對外來思想資源的消化、借鑑和利用；沒有這樣一個基礎，也不可能建立起社會和政治的重心。」〔註93〕這種認識是從

〔註90〕劉大鵬：《退想齋日記》1905 年 10 月 17 日，山西人民出版社，1990 年，第146 頁。

〔註91〕轉引自莊士敦：《儒學與近代中國》，天津人民出版社，2010 年，第 139 頁。

〔註92〕參考杜亞泉：《迷亂之現代人心》，載《東方雜誌》1918 年 4 月。

〔註93〕羅志田：《失去重心的近代中國》，載《文史知識》，2011 年第 1 期。

文化認同的基礎這一角度著眼，承接陳寅恪早先關於中國文化新生轉進之論斷：「竊疑中國自今日以後，即使能忠實輸入北美或東歐之思想，其結局當亦等於玄奘唯識之學，在吾國思想史上，即不能居最高之地位，且亦終歸於歇絕者。其真能於思想上自成系統，有所創獲者，必須一方面吸收輸入外來學說，一方面不忘本民族之地位。此二種相反而適相成之態度，乃道教之真精神，新儒家之舊途徑，而二千年吾民族與他民族思想接觸史之所昭示者也。」〔註94〕

　　接下來我們還可以進一步追問，為什麼我們失去了文化認同的基礎？前文指出這首先是因為思想文化權勢發生了轉移，傳統文化在中西文化競爭中敗下陣來，而這又主要是由於當時人認為儒家文化在迅速實現國家富強方面缺乏「有用性」。進一步，廢科舉所帶來的建制化儒學的解體也是導致儒學逐漸淡出的一個決定性步驟，也正是廢科舉在根本上撼動了自身文化傳承的制度基石。再進一步，在急功近利的救亡心態影響下，國人迅速接受了西方的唯理主義思想，認為儒學不但無用，而且不符合「民主」和「科學」的要求，是需要全面打倒和清理的對象。前兩點在上文中都已有所剖析，對於第三點下文還需要做進一步的分析。儒家傳統固然有一些與西方民主思想相衝突的地方，不過這並不表明儒學缺乏承接西方民主思想的資源和吐故納新的能力，事實上正如前面曾提到過的，近代許多儒家士大夫對西方民主制度幾乎是一見傾心，這反映出儒家思想具有內在的承接西方民主思想的資源。至於以「科學」來框限文化更是走向了「唯科學主義」（唯理主義的一種表現）的錯誤方向。

　　哈耶克曾說：「對於探尋西方理性主義奧秘的人來說，研究它的最為極端的形式，好像是發現這一奧秘最方便的途徑。但是我把這種極端的形式稱為建構論理性主義，並且我認為，在歐洲傳統中，它是一個特定因素的不合理的、錯誤的誇張表現。」〔註95〕理性是西方文明最璀璨的明珠，但是「理性恰如危險的炸藥，使用得當可使人獲益甚大，若是粗心大意，它也足以毀掉一個文明」。〔註96〕哈耶克一生主要是在對西方社會發言，這是他少有的對非

〔註94〕陳寅恪：馮友蘭《中國哲學史》審查報告三，參考余英時：《試論中國文化的重建問題》，載《中國思想傳統的現代詮釋》，江蘇人民出版社，2004年，第43頁。

〔註95〕哈耶克：《哈耶克文選》，江蘇人民出版社，2000年，第531頁。

〔註96〕同上。

西方社會的警戒之語。因此，我們應當對試圖用理性來設計和改造整個文明的那種態度保持警惕。固然，學習西學和實現中國文化的新發展是一個大趨勢，但這並不表明依靠整體性的反傳統和宣傳西方的一些主義、理念、口號甚至以強權推行文化革命就能迅速實現文化重建。源自西方的一些「理念」和「主義」並不是由抽象的形式理性所發明，而是有著深厚文化母體的支撐，後者是長期演化和試錯篩選的產物，而非形式理性的發明，相反理性所構造出的抽象理念和口號僅僅是其所顯露出來的冰山一角。我們自然沒有西方的文化母體，也並不是通過「不讀中國書」就能避免中國文化的「毒害」，文化傳統具有彌散性、滲透性和固有的傳承性，人類無法從中徹底逃離，所以文化建設最終仍然需要立基於自身的文化母體之上進行一種持久的努力。其中包括學術思想層面的累積和自發性過程的互動，還需要有一大批身體力行者的行為垂範來帶動，這些自然不是依靠一二個知識分子以啟蒙者的身份登高一呼就能完成。〔註97〕當然，由於中西文化之間存在著很大的異質性，西方文化的強勢衝擊不會等同於歷史上佛教的輸入，但文化的新生轉進從來不會是一種完全另起爐竈的過程，而總免不了不同文化間的碰撞和交融。未來的文化發展可能始終面臨著一個對外來文化的消化吸收和不斷融合的過程，從而最終能夠產生出一個文化重心和社會意識的重心來。

　　另一方面，儒學作為整個傳統文化的主流並不僅僅局限於政治層面，而且是一種包含意義世界、行為規範等內容的整全性文化，構成華夏文明教化和世代中國人安身立命的基礎。在將其徹底打倒之後，由此導致的空白怎麼來填補？近代以來人們往往認為這些東西緩不濟急或者根本不重要，以為只要照搬過來西方的先進制度和主義就能徹底解決問題或者才能為根本上解決問題創造前提，但現在看來問題並沒有這麼簡單。人們在思考文化問題時往往主要是從民族文化認同的角度入手，這固然是一個重要的方面，但我們不能僅僅局限於這一層面，實際上文化的重要性要遠遠超出文化民族主義這一層面。一個文明或文化往往具有其特定的一套價值規範系統，而這套價值系

〔註97〕按照余英時的觀點，文化工作需要立基於學術思想上面的堅韌而持久的努力，而這是熱衷於政治的五四新文化運動所欠缺的，參考余英時：《試論中國文化的重建問題》，載《文史傳統與文化重建》，三聯書店，2004年，第430～432頁。類似的，林毓生在人文重建問題上也提倡一種「比慢」的態度和精神，這也是針對近代以來國人在文化問題上存在的浮躁心態而言的，參考林毓生：《中國傳統的創造性轉化》，三聯書店，1994年，第19頁。

統的核心往往是由特定的信仰所提供，經典則是其載體。世界上主要的各大
文明無不以相應的宗教信仰作為文化紐帶的基礎。對於儒學是不是宗教，大
家是有爭論的。〔註98〕相對於其他文化來說，儒家文化一個比較顯著的特點
是不訴諸超驗的上帝，而是更側重世俗的教化（這並不是說儒家文化沒有自
身的超越層面，只不過這種超越類型更多的是一種「內在超越」），但無疑儒
學在傳統社會中發揮了宗教信仰在其他文化中的許多功能。這種功能一般都
在於提供精神的安頓，勸善戒惡，增強個體自律和奉獻精神，提供行為規範
和垂範作用，保證誠信，維繫社會紐帶，促進社會的有序和合作等方面。總
之，信仰的力量主要就在於為文明提供一種向上的「正能量」，它有助於實現
社會的低成本治理，有助於提供一個充滿溫情和善意的社會環境，這是成功
人類文明共性的東西（當然這種共性並不排除不同的文明採取不同的載體或
實現方式）。

　　西方啓蒙運動時期曾經對宗教和傳統大加撻伐，這一時期也是理性覺醒
的時期，但這種覺醒後來卻走過了頭，走向了「唯理主義」、「唯科學主義」，
這就觸犯了文明的禁忌，背離了文明的大智慧。以哈耶克等人為代表的保守
自由主義思想家已經對唯理主義展開了深刻的反思和批判，肯定了傳統、文
明演進中「擴展秩序」的重要意義。可以說今天已經沒有嚴肅的學者會去否
定基督教之於西方文明的意義，這種意義不僅僅是它在孕育西方文明中的作
用，而且包括它在現代化過程中的持久作用，當然這中間還經過了一場宗教
改革。韋伯對新教倫理的研究提出了一個發人深省的問題，那就是對財富的
貪欲是各個社會所共有的，但為什麼只有西方發展出了理性化的資本主義市
場經濟？他認為這是由於新教倫理。雖然韋伯的論斷存在著爭議，但是他無
疑提出了一個非常重要的問題，那就是有序的市場經濟是不是需要一種倫理
支撐？面對當下中國充滿亂象的市場經濟，這種問題意識在今天已經引起了
學者們的共鳴。〔註99〕如果缺乏社會和個體自律約束的輔助，僅僅靠法律強

〔註98〕文史哲編輯部曾組織了一個關於「儒家是否宗教」的筆談，其中彙集了一些
　　　　對中國文化頗有研究的學者對這一問題的看法，參考文史哲編輯部編：《儒
　　　　學：歷史、思想與信仰》，商務印書館，2011年。葛兆光則認為這種定義的爭
　　　　論其實都不是真問題而是偽問題，參考葛兆光：《穿一件尺寸不合的衣衫——
　　　　關於中國哲學和儒教定義的爭論》，載《開放時代》，2001年第11期。
〔註99〕無怪乎趙曉：《有教堂的市場經濟與無教堂的市場經濟》（《科學投資》，2003
　　　　年第1期。）一文引發了廣泛的關注。當然，從更大的範圍來看東亞國家經
　　　　濟發展的成功也使人們注意到了儒教倫理的作用。

制來約束人們的行爲，僅僅迷信政府的監管（現代公共選擇理論已經發現政府會「尋租」和「失靈」），那麼整個社會的治理成本將無限高昂並且往往防不勝防。當然，宗教等文化資源之於西方社會的意義不止於提供市場經濟的倫理資源，它所提供的個體自律和奉獻精神，所提供的社會連帶也是西方社會自治和政治制度有序運作的母體。不難看出，新教國家是現代市場經濟和民主制度運轉最爲良好的國家，這中間必然有某種關聯在內。事實上，自由社會對個體自律、個人責任和社會連帶的要求非常高，這樣才能中和掉市場經濟和個人主義倫理對一個社會強有力的解構作用，才能維持社會機體的生態平衡。

對於道德倫理和精神因素之於自由民主的重要意義，晚年躺在病榻上的殷海光深有感觸：「我近來更痛切地感到任何好的有關人的學說和制度，包括自由民主在內，如果沒有道德理想作原動力，如果不受倫理規範的制約，都會被利用的，都是非常危險的，都可以變成它的反面。」〔註100〕無怪乎他將「道義爲之根」這一命題作爲「人類的社會文化生活的設準」。這種痛切的感受大概是由於「道德空氣」由原來的充足變得匱乏，於是原來不以爲意的東西開始變得迫切。〔註101〕

如果我們將知識形態劃分爲規範性知識和技術性知識，〔註102〕前者主要是由宗教、價值規範系統和被大家所默會的行爲傳統所提供，後者則主要以科學、技術爲代表，以實現社會控制爲目標的技術性規範也包括在內。那麼固然任何社會的運轉都離不開技術性知識，但同樣也離不開有生命力的價值規範系統的支撐。只不過在現代社會中技術理性的一面更加發達而已，在發

〔註100〕《海光文選》自序，轉引自林毓生：《殷海光先生對我的影響：〈殷海光‧林毓生書信錄〉大陸版代序》，《學術月刊》，1994年第10期。

〔註101〕殷海光：《中國文化的展望》，上海三聯書店，2002年，第501頁。

〔註102〕奧克肖特區分了「實踐知識」（practical knowledge）和「技術知識」（technical knowledge），應當說這裏所作出的區分與奧克肖特的區分在側重點上還是有所不同的，奧克肖特的區分側重批判現代理性主義政治，而這裏的區分除了吸取奧克肖特對理性主義的批評外，還主要針對「唯科學主義」。休謨區分了「是」與「應當」或「事實」與「規範」，現代科學觀念要求人們做到「價值中立」，認爲價值問題是主觀的，不是科學研究的對象。但一方面，絕對的「客觀性」是不存在的，另一方面，這裏所說的規範性知識並非哲學家的規範推理，而是對一種「社會事實」的總結，因爲這些東西確實存在於人類的生活實踐和代際傳承中，發揮著實實在在的作用，並通過影響主體的行爲而不斷參與構建出新的生活實踐來。所以規範性知識也是一種知識形態。

達的資本主義工業社會中，已經有一些人對此深表擔憂。〔註103〕技術性知識往往體現爲「書本型知識」，這種知識可以被個體理性把握和駕馭，並可被直接用來服務於人之目的。而規範性知識卻並非如此，它是複雜文明系統演化的產物，是一種經長期歷史篩選和積纍的傳承，它遠遠超出了個體理性的層面，體現的是文明的大智慧。傳統中國治理一直強調教化、文治禮教這種被認爲「無用」的東西，將讀書人這種被認爲「無用」的人拔高，使其領導整個社會，這絕不是一個可笑的錯誤，在技術理性不發達和倫理本位的傳統社會中就更是如此。「儒學所強調的禮教倫常，是中華文明做到低成本有序治理的重要基礎，它並不是背離人類文明發展大道的『謬誤』，而是具有所有成功人類文明都會具有的某些『共性』。」〔註104〕儒學對道義、道統的推崇還正好可以對比較世俗、功利的中國文化發揮某種解毒作用，對權力不對稱的治理結構發揮某種平衡作用，這又反映出文化在與特定社會耦合演化中所具備的一些地方性特色。固然在適應現代挑戰的過程中儒家傳統不可能再固守不變，但我們是不是就應當將「無用」的東西完全棄之不顧呢？事後看來，許多跡象表明在很多方面儒學和儒家社會秩序並不是不可能通過擴展、調整和轉化來適應現代社會。〔註105〕並且保留多樣化的資源對於一個社會維持生態平衡和適應不測挑戰來說也具有非常重要的意義（這一點在物種進化中已經得到揭示）。那些具有成功人類文明共性的東西和更適合自身政情、民情的東西都可以作爲現代化發展的本土資源加以轉化利用，因此完全沒必要將其作爲現代化的敵人而徹底打倒，通過另起爐竈的方式來再造乾坤。

近代以來，受急功近利心態和唯理主義觀念的支配，國人對傳統展開了一波波的毀棄和強制改造，由此也導致華夏文明延續下來的社會文化網絡的毀壞。按照熵的世界觀，有序的維持殊爲不易，而其破壞則容易得多。實際上文化網絡和社會合作秩序都是經歷長期的歷史演進磨合才逐漸生成的，這正說明有序之形成殊爲不易。而一旦將這種有機的網絡打破，那麼失去支撐

〔註103〕自韋伯以來很多思想家（包括馬爾庫塞、海德格爾、哈貝馬斯等人）已經對技術理性的非理性一面或不可欲的後果提出了反思，應當說這在高度「理性化」的西方是一個熱門話題。

〔註104〕張銘：《政治價值體系建構：理論、歷史與方法》，社會科學文獻出版社，2012年，第333頁。

〔註105〕儒家學者秋風非常自信地堅持這一點，參考姚中秋：《美德·君子·風俗》，浙江大學出版社，2012年，第60～61頁。

和反哺的文化秩序也就只能以一種不斷消耗殆盡的退化狀態殘存。進一步，如果社會失去了健康的自組織運轉能力，那麼除了依靠國家權力之外我們還能保障基本秩序和提供公共產品嗎？一個自由社會能夠立足於一片文化廢墟之上嗎？一個高級文明能夠僅僅依靠國家權力來維持整個社會的運轉嗎？任何成功的制度改革和治理模式能夠脫離社會文化網絡所提供的底線秩序、底線倫理的支撐嗎？這些仍然是我們今天不得不面對的重要問題。信仰和超越資源及其支撐下的社會文化網絡這些非直接功利性的事物恰恰是拔高一個文明和不斷為其提供動能的東西，是構成文明教化核心的東西，是無用之大用，其背後包含歷史和文明的大智慧，它們顯然不是工具理性和形式理性所能提供的，不是通過照搬某種理想的制度樣式就能自然來到的，更不是依靠國家權力就能直接創造出來的，這個空白有待於歷史來填補。當然它們的建設也需要以文明時段為單位來衡量，往往幾代人的時間都不能為功，由此我們愈發能看出近代急功近利、推倒重來的做法所留下的長期創傷之嚴重。

第五章　科舉制度變革的方法論審視

第一節　文明轉型中的制度變革

　　文明是劃分人類社會最大的有機單元，它大體包含三方面的要素：物質文明、典章制度和精神文明。人們還常常在開化、文雅的意義上應用文明一詞，其中包含著對文明在價值上的褒揚。孔穎達爲《春秋左傳正義》作疏，曰：「中國有禮儀之大，故稱夏；有服章之美，謂之華。」華夏文明在東亞大陸上正是以「郁郁乎文哉」而著稱。不僅如此，華夏文明在前現代時期長期保持了自己的成功，其影響力波及遠遠不止整個東亞文化圈，實際上成爲當時世界上首屈一指的優勢文明。華夏民族也常將自己看作整個世界的中心，是爲「中國」；中國也成爲周邊國家朝貢膜拜的對象，是爲「天朝上國」。

　　然而無法逆料的是，此時西方，一種全新的文明正在迅速地崛起壯大，並向外強勢擴張，東西方文明的碰撞已無可避免。而英王使臣馬戛爾尼訪華所引發的禮儀之爭無疑就是這種碰撞的一個標誌性事件。〔註1〕面對西方現代文明，華夏文明再也無法保持傳統的規模優勢，相反卻遭受到強勢現代文明一波波的衝擊。經過初期的抗拒掙扎之後，人們逐漸意識到近代中國所遭遇的是「數千年未有之變局」，再也無法用傳統的手段來應對這種新的時代劇變，由此開啓了艱難的近代轉型之路。

　　中國近代轉型在本質上是一場文明轉型，它既不同於傳統的王朝循環，

〔註1〕 佩雷菲特所作《停滯的帝國：兩個世界的撞擊》一書無疑敏銳地抓住了這一
　　　　點，參考佩雷菲特：《停滯的帝國：兩個世界的撞擊》，三聯書店，1993年。

也不同於西方原生現代文明萌芽、成長、破土的過程。所謂轉型是從一種結構化狀態轉變爲另一種結構化狀態，它不可能是從零開始或者清零之後重新開始。我們的傳統社會已經發展出了一種高度發達完備的文明，它構成了近代轉型所從出發的基礎。因此，要深度透視近代中國轉型，我們首先需要明瞭這種轉型的出發點。當然，要對一個高度發達的文明作全面詳盡的研究，並非易事。不過，從核心制度層面入手還是非常有助於我們對之進行一種深度透視。因爲在構成文明的基本要素中，典章制度具有極爲重要的地位，它是將一個文明有機體組織起來的經緯。當然，典章制度本身也很複雜，但對於高度整合的華夏文明來說，科舉制度具有極爲重要的地位。在前面的考察中，我們已經指出科舉制度與傳統文明系統實現了結構性嵌合，越到後來，它越成爲將一統王權、儒學、士大夫官僚和士紳社會聯繫起來的一個核心制度樞紐，也是不斷完成政治、社會和文化再生產的傳送帶。因此，科舉制度變革是考察華夏文明近代轉型的一個很有力的切入點，近代轉型中所遭遇的很多深層次問題都可以由這條線索勾引出來。

中國近代轉型的一個主要方向是學習西方，雖說現代化不等於西化，但西方確實是原生現代文明最初的載體，其經驗也就成爲後發國家學習的對象，並且西方文明的強勢擴張和輸出也使後發國家不得不向它看齊。因此對中國近代轉型的透視也就不能不放在一個中西比較的視野中來進行，而比較的核心是探尋比較對象的異同之處，這實際上也是本文在分析過程中所採納的一種分析視角。

中西文明作爲兩個相對獨立發展起來的文明首先表現出了非常強的異質性。科舉制度本身就是華夏文明非常獨特的一項制度，我們無法在西方社會中找到一項具有大體類似功能的制度。作爲大一統文明的一項樞軸制度，科舉制度與儒學、大一統中央集權很好地嵌合在一起，成爲傳統社會完成政治和文化整合的重要制度紐帶。作爲一項文官考試制度，科舉制度不但能不斷完成官僚機構的換血，而且發揮了培養和選拔統治精英的功能，爲基層社會治理儲備下了大量的文化精英，參與構建出了有利於低成本治理的社會文化網絡。非但如此，科舉考試這一指揮棒所具有的勸學功能還對傳統教育產生了極爲重要的影響，科舉制度與傳統教育的組織方式綰結起來，這集中體現在官學教育系統與科舉考試系統難分難解地整合在了一起。除了上述方面，科舉考試幾乎吸引了傳統社會中的所有精英人才，國家爲其提供的出路則是

做官一途，這與大一統政治結構比較一元化的特點也相吻合。所有這些及其他一些功能和特點都復合在這一制度之中。

與高度整合的大一統文明不同，在特殊歷史條件下生成的西方現代文明以多元化和功能分化爲核心特徵，當然在多元分化的情況下也需要強有力的制度紐帶來實現一定的整合，只不過這種整合是多中心的而不是以政治權力爲單中心的。現代社會是以市場經濟爲基礎的多元社會，其中政治、經濟、文化等子系統都發生了分化。復合於科舉制度之中的許多功能在西方現代社會中都以分化形態存在，比如文官考試制度、教育制度、選舉制度等分別承擔著不同的功能，因此單純拿科舉制度與西方某個制度進行對比會發現它似乎是「四不像」，又似乎是「四都像」。這種差異充分體現出中西文明系統之間具有高度的異質性。爲了適應現代挑戰，從一種高度整合的大一統文明走向一種以市場經濟爲基礎的現代多元社會正是近代中國社會轉型的一個深層課題，這也是科舉制改革應當實現的一個深層目標。不過這種轉型過程並不容易，兩種社會形態之間比較高的結構異質性使這一向西方看齊的轉型過程面臨著種種錯位和失調，這也是科舉制改革過程中所遇到的實質性困難。可以說這一點在一開始就給近代中國學習西方和實現轉型抹上了某種悲劇性色彩。

當然，在前文的比較分析中我們並不是僅僅關注差異和特殊性，而且重點分析了成功文明共性的東西。雖然不同社會可能會採取不同的實現方式，但任何文明的成功存續都要能夠使自身維持一種可持續的平衡和穩定，爲此就需要滿足一些基本的要求或具備一些必要的功能要件，如意義世界的提供，國家權威的構建和防範權力的濫用，精英的塑造、選拔和循環流動，對才學、教育和勤奮的大力倡導以及比較公平合理的社會流動機制，國家與社會的良性互動，構建出有利於低成本治理的社會文化網絡等。而科舉制度之於華夏文明的重要意義正體現於這些地方。應當說，這類超出古今中西範疇、具有成功文明共性的東西也是華夏文明中與現代社會比較具有親和力的地方，或者說是比較容易與現代社會接榫的地方。例如，雖然儒家的民本思想和對權力濫用的憂患意識不同於西方的民主思想和源自基督教的「幽暗意識」，但它們同樣非常容易與憲政民主思想發生親和，這也許就是近代士大夫知識分子對西方民主思想「一見傾心」的一個重要緣故吧。又如科舉考試的公平性、開放性、選拔性與現代社會講求平等和績效的原則也不矛盾，所以

考試制度與現代社會一樣具有「選擇性親和性」。〔註 2〕當然，考試制度在中國社會中比較發達是與中國社會自身的一些特點有關的（對此前文已有論述），這又體現出其更適合自身政情、民情的一面。這些東西無疑都可以作為現代化發展的重要本土資源。因此，雖然西方文化傳統是現代性的原生母體，但這並不意味著其他文化傳統下的國家要實現現代化就必須完全與自身傳統訣別。

事實上，不管是通過自發的擴展，還是通過「創造性的轉化」，甚至是以一種「自反」的方式來實現更新再造，傳統作為一種本土性資源都是不可或缺的，也是無論如何都已經發揮並會持續發揮重要作用的東西。正因為如此，可資運用的本土性資源的多寡很重要，那些在前現代社會中得到高度發展的社會在現代化過程中的「可造就性」一般來說比那些低度發展的社會要高得多。因此，東亞文化圈中的很多國家在現代化發展中所取得的成就並不是偶然的，其背後是有著相應的文化基礎作為支撐的。當然，祖宗留下來的遺產雖然總是會發揮作用，但其價值的發揮程度則取決於後代利用它的方式，在此人們對待傳統的態度和方式往往具有決定性意義。

科舉制不是沒有自己的局限。科舉考試的內容和出路都比較單一化，這導致傳統社會的精英人才都集中到入仕一途，這些特點與多元分化的現代社會相比差異比較大，由此也會在一定程度上產生抗拒變革的斥力。為了適應新的時代挑戰和實現現代轉型，科舉制度及其所依託的這個文明必須進行適應性調整，甚至必須做出某種結構性的應變。但這只是問題的一個方面，而另一個同樣重要的方面是，科舉制度的許多重要功能如何能夠在這種變革的過程中得以保持或能夠得到填補而不至於出現失調和空缺，如何才能防止對這一制度的變革引發與之嵌合在一起的文明走向結構性動蕩。

近代制度變革與文明轉型的一大難題就在這裏，一方面我們需要去打破一些東西，需要從歷史的慣性中走出來；另一方面，這些東西當中也包含許多經歷長期歷史篩選，對文明的延續和發展起到重要支撐作用的東西，如果將其一舉打碎就可能會導致自身文明的崩塌，導致對一個社會穩定和發展來說極為重要的底線秩序的喪失。非但如此，這一打碎重建過程本身就容易導致「無組織力量」惡性擴張：官僚國家的惡性擴張，武人專橫，社會邊緣人

〔註 2〕這裏借用了馬克思・韋伯在研究新教倫理與資本主義精神時所提出的一個術語。

的破壞性得到釋放等等都是。在這種爛攤子上面，制度設計即使立意良好也無法良性運作。

近代中國轉型最後走的道路似乎將這一切可能變成了現實。華夏文明自身的穩定結構和歷史慣性雖然在一開始表現出了比較強的抗拒變革的斥力（科舉制改革方面的表現一開始是能拖就拖），但隨著外來衝擊和社會危機的日益加深，這種文明的斥異機制便鬆動了。不過，此時自信喪失和心急火燎的人們已經失去統籌改革的耐心了。為了迅速實現富強，在特定認知和觀念因素影響下，國人最終選擇了一種激進的、一步到位式的改革方略。這種改革方略直接用學堂取士來取代傳統的科舉體系，其意圖是試圖通過模倣西方的新式教育制度來迅速大量地培養人才以挽救統治危機和實現國家富強。雖然這一變革方式保留了科舉功名，但它確實在實質上終結了傳統的科舉體系，試圖另起爐竈式地建立起新的教育體系，並且幾乎沒有考慮對科舉制度的其他功能進行彌補。這一激進的改革事件標誌著中國與自己歷史文化傳統的訣別，儘管時人並沒有意識到自己因此而不自覺地走上了一條不歸路。

無疑，廢科舉是華夏文明近代轉型的一個標誌性事件，也必然會對中國社會產生深遠的影響。通過前文的考察，我們發現這種另起爐竈式的制度變革導致了很多問題，借官力迅速上馬的大量新式學堂面臨著辦學規範欠缺、辦學有名無實、辦學資源不可持續、學生躁動不安等嚴重問題，傳統的許多民間資源則被官僚國家大量揮霍浪費，學術文化精神也失去傳承。另一方面，「合科舉於學校」的改革方式使傳統社會中本來就存在的人才潛在過剩問題一下子顯現出來並被惡性放大，新式學生的出路成了嚴重的社會問題，大量找不到社會位置的邊緣知識分子成為近代中國社會動蕩不安的重要推手。而功名的泛濫和科舉體系的終結使傳統的文官體系走向崩潰並且長期難以實現重建，中央政府失去制導整個社會的力量，人事行政走向無序化，派系政治走上前臺，政治生活不斷告別「文化」而走向「武化」。更為重要的是廢科舉導致從前穩定嵌合在一起的中國社會變得散架和失重，出現了系統性的蛻變，釋放出大量的無組織力量，在從前科舉制發揮重要作用的地方，從高層的中央權威，到居中的文官體系，再到基層治理，都出現了嚴重問題，整個文明逐漸朝著武化和原始化的方向發展。以長時段的眼光來看，政治、社會和文化的重建都面臨著嚴重的困難。

另一方面，由於文明系統的結構異質性和社會文化網絡的巨大差異，從

清末開始植入的西方制度與自身社會之間產生了各種齟齬，導致社會系統的失調和功能紊亂，甚至發生了嚴重的變異。以學堂取代科舉這一錯位嫁接的做法本身就體現出，在文明系統結構異質性非常強的情況下直接移植外來的某項制度會出問題，起碼二者在功能上就根本不對應。此外，源於資本主義工業社會和西方文化價值觀的新式教育和新式人才與倫理本位的農業社會之間也存在著衝突和失調，這本身也許是近代轉型所必然要面對的一個問題，但那種大變、速變和另起爐竈的激進做法則使這種衝突和失調在短期內以爆炸性方式釋放出來，難以被社會、經濟、文化這種「擴展秩序」所逐漸消化，進而導致教育和人才往往難以發揮建設性的功能。並且在自身文明崩塌和蛻變的情況下，外來的制度也失去了存活的土壤，這樣的改革和制度變革非但難以實現其預想中的迅速促進「歷史進化」的效果，反而與失控的權力及各種無組織力量發生親和，產生了「雙重蛻變」的歷史後果。「雙重蛻變」也即自身文明的崩塌導致社會迅速蛻化，同時植入的西方制度也異化變質，無法發揮積極的功能。二者處於同一個歷史過程中，又發生惡性互動，本來是要承當「歷史進化」功能的制度和社會變革都以實際的退化形態呈現出來，導致種種不盡人意甚至是「雙向受害」的後果。在憲政制度、選舉制度、新型地方自治的推進過程中也都存在著這樣的問題。

在時人眼裏，科舉制度是中國實現富強的巨大障礙，而立廢科舉則是救亡圖強的關鍵舉措。在廢科舉的當時，從一些奏摺和報刊言論來看，當時人對這一舉措將帶來的前景非常樂觀。但事後看來，情況完全不符合預期。現在的問題就是爲什麼時人美好的願望並沒有隨著這一重要舉措及其他類似的舉措而實現？爲什麼這一制度變革引發的後果大大出乎人們的意料，而這種意外後果又說明了什麼？這些無疑是我們今天在總結這段歷史時所應當著力反思的地方。顯然，在文明轉型的大時代課題面前，我們的反思恐怕只有深入到人們在制度變革過程中所持有的思想方法層面，才能更好地揭示出這些問題背後的深層次原因。在我們看來有三個重要的方面值得認眞反思，下面加以分別探析。

第二節　線性思維方式與另起爐竈式的改革

從總體上看，晚清時人在廢革科舉問題上採取了一種直接照搬、另起爐

竈的改革方略。這與當時人們接受的、來自西方的線性思維方式有著莫大的
關聯，而這種思維方式和相應的方法論在處理複雜大系統的問題方面存在著
嚴重的局限。這裏所謂的線性思維方式，是指人們在研究線性系統時，對那
些較爲固定的、很少受時空變化影響的因果關係變量加以成功概括後得出的
一種思考問題的定式：對世界萬事萬物的認識無非也就是找出這種有固定因
果關係的變量（將現象還原爲簡單的變量及其關係），然後根據由此發現的規
律來對事物進行預測和控制。首先，這種思維方式不會去關注因果關係變量
發生背後的時間問題，或者說這種因果關係在時間上是「可逆的」。其次，這
種科學往往是建立在人對自然界事物的精確預測和控制之上的。再者，由於
自然界的常數是恒定的，自然規律在任何地方都呈現出一種確定性和同一
性，也就是說它具有普世性。一般來說，這種思維方式是我們認識和改造線
性系統時的利器。自然科學在近現代絕大多數領域裏的長足進軍都得益於這
一思維方式。然而，當我們把這種頗爲成功的思維方式用來認識和操縱複雜
大系統時，問題就出來了。複雜大系統屬於一種非線性的開放系統，它在時
間上是不可逆的，在起點上和條件上是無法複製的，更無法將其還原爲可以
精確預測和控制的簡單線性的變量關係。

　　然而兩種系統及其認識方法上的差別，對當時那個年代的人們來說還是
一無所知的。在線性思維方式影響下，人們對進化論的理解也作了一種「線
性式」解讀，並以之爲標誌，逐漸融合成當時那個時代特定的世界觀和方法
論。

　　對中國人來說，這種以「進化論」爲標誌的世界觀之接受也經歷了一個
過程。我們知道，在前現代社會中，華夏文明在其「小生境」中是非常成功
的，由此帶來的也是一種文化上的自信甚至是自大，認爲自己是世界的中心，
認爲這是永恒天道的體現。但是這種狀況在近代西方向全球擴張時發生了根
本性的變化，裏挾現代文明而來的西方國家展現出了自己在武力、制度和文
化方面的優勢和強勢。面對這種數千年未有之變局，在一次次的屈辱之後，
天朝上國的迷夢終被殘酷的現實所擊碎，傳統的「天不變道亦不變」的道德
世界觀也逐漸被險惡的生存競爭觀和歷史進化觀所取代，中國的知識精英逐
漸意識到中國必須起而學習西方。正是在這樣一個背景下，人們才下定決心
去「睜眼看世界」，才產生了對西方文明進行深入瞭解的衝動。進化論思想便
是在這種氛圍中來到中國。

　　不過，當時流行的進化論與我們今天的有所不同，它還並不是一個邏輯性比較強的理論體系，而是本身就充滿了模糊和歧義，有著各種對於這一理論闡述的流派與版本。那麼現在的問題是，近代中國的知識精英究竟又選擇了、接受了何種進化論觀念呢？從今天我們對這一問題的疏理來看，當時人們主要接受的是帶有濃厚「社會達爾文主義」色彩和以「線性歷史發展觀」爲特徵的進化論。前者以嚴復的譯介風行於當時的思想界，其簡化的形式可以概括爲「物競天擇，優勝劣敗，適者生存」。我們知道，赫胥黎本人是反對將達爾文的生存競爭理論直接應用到人類社會中的，但是嚴復在對其著作的譯介過程中卻突出了社會達爾文主義這一面。應該說，嚴復對赫氏思想闡發中出現的這種偏離也是不難理解的。當時適逢國運衰頹、民心不振的局面，優勝劣敗之說無疑可以進一步給人們敲響警鐘，催人振奮，這樣本就人心思變的局面更是被注入了強有力的催化劑。〔註3〕也正是這種被社會達爾文主義所加深的危機感使近代中國的許多行動背後都脫不了一種追求短期最大化的急功近利性，都脫不了一種集中舉國力量以救亡圖存的國家主義痕跡。中國文化本就是一個世俗性比較強、官本位比較重的文化，這種急功近利主義和國家主義在近代中國的影響和全面擴散更是失去了約束和剋制。

　　在當時人的視域中，新舊之別、先後之別也是文明與野蠻、治與亂、優與劣之分。〔註4〕爲了適應新的形勢，不被進化所淘汰，中國就必須迅速學習甚至直接全面模倣代表著歷史進化新階段、新方向的西方。這就涉及到了近代國人所接受的那種「線性歷史進化論」觀念。現代歷史進化觀念源自西方啓蒙運動時期，其更深層次的觀念基礎則可以追溯到基督教的影響。基督教的末日審判啓示使人們將人類歷史看作一個從基督殉難到末日審判的直線發展進程，而此前人們往往採取一種歷史循環甚至退化的史觀。〔註5〕啓蒙運動是人類理性高漲的時期，這一時期在自然科學上的許多成就都堅定了人們掌控世界的信心。其中尤其激動人心的是牛頓經典力學的巨大成功，通

〔註3〕　嚴復所譯介的進化論在當時的影響非常大，有關這種影響的梳理可以參考皮後鋒：《嚴復評傳》，南京大學出版社，2006年，第八章。

〔註4〕　參考楊國強：《晚清的士人與世相》，三聯書店，2008年，第230頁。

〔註5〕　儒家的歷史觀就有歷史退化論的傾向，上古的「三代」被儒家視爲黃金時代。另一方面，那種「合久必分，分久必合」的王朝循環觀念則是一種有變化無發展的循環史觀，因此與以基督誕辰爲開始的公元紀年不同，中國古代的紀年並沒有這種直線發展的觀念，而是周期性的，如朝代紀年和甲子紀年。

過其簡潔有力的力學定律就能將自然界的萬事萬物——從我們生活的地球到整個宇宙的天體——的運動規律都納入其中，由此引發的震撼之情被詩人亞歷山大·蒲柏傳神地表達了出來：「自然和自然的法則隱藏在暗夜中，上帝說：要有牛頓！於是，一切都變為了光明。」在自然科學的成功所帶來的樂觀激情鼓舞下，這種思維方式和抱負也很快被運用到人們對社會事物的認識和控制之上。「啟蒙運動的一個主要趨勢，是把精力集中在社會政治領域——個人所生存之社會、政治和文化的環境。人們愈來愈認為，解決人類主要問題的方法都能在這個領域找到。人們常說，啟蒙時代的樂觀主義是建立在人有能力駕馭社會政治環境的信仰上的，這正像牛頓的科學理論使人們有能力掌握物質環境一樣。」〔註6〕當時的知識分子普遍認為運用理性的力量對人類社會加以改進就可以使其逐漸趨於完善，歷史是在不斷進步的，未來總比過去更美好，這就產生了「進步主義」和「樂觀主義」的心態。在啟蒙時期的一些學者眼中，中世紀是一片黑暗和愚昧，而理性之光則指引人們從中走出來。進步主義激情也產生了改良社會的衝動，啟蒙時期的一些知識分子也是積極的社會改革家（伏爾泰、貝卡利亞、孔多塞等人都是熱情的人道主義改革家）。

但是理性的激情很快就燃燒了起來，這種進步主義不會僅僅停留在漸進的改良之上，因為在將那種線性思維方式運用到社會事物之上後，知識分子發現了更加激動人心的社會改造方案。當時人正是從他們所認定的那種「科學」中發現了最好的社會改造方案。「在十七和十八世紀，當科學知識以毫無疑問的必然性為特點時，倫理學、政治哲學以及人文科學被認為優於自然科學」。這種認識與當時人對「科學」的那種特定理解有關，即認為通過演繹推理所發現的「先驗原理」和無可置疑的「確定性」是科學的主要標誌，這不同於後世對科學的可證偽性的要求。〔註7〕在這裏，線性科學思維與哈耶克所批判的那種建構理性主義結合在了一起。哈耶克發現，這種建構理性主義方

〔註6〕史華慈：《史華慈論中國》，新星出版社，2006年，第74～75頁。

〔註7〕夏皮羅：《政治的道德基礎》，上海三聯書店，2006年，第10～17頁。今天看來，這種對科學的理解和對確定性的追求具有很大的局限，現代哲學和科學哲學已經對此進行了致命的挑戰。比如波普爾對歸納命題的批評和證偽理論的提出，奎因對分析和綜合這一傳統區分的批判，庫恩的範式革命思想。總體來說，演繹推理本身無法確立大前提的有效性，而歸納判斷則總是面臨著經驗反例的挑戰，所以根本無法確立什麼絕對確定的終極原理。

法可以追溯到笛卡爾，後者正是新的建構主義哲學方法的發明者。〔註8〕在這種思維方法下，人們開始試圖用理性所發現的「普遍必然原理」來全面地改造社會。

「一旦思想的力量在人的身上覺醒，它就會不可抗拒地向前挺進，去反對現存秩序，把它召喚到思想法庭上，向它的合法資格、它的真理性和有效性提出挑戰。」〔註9〕像對自然的認識和控制一樣，人們在對社會加以改造時是不是也應當首先找到確定無疑的普遍原理和規律來進行指導呢？啟蒙時期盛行的社會契約論就是探尋這種普遍原理的一大努力。霍布斯是現代自然權利學說和社會契約論的一個先驅，他本人就對將幾何學方法和自然科學方法用於解釋人類社會十分著迷。〔註10〕啟蒙思想家通過自然權利（或自然法）學說和社會契約論建構出了理性所能發現的最「合理」的社會制度，〔註11〕現在剩下的事情就是將這種理想的制度加以實現，法國大革命在很大程度上就貫徹了這一邏輯。在近代中國，這種思維方式和變革方法論也被中國知識分子「捆載而歸」，晚年的嚴復在批評康、梁諸公時指出：「其所捆載而歸者，大抵皆十七、八世紀革命獨立之舊義，其中如洛克、米勒登、盧梭諸公學說，驟然觀之，而不細勘以東西歷史、人群結合開化之事實，則未有不薰染顛冥，以其說為人道惟一共遵之途徑，仿而行之，有百利而無一害者也。而孰意其大謬不然乎？」〔註12〕

但很快，啟蒙理性主義就受到了歷史主義的質疑，後者認為歷史上並不

〔註8〕 笛卡爾著名的「我思故我在」這一命題就是為了找到一個絕對確定的演繹推理前提。而「17世紀中葉以後，笛卡爾精神滲透了一切知識領域，以致它不僅支配了哲學，還支配了文學、倫理學、政治學和社會學。」（E.卡西勒：《啟蒙哲學》，山東人民出版社，1988年，第26頁。）

〔註9〕 E.卡西勒：《啟蒙哲學》，山東人民出版社，1988年，第17頁。

〔註10〕 在其大作《利維坦》的第一部分，霍布斯毫不猶豫地將自然科學中的概念和機械方法用於解釋人的構造和心理活動，進而將社會解剖為孤立的原子式個人，試圖由此推導出社會的普遍原理。

〔註11〕 當然，不同的思想家往往會發現不同的普遍原理，這本身就暗示這種所謂的普遍原理靠不住。另外，雖然一些思想家宣稱其構造出來的制度是由理性所發現的，但實際上往往自覺不自覺地從此前西方歷史傳統中已經存在的制度實踐尤其是英國的制度實踐中獲得推理的靈感，不過對其進行了一種理論上的抽象而已，正如孟德斯鳩的三權分立思想對英國制度的解讀（這一解讀同時也是一個經典的誤讀）那樣。

〔註12〕 王栻主編：《嚴復集》第三冊，中華書局，1986年，第648頁。

存在所謂的社會契約，這種由抽象理性構造出來的東西並不符合歷史事實。〔註13〕但歷史主義引發了另一種通過理性發現普遍規律的努力，只不過這種努力指向了歷史過程本身，因爲這時歷史成爲了一種「實證」研究的對象。這一取向在某種程度上與啓蒙理性主義的線性思維方式是一致的，它們都致力於通過某種「科學」方法尋找到普遍的或可預測的人類社會原理或規律。在這方面馬克思所創立的科學社會主義無疑是影響最大的社會理論。在馬克思早中期的社會理論中，人類歷史被看作是按照確定的歷史規律一個階段接著另一個階段向前發展的過程。在這種線性歷史進化論中實際上也存在著內在的張力，〔註14〕一方面是一種命定論的或歷史決定論的悲觀主義：歷史規律是超出人類意志的，歷史的進化也不是人類意志可以左右的；另一方面則是一種追求歷史跳躍前進的樂觀主義：既然進化的下一階段已經被人類理性所把握，那麼我們爲什麼還要按部就班地一步一步來呢，爲什麼不直接追求最新最好的樣式呢？前面在考察君主立憲派與革命派的爭論時，這種內在的張力在清末中國就具體表現了出來，康有爲是前一種觀念的代表，而孫中山則是後一種觀念的代表。

應當說對於求新求變的清末中國來說，社會達爾文主義與線性歷史進化論的組合產生了促進變革的歷史效果，爲近代中國的制度變遷和政治變革注入了強勁的思想動力。在這種新觀念之下，知識分子開始重新看待中國的歷史和傳統。康有爲在研究「實理公法」之後發現「中國二千餘年歷史沒有按照既定的公式發展，以至於『公理不明』、『文明不進』，終於落後」。「換言之，一個國家的歷史進程像數學方程序一樣，用了正確的公式，才會有滿意的結果。」〔註15〕這種觀點實際上就是要求用人類操縱和改造線性系統的方法來

〔註13〕 休謨比較早地從這一角度來批判社會契約論，認爲所謂的自然狀態不過是一種虛構，參見休謨：《人性論》（下冊），商務印書館，1996年，533～534頁。當然，休謨本人還不能稱得上是一個歷史主義者，歷史主義是緊接著啓蒙時期興起的一個思潮，與啓蒙運動追求普遍性相反，歷史主義思潮往往注重每一個民族的特殊性和制度的歷史性，代表性的人物有蘭克、梅因、薩維尼等人。波普爾在其著作中也常用「歷史主義」這一概念，他所說的歷史主義是指一種通過尋找歷史規律來預測和控制社會發展的歷史決定論，馬克思的社會理論則是其批判矛頭所指向的主要鵠的。

〔註14〕 對馬克思理論中這種張力關係的揭示參考夏皮羅：《政治的道德基礎》，上海三聯書店，2006年，第97頁。

〔註15〕 汪榮祖：《康有爲論》，中華書局，2006年，第36頁。

全面改造社會制度。正如西方啓蒙時期對中世紀的看法一樣，中國過去的歷史是一片黑暗和錯誤，而未來的希望則在於套用理性所發現的「正確的公式」，進行「大變、快變、全變」。其弟子梁啓超也繼承了類似的取向，嚴復晚年在點評梁啓超時指出：「任公理想中人，欲以無過律一切之政法，而一往不回，常行於最險直線者也。」〔註16〕在近代中國，無論是進化論的溫和版本還是激進版本都對自身的傳統徹底失望，都指向了全面的變革，二者的區別只不過在於套用哪種公式而已。無疑這種進化論觀念是影響近代中國的一個長期因素，時至今日，它仍然是許多中國知識分子思想深處的一種底層觀念。

線性進化論和建構理性主義的結合也導向一種視傳統與現代化截然對立的認識，因此，「倘若想用一種體系去替代另一種體系就『必須有一批採用新藍圖和新材料的社會工程師。這樣，變化就勢必是帶有系統性的，而不是逐步適應的性質』」。〔註17〕正是這種對傳統的徹底失望和全面否定，對運用理性來照搬代表歷史進化新階段的西方制度的高度自信使近代國人選擇了一種幾乎是全面推倒重來、另起爐竈的變革方式。為了照搬西方的制度，時人往往置歷史經驗和本土條件於不顧，採取了各種牽強附會、生搬硬套的做法，以至於很多時候對國外制度樣式的照搬成為了目的本身，幾乎已經不顧做這些東西所要達成的實質目標。在科舉制度變革方面即是如此。為了應對緊迫的危機，清末國人致力於找到某種可以迅速解決問題的藥方。在人才救國的觀念下，很多知識分子和改革者以為只要將科舉制度連根拔除，或者說將這一阻路的巨石搬掉，並大量興辦起新式學堂就能迅速實現富強。這種想法將複雜的社會變革和因果關係看成一種可以由理性直接操縱或安排的簡單線性關係。此一觀念正如伏爾泰所說的那樣：「君欲取良律，焚舊立新可矣。」將這種線性的思維方式和另起爐竈的做法用到複雜社會系統，尤其是用到文明轉型這樣的大時代課題上面就會出問題。在這種線性思維之下，時人對中西文明系統的異質性所帶來的很多問題缺乏充分的認識和準備，對歷史的經驗

〔註16〕 王栻主編：《嚴復集》第三冊，第633頁。嚴復本人在進化論上面接受的是一種斯賓塞式的漸進演化版本，晚年的嚴復更是從其早年的西化立場上退卻了，現在他發現中國還無法超越「宗法──君主政體」的階段。參考本傑明·史華慈：《尋求富強：嚴復與西方》，江蘇人民出版社，1996年，第206、215頁等處。

〔註17〕 柯文：《在中國發現歷史：中國中心觀在美國的興起》，中華書局，第77頁。

教訓和本土條件也缺乏基本的重視，反而對人類脆弱的理性和需要防範的國家權力產生了迷信。當時依靠官力推進，不顧一切地興辦起了大量的新式學堂，以至於在短期內大量提高學堂的數量本身成了目的，而教育的質量、人才的培養、學生的出路、對官僚國家權力的約束等問題都被忽略，更遑論對科舉制度更深層次功能的保留或填補。這些及其他一些問題都反映出，單線突進的思維及其所依靠的人類有限的知識和控制事態的能力在改造複雜現實社會時必然會遭遇很多困難。

值得注意的是，我們這裏並不是說進行變革和追求改善是一種錯誤，更不是說當時不應當學習西方，而是聚焦於變革的方法論問題。由此出發進一步加以思考，我們會發現這種線性歷史進化論（可以稱其爲一種世界觀）指導下的認識論和方法論無疑有著鮮明的特點，那就是它往往脫離了具體性和歷史性（不管是對自身社會系統還是對外來模式的理解），而以抽象的總體觀念來認識問題和解決問題。雖然它表現爲一種歷史理論，但是它本質上又是非歷史的，實際上它不過是一種理論上的抽象構造。它往往表現爲一種一元論的和普適性的東西，但卻脫離了具體的歷史傳統和現實的複雜性。它總是把人類文明看成是一種可以按人們主觀意願去加以安排的對象，而沒有意識到既定人類文明的精巧性、複雜性、歷史性和脆弱性。總之，它往往落實爲用抽象的總體理念來改造社會，要求經歷了漫長歷史選擇而積澱下來的社會制度得爲經一代人頭腦發現的「眞理」讓路。近代中國那種激進的反傳統主義和另起爐竈式的做法不能說與這種抽象的總體理念沒有根本上的關係。在激情已經稍稍冷卻下來的今天，我們有必要對此進行一番新的理論思考。

人類文明與人類社會也許是這個世界上最爲複雜的現象，迄今爲止，理解複雜人類社會及其變遷最爲宏觀、也最爲有效的理論工具就是系統論和複雜性科學。系統可以是簡單的、線性的系統，也可以是由有機聯繫的各種複雜要素構成的系統，而人類社會則是一種特別複雜的，人們稱之爲「複雜大系統」（或「複雜巨系統」）的系統。其中所包含的要素、結構和非線性的互動關係非常複雜，遠遠超出了人類理性可以全面認識和控制的範圍。哈耶克也許是比較早地意識到這一點的社會理論家，也正是從這種認識出發，他反思了建構理性主義的狂妄，認爲人類理性固有的局限性決定了，它不可能重新設計人類文明自身，而我們也不應把人類文明看成是人們有意識設計或安排的產物，這就是「人之行爲的結果，而非人之設計的結果」一語之意。

　　由此我們看到，人類文明屬於一種有著內在網絡和自適應能力的複雜大系統，這種複雜大系統的演進總是在既有的基礎上不斷擴展、生發，而不可能完全另起爐竈，路徑依賴在這裏是無可避免的，也不都是壞的事情。而任何對之進行的系統性設計和改造不僅很少有希望能成功，而且還會全面打亂已有的秩序，使之失去靈活應對變化環境的能力。在這種自組織或自適應系統中，理性是一種內在於社會秩序演化的現象，人類的心智與社會秩序共同進化，並不存在著一種可以超越於社會演化的大棋局之外，可以從外面給它施加正確指導的絕對理性，這就好比人類無法拽著自己的頭髮脫離地球一樣。而建構論理性主義的錯誤就在於它認為人類的社會制度都是為了實現人之目的而設計出來的，「同時它還始終如一地主張，我們應當重新設計社會及其制度，從而使我們的所有行動都完全受已知目的（known purpose）的指導」。〔註18〕

　　按照哈耶克的理解，這種用理性設計和行政命令來改造社會的做法才是自由的最大敵人（用波普爾爵士的話來說則是「開放社會」的敵人），而「自由主義是對一種在社會事務中自動或自發形成的秩序的發現」。〔註19〕自由並不是一種抽象的自然權利或由理性所確立的東西，而是一種棲身於我們繼承下來的行為傳統中的東西。文明所依靠的道德、習俗、慣例等被人們所內化的價值規範和相應的社會文化網絡都是長期歷史演進的產物。離開了這種歷經長期歷史演化所形成的複雜秩序和文化網絡，人們將無法預期他人的行為，無法掌握自己行為的可能空間，甚至無法維持基本的社會秩序。從前人們按照習俗和慣例可以很容易找到自己行為的合宜樣式，在社會文化網絡中也很容易找到實現社會合作的慣常方式，現在一旦將這種複雜擴展秩序徹底打亂，那麼人們將無法進行正常的社會合作，社會也就失去了自組織能力，進而自由也就失去了生存的土壤。這時人們就不得不依賴於由國家權力所確立的行政強控制秩序，因為現在戰戰兢兢的人們必須從行政命令那裏才能找到做事情的「正確」方式，社會必須在行政強控制下才不會出亂子，才能維持住一個基本秩序而不至於陷於叢林狀態。但是用人類意志決定的行政命令來全面取代人類合作的複雜自組織秩序的做法最終將導致自由徹底喪失的結果，這就是一條通往奴役之路。

〔註18〕哈耶克：《法律、立法與自由》（第一卷），中國大百科全書出版社，2002 年，第 2 頁。
〔註19〕哈耶克：《哈耶克文選》，江蘇人民出版社，2000 年，第 344 頁。

　　但是人類理性的高漲必然會挑戰傳統，尤其是當這種理性被加以誇張地運用時。高漲起來的理性會挑戰一切繼承下來的權威、制度、文化、慣例等傳統事物，這就是所謂「啓蒙運動」的任務，它所要做的就是將一切都押到理性的審判臺上來接受審判！經過人類理性的眼光審視，人們會發現此前的一切社會安排都有著這樣那樣的缺陷或者根本上就顯得無用，而這都是由於人們的無知、迷信和盲從。相反，經過確切的推理和嚴密的邏輯論證，理性會告訴人們如何重新設計和安排社會制度以使一切趨向合理乃至完美。這該是一副多麼振奮人心的畫面！「啓蒙」固然爲一個社會打開了一些新的可能，然而相對於歷史和文明的大智慧，人類高漲起來的理性總是顯得有些淺薄和充滿偏頗，它在驅散眼前的迷霧，看清那一小片區域的時候又總是忽略了另外那些仍然沒被照亮的區域。相對於複雜自組織系統的非線性和靈活調適性，人類理性的推理和設計總是容易陷入線性和偏執的誤區，由此導致的安排也就總是顯得捉襟見肘，顧此失彼，乃至自我背反。因此，人類理性的抽象思維能力「是爲了應對我們的心智不能夠充分把握的具體事務的複雜性而必須使用的一種工具」，[註20] 而如果這種抽象能力被誤認爲是人類心智以邏輯推理的方式從它對實在的認知中產生出來的東西，或者認爲人類理性可以把握某種總體性的、絕對的客觀歷史規律，並由此全面操縱文明和歷史的進化，那麼這種理性的誤用無疑已經走得太遠。總之，人類的有限性是一個根本性的生存事實，如果以理性的一孔之見和線性的思路來整體性地安排社會秩序甚至改造一個文明，那麼足以收穫「摧毀一個文明」的後果。哈耶克寫道：「人所能做到的，僅僅是通過一個相互調整個人行爲的過程，通過修改某些繼承下來的規則以減少衝突，一點一滴地加以改進。只有在一個並非由他發明的規則體系之內，抱著改進現存秩序的目的，他才能夠進行有意的設計，並且能夠實際地有所創造。……在改進現有秩序的努力中，他絕不會隨心所欲地製定任何他所喜歡的新規則，而總是只去解決因現有秩序的不完善而造成的有限的問題，他根本沒有能力建立一種整體的秩序。」[註21]

　　回到科舉革廢問題上面，在很多已經「啓蒙」了的後人眼中，科舉制度無疑是一個歷史的巨大錯誤，甚至是導致中國社會愚昧落後的一大罪魁禍

〔註20〕哈耶克：《法律、立法與自由》（第一卷），中國大百科全書出版社，2002年，第33頁。
〔註21〕哈耶克：《哈耶克文選》，江蘇人民出版社，2000年，第542頁。

首。按照劉海峰教授的介紹，科舉制甚至已經被妖魔化到與抽鴉片、纏小腳之類的惡習同等的地步。〔註22〕這實際上是近代以來在救亡心態和啓蒙心態影響下所形成的那種觀念和話語的延續。前文對科舉制度的考察已經指出科舉制是華夏文明演進過程中所生成的一個重要的制度紐帶，經過長期演化、調整和磨合，它與傳統社會中的許多核心要素嵌合在一起，發揮了很多正面功能。當然任何制度都不可能是完美的，這一制度自然也存在著一些局限和弊端，在遭遇西方挑戰之後，其局限更是被進一步放大。儘管如此，近代國人雖然看到了科舉制度不適應時代需要的地方，看到了這一制度所存在的種種弊端和局限，但在理性的眼光沒有看到的地方，科舉制度仍然在發揮著一些對於整個文明系統之維繫所不可或缺的重要功能，其中包括很多超越古今中西範疇、具有成功人類文明共性的東西，當然也包括一些更適合我們這個民族文化性格的東西（這是制度背後的地方性知識），比如以才學而非出身和關係來選拔人才的考試制度和社會上陞流動渠道，比如文治禮教原則下的精英自律和社會低成本治理，它們雖然可能採取了與西方不同的樣式，但都是維持一個文明社會不可或缺的東西。

如果擺脫掉廢舊立新、另起爐竈的簡單線性觀念，那麼我們會發現古老東方文明的現代轉型或複雜異質文明系統之間的學習過程會涉及到一些遠為複雜艱難的問題。首先，我們應當如何恰當地理解西方的成功經驗？畢竟對這種複雜經驗的解讀涉及到我們主觀的認知建構過程，拿一個簡單的問題來說，英國的成功是因為它採取了某種制度還是因為它恰恰已經具有了這種制度能夠發揮良好作用的支持網絡？我們可以進一步追問，即使是在西方範圍內，為什麼英國的制度被經歷了轟轟烈烈啓蒙運動和大革命之後的法國拿過去之後長期無法良好運作，直到它們在法國本土的基礎上磨合成功之後才穩定下來？其次，我們應如何更充分地認識自身可資利用的資源，如何恰當地對待自身的傳統和歷史經驗？儘管傳統中總會有一些不適應新的時代需要的東西，但我們畢竟不可能通過直接摧毀自身就能為現代化創造出一個全新的空白基礎，事實上這種空白的基礎也並不是個好東西，否則那些比較原始的社會應當更容易學習西方現代文明。再者，我們如何在自身的條件和資源的基礎上來學習西方的成功經驗和應對現代化挑戰？畢竟僅僅將某種外來模

〔註22〕 參考劉海峰：《重評科舉制度——廢科舉百年反思》，《廈門大學學報（哲學社會科學版）》，2005 年第 2 期。

式、公式照搬過來並不能直接解決自身的問題。相反，自身傳統中那些具有人類成功文明共性的東西和更適合自身政情、民情特點的東西都可以作爲現代性生發的本土資源。事實上，任何成功的發展模式和學習借鑒過程都不可能是直接照搬的結果，而一定是在自身的基礎上摸索出來的。

上述諸種在跨文化學習過程中會遇到的問題並不能通過推倒重來、另起爐竈的方式就可以完全解決或直接繞過去，它們背後往往都涉及到一個比較宏觀的方法論選擇：我們是先摧毀自身之後再去照搬西方的某些外在形式性的東西，還是在自身的基礎上通過調整轉化來實現與西方成功做法的功能趨同，〔註23〕或者說在適應性調整中來應對新的時代挑戰。無疑，清末新政中的制度再造採取的主要是前一種思路，但這樣的做法並不沒有實現其想像中的目標，實際的結果大概可以說是，在自廢武功的同時又飽受畫虎不成反類犬的歷史嘲諷，清末民元種種亂象的背後都有這種雙重蛻變的影子。

由於複雜社會系統演化的不可逆性，一旦將既有的秩序打亂也就無法再還原。對於過去的歷史我們已經無法改變，但在解讀歷史的過程中所總結出的一些經驗教訓還是有其當下意義。文明系統是經歷長期歷史演化磨合而不斷生發出來的，它固然具有路徑依賴性的一面，同時也具有脆弱性的一面，一旦對其進行全面解構，引發系統性的崩潰，則底線秩序就蕩然無存，在這種情況下再進行變革很難說能夠收穫好果子。在此意義上，革新過程中的傳承是性命攸關的事情。在這種前提性認識之下，我們是不是首先應當對傳統持一種充滿「溫情與敬意」的態度，是不是更應當注意在保存複雜社會文化系統生機的基礎上來不斷生成適應時代需要的新傳統，是不是更應當在自身基礎上摸索出「可行」的方式而非按照某種抽象的模式或主義來直接創造一些「最新最好」的樣式？

第三節　速變全變的改革方略

清末時人在廢革科舉制度問題上偏向於採取激進的、一步到位的、孤注一擲式的改革方略。在這種改革方略看來，越是迅速、越是徹底、越是全面的變革就越能收穫又快又好的效果，越能滿足全國上上下下的急迫願望。應

〔註23〕關於「形式傚仿」還是「功能看齊」的探討可以參考張銘：《政治價值體系建構：理論、歷史與方法》，社會科學文獻出版社，2012年，第334～349頁。

該說，這種激越式的改革方略在當時面臨緊迫危機的歷史環境下，比較激動人心，比較昂揚人氣，比較能表達一種革故鼎新、甚至破釜沉舟的意志和決心，它受到改革者的普遍青睞也是完全可以理解的。但是，改革的意願和決心的強烈程度與改革的最終效果常常並不是呈正比例關係的。而從這種樣式的改革在近代中國的命運來看，它更是完全失敗的。那麼，這樣一種改革方略的問題又在哪裏呢？

前面已經指出，面對人類文明和人類社會這種複雜大系統，人之理性是非常有限的，我們根本無法對複雜大系統做出全面的認識、把握和掌控。複雜大系統就好比一片暗夜，在茫茫的黑暗之中理性之光所能照亮的範圍非常有限；它又好比一個黑箱，人們往往只能從特定「輸入」與「輸出」間的變量關係來猜測其內部的結構與機理。這方面正如一些智者所意識到的，人類知識範圍的增大也伴隨著無知範圍的增大，知識越是增長我們的無知更是成倍地增長。早在幾千年前，蘇格拉底就略帶戲謔性地說道：「我只知道一件事，那就是我一無所知。」因此他告誡人們，重要的事情是要首先「認識你自己」。不錯，理性的抽象思維能力使人們能夠借助於概念和理論體系來加強對現象界和經驗的認知和解讀能力。但對於複雜大系統的認識來說，這種認知和解讀所能把握的，充其量不過是其所透露出來的一些「暗示」，〔註24〕而不是某種先驗命題或封閉的線性系統的既定規律。〔註25〕也就是說，這些「暗示」並非「明示」，並非「確證」，它只是一個可供不斷解讀的對象，一個可以與之不斷對話的「文本」，一個可供不斷解釋的複雜因果鏈條中一個環節。任何把這種「暗示」確定化的做法，都有違於複雜大系統的開放性、不測性特徵。

當然，人類在面對這諸多不確定性時仍然需要採取行動，往往也不得不採取行動。人們既然被拋在這個世界中，那麼採取行動就是不可避免的一件事情，有時甚至像奧克肖特所說的，你沒有採取行動本身也已經是一種選擇和行動。那現在的問題就是，人們的這種選擇或行動的「樣式」是怎樣的？為了討論的方便，下面將區分出兩種選擇或行動樣式：分散試錯、碎步前進

〔註24〕「暗示」是奧克肖特在其政治哲學中所運用的一個術語，參考奧克肖特：《論政治教育》，載《政治中的理性主義》，上海譯文出版社，2004年。

〔註25〕康德雖然提出了一種先驗哲學，但他所說的先驗範疇只是一些基本的認知工具，關係到人們如何能夠先天地就具有認知能力，而其質料則來自後天的經驗。相應的，這種哲學是用來批判地審視人類的理性能力，而不是說理性能夠先天地認識到某種世界的本質或發展規律。

的樣式；認準死理、一步到位的樣式。顯然，這裏的兩分帶有形式理性的二分法色彩，現實中的改革方略不可能是任何一種樣式的純粹版本。不過這種來自韋伯的對「理想類型」做出劃分的方法還是有助於我們更好地進行歸類，並在此基礎上抽象出兩種樣式不同的理路來。

第一種行動樣式是一種分散試錯，碎步前進的改良方式，其中人們知道自己知識和能力的有限，複雜大系統的開放性特徵以及「暗示」所內涵的巨大解釋空間，所以在採取行動時，人們也非常小心謹慎。既然人們不得不採取行動來應對這個不斷變化的生活世界，大家也就不得不運用其有限的知識來對遭遇的問題進行評估，不得不對各種可能出現的情況做出「猜測」，進而就可以基於這種評估和猜測之上進行嘗試。當然這種嘗試應該是頗爲審愼的，要及時總結經驗教訓，一旦發現有問題就要及時做出修正，在試錯——總結——再試錯的模式下進行摸索。

我們說，人們用來指引自己前行的不得不是自身有限的知識，這應該沒有什麼爭議。不過一談起知識，人們腦海中常常浮現出來的是所謂的「書本型」知識，源出理性發現的技術性知識（常以「自然法則」、「基本原理」、「眞理性規律」等面目面世的東西），有時也會把人們通過時代或個體經驗而得出的即時感想視爲知識，但人們很少把通過時間檢驗和人類世代實踐積纍下來的經驗、行爲傳統和價值信念等視爲一種「知識」。事實上以長時段的眼光來看，歷史的演進雖然是由無數個世代、無數個體參與其中的，但是大浪淘沙，雲卷雲舒，最終沒有主體能夠超越於歷史，而經不斷篩汰之後得以傳承下來的是一些結構化的東西。有些嘗試和實踐會被歷史所淘汰，有些則保留了下來，而那些能歷經長期歷史考驗的東西背後都凝結著歷史的大智慧。後人可以通過解讀和揣摩這種具有無限厚度和複雜性的「歷史大智慧」以獲取實踐上的指引。這些歷史大智慧在短期內可能會被人們所忽視、所背棄，雖說「從長期來看，我們都會死去」（凱恩斯）也是至理，不過歷史不會死去，它也不會重複，但總會以「驚人的相似」方式來懲罰那些背棄其教誨者。

實際上，歷史的經驗智慧，甚至個體的經驗性知識都要比某些社會哲學家基於某種先驗原理得來的規律或普遍法則（不管它還是別的什麼）在指導現實方面要靠譜得多。正如英國普通法法官黑爾所說：「悠久而豐富的經驗能使我們發現有關法律所具有的便利之處或不便之處，而這一點恰恰是最富智

慧的立法機構在製定此項法律時亦無力預見的。」〔註 26〕經驗、行為傳統以及價值信念這類知識本身都是複雜的，它們既是人類心智這種複雜的情感理性集合體（包括推斷、比附、感悟、遐想、靈感、揣摩、學習、傳承、默會、畏懼、震懾、迷狂、審慎等因素的結合）在認知、把捉、應對複雜世界方面所得出的結果，同時又經歷了歷史的考驗與漫長時間的嚴格篩選。在這個意義上，在歷史長河中得以留存下來的人類文明本身所內含的「知識」常常是隱而不顯，被籠罩在一種神秘的氛圍之中。因此，我們人的有限理性很難穿透這種複雜異常、有著無限時間厚度的經驗傳統；有時即使有所感悟與洞察，也會難以用通常的語言將其表達出來，因為它們的複雜性和微妙性遠遠超出了通常語言邏輯所能傳達的限度。這就無怪乎，人類文明的每一次邁進所依靠的，往往不是理性的邏輯，而是藝術與宗教的創造本性。

　　儘管我們繼承下來的經驗、行為傳統或「默會知識」（邁克爾・波蘭尼）構成了我們據以行動的指南，從中人們可以對其他人的行為和社會的運作具有某種相對確定的預期，這種預期不是基於某種高調的幻想或建立在強求人們立即達到某種標準之上，而是基於一般的大眾水平。但是傳統也不是完美無缺的，不是一種可以永遠堅守的教條，相反傳統本身就是一種複雜多樣、動態流變的東西。事實上，「傳統」蘊含著某種內在的張力，因為它既是傳承下來的屬於過去的東西，又是我們據以應對當下挑戰，據以謀劃未來的當下存在。也就是說，在動態的時間結構和生活世界中，傳統不應當被形而上學式地固定化、教條化。相反，過去、當下與未來處於同一個複雜系統的動態流變中，「存在」或「現實」本身就是這麼一個連續統。正如前文所指出的，路徑依賴和開放性同時存在於歷史的演進過程中。經歷長期的傳承和結構化，有些東西也容易走向固化，從而在應對新的挑戰方面失去一定的靈活性。尤其是在內外環境發生劇變的「大時代」，為了應對新的挑戰，為了向新的生活世界開放，人們以及他們生活於其中的社會不可能再舒適地停留在原有的軌道里。現在人們必須在現有基礎上有意識地去謀劃未來，此時被拋此世的「存在者」需要面對的問題就是如何去應對這種新形勢、新時代課題的挑戰。當然，並沒有什麼事先就確定無疑的安排擺在那裏，密納法的貓頭鷹在黃昏時刻才會展翅翱翔，人們必須基於自身的有限理性去謀劃，去嘗試。也並沒有什麼外在的絕對力量來保證我們不會犯錯誤，這種嘗試很可能會犯錯，實

〔註26〕轉引自哈耶克：《自由秩序原理》，三聯書店，1997 年，第 66 頁。

際上犯錯有時也是必要的，因爲它可以提供寶貴的經驗，不過我們應當儘量降低犯錯誤的代價，爲此需要遵循一定的試錯原則。

爲了降低試錯風險和代價，爲了更好更快地從錯誤中學習，人們可以採取以下兩種做法：分散試錯和碎步前進。大家一般都知道在投資中通過分散投資可以降低風險，相反，將所有雞蛋放到一個籃子中的做法則面臨著很大的風險。在現實的試錯嘗試中也有類似的邏輯。通過多元的試錯主體和靈活的試錯機制來分散試錯具有很多好處。一大好處正如上面所說是分散風險和降低試錯代價。另一大好處是能提高試錯的頻率，大大增加成功的概率。這些不同的嘗試中有些可能失敗了，有些則可能蒙對了，如果這種成功經驗具有一定程度上的可複製性，那麼它就可以得到模倣和推廣，否則這種成功者也能在失敗者都被淘汰的情況下生存下來。而失敗的嘗試也並非毫無意義，它同樣能提供有益的經驗教訓，試錯正是一個知識發現的過程。從另一面來說，這種分散試錯的方式能使整個社會盡快以最小的代價犯錯，這大大增加了人類應對複雜環境不測挑戰的能力。正如西蒙所言：「在一個持續的、變化的環境中運行，或者是要和其他變化著的系統競爭的複雜系統，必須……修正自己的結構，使自己具有相當的『可分解性』。」基於這種認識，西蒙認爲市場在這方面有著較爲明顯的優勢。市場作爲一種弱協調機制在自身的可分解性方面有著一種天然的優勢，它允許其組成部分在某種程度上獨立地發生相應的適應性變化，它也沒有在自身的協調中形成一種把各子系統高度關聯化和高度整合化的後果。〔註27〕自由市場當然是「可分解性」的一個極端例子，其中每一個體和企業組織都是比較獨立的市場主體。在現實社會中實際上也可以有其他的「分解方式」，比如在某個縣市、某個部門或聯邦制下的某個邦進行分散的嘗試。當然在很多情況下，複雜社會系統具有千絲萬縷的互動關聯，許多問題的處理也需要具有更高的組織協調平臺，民族國家就是一個具有更高平臺的試錯主體。不過即使在這種高度組織起來的情況下仍然具有一些增強試錯靈活性的方法，這主要體現在治理結構上面，比如可以通過增強政治過程的互動性和競爭性來增強試錯的靈活性。

除了分散試錯之外，另一種增強試錯過程靈活性和降低試錯代價的做法是碎步前進。在碎步前進的情況下，人們不斷採取小步驟的改革嘗試（有時

〔註27〕張銘：《在市場經濟與公共管理之間：H・西蒙與新古典經濟學對話探析》，《國外社會科學》，2002 年第 2 期。

需要將一項大的行動分解為較小的步驟），然後不斷觀察這種行動的後效，再根據這種後效來採取進一步的行動。這種後效正是複雜大系統所顯現出來的「暗示」，通過它可以照亮茫茫黑暗中的一部分，使人們的眼睛又明亮起來。當然，這種「照亮」本身並不是說人們已經由此獲得了完備的知識，而是說大家又可以根據對這種後效的解讀來進行進一步的評估、猜測和辯論，在這種不斷對話的過程中可以不斷獲取經驗（這種經驗無疑也是認知建構起來的），進而就可以在進一步的行動中借鑒這種經驗，或者記取其失敗的教訓。總之，在這種行動樣式中，大家不斷地做出猜測和嘗試，在小步試錯中又不斷獲取進一步行動的暗示。當然，為此必須使治理結構具有充分的靈活性和互動性，還必須具有對試錯過程進行不斷反饋的回路，否則這種試錯可能就是白費力氣。

總之，這種試錯嘗試是非常開放靈活的，除了不能突破人們容易達成共識的底線倫理之外，並沒有什麼絕對的框框，它既向自身的傳統開放，也向外來的經驗開放，不過對外來經驗的借鑒也必須被置於不斷摸索和觀察解讀的過程中，而不能孤注一擲地盲目照搬，因為外來經驗只有在與本土條件發生良性互動並有效地磨合起來之後才會產生積極的效果，而這一摸索和磨合的過程並不簡單。事實上，當人們認定某種東西（不管它是什麼主義，不管它是什麼規律）是絕對真理，進而試圖依靠絕對權力來貫徹這種真理而不允許其他的聲音和嘗試的時候，一個社會也就走向封閉了，真正的自由和多元社會也就不復存在了。

「現時代」無疑就是「當下」，而對「未來」的預測則構成我們當下謀劃的一部分，「過去」則是「曾經的將來」。〔註 28〕在這種存在主義的動態復合時間結構中，我們可以將現代性理解為一種從現在不斷面向未來的開放姿態，如果是這樣，那麼建立起可以向各種經驗和嘗試不斷保持開放的、多元靈活的試錯機制和互動平臺無疑就是治理結構真正邁向現代化的標誌。一種靈活的、多中心的治理結構能夠較充分地允許各種自發的或有效組織起來的嘗試，這樣一個社會應對各種複雜環境和不測挑戰（現代社會之被稱為「風險社會」正說明其複雜性、不測性和風險性特點愈發明顯）的能力就大大增強了。

下面我們來看第二種行動樣式——認準死理、一步到位的樣式。在這種

〔註28〕這裏參考了海德格爾存在主義哲學中的時間觀念。

行動樣式的背後，人們往往自認爲找到了某種確定的歷史規律，或者某種經「理性法庭」所認可的外來模式（當然對這種模式的認識本身已經涉及到了主觀的解讀過程），並將其作爲徹底解決自身問題或實現「進步」的不二選擇。因此，這種行動樣式說白了，就是按照這種總體性的規律或模式的指引，堅定地投入到大規模改造世界的實踐活動中去的一種表現。由於規律或模式的眞理性、客觀性或普世性成爲一種不可移易的堅定信念，人們在行動中會徹底擺脫猶豫和審愼，甚至將傳統整體性地視爲妨礙實現理想模式的障礙。因此毫不奇怪，基於這種認識之上的行動樣式往往傾向於採取一種孤注一擲的方式，大膽推進，一步到位。因爲大家普遍認爲只有堅決徹底地貫徹這種理性所發現的眞理或規律才能從根本上解決問題。

以這樣一種行動樣式作爲行動方略，人們就不可能不對國家權力寄予無限的厚望，而這樣的行動方略在實際上也只有與強大的國家權力結合在一起，才能得到眞正的貫徹。因此，與國家權力相結合是這種變革方略的天然傾向，從而使分散的、地方性的、層級性的自主改革和嘗試成爲不可能，也不會爲社會、經濟和文化這類「擴展秩序」留出自組織調整適應的空間，而總是試圖直接運用國家權力來進行迅速而徹底的改造。從另一個角度來講，這樣的變革方略也自然而然地發揮著一種加固、強化國家權力的功能，形成國家權力在轉型社會各個層面扮演絕對角色的局面。波普爾稱這種由國家主導下的、孤注一擲式的行動爲「烏托邦社會工程」，這與他所主張的「零星的社會工程」（或「漸進的社會工程」）正好相反。〔註29〕奧克肖特在其對「信念論政治」與「懷疑論政治」這兩種極端政治的刻畫中也包含了有些類似的界分，其中的「信念論政治」就類似於這一部分所刻畫的那種行動樣式。〔註30〕

從事後的角度來看，小步試錯式改革還是一步到位式的整體性變革，在對行動後果的評估方面也存在著很大的不同。一般來說，行動所產生的影響與後果，作爲一種社會事實擺在那裏本身並不會說話，而如何在價值層面對之做出評估，則需要有人們的解讀在先。由於一步到位式的整體性變革涉及

〔註29〕參考波普爾：《開放社會及其敵人》（第一卷），中國社會科學出版社，1999年，第292頁。當然以「社會工程」來界說本身就已經含有了一種比較強的理性設計的味道。
〔註30〕參考奧克肖特：《信念論政治與懷疑論政治》，上海譯文出版社，2009年。

的面甚廣，產生的綜合性後果也較爲複雜，對其產生的後果做出評價也容易與解讀者對這一變革行動本身抱有的看法甚至情感牽連在一起，從而不僅很難在評價上取得一致，還容易經常發生對立性的爭執。而這一種評估困難的情況，雖然在小步試錯式改革問題上也會有顯現，但相對而言，後種情況下評估者較容易做到客觀一些和心平氣和一些。

而在更深一個層次上，對這兩種不同方式的行動做出評估會形成難易程度上的差異，還因爲人們對這一行動所投入的希冀有很大的不同。對於小步試錯式改革，人們本來就抱有一種「走一步、看一步」的想法，不會把全部的希望全都押在這樣的改革上，也不會把這一步的跨出去看成是「孤注一擲」式的。這種改革觸動的範圍相對有限，可控性也就比較強。因此，在面對這種類型改革產生的後果不理想時，人們比較容易坦然接受，也容易回過來，在總結經驗的基礎上，重新邁開新的試錯步伐。而對於一步到位的整體性變革來說，人們不僅把所有希望都押在這一行動身上，而且也在國家權力的推動下，動搖了變革前相關領域的基礎結構。因此一旦這樣的變革失敗，代價無可挽回，人們也根本無法回過頭來，在吸取教訓的基礎上開始新一輪試錯。正因爲如此，這後一種類型的變革一旦遭遇挫折與不測，人們很難平靜而坦然地接受，總會在不甘心的前提下，將挫敗歸因於我們做的還不夠徹底、不夠堅決，形成庫恩在《科學革命的結構》一書中所謂的「範式堅持」。而這種堅持的結果，很容易使一個社會在錯誤的道路上越走越遠，不撞南牆不回頭。因此我們不難理解，一步到位式的整體性變革所包含的風險和社會代價都是巨大的，而要想糾正其錯誤也常常是非常困難的。

具體到科舉革廢問題上說，事實上在採取整體性的「立廢科舉」這一舉措之前，當時也曾有過在中國的局部地區進行改革的嘗試。戊戌變法之前的湖南新政就是在中國的一個省份進行的比較實際的改革嘗試，其中包括對科舉考試的改革，這一改革確實促進了西學傳播和湖南的風氣大開。不過這一進程在戊戌政變之後被打斷。就新式教育的興辦來說，各地的教會學校和民間辦學早在廢科舉之前就已經得到了很好的發展，這是基於社會需求之上的比較實在的發展。這些都是一些自發的嘗試，也都比較有實效。事後看來，民間的私塾教育也能對新式教育做出適應性調整，傳統教育並不必然是前進中的桎梏。

但清廷的做法卻犯了改革的大忌，一開始它無意進行像樣的改革，這體

現在對科舉和教育改革缺乏實質性的推動，不能在分散試錯和碎步嘗試中盡快犯錯和不斷前進，後來卻又在危機壓力下推行孤注一擲的全盤改革。廢科舉、興學堂這種整體性廢舊立新的做法在新式學堂「成效未有驗」（前引山西舉人劉大鵬語）的情況下就一股腦兒貿然地依靠官力將其推行於全國，形成覆水難收的局面。事實上廢科舉和大辦學堂的做法所導致的很多負面效應不久就較充分地顯現了出來（前文對此有過較詳細的介紹與梳理），這包括：傳統的教育精神和教育規範失落，學堂學生普遍不安於學習，學潮此起彼伏；大量快速上馬的新式學堂辦學質量低劣，並且資金難以為繼，揮霍、擠佔了大量的民間辦學資源卻並沒有直接侵入文盲的圈子；學堂學生難以就業的問題早在廢科舉之前就已顯現出來，之後更是明顯。此後廢科舉的消極性影響走向社會結構的更深層次：知識分子的邊緣化，社會垂直流通渠道的堵塞，鄉村文化精英的嚴重流失，官場的臃腫和失控，社會治理的「武化」等等。這麼多嚴重的不良後效應事實上早就已經在提示那種大變、速變、全變的改革方略存在嚴重的問題。而不考慮行動的社會後果，也無法回頭重新來過的結果，是使既有的政治社會整合紐帶完全斷裂，社會良性運行所依賴的「文化網絡」不復存在，而轉型社會在這種情況下不可避免地走向了崩潰。毫無疑問，這種結局是當時的人們誰也沒有想到，也是誰也不願意看到的。可以說，此後的中國社會長期無法找到一個重心，其蝴蝶效應的餘波甚至延續至今。當然，複雜社會系統中的因果關係是非常複雜的，而非單向度的，畢竟廢科舉這一事件之發生也受到當時情勢的影響，因此我們似乎不應當將所有的問題都歸結到這一舉措上來，不過它確實在很大程度上造成了局勢的失控，加劇了社會轉型中的挫折，這一點恐怕也不能否定。

當然，對廢科舉事件的解讀至今仍然呈現出兩極化的狀態，不過，隨著激進理性主義的退潮，人們也能越來越冷靜地看待它。這就好比對法國大革命的研究一樣，新的解讀儘管層出不窮，也不會有個盡頭，但總體而言，這種解讀總是能發現前人之所未見，總是越來越貼近解讀者所處的時代。

第四節　制度變革與社會文化基石

清末時人在廢革科舉制度問題上過於重視制度形式上的趨新而忽略甚至無視任何社會制度的成功運行都需要有強有力的文化與本土性資源的支撐。

可以說，如果沒有文化命脈的傳承，沒有國人精神家園的存續，沒有一個成功社會必須要有的底線倫理道德和底線秩序的維護，任何制度和社會改革不僅沒有成功的希望，相反一定會收穫自己的苦果，不論這制度是本土的還是外來的，也不論改革舉措本身是對的還是有問題的。這是我們在制度移植和文明轉型過程中不能不加以注意的一個重要問題。

廢除科舉制涉及的其實遠不只是一種簡單的教育與選拔制度，而是涉及到華夏文明的文化核心，涉及到中國傳統精英階層安身立命的基礎，涉及到人格、素養和自律所附麗的家園。把這樣一個制度連根拔起，也就是毀掉了支撐華夏民族家國天下的頂梁柱，在根本上動搖了世道人心，撼動了社會的底線秩序。在這種情況下所推行的改革，哪怕它在其他國家如何成功，哪怕推行者如何出於「公心」，都不可能真正修成正果。

受國外新制度主義研究和政治文化研究的影響，當前學界已經意識到制度背後的非正式制度和政治文化的重要性，這無疑是對制度認識的一大進步。近代國人學習西方側重點由制度向文化的過渡也說明當時人在很大程度上意識到了文化與制度的關係問題。但是，由此也容易走向一種「以思想文化來解決問題」的偏激理路。從根本上來說，這種解決問題的路徑仍然帶有單線突進、另起爐竈、急功近利的味道，它對待文化的態度也有著一種強烈的理性主義色彩。在這種偏激的理路看來，文化不是一種由信仰、信念、行為垂範、倫常、風俗、習慣、默會、潛意識等組成的一種傳承，而是像衣服一類的東西，可以想穿就穿上，想換一件就換上一件，完全可以由主觀意願來決定的事情，因而他們往往以為通過將自身的文化象徵徹底打倒並將西方的一些口號、理念照搬過來就能解決問題。

與那種簡單化的、理性主義的理解相反，文化實際是一種有著深厚歷史淵源而又活生生的文明教化，用當代哲學的術語來說，它是處於「生活世界」中的東西，是一種具有「主體間性」的範疇，它既不是可供擺佈的、冷冰冰的抽象理念，也不是虛無主義的、絕對主觀任性的東西。更具體地說，文化是一個文明在長期演進過程中所形成的擴展秩序或網絡，是一種能夠使人們自覺認同和遵從，能夠規範人們的行為，提供信仰和意義世界支撐的所在。其重要作用包括促進個體自律和奉獻精神，防範機會主義行為，保障底線秩序，提供社會連帶，支持制度運轉等。總之，它呈現為一種能夠維持世道人心，保證一個社會具備較高的文明水準，有利於實現低成本治理的「社會文

化網絡」。離開了這個東西的支撐，任何社會制度都不會有生命力，都容易異化變質。作爲我們當時學習對象的西方社會文明形態不僅同樣需要來自這種社會文化網絡的支撐，甚至還可以說，它對這種支撐的依賴程度來得更高，只不過很多時候人們往往意識不到西方制度的成功恰恰是因爲具有這個東西的支撐。而從世界現代化發展的歷史來看，凡是在社會轉型中就對自身的文化網絡和信仰世界進行了徹底瓦解破壞的社會，沒有一個會收穫好果子，沒有一個能順利地實現他們所追求的理想目標。由此我們可以說，廢科舉這種另起爐竈式的做法以及此後愈演愈烈的反傳統主義所帶來的文化精神命脈、教化傳統、社會文化網絡的斷裂和崩塌，是對我們這個民族傷害最大、最深、最遠，卻又最容易被人們忽略的東西。

　　下面通過兩個具體點的案例來進一步說明上述觀點。前文在考察廢科舉與憲政改革的關係時已經指出，很多研究近代中國選舉制度的學者都會發現，從晚清到民國，雖然選舉制度在形式上變得更「進步」，但無論是議員的議政能力還是道德素質都成一直線下降態勢。按理說制度在「進化」，爲什麼選舉質量卻在退化？顯然問題不在制度樣式本身，而在於相應的社會文化環境和運作制度的人。清末新政中我們開始嘗試引入西方的選舉制度，在咨議局議員的選舉過程中，雖然一些傳統的士紳還不屑爲之，但是那些「運動選票」的人物也多是開明士紳。這類人物屬於當時的治理精英群體，具有相當的政治經驗，在當日風俗的薰染下也多少還比較好地保留了紳士的風度，所以他們運作下的選舉制度在缺乏西式選舉傳統的中國還是給人以耳目一新的觀感。但是在整個紀綱、底線秩序和社會文化網絡崩塌之後，民國以後的議員選舉就逐漸變異爲一種威信掃地的行當，議員們甚至被時人稱作「豬仔議員」，運動選舉的也多有地痞流氓之類的人物，可見當時的風俗和道德已經走向潰爛，行爲已經變得沒有底線。所以問題的本質不在於人們是否具有政治參與精神，而是在於這種「參與」已經變得沒有任何底線約束，已經完全變質。顯然，這裏缺失的已經不是所謂的「公民文化」，而是一種「底線文化」約束了。由此也不難看出來，只有在自身文化網絡保持得比較好的地方與時候，才有利於嫁接西方的選舉制度。可見，這種文化網絡約束下的底線秩序和人格保證是超出制度形式的更根本性的東西，也只有在這個有生機的根上面才能夠使嫁接上去的東西成活。

　　另一個例子是近代中國的鄉村治理問題。傳統中國鄉村治理的成功是建

立在社會文化網絡的支撐之上的，其中科舉制度在構建這種網絡方面發揮了很重要的作用。然而自科舉制廢除後，鄉村的社會文化網絡日漸萎縮，鄉村自治遭遇結構性的瓦解，鄉村本身也由此逐漸走向沒落。民國在鄉村社會問題日益嚴重的背景下，對鄉村社會進行再建的探索與實踐也在不同的背景下分頭推行，並在幾十年過程中形成了各有特色的鄉村建設運動。

當然，自清末以來的各種鄉治嘗試都有試圖加強農村行政控制以便順利從中汲取資源的企圖，並且都在很大程度上依靠軍事武裝的支持。這已經不同於傳統王朝常態下在鄉村所貫徹的那種無為主義治理和文化權力的軟性控制。但即便如此，成功的行政控制對於文化與本土化資源的依賴依然是不可或缺的。而從實踐的結果來看，最後在一定程度上抓住了鄉村，真正成功動員了鄉村社會力量的鄉治，都是在挖掘與利用文化與本土性資源方面有所建樹的鄉治。我們下面以晉系軍閥、桂系軍閥、南京國民政府和延安政府的農村改造運動為例來做一比較。我們知道，以閻錫山為首的晉系軍閥採取的是學習日本軍國主義，在農村建立廣泛的行政警察網絡的做法；以李宗仁為首的桂系軍閥採取的是建立鄉村政府、民團和國民基礎學校三位一體的基層結構；南京國民政府試圖在基層推行加強嚴密控制的保甲制度；而共產黨則通過在基層建立黨組織來控制地方武裝和領導農村基層政權，從而實現對基層的滲透。〔註31〕不過，僅僅通過構建起來的行政組織本身我們實際上還看不出這些鄉治的實質區別，在單純的行政控制和資源汲取之外，如何構建支持這種行政控制的「文化網絡」才是最重要的區別之所在。

晉系的閻錫山雖然對軍國主義非常迷戀（軍國主義在今天看來是一個很負面的東西，但在追求國家強大的當時人眼裏卻不是這樣），但是他也意識到光靠有形的行政警察網絡還是遠遠不夠的，必須有一種精神的、道德的氛圍作為輔助，必須有某種思想意識的東西凌駕於人們一般情感和行為模式之上，成為人們自覺不自覺的行為指導。為此閻錫山真是煞費苦心，他曾鼓吹「好人主義」、「公道主義」、「橫豎政治」等。所謂的「橫豎政治」實際上也就是教化與政治的合一，「吾國古來君師並重，即政教之意也，二者於人類孰

〔註31〕這一部分的內容主要參考了張鳴所著《鄉村社會權力和文化結構的變遷（1903～1953）》（廣西人民出版社，2001年）一書，書中分析了上述不同的鄉治模式。

重？答：以豎言，則教育重，而以橫言，則政治重」。〔註32〕在說教之外，閻錫山還特別設了「新民工廠」來對農民所深惡痛絕的「十類人」（如吸食鴉片者，壯年男子遊手好閒者，忤逆不孝者等）進行勞動教養，以起鎮邪扶正之效。

　　桂系則通過民團幹部學校將當地鄉紳富家子弟吸納進來，進行教育和意識形態感化，然後讓這部分人去領導鄉村。進這些學校和訓練隊之初就明確了將來畢業的去向，所以這些農村知識青年大部分也都樂意接受培訓，因爲當時中國經濟不發達，即使有點知識，進城謀事也相當不容易，能在本土本鄉做「官長」，也是一件榮耀而且威風的事。而這些青年的老子，雖然眼看著就要被自己的小輩奪權，但拿走權力的畢竟是自己的子弟，所以雖有怨氣，但也能接受。這些子弟還比較年青，很容易受某種宣傳和鼓動的感染。這些人要在校長和教師的帶領下，在指導員的教訓下，做所有民團剩下的事，他們要勸化，要募捐，要防查「壞人」，要學習好人，還要演戲、唱歌、念誦歌謠，宣傳政府的指令和精神。〔註33〕畢業後，他們能回去擔當「大任」的機會也是桂系領袖給的，所以對省裏的意見也尊重得多。桂系通過這種做法完成了鄉村精英的換血，並大大提高了行政效率。通過這場鄉治改革，農村秩序比以前大爲好轉，匪患大大減輕。「其妙處就在於它能在政權的系統之內，將社會軍事化警察化與社會教化有機結合在一起。……桂系力圖構築一種與傳統有機聯繫，但又有別於傳統的權力網絡，使權力的合法性重新建立在鄉村的文化根基上，以爭取人們更多的認同。」〔註34〕

　　蔣介石國民政府並沒有眞正重視過鄉村治理，其對鄉村的控制自始至終具有很強的榨取資源和防共的功利主義味道。雖然蔣介石也鼓吹「教、養、衛、管」四字方針，但眞正實施的也就是日本軍國主義的社會組織方式和傳統的嚴刑峻法，「教」與「養」則僅停留在官樣文章上。此外，保甲制度的推行還成爲土豪劣紳投機鑽營的淵藪，自清末以來，地方精英已經不斷「武化」和「劣化」，已經失去了原來的文化素養，蔣介石試圖選擇「忠良」、「正紳」爲依靠，但是卻沒有建立起可靠的培養和選拔機制，於是原來已經控制地方

〔註32〕　《閻百川先生言論類編》，民國刊本，山西，第 27 頁。轉引自張鳴：《鄉村社會權力和文化結構的變遷（1903～1953）》，廣西人民出版社，第 86 頁。
〔註33〕　張鳴：《鄉村社會權力和文化結構的變遷（1903～1953）》，廣西人民出版社，第 131～132 頁。
〔註34〕　同上，第 129 頁。

的土豪劣紳迅速搖身一變成為保甲長之類的人物，國民黨政權便將這部分人的惡行背到了自己的身上，這嚴重損害了自身的權威和合法性。並且保甲的施行與中國農村的傳統存在著根本性的衝突，要想使得農村社會宗親鄰里之間實行互相告發，彼此弄陰謀的制度或者形成這樣的風氣，非得殺人如麻、血流成河才能奏效，顯然，國民黨政權並沒有這樣的道德承受力，實際上，後來在統治方式上肆無忌憚的日偽政權，推行保甲依然難以達到預期的目標，老百姓即使在死亡的威脅下，仍然難以形成互相告發的習慣。〔註35〕總之，國民黨政權試圖嚴密控制鄉村的急功近利的努力最終徹底失敗了。杜贊奇指出：「在被釋放出來的非法（delegitimation）力量衝倒之前，過渡政權必須建立起新的合法性，這是一場關係著政權命運的競賽。」〔註36〕顯然，南京國民黨政權在這一關係政權命運的競賽中失敗了。

在紅色蘇維埃政權時期，共產黨試圖硬性地模倣蘇俄的做法，在農村掀起階級鬥爭，貫徹絕對平均主義，甚至通過「燒殺政策」使農民變為赤貧，人為地製造出無產階級，驅使他們革命。但是這種做法使農村中的流氓無產階級乘機而起，顛覆了傳統農村的文化，「窮」成了一種光榮，成了有道德的表現。肅反運動更是製造出了紅色恐怖，但過度的控制，效果適得其反，在紅白對立的情勢下，這些做法甚至驅使很多農民逃往國統區。實際上這種缺乏文化認同基礎的生硬控制主要依賴於主力紅軍在背後提供的武力支持，一旦軍事力量被摧毀，它也就難以為繼。毛澤東在抗戰時期總結這段歷史時也曾對那時「左」的政策造成「赤白對立」，進行了反省，視為主要的失敗原因之一。〔註37〕

但在抗日戰爭時期，共產黨在抗日根據地的鄉治中一個重要的變化是「文化的復歸」。把馬克思主義中國化是毛澤東最偉大的成就，這源於他能紮根於中國的傳統並理解當時中國社會的真正需要，因此毛澤東領導下的革命實踐也就帶有向傳統回歸的取向。延安時期，共產黨在鄉村中領導了民主選舉，選舉過程實際上主要考慮候選人傳統鄉里道德人品，而非所謂的革命性。以

〔註35〕 張鳴：《鄉村社會權力和文化結構的變遷（1903～1953）》，廣西人民出版社，第121頁。

〔註36〕 杜贊奇：《文化、權力與國家：1900～1942年的華北農村》，江蘇人民出版社，1996年，第227頁。

〔註37〕 張鳴：《鄉村社會權力和文化結構的變遷（1903～1953）》，廣西人民出版社，第161頁。

道德訴求爲旗幟，消滅土豪劣紳帶來的不公。這種共產黨引導下的民主選舉允許鄉民對人選進行廣泛的商議。不僅道德上有傳統復歸的趨向，而且，鄉村政權組織也向傳統靠攏，部分地恢復了鄉里商議的古風，甚至對近代出於強化國家政權目的進行的鄉村行政區劃改革，也來了某些「復舊」式的調整：所有政權都以自然村爲基礎。除此之外，共產黨員通過行爲垂範帶來的感召作用應當是更具有決定性的一個方面。這個階段的黨與前面蘇維埃時期的黨已經有了很大的不同，所有參加這個組織的人，其最明顯的標誌既不是馬克思主義理論的掌握，也不是共產主義的革命精神，而是廉潔、公正和富有獻身精神的道德屬性（實際上在當時條件非常艱苦的環境下，加入共產黨本身並不是一種非常有投機價值的事情）。通過這些做法，共產黨融入了當時整個的農村社會，而不是從前那種紅白對立的社會，多數黨員本身就是農民的一部分，而且是得到窮人和富人都有一定信任度的那一部分農民。〔註 38〕共產黨當然沒有失去對鄉村政權的領導和控制，並在這一過程中通過各種組織手段成功地實現了對鄉村社會的滲透，然而這種領導和指揮在相當多的情況下，卻是以說服教育、政策指導和行爲影響的方式進行的，凡是共產黨的領導作用體現得比較好的地方，往往恰是共產黨不顯山漏水，而其他人，包括一些非黨人士和原地方精英，都比較活躍，不僅能比較充分地發揮聰明才智，而且特別富有獻身精神。〔註 39〕

此外，在抗戰時期，大量的知識分子來到根據地鄉村，他們依據農民日常生活進行了大量的藝術創作和演出，這一時期的作品也不再像蘇維埃時期的文藝宣傳品那樣充滿階級鬥爭的火藥味和革命意識形態，而是更多地向傳統道德靠攏，突出正直、勤勞、廉潔的品格，抨擊的則是抽大煙的、二流子懶漢，以及各種道德敗壞的行爲，這些無疑深深地抓住了農民的心理。當然與此同時這一時期的文化也有對傳統觀念的一些突破，比如強調「勞動」是一切財富和榮譽的眞正來源，切實掃蕩著貧富命定，富人養活窮人的傳統觀念。另外還將勞動創造財富這種共產主義觀念與傳統的均貧富觀念結合起來開展減租減息運動，畢竟廣大的貧苦農民是共產黨所依靠的主要人力資源。當然這一時期共產黨高層還是比較注意制止各種左傾化、過激化的做法。除

〔註38〕張鳴：《鄉村社會權力和文化結構的變遷（1903～1953）》，廣西人民出版社，第 183 頁。
〔註39〕同上，第 205 頁。

了非正式的文藝演出渠道之外，共產黨即使是在極端艱苦的條件下也非常重視開展教育事業，利用這種比較正式的意識形態灌輸渠道來影響民眾。通過這些做法，在抗日敵後根據地，清末民初以來農村世界長期被壓抑的傳統道德再一次擡頭，正氣上陞，寡廉鮮恥和惟力是恃的風氣被抑制了。〔註 40〕這樣共產黨才能真正與農民打成一片，才能在農民的心中牢固地確立起自身的正統地位，並成功地將鄉村社會所蘊含的巨大力量動員起來。

通過比較我們可以看出，那些在「鄉村建設運動」中能夠嶄露頭角的鄉治中，都或明或暗地有著「文化復歸」的因素，無論是割據軍閥中的晉系或桂系的做法，還是共產黨在抗日根據地時期的鄉村治理都是如此。相反，蔣介石南京國民政府強化農村控制，甚至不惜推行保甲制度這種嚴密的組織手段來控制鄉村的意圖之落空，在很大程度上，與其沒有下大功夫在文化資源的挖掘與落實上有關。可見，如果沒有強有力的文化機制來提供支撐，再怎麼強調制度形式的花樣翻新或行政強控制的嚴厲手段，都是無法獲得真正成功的。因為沒有對權威和制度自覺的認同和支持，單純依靠制度花樣、物質激勵和組織手段都無法遏制住面廣量大的機會主義行為，無法防範一個政權和社會從內部的潰爛，而這些只會使治理成本節節攀高，其實際效果則會不斷「內卷化」。

值得注意的是這種文化性要素必須能全面滲透到人們的日常生活中，必須要有一批文化精英身體力行的帶動，這樣才能夠獲得大家自覺的認同和尊奉，才能夠成功超越工具主義行為層面，內化為信仰的力量。文化的運作機制是微妙的，僅僅靠物質利益的誘導或教條式的宣傳灌輸是無法奏效的，相反，它必須具備一種「卡理斯瑪」式的感召、需要有人的垂落才能成功。微妙的文化網絡的滲透作用，精英垂範所帶來的感召力，悠久傳承所帶來的正統性和神聖感，以及包括神啟在內的宗教信仰等作用機制才能使教化力量深入到社會的無意識層面，這裏才是文化的真正偉力之所在。

近代以來，很多人都非常迷信制度形式的照搬，以為只要將更先進的制度拿來就能取得成功。但無論是前面分析過的清末憲政改革，還是上面所分析的選舉制度與鄉村治理的案例都告訴我們，如果缺乏能夠保障底線道德、底線秩序的社會文化網絡的支撐，如果沒能成功地借力於文化的偉力，那麼

〔註 40〕張鳴：《鄉村社會權力和文化結構的變遷（1903〜1953）》，廣西人民出版社，第 216 頁。

任何基本制度的改革和發展模式的照搬都不會成功，套用再「先進」的制度理念和樣式，再怎麼加強行政控制都無濟於事，都無法使一項制度具有活的靈魂，都無法防範面廣量大的機會主義行為，而這最終會讓任何制度變革都異化變質和信譽掃地。

以上所分析的三方面是這篇敘事對近代轉型過程中立廢科舉這一做法的深層反思。對一個歷史事件的解讀除了純粹的學術趣味之外，當然也希望能夠對當下提供一些經驗上的暗示。這種經驗暗示很大程度上來自於對先賢的行動及其歷史後果的解讀之中。而對人類行動的理解需要進入到其意義世界中去，在先賢謀劃未來中國（當然這對於我們來說已經是過去或「曾經的將來」）的時候，他們心中的理念和取向無疑發揮了巨大的指引作用。正如前引韋伯所言：「通過『理念』創造出來的『世界圖像』，經常如鐵路上的轉轍器一般，規定了軌道的方向，在這軌道上利益的動力推動著行動。」正是一些特定的「理念」打動了人心，在當時人們心目中佔據有不可動搖的地位，這才引領人們採取一種線性的、另起爐竈式的變革方式，才使人們希冀能通過制度上的大變、速變、全變來一舉解決時代面臨的諸多問題，才使人們認為徹底清理傳統這個包袱能為中國的現代化創造一個全新的基礎。這樣一些曾經影響了中國現代化歷史進程的特定「理念」，在當代中國的社會轉型中不能說已經完全沒有了自己的市場。

從深層次上說，這些理念甚或說「迷思」（myth）體現出了一種「理性至上主義」，這種主義試圖通過人類自身有限的理性和權能來迅速「再造文明」，而不是在尊重文明社會長期進化出來的許多複雜機制的基礎上加以調整修補；試圖讓整個複雜社會系統按照理性的教條直線前進，而不是讓理性在演化的大棋局中發揮輔助性的作用。

信念的力量是偉大的，是讓人們在群體中提升氣質、擺脫自身猥瑣的不二法門，在人類歷史的關口往往也是信念的力量在指引人們前進。但是，如果這種信念和抽象觀念的步子邁的太大，而不再去傾聽傳統的智慧所發出的聲音，不再從歷史的脈絡中來展望我們能走得多遠，不再理會複雜現實經驗所發出的種種暗示和指引，而是走向偏執和狂妄，甚至與絕對的權力結合起來試圖改造這個在它看來愚陋不堪的現實世界，那麼不管這種信念所打出的名號是多麼動人，它都絕對不可能達到自己嚮往的幸福彼岸，而只會營造出一個加害人自身的地獄。

餘論：對「頂層設計」的退思

　　自清末以降，中國在外部壓力下雖然經歷了天翻地覆的變革，但依然將現代化這一任務留給了後代。百多年後的今天我們又再度啓動追求現代化的進程，發起了深深改變當前中國面貌的改革。就比較的視野而言，這兩次變革的出發點已然有所不同，一個是從華夏文明的傳統基礎上去應對近代文明的挑戰，一個則是側重於直面市場經濟所提出的要求，從全能體制中走出來。然而，二者的歷史出發點及伴隨的心態雖然已經有所變化，但在抽象的層面上，我們實際上面臨的都是要去處理好如何對社會這個複雜大系統進行有效變革，使之在成功應對特定挑戰的同時，能繼續在應對未來各類不測挑戰時擁有靈活調適能力這樣一個問題。如果我們不是將現代性視爲某種完結的、固定的形態，而是將其視爲一種不斷從現在面向未來的開放姿態，一種具有較高自適應能力的結構形態，那麼現代化也就不是一件一勞永逸的事情，面向未來的變革也不會走向終結。從清末到今天再到未來，不管這中間有多少次挫折和歧途，作爲後人我們都不得不背著這份重負繼續前行。

　　社會變革實際上存在著兩種類型，一種是社會自發的變遷，另一種是有意識、有組織的設計和調整。從宏觀上看，人類社會的演進也可以區分爲「自發演化」和「有意識演化」。二者之間最大的區別在於，理性行動參與到社會演化中的「程度」和「層面」不同。一般來說自發演化遵循哈耶克所說的「自發秩序」或曰「擴展秩序」，人類理性在這一過程中即使發揮作用也主要停留在微觀層面上；而在有意識演化的情況下，人類理性則發揮著非常突出的作用，它往往會突破既存的傳統框架，通過對社會生活進行系列的重新安排來

實現其意圖，這對應了哈耶克所說的「組織秩序」，〔註1〕其極端表現形式就是試圖從整體上全面建構和重新設計社會秩序，並且利用國家權力加以強制推行。

事實上，自發演化和有意識演化在人類歷史上都存在。放寬歷史的視野，我們會發現在人類歷史的某些時期，社會發展比較平靜和連續，人們在傳統的延續中安然生活，即使有所變化，這種變化也是比較漸進和連續的；但在另一些時期，相對來說這些時期往往比較短暫，其中社會上會發生劇烈的變化，各種蓄積的能量都會在短期內爆發出來，這時有意識行動的建構性及由此帶來的斷裂性就比較明顯，過後可能又會慢慢過渡到前一種狀態中去。中國歷史上的王朝更替就體現出這種循環運動的特點。不過在王朝更替的過程中，雖然政權發生轉移，社會爆炸性能量也得到大量釋放，新王朝也往往會根據前朝的經驗教訓進行一定的政治調整，但這種變遷仍然是傳統之內的變遷，在有限的政治調整之外並不涉及到對社會文化秩序的重新設計和安排。但近現代以來的許多革命運動卻具有顯著的不同之處，它不只是政治革命，同時也把革命的對象擴大到了社會與文化層面，而其中最極端的表現就是按照某種意識形態或理性計劃來全盤性地控制和改造社會乃至個體，用「組織秩序」全面取代「擴展秩序」，由此引發了所謂的「極權主義」現象，並給人類社會帶來巨大的災難。哈耶克有關「自發秩序」或「擴展秩序」的理論所針對的對象無疑主要是這一歷史現象。

當然，哈耶克主要是在西方社會文化背景下，尤其是在以市場經濟反對計劃經濟的語境下來闡述其思想的，而對處於社會轉型時期的非西方社會來說，我們應當如何理解理性和有意識行動的恰當作用呢？在具體回答這一問題之前，我們還需要澄清一些更為基本的問題。事實上，「自發秩序」和「組織秩序」的二分具有理想類型的性質，我們繼承下來的複雜社會秩序，更宏觀地說人類文明不會是二者中純粹的一種，因為無論是自發的作用機制還是組織建構機制都嵌入在複雜社會系統中並作用於其動態演化過程。只有在一些個別和極端的情況下，比如在協調博弈可以有效運作的情況下或者在極權

〔註1〕 關於擴展秩序與組織秩序的劃分可以參考哈耶克：《法律、立法與自由》（第一卷），中國大百科全書出版社，2000年，第67～68頁。哈耶克所說的組織包括比較微觀的層面和非常宏觀的層面，前者如企業組織，後者如國家這種大組織。

主義社會中，社會秩序才會趨向其中的一種。但單純依靠自發的協調博弈或自發的合作機制不可能全面解決社會協調問題，否則根本就不需要政府這種更高級的協調中心或組織的存在，這還沒有說自發的協調和合作對社會文化網絡或社會資本具有非常高的依賴性。當然，依靠政府計劃或指令來全面控制社會雖然具有很強的短期競爭力，但它不可能走向一種具有複雜形態和自組織活力的「大社會」或「開放社會」，也就不會具有長期活力和效率，更不用說它對個人權利和社會公平的危害了。因此，我們既不要過於迷信純粹自發機制的有效性，也不要過於崇拜理性設計和政府權力的力量。

人類文明的演化雖然是由無數個世代，無數個體參與其中的，但以長時段眼光來看，人類文明不是人為設計的產物，而人類理性只是一種內在於社會演化中的力量。當然，由於文明演進過程中「專化適應」和路徑依賴機制的存在，由於高度集權的威權體制所固有的一些結構性缺陷，在應對新的挑戰和增強政治系統對社會的回應性方面，我們所繼承下來的結構可能缺乏足夠的靈活性。但由此我們也不應走向另一個極端，以為通過人類理性和國家權力重新安排社會制度和文明就可以迅速解決問題，或者以為全面摧毀傳統，全面解構既有的政治社會秩序，社會就可以「自發」地走向幸福的彼岸，可以說這些想法都是人類理性自負所帶來的幻覺。在痛恨既有秩序和釋放其爆炸性能量時，在人類理性高漲乃至走向自負時，人們往往看不到人類文明和社會合作秩序的複雜精巧性和脆弱性，往往看不到自負的理性和失去約束的權力本身所具有的致命危害。

當然，這並不是說我們不要採取任何行動，我們講一項制度日久必生弊，因為複雜社會系統總是處於各種內外因素的影響中，並在非線性的互動作用機制下產生動態演化，這就可能導致原有制度無法很好應對的新情況出現。在應對自身發展所面對的各種問題和外在環境挑戰的過程中，人們不可能無所作為，不可能不嘗試著去進行調整變革。實際上對於具有行動能力的主體來說，「無為」本身也是一種「有為」，即選擇了無所作為，只是放任自流在很多情況下反映的是無能和不負責任。尤其是對於轉型社會來說，為了做出方向性調整，為了協調和理順各種關係，為了解決自身面對的許許多多的具體問題甚至是體制性問題，人們都需要行動起來，運用其知識和判斷力來做出決策和採取行動，必要時甚至需要對既存秩序進行一定的結構性調整。「改革」實際上就是在面對之前所存在的體制機制問題時，人們通過採取有意識

的行動來做出重要調整以適應新情況的做法。由於社會秩序的生發總是處於一定的結構性條件之下，總是容易受到引導力量的影響而產生相應的衍變，因此改革的重要意義就在於通過能動力量的干預來引導社會秩序的走向，從而產生一定的「協變」效應。

根據上一章所區分的兩種行動樣式，改革這種行動也可以包括分散試錯、碎步前進的樣式和認準死理、一步到位的樣式。大家常用「摸著石頭過河」來形容那種試錯改革的做法，一些人也認為這種改革方式是中國改革成功的重要經驗。但現在人們已經越來越多地希望不能僅僅依靠「摸著石頭過河」，甚或「摸著石頭不過河」，而是要加強「頂層設計」。應當說，這種想法的產生與許多領域的改革無法推進，許多領域的改革出現種種亂象有很大的關係。

正因此，很多人不免對這種「頂層設計」寄予厚望，希望它能從根本上一舉解決中國社會中各種令人側目的弊端和問題。這樣的期望雖然是可以理解的，但其可能蘊含的風險卻不是大家都清楚的。實際上，當下我們所處之境況與清末中國的情況有著某種相似之處，本文所著重研究的科舉革廢問題就是當時的改革者在朝野千呼萬喚中所採取的一種一步到位式的改革行動，也是一種較為典型的「頂層設計」。在前面的分析中筆者已經指出這種試圖通過速變、全變來一舉解決問題的思維方式和抱負特別不適合用來針對人類社會這種複雜大系統的調整，這種系統具有開放性、不測性、連鎖性、非線性等特徵，甚至可以說具有某種脆弱性（我們可以聯想一下「蝴蝶效應」），它並不會乖乖地按照理性所規劃的路線直線前進，相反它常常會以扭曲、背反及反諷等方式，把人們帶到一個與行動初衷完全不合的境地。因此，我們不能不注意到人類理性在控制社會這種複雜大系統上的局限，不能不注意到對變革節奏和變革藝術的把握問題，不能不注意到有計劃、有組織的理性行動與複雜社會秩序的協調問題，畢竟無論是人類理性安排所創設的秩序還是自發擴展的秩序都是嵌入在社會這一複雜大系統之中的。

在社會轉型期，需要理順各種關係，需要作出一些方向性的調整，這時改革所扮演的角色無疑非常重要，顯然在這種情況下改革得不到推進是不行的。但另一方面，面對複雜社會系統，改革也不是基於某種真理性認識之上的可以一下子全面解決問題的手段（當然革命也不是），實際上改革終歸還是需要試錯摸索。這中間的問題絕不僅僅是權力、既得利益或改革決心的問題，

而很大程度上是人類理性控制社會事態的能力限度問題。在這樣的認識之下，我們應當如何對「頂層設計」進行理論定位呢？

在筆者看來，頂層設計不應當滑向前面所提到的那種認準死理、一步到位的行動樣式，我們應當始終意識到頂層設計也是基於有限知識之上的試錯嘗試的一種。也就是說，頂層設計儘管涉及的變革層面帶有一定的全局性，但它在本質上也應該是一種建立在試錯基礎上的探索，它的基礎並不是什麼絕對正確無疑的真理性知識，因此我們需要對這種設計本身及其帶來的後效應不斷地做出觀察、分析、解讀與評估，並據此再做出相應的調整。

此外，頂層設計在改革中有著不可替代的全局性協調和推動作用。它可以彌補「摸石頭過河」中缺乏戰略視野的局限，也能及時對社會秩序的型構發揮一種引導作用，避免其在惡性循環的泥淖中越陷越深，避免有時候光摸石頭不過河或摸著石頭過不了河的缺失。在這個意義上，在改革的攻堅階段，頂層設計有著它重要的，也是積極的意義。然而，在充分肯定它的同時，也要注意到，頂層設計也是一把「雙刃劍」，如果我們不能很好地控制其風險，很好地遏制其負面傾向，那麼它也很可能會走向改革初衷的反面。頂層設計畢竟在一定程度上是全局性的，一旦試錯出現問題，它具有的風險相應也會很高。不僅如此，頂層設計如果不給試錯的分散性、試錯頻率的提升上留出空間，那麼，「建構理性主義」的作風與方法就有可能借著「頂層設計」再次冒出頭來，從而最終降低一個社會在應對各種不測挑戰時應該具備的靈活性和適應性。

不僅如此，轉型社會中頂層設計在方略上、在節奏的把握上出現問題的話，那麼它所造成的失誤不僅是全局的，有時還會是不可挽回的。在出現這種失誤的情況下，改革所需要的底線秩序、底線正義、底線倫理的支撐就有可能被毀掉。而一個失去了這些支撐的社會，恐怕一定會像波蘭尼所描述的「撒旦的磨坊」那樣，源源不斷地生產出大量的社會苦難來。在這種境地中，人們對苦難的「容忍閾」也非常容易到達臨界點，他們會迫切地希冀能夠尋求某種解脫或者釋放其被壓抑起來的不滿和憤恨，一如我們在分析清王朝滅亡和民國種種亂象時所看到的那樣，這常常會孕育出結構性的動盪、尋仇衝動乃至社會革命。

顯然，社會的現代化轉型是一門藝術，而不是一種可以用「工程師思維」去操控的一項工程。社會轉型不是可以憑強權加「完美」的設計就能奏效的，

頂層設計或自上而下的改革也不是可以包治百病的「聖藥」。相反，有效地約束權力的自肥和防範權力失範，積極矯正各種令人側目的社會弊端，恢復意義世界與建設精神家園以安撫面廣量大的社會心理失衡，強化人們的自律意識而不是將怨恨都撒向社會，鼓勵社會精英以行為垂範來提供榜樣性正能量，以小共同體和社會文化網絡來增進社會資本的培育，才是打好社會轉型基礎的關鍵之舉。在這個意義上，「頂層設計」需要對速變、全變的社會心理有所警惕，需要認真吸取歷史上的經驗教訓，需要在方略與節奏的總體把握上持一種「審慎」與「節制」的心態。只有這樣，我們這個近代以來多災多難的國家才有希望能平穩地渡過社會轉型這一「歷史的三峽」。

參考文獻

一、外文譯著

1. 吉爾伯特・羅茲曼主編：《中國的現代化》，上海人民出版社，1989年。
2. 孔多塞：《人類精神進步史表綱要》，三聯書店，1998年。
3. 馮・貝塔朗菲：《一般系統論：基礎、發展和應用》，清華大學出版社，1987年。
4. 薛定諤：《生命是什麼》，湖南科學技術出版社，2005年。
5. 普里戈金：《從存在到演化》，北京大學出版社，2007年。
6. 古爾德：《自達爾文以來：自然史沉思錄》，三聯書店，2003年。
7. 理查德・道金斯：《自私的基因》，吉林人民出版社，1998年。
8. 托馬斯・哈定等著：《文化與進化》，浙江人民出版社，1987年。
9. 愛德華・希爾斯：《論傳統》，上海人民出版社，1991年。
10. 艾森斯塔特：《反思現代性》，2006年，三聯書店。
11. 亨廷頓：《現代化：理論與歷史經驗的再探討》，上海譯文出版社，1993年。
12. 柯文：《在中國發現歷史：中國中心觀在美國的興起》，中華書局，2002年。
13. 諾斯：《制度、制度變遷與經濟績效》，格致出版社，2008年。
14. 加布里埃爾・A・阿爾蒙德、西德尼・維巴：《公民文化：五個國家的政治態度和民主制》，東方出版社，2008年。
15. 哈耶克：《自由秩序原理》，三聯書店，1997年。
16. 哈耶克：《法律、立法與自由》，中國大百科全書出版社，2000年。

17. 哈耶克：《致命的自負：社會主義的謬誤》，中國社會科學出版社，2000年。

18. 波蘭尼：《大轉型：我們時代的政治與經濟起源》，浙江人民出版社，2007年。

19. 埃莉諾·奧斯特羅姆：《公共事物的治理之道：集體行動制度的演進》，上海三聯書店，2000年。

20. 帕特南：《使民主運轉起來》，江西人民出版社，2001年。

21. 許田波：《戰爭與國家形成》，上海人民出版社，2009年。

22. 艾森斯塔得：《帝國的政治體系》，貴州人民出版社，1992年。

23. 湯因比：《歷史研究》（上），上海人民出版社，1986年。

24. 卡爾·A·魏特夫：《東方專制主義：對於極權力量的比較研究》，中國社會科學出版社，1989年。

25. 史景遷：《王氏之死》，上海遠東出版社，2005年。

26. 魏丕信：《18世紀中國的官僚制度與荒政》，江蘇人民出版社，2002年。

27. 諾齊克：《無政府、國家與烏托邦》，中國社會科學出版社，1991年。

28. 蒂利：《強制、資本和歐洲國家：公元990～1992年》，上海人民出版社，2007年。

29. 吉登斯：《民族——國家與暴力》，三聯書店，1998年。

30. 斯考切波：《國家與社會革命：對法國、俄國和中國的比較分析》，上海人民出版社，2007年。

31. 霍布斯：《利維坦》，商務印書館，1986年。

32. 史華慈：《史華慈論中國》，新星出版社，2006年。

33. 佩里·安德森：《絕對主義國家的系譜》，上海人民出版社，2001年。

34. 巴特摩爾：《平等還是精英》，遼寧教育出版社，1998年。

35. 奧爾特加·加賽特：《大眾的反叛》，吉林人民出版社，2004年。

36. 羅斯托夫采夫：《羅馬帝國社會經濟史》（下冊），商務印書館，1985年。

37. 帕累托：《普通社會學綱要》，三聯書店，2001年。

38. 芮瑪麗：《同治中興：中國保守主義的最後抵抗（1862～1874）》，中國社會科學出版社，2002年。

39. 約瑟夫·熊彼特：《資本主義、社會主義與民主》，商務印書館，1999年。

40. 羅伯特·A·達爾：《誰統治：一個美國城市的民主和權力》，江蘇人民出版社，2011年。

41. 馬克思·韋伯《經濟與社會》（上卷），商務印書館，1997年。

42. 李懷印：《華北村治：晚清和民國時期的國家與鄉村》，中華書局，2008年。

43. 古郎士：《希臘羅馬古代社會研究》，中國政法大學出版社，2005年。

44. 本傑明‧史華慈：《尋求富強：嚴復與西方》，江蘇人民出版社，1990年。

45. 費正清主編：《劍橋中國晚清史》（上），中國社會科學出版社，1985年。

46. 孟德斯鳩：《論法的精神》（上冊），商務印書館，2004年。

47. 馬若孟：《中國農民經濟：河北和山東的農民發展（1890～1949）》，江蘇人民出版社，1999年。

48. 費正清主編：《劍橋中國晚清史：1800～1911年》（下卷），中國社會科學出版社，1985年。

49. 孔飛力：《中華帝國晚期的叛亂及其敵人（1796～1864）》，中國社會科學出版社，1990年。

50. 赫爾曼‧哈肯：《協同學：大自然構成的奧秘》，上海譯文出版社，2005年。

51. 施堅雅主編：《中華帝國晚期的城市》，中華書局，2000年。

52. 韋伯：《儒教與道教》，商務印書館，1995年。

53. 艾爾曼：《中華帝國晚期科舉文化史》牛秋實所譯中譯本
（網絡版 http://ishare.iask.sina.com.cn/f/36793977.html? from=dl）

54. 施路赫特：《理性化與官僚化：對韋伯之研究與詮釋》，廣西師範大學出版社，2004年。

55. 格里德爾：《知識分子與現代中國：他們與國家關係的歷史敘述》，廣西師範大學出版社，2010年。

56. 漢斯－格奧爾格‧加達默爾：《哲學解釋學》，上海譯文出版社，2004年。

57. 凱恩斯：《就業、利息和貨幣通論》（重譯本），商務印書館，1999年。

58. 約翰‧H‧米勒、斯科特‧E‧佩奇：《複雜適應系統：社會生活計算模型導論》，上海世紀出版集團，2012年。

59. 周錫瑞：《改良與革命：辛亥革命在兩湖》，江蘇人民出版社，2007年。

60. 赫爾德：《民主的模式》，中央編譯出版社，1998年。

61. 卡爾‧波普爾：《開放社會及其敵人》（第一卷），中國社會科學出版社，1999年。

62. 羅爾斯：《政治自由主義》，譯林出版社，2000年。

63. 道格拉斯‧諾斯、羅伯特‧托馬斯：《西方世界的興起》，華夏出版社，2009年。

64. 佐藤慎一：《近代中國的知識分子與文明》，江蘇人民出版社，2006年。

65. 肯尼斯‧J‧阿羅：《社會選擇與個體理性》，上海人民出版社，2010 年。

66. 托克維爾：《舊制度與大革命》，商務印書館，1997 年。

67. 費正清主編：《劍橋中華民國史》（上），中國社會科學出版社，1998 年。

68. 亨廷頓：《變化社會中的政治秩序》，三聯書店，1989 年。

69. 格里德：《胡適與中國的文藝復興：中國革命中的自由主義（1917～1937)》，江蘇人民出版社，1996 年。

70. 費正清主編：《劍橋中華民國史（1912～1949 年)》下卷，中國社會科學出版社，1993 年。

71. 摩爾：《民主與專制的社會起源》，華夏出版社，1988 年。

72. 哈耶克：《哈耶克文選》，江蘇人民出版社，2000 年。

73. 莊士敦：《儒學與近代中國》，天津人民出版社，2010 年。

74. 夏皮羅：《政治的道德基礎》，上海三聯書店，2006 年。

75. E‧卡西勒：《啟蒙哲學》，山東人民出版社，1988 年。

76. 休謨：《人性論》（下冊），商務印書館，1996 年。

77. 奧克肖特：《政治中的理性主義》，上海譯文出版社，2004 年。

78. 奧克肖特：《信念論政治與懷疑論政治》，上海譯文出版社，2009 年。

二、史料與史料彙編

1. 《漢書‧食貨志》。

2. 《史記‧酈生陸賈列傳》。

3. 《漢書‧董仲舒傳》。

4. 《新語‧無爲第四》。

5. 《春秋繁露‧玉杯》。

6. 李燾：《續資治通鑒長編》卷 221。

7. 《論語‧爲政》。

8. 《漢書‧元帝紀》。

9. 《史記‧秦始皇本紀》。

10. 《抱朴子外篇‧卷二審舉第十五》。

11. 王夫之：《讀通鑒論》卷 21，《高宗》八。

12. 崔寔：《政論》。

13. 《唐摭言‧好及第惡登科》。

14. 《震川先生集》卷二《龍遊翁氏宗譜序》。

15. 《孟子‧梁惠王上》。

16. 鄧洪波、龔抗雲編著：《中國狀元殿試卷大全》，上海教育出版社，2006年。

17. 《通典》卷 15，《選舉三》。

18. 《唐六典》，卷 2，《尚書吏部》。

19. 《唐摭言》卷 1，《散序進士》。

20. 《新唐書・選舉志》。

21. 白居易：《策林序》。

22. 馮桂芬：《校邠廬抗議》卷下，《改科舉議》。

23. 樊增祥：《樊山政書》卷十。

24. 梁章鉅：《浪跡叢談、續談、三談》，中華書局，1997 年。

25. 沈榜：《宛署雜記》卷三《職官》。

26. 《蔡忠惠公集》卷 18，《國論要目・廢貪贓》。

27. 袁采：《袁氏世範》卷中《處己》。

28. 馬端臨：《文獻通考・國用考》。

29. 《舊唐書・馬周傳》。

30. 石成金：《官紳約》。

31. 王韜：《弢園文錄外編・原士》。

32. 《日知錄・十八房》。

33. 舒新誠編：《中國近代教育史資料》（上），北京：人民教育出版社，1981 年。

34. 《荀子・君道》。

35. 朱壽朋編：《光緒朝東華錄》，光緒二十九年二月袁世凱等奏，中華書局，1958 年。

36. 璩鑫圭、唐良炎編：《中國近代教育史資料彙編・學制演變》，上海教育出版社，1991 年。

37. 鄭觀應：《盛世危言・西學》。

38. 王韜：《弢園文錄外編・重民下》。

39. 故宮博物館明清檔案部編：《清末籌備立憲檔案史料》，（上，下），中華書局，1979 年。

40. 中國第一歷史檔案館，北京師範大學歷史系編：《辛亥革命前十年間民變檔案史料》，中華書局，1985 年。

41. 張枬、王忍之編：《辛亥革命前十年間時論選集》，第 3 卷，三聯書店，1960 年。

三、中文著作

1. 鄧嗣禹：《中國考試制度史》，吉林出版集團有限責任公司，2011 年。

2. 張希清：《中國科舉考試制度》，新華出版社，1993 年。

3. 劉海峰、李兵：《中國科舉史》，中國出版集團東方出版中心，2004 年。

4. 金諍：《科舉制度與中國文化》，上海人民出版社，1990 年。

5. 商衍鎏：《清代科舉考試述錄》，百花文藝出版社，2003 年。

6. 王德昭：《清代科舉制度研究》，中華書局，1984 年。

7. 賈志揚：《宋代科舉》，東大圖書股份有限公司，1995 年。

8. 李弘祺：《宋代官學教育與科舉》，聯經出版事業公司，1994 年。

9. 吳宗國：《唐代科舉制度研究》，遼寧大學出版社，1992 年。

10. 錢茂偉：《國家、科舉與社會：以明代爲中心的考察》，北京圖書館出版社。

11. 楊齊福：《科舉制度與近代文化》，人民出版社，2003 年。

12. 張亞群：《科舉革廢與近代中國高等教育的轉型》，武漢：華中師範大學出版社，2005 年。

13. 劉海峰：《科舉考試的教育視角》，湖北教育出版社，1996 年。

14. 田建榮：《科舉教育的傳統與變遷》，教育科學出版社，2009 年。

15. 鄭若玲：《科舉、高考與社會之關係研究》，華中師範大學出版社，2007 年。

16. 桑兵：《晚清學堂學生與社會變遷》，廣西師範大學出版社，2007 年。

17. 何懷宏：《選舉社會及其終結：秦漢至晚清歷史的一種社會學闡釋》，三聯書店，1998 年。

18. 王日根：《中國科舉考試與社會影響》，嶽麓書社，2007 年。

19. 吳錚強：《科舉理學化：均田制崩潰以來的君民整合》，上海辭書出版社，2008 年。

20. 干春松：《制度化儒家及其解體》，中國人民大學出版社，2003 年。

21. 陳寅恪：《隋唐制度淵源略論稿‧唐代政治史述論稿》，三聯書店，2001 年。

22. 費孝通、吳晗等著：《皇權與紳權》，嶽麓書社，2012 年。

23. 張忠禮：《中國紳士：關於其在 19 世紀中國社會中作用的研究》，上海社會科學出版社，1991 年。

24. 費孝通：《鄉土中國與鄉土重建》，風雲時代出版公司，1993 年。

25. 周榮德：《中國社會的階層與流動：一個社區中士紳身份的研究》，學林出版社，2000 年。

26. 杜贊奇：《文化、權力與國家：1900～1942 年的華北農村》，江蘇人民出版社，1996 年。

27. 黃宗智：《華北的小農經濟與社會變遷》，中華書局，1986 年。

28. 李懷印：《華北村治：晚清和民國時期的國家與鄉村》，中華書局，2008 年。

29. 張鳴：《鄉村社會權力和文化結構的變遷（1903～1953）》，廣西人民出版社，2001 年。

30. 劉海峰：《科舉學導論》，華中師範大學出版社，2005 年。

31. 劉澤華：《中國的王權主義》，上海人民出版社，2000 年。

32. 秦暉：《傳統十論：本土社會的制度、文化及其變革》，復旦大學出版社，2004 年。

33. 葛荃：《權力宰制理性：士人、傳統政治文化與中國社會》，南開大學出版社，2003 年。

34. 楊陽：《王權的圖騰化：政教合一與中國社會》，浙江人民出版社，2000 年。

35. 張分田：《中國帝王觀念：社會普遍意識中的「尊君——罪君」文化範式》，中國人民大學出版社，2004 年。

36. 陳明：《儒學的歷史文化功能》，學林出版社，1997 年。

37. 林存光：《儒教中國的形成：早期儒學與中國政治文化的演進》，齊魯書社，2003 年。

38. 姚中秋：《重新發現儒家》，湖南人民出版社，2012 年。

39. 劉海峰主編：《科舉百年祭》，湖北人民出版社，2005 年。

40. 新京報主編：《科舉百年》，同心出版社，2006 年。

41. 錢學森：《創建系統學》，山西科學技術出版社，2001 年。

42. 金耀基：《從傳統到現代》，中國人民大學出版社，1999 年。

43. 羅榮渠：《現代化新論：世界與中國的現代化進程》，商務印書館，2004 年。

44. 顧自安：《制度演化的邏輯：基於認知進化與主體間性的考察》，科學出版社，2011 年。

45. 殷海光：《中國文化的展望》，上海三聯書店，2002 年。

46. 林毓生：《中國意識的危機：「五四」時期激烈的反傳統主義》，貴州人民出版社，1986 年。

47. 李澤厚、劉再復：《告別革命：回望二十世紀中國》，天地圖書有限公司，2004 年。

48. 哈佛燕京學社：《啟蒙的反思》，江蘇教育出版社，2005 年。

49. 朱學勤：《道德理想國的覆滅：從盧梭到羅伯斯庇爾》，上海三聯書店，2003 年。

50. 蕭功秦：《危機中的變革：清末政治中的激進與保守》，廣東人民出版社，2011 年。

51. 張銘：《政治價值體系建構：理論、歷史與方法》，社會科學文獻出版社，2012 年。

52. 姚中秋：《尋求中道：當自由遭遇傳統》，語文出版社，2012 年。

53. 張銘：《現代化視野中的伊斯蘭復興運動》，中國社會科學出版社，1999 年。

54. 黃仁宇：《中國大歷史》，三聯書店，1997 年。

55. 許倬雲：《歷史分光鏡》，上海文藝出版社，1998 年。

56. 余英時：《中國思想傳統的現代詮釋》，江蘇人民出版社，2004 年。

57. 徐復觀：《兩漢思想史》（第二卷），華東師範大學出版社，2001 年。

58. 楊國強：《晚清的士人與世相》，三聯書店，2008 年。

59. 余英時：《士與中國文化》，上海人民出版社，2003 年。

60. 瞿同祖：《中國法律與中國社會》，中華書局，1991 年。

61. 姚中秋：《華夏治理秩序史·天下》（第一卷上冊），海南出版社，2012 年。

62. 余英時：《民主制度與現代文明》，廣西師範大學出版社，2006 年。

63. 黃留珠：《秦漢仕進制度》，西北大學出版社，1985 年。

64. 毛漢光：《中國中古社會史論》，上海書店出版社，2002 年。

65. 唐長孺：《魏晉南北朝史論叢》，三聯書店，195 年，第 323 頁。

66. 閻步克：《察舉制度變遷史稿》，遼寧大學出版社，1999 年。

67. 錢穆：《中國歷史研究法》，三聯書店，2001 年。

68. 徐茂明：《江南士紳與江南社會（1368～1911 年）》，商務印書館，2004 年。

69. 湯志鈞主編：《康有爲政論集》（上冊），中華書局，1981 年。

70. 梁啓超：《飲冰室文集》之三，中華書局，1989 年。

71. 何忠禮：《科舉與宋代社會》，商務印書館，2006 年。

72. 錢穆：《中國歷代政治得失》，三聯書店，2001 年。

73. 啓功等：《說八股》，中華書局，2000 年。

74. 王凱旋：《明代科舉制度考論》，瀋陽出版社，2005 年。

75. 關文發、顏廣文：《明代政治制度研究》，中國社會科學出版社，1995 年。

76. 黃仁宇：《萬曆十五年》，三聯書店，1997 年。

77. 王日根：《明清民間社會的秩序》，嶽麓書社，2003 年。

78. 王日根：《鄉土之鏈：明清會館與社會變遷》，天津人民出版社，1996 年。

79. 梁漱溟：《鄉村建設理論》，上海世紀出版集團，2006 年。

80. 瞿同祖：《清代地方政府》，法律出版社，2003 年。

81. 蔣純焦：《一個階層的消失：晚清以降塾師研究》，上海書店出版社，2007 年。

82. 郭松義、李新達、李尚英：《清朝典制》，吉林文史出版社。

83. 黃仁宇：《十六世紀明代中國之財政與稅收》，三聯書店，2001 年。

84. 張忠禮：《中國紳士的收入》，上海社會科學出版社，2001 年。

85. 羅志田：《權勢轉移：近代中國的思想、社會與學術》，湖北人民出版社，1999 年。

86. 姚中秋：《美德·君子·風俗》，浙江大學出版社，2012 年。

87. 蔣夢麟：《西潮·新潮》，嶽麓書社，2009 年。

88. 汪丁丁等：《制度經濟學三人談》，北京大學出版社，2005 年。

89. 金觀濤、劉青峰：《興盛與危機：論中國社會超穩定結構》，中文大學出版社，1992 年。

90. 林毅夫：《解讀中國經濟》，北京大學出版社，2012 年。

91. 王亞南：《中國官僚政治研究》，中國社會科學出版社，1981 年。

92. 張鳴：《夢醒與嬗變》，北京燕山出版社，1998 年。

93. 黎仁凱等著：《直隸義和團運動與社會心態》，河北教育出版社，2001 年。

94. 陳志讓：《軍紳政權：近代中國的軍閥時期》，三聯書店，1980 年。

95. 楊子慧主編：《中國歷代人口統計資料研究》，改革出版社，1996 年。

96. 劉大鵬：《退想齋日記》光緒十八年，山西人民出版社，1990 年。

97. 王栻主編：《嚴復集》（第一冊），北京：中華書局，1986 年。

98. 梁啓超：《變法通議》，華夏出版社，2002 年。

99. 許紀霖、田建業編：《杜亞泉文存》，上海教育出版社，2003 年。

100. 郭沫若著作編輯出版委員會編：《郭沫若全集·文學編》，第 12 卷，人民文學出版社，1992 年。

101. 唐德剛：《袁氏當國》，遠流出版事業股份有限公司，2002 年。

102. 高鍾：《文化激盪中的政府導向與社會裂變：1853 年～1911 年的湖北》，華中師範大學出版社，1998 年。

103. 張朋園：《立憲派與辛亥革命》，吉林出版集團，2007 年。

104. 王先明：《近代紳士：一個封建階層的歷史命運》，天津人民出版社，1997年。

105. 張灝：《梁啓超與中國思想的過渡（1890～1907）》，新星出版社，2006年。

106. 叢日雲：《在上帝與凱撒之間：基督教二元政治觀與近代自由主義》，三聯書店，2003年。

107. 王人博：《憲政文化與近代中國》，法律出版社，1997年。

108. 王爾敏：《晚清政治思想史論》，廣西師範大學出版社，2005年。

109. 汪榮祖：《康有爲論》，中華書局，2006年。

110. 《孫中山全集》（第一卷），中華書局，1981年。

111. 劉建軍：《你所不識的民國面相：直隸地方議會政治（1912～1928）》，廣西師範大學出版社，2009年。

112. 蕭功秦：《儒家文化的困境：中國近代士大夫與西方挑戰》，四川人民出版社，1986年。

113. 馬勇：《嚴復學術思想評傳》，北京圖書館出版社，2001年。

114. 王奇生：《黨員、黨權與黨爭：1924～1949年中國國民黨的組織形態》，上海書店出版社，2003年。

115. 錢穆：《錢賓四先生全集·國史新論》，聯經出版，1998年。

116. 許紀霖主編：《二十世紀中國知識分子史論》，新星出版社，2005年。

117. 《孫中山全集》第九卷，中華書局，1986年。

118. 羅志田：《國家與學術：清季民初關於國學的思想爭論》，三聯書店，2005年。

119. 陳旭麓：《近代中國社會的新陳代謝》，上海人民出版社，1992年。

120. 文史哲編輯部編：《儒學：歷史、思想與信仰》，商務印書館，2011年。

121. 皮後鋒：《嚴復評傳》，南京大學出版社，2006年。

122. 王栻主編：《嚴復集》第三冊，中華書局，1986年。

四、中文論文

1. 何忠禮：《20世紀的中國科舉制度史研究》，《歷史研究》，2000年第6期。

2. 羅志田：《清季科舉制改革的社會影響》，《中國社會科學》，1998年第4期。

3. 羅志田：《科舉制廢除在鄉村中的社會後果》，《中國社會科學》，2006年第1期。

4. 羅志田：《近代中國社會權勢的轉移：知識分子的邊緣化與邊緣知識分子的興起》，《開放時代》，1999年第4期。

5. 蕭功秦：《從科舉制度的廢除看近代以來的文化斷裂》，《戰略與管理》，1996 年第 4 期。

6. 楊國強：《清末新政：歷史進化中的社會圮塌》，《史林》，1997 年第 3 期。

7. 關曉紅：《科舉停廢與清末政情》，《中國社會科學》，2004 年第 3 期。

8. 關曉紅：《晚清議改科舉新探》，《史學月刊》，2007 年第 10 期。

9. 關曉紅：《殊途能否同歸：立停科舉後的考試與選才》，臺北中央研究院近代史研究所集刊，第 59 期，2007 年。

10. 關曉紅：《終結科舉制的設計與遺留問題》，《中山大學學報（社會科學版）》，2011 年第 5 期。

11. 潘光旦、費孝通：《科舉與社會流動》，《社會科學》（清華大學），4 卷 1 期，1947 年。

12. 余英時：《中國知識分子的邊緣化》，《二十一世紀》，1991 年 8 月號。

13. 余英時：《試說科舉在中國史上的功能與意義》，香港《二十一世紀》，2005 年 6 月號。

14. 劉文瑞、楊柯：《試論科舉制對中央集權體制的歷史作用》，《天府新綸》，2009 年第 2 期。

15. 張寶昆：《科舉制與社會穩定的政治學研究》，《雲南師範大學學報》（哲學社會科學版），2006 年 1 月。

16. 劉海峰：《科舉制對西方考試制度影響新探》，《中國社會科學》，2001 年第 5 期。

17. 屈超立：《科舉制的廉政效應》，《政法論壇》，2001 年第 5 期。

18. 秦暉：《科舉官僚制的技術、制度與政治哲學含義——兼論科舉制與現代文官制度的根本差異》，《戰略與管理》，1996 年第 6 期。

19. 劉海峰：《為科舉制平反》，《書屋》，2005 年，第 1 期。

20. 李振宏：《中國政治思想史研究中的王權主義學派》，《文史哲》，2013 年第 4 期。

21. 劉澤華：《傳統政治思維的陰陽組合結構》，《南開大學學報》，2006 年第 5 期。

22. 馬衛東：《大一統源於西周封建說》，《文史哲》，2013 年第 4 期。

23. 朱德米：《理念與制度：新制度主義政治學的最新進展》，《國外社會科學》，2007 年第 4 期。

24. 余英時：《中國近代思想史上的激進與保守》，載《現代儒學的回顧與展望》，三聯書店，2004 年。

25. 叢日雲：《談先秦諸子追求「一」的政治心態：兼與古希臘政治思想比較》，《天津師大學報（社會科學版）》，1992 年第 1 期。

26. 康曉光：《我爲什麼主張「儒化」》，http://www.aisixiang.com/data/4908.html。

27. 韓星久：《儒家「無爲」思想的政治內涵與生成機制：兼論「儒家自由主義」問題》，《政治學研究》，2000 年第 2 期。

28. 楚雙志：《中國古代封建君權制約述略》，《中共中央黨校學報》，2006 年第 5 期。

29. 宮崎市定：《宋代官製序說：宋史職官制的讀法》，《大陸雜誌》，第 78 卷第 1 期。

30. 孫立平：《論科舉制對傳統中國社會結構及其演變之影響》，《學習與探索》，1992 年第 4 期。

31. 何忠禮：《科舉制起源辨析——兼論進士科首創於唐》，《歷史研究》，1983 年第 2 期。

32. 劉海峰：《論科舉的高等教育考試性質》，《高等教育研究》，1994 年第 2 期。

33. 劉海峰：《論科舉的智力測驗性質》，《廈門大學學報（哲社版）》，1996 年第 3 期。

34. 陳文新：《讚美科舉制的「維穩」理由》，南方周末，2011 年 12 月 22 日。

35. 張新民：《面向未來的制度關懷：科舉制度廢除一百週年答客問》，《陽明學刊》（第二輯），2006 年。

36. 海濤編譯：《艾爾曼論中華帝國晚期科舉的三重屬性：政治、社會和文化再生產》，《北方民族大學學報》（哲學社會科學版），2010 年第 6 期。

37. 劉佰合、蔣保：《科舉制度的廢除與社會整合的弱化》，《安徽史學》，2000 年第 3 期。

38. 鄭從金：《從精英循環的角度看科舉制度的歷史功用》，《雲南社會科學》，2004 年第 1 期。

39. 鄭若玲、陳爲峰：《大規模高利害考試之負面後效——以科舉、高考爲例》，《華中師範大學學報》（人文社會科學版），2013 年 1 月。

40. 萬繩楠：《武則天與新進士階層》，《中國史研究》，1994 年第 3 期。

41. 河元洙：《唐代明經科與進士科的位相：制度上和社會認識之間的乖離》，《湖南大學學報》（社會科學版），2007 年 7 月。

42. 張亞群：《科舉考試與漢字文化：兼析進士科一枝獨秀的原因》，《中國地質大學學報》（社會科學版），2009 年 11 月。

43. 王日根：《明清民間辦學勃興的社會經濟背景探析》，《中國社會經濟史研究》，1998 年第 2 期。

44. 羅志田：《經典淡出之後的讀書人》，《讀者》，2009 年第 2 期。

45. 何永佶：《中國史的代議制度》，載《觀察》1948 年第 4 卷第 11 期。

46. 貫國靜：《私塾與學堂：清末民初教育的二元結構》,《四川師範大學學報（社會科學版）》, 2002 年第 1 期。

47. 羅志田：《革命的形成：清季十年的轉折（上）》,《近代史研究》, 2012 年第 3 期。

48. 龍登高：《內涵式發展與邊際式變革——以傳統市場爲中心的中西比較》,《思想戰線》, 2005 年第 4 期。

49. 徐茂明：《明清以來鄉紳、紳士與士紳諸概念辨析》,《蘇州大學學報》（哲學社會科學版）, 2003 年第 1 期。

50. 尤育號：《近代士紳研究的回顧與展望》,《史學理論研究》, 2011 年第 4 期。

51. 《紳衿論》,《申報》, 1872 年, 五月初一日, 第 22 號。

52. 羅志田：《國進民退：清季興起的一個持續傾向》,《四川大學學報（哲學社會科學版）》, 2012 年第 5 期。

53. 王先明：《士紳構成要素的變異與鄉村權力——以 20 世紀三四十年代的晉西北與晉中爲例》,《近代史研究》, 2005 年第 2 期。

54. 伍丹戈：《明代紳衿地主的發展》, 載《明史研究論叢》第 2 輯, 江蘇人民出版社, 1983 年。

55. 徐爽：《斷裂的傳統：清末廢科舉對憲政改革的影響》,《政法論壇》, 2006 年第 2 期。

56. 劉瓊、張銘：《傳統中國鄉村社會治理模式問題再認識》,《東嶽論叢》, 2012 年第 11 期。

57. 關曉紅：《清季外官改制「地方」的困擾》,《近代史研究》, 2010 年第 5 期。

58. 王先明：《中國近代紳士階層的社會流動》,《歷史研究》, 1993 年第 2 期。

59. 李長莉：《晚清士風與義利觀念的變動》,《河北學刊》, 2000 年第 1 期。

60. 肖晞：《政治學中新制度主義的新流派：話語性制度主義》,《華中師範大學學報（人文社會科學版）》, 2010 年, 第 2 期。

61. 村田雄二郎：《康有爲的日本研究及其特點——〈日本變政考〉〈日本書目志〉管見》, 載《近代史研究》, 1993 年第 1 期。

62. 劉龍心：《從科舉到策論：策論與晚清的知識轉型（1901～1905）》,《中央研究院近代史研究所集刊》, 第 58 期（民國 96 年 12 月）。

63. 周振鶴：《官紳新一輪默契的成立：論清末的廢科舉興學堂的社會文化背景》,《復旦學報（社會科學版）》1998 年第 4 期。

64. 《未免輕視學生》, 載《東方雜誌》1904 年第 12 期。

65. 楊齊福：《晚清新政時期鄉民毀學述論》,《福建論壇（人文社會科學版）》, 2002 年第 5 期。

66. 劉訓華：《清末浙江學生群體與近代中國》，上海大學博士學位論文，2010年。

67. 《立憲綱要》，載《東方雜誌》，1906年第3卷增刊。

68. 蕭功秦：《清末「保路運動」的再反思》，《戰略與管理》，1996年第6期。

69. 張銘：《關於東方社會現代化發展戰略取向的若干思考》，《天津社會科學》，2006年第5期。

70. 張銘：《東方社會轉型與社會主義歷史課題》，《福建論壇（人文社會科學版）》，2007年第11期。

71. 劉海峰：《科舉制百年祭》，《北京大學教育評論》，2005年第4期。

72. 劉江船：《論民初軍閥割據的文化原因》，《民國檔案》，1994年第3期。

73. 李斌：《政治動員與社會革命背景下的現代國家構建：基於中國經驗的研究》，《浙江社會科學》，2010年第4期。

74. 費正清主編：《劍橋中華民國史（1912～1949年）》下卷，中國社會科學出版社，1993年。

75. 龔詠梅：《「脫胎換骨」的近代中國：孔飛力與他的中國近代史研究》，華東師範大學博士論文，2004年。

76. 《宣統元年江蘇教育總會呈學部變通初等小學堂章程》，《教育雜誌》，1909年第5號。

77. 蔣國宏：《民國時期紳士的嬗變與農業科技改良的困境》，《南通大學學報（社會科學版）》，2007年第4期。

78. 祝安順：《從張之洞、吳汝綸經學課程觀看清末儒學傳統的中斷》，《孔子研究》，2003年第1期。

79. 章清：《傳統：由「知識資源」到「學術資源」——簡析20世紀中國文化傳統的失落及其成因》，《中國社會科學》，2000年第4期。

80. 夏中義：《林毓生與王元化「反思五四」——兼論王元化學案「內在理路」與「外源影響」之關係》，《清華大學學報（哲學社會科學版）》，2013年第4期。

81. 杜亞泉：《迷亂之現代人心》，載《東方雜誌》1918年4月。

82. 羅志田：《失去重心的近代中國》，載《文史知識》，2011年第1期。

83. 葛兆光：《穿一件尺寸不合的衣衫——關於中國哲學和儒教定義的爭論》，載《開放時代》，2001年第11期。

84. 趙曉：《有教堂的市場經濟與無教堂的市場經濟》，《科學投資》，2003年第1期。

85. 林毓生：《殷海光先生對我的影響：〈殷海光・林毓生書信錄〉大陸版代序》，《學術月刊》，1994年第10期。

86. 劉海峰：《重評科舉制度——廢科舉百年反思》，《廈門大學學報（哲學社會科學版）》，2005 年第 2 期。

87. 張銘：《在市場經濟與公共管理之間：H·西蒙與新古典經濟學對話探析》，《國外社會科學》，2002 年第 2 期。

五、外文文獻

1. Ichisada Miyazaki. China's Examination Hell: The Civil Service Examinations of Imperial China, New Haven and London: Yale University Press, 1981.

2. Franke, Wolfgang. The Reform and Abolition of the Traditional Chinese Examination System. Harvard University Press, 1960.

3. Elman, Benjamin A. A Cultural History of Civil Examinations in Late Imperial China. Berkeley: University of California Press, 2000.

4. Ping-ti Ho. The Ladder of Success in Imperial China: Aspects of Social Mobility, 1368～1911.New York: Columbia University Press, 1962.

5. Menzel, Johanna M. eds. The Chinese Civil Service: Career Open to Talent? Boston: D.C.Heath and company, 1963.

6. Gould, Stephen Jay. The Structure of Evolutionary Theory. The Belknap Press of Harvard University Press, 2002.

7. Rhodes R.A.W., Binder Sarah A. and Rockman Beat A. eds. The Oxford Handbook Of Political Institutions, Oxford University Press, 2006.

後　記

　　這本書是根據鄙人的博士論文修改整理而成。在運思和寫作期間每每為自己的成果是否有學術價值而憂心，為此不得不致力於有所發明，但囿於學力和思力之限，目前所能給出的成績只能止步於此境。有什麼不足和缺漏，還請方家指教。

　　讀博期間，有幸受教於張銘老師門下，獲益委實良多。在山大威海分校學習和生活的期間，從耳提面命的教誨到不厭其煩的論文寫作指導和修改，張老師都付出了許多辛勞。對於這篇博士論文，從選題到最後的修改定稿，從思路的理順到文字上的斧正，張老師都給予了悉心的指導和幫助，對此我心中的感恩自是溢於言表。論文在開題和預答辯時期得到了山東大學葛荃、方雷、孔令棟等老師辯難和指導，這也促使我做出了許多有針對性的思考、修改和增益，在此一併表達自己的謝忱。此外還需要特別感謝我的碩士生導師叢日雲老師，這不僅僅是因為在法大求學時所受的教誨，還因為如果沒有他的賞識和推薦，當時還處於萬般糾結之中的我很可能已經無緣學術事業。對於求學期間來自老師、同門、同學的教導、幫助和情誼，在此無法一一列舉，但我都將銘記於心。

　　當然，我要感謝自己的家人，是他們一直在默默地支撐著我的學業，中國文化中的親情是濃濃的，我希望自己不會辜負了這份濃濃的親情，也希望能將它傳遞下去。在修改整理這篇文稿的時候，適逢愛人李琳女士的孕期和哺乳期，她給我以最大的支持。兒子世承如期而至，他的健康可愛給我以極大的鼓舞。

　　我對智慧、對學術這一事業一直愛得深沉，也愛得糾結，這種糾結所帶來的幻滅感往往使自己產生試圖逃離的衝動。也許爲學就如修煉，那些對我的幫助和期待必將成爲進一步修煉過程中鼓勵我和鞭策我的精神財富。

　　最後，感謝臺灣花木蘭文化出版社在學術出版上的創舉，使得拙著得以鉛字面世。北京聯絡處的負責人楊嘉樂先生爲本書的出版做了許多工作，在此一併表達自己的謝意。